GELRE

HÉRAUT D'ARMES

WAPENBOECK

OU

ARMORIAL

DE 1334 A 1372

CONTENANT

LES NOMS ET ARMES DES PRINCES CHRÉTIENS
ECCLÉSIASTIQUES ET SÉCULIERS SUIVIS DE LEURS FEUDATAIRES
SELON LA CONSTITUTION DE L'EUROPE
ET PARTICULIÈREMENT DE L'EMPIRE D'ALLEMAGNE
CONFORMÉMENT A L'ÉDIT DE 1356,
APPELÉ LA BULLE D'OR

PRÉCÉDÉ DE POÉSIES HÉRALDIQUES

PAR

GELRE, HÉRAUT D'ARMES

PUBLIÉ POUR LA PREMIÈRE FOIS

PAR VICTOR BOUTON

PEINTRE HÉRALDIQUE ET PALÉOGRAPHE

III

ARMORIAL

* *

PARIS

N.-V. BOUTON, ÉDITEUR

15, RUE DE MAUBEUGE

1883

AU LECTEUR

Nous devons tout d'abord faire connaître au Lecteur le plan
de notre travail, afin qu'il veuille bien nous pardonner les
imperfections qu'il contient.

Nous décrivons d'abord les Armoiries telles qu'elles se trouvent peintes dans l'orignal. Nous groupons ensuite, comme
pour leur faire cortège et leur servir de preuve ou de contrôle,
ces mêmes Armoiries telles qu'elles se trouvent dans les Armoriaux et les Rôles, avec leurs différences ou leurs brisures, pour
les membres de la même famille, ancêtres ou descendants, afin
de pouvoir établir les filiations ou les lignages, et d'aider les
historiens comme les généalogistes dans leurs recherches.

Les noms inscrits par Gelre sous chaque écu sont de deux
sortes, noms de Familles et noms de Chevaliers. En les dési-
gnant, le Héraut a plusieurs manières de parler. Quand on
trouve, par exemple, *Die he van Aemstel*, cela veut dire, *Le*
ou *Les* Sire de Aemstel, *Ceux* qui sont, *Ceux* qui portent le
titre de Sire de Aemstel. C'est une vieille tournure de langage
abrégée. On disait autrefois : *Celles* [les armes du] *Sire de
Aemstel* ou *Ceux* [qui sont le] *Sire de Aemstel,* les Aemstel.
Cela s'entendait de chaque aîné, du Chef du Nom et Armes. —
Quand on voit *H' Villem Finvorim, H' Jacob van Audeler,*
il n'y a pas à s'y tromper : c'est un Chevalier du nom de Jacob
et de Willem que Gelre a vu, à qui il a parlé, à qui il a remis
quelque pli, *sous le sceau secret,* en qualité de parlementaire

ou de héraut d'armes. L'inscription des noms sous les écus n'est pas d'une régularité absolue, comme dans un recueil factice, et prouve que le Héraut inscrit les Chevaliers sur ces tablettes, après chaque événement, pour se souvenir des Princes ou des Chefs d'armée qu'il rencontre, laissant vide la place de ceux qui sont absents et qui auraient pu répondre à ses messages.

Après les Noms et les Armes, notre texte se complète par des notes relatives aux Chevaliers et à leur famille. Ce sont des citations empruntées, le plus possible, aux Chroniques de Froissart. Nous avons aussi compulsé les Chroniques des autres pays et les Histoires particulières, épluché les vieux Hérauts attachés aux Ordres Militaires ou aux Chancelleries, exploré les vieux Rôles, supputé les anciennes Généalogies, afin d'en faire connaître les personnages et les familles qui vivaient au temps de Froissart et de Gelre. Nous avons enfin, autant que nous l'avons pu, montré comment ces familles héroïques, ces familles choisies, conduites pour ainsi dire par la main de Dieu, du fond des temps sont venues jusqu'à nous.

Cette tâche était ardue et presque impossible. Aussi nous pardonnera-t-on de ne pas être un homme universel et parfait et d'avoir laissé beaucoup à faire aux amateurs, aux savants et aux familles elles-mêmes. Nous n'avons que posé des jalons, aidé aux recherches, éclairé des points obscurs au contact et à la lumière des Armoiries d'où la vérité jaillit comme un éclair.

Au lieu d'une œuvre morte, nous avons voulu faire une œuvre vivante. Et que de jolies choses, que de beaux livres on pourrait publier, éditions savantes et de luxe, qui seraient pour le XIXe siècle ce que les manuscrits à miniatures ont été pour les XIVe et XVe siècles, ces siècles de merveilles. Puisque nous n'avons pas les portraits des personnages, — que les miniatures renferment peut-être sans que nous le sachions, — du moins nous avons leurs armures, leurs heaumes, leurs écus qui sont leurs personnes. Il faut en enluminer et en illuminer l'histoire, afin qu'on ne dise plus *la nuit de l'histoire* devant tant de beautés, tant de clartés et tant de grandeurs.

On remarquera que nous citons les Chroniques de préférence aux Tables Généalogiques modernes, malgré leur science et leur érudition, parce que les travaux anciens expliquent mieux les Armoiries qui leur sont contemporaines. D'ailleurs, les Généalogistes ne sont pas sans défauts ; ils suppriment un Chevalier ou le doublent à volonté. On peut voir et trouver, ici même, dans ces pages, plus d'un Chevalier que des généalogistes, venus deux siècles après, ont remplacé par un moine.

Il y a deux sortes de généalogies, néanmoins ; l'une sèche, où l'on indique jusqu'aux enfants qui meurent en naissant ; l'autre historique, comme dans Messenius, où l'on montre, comme une traînée de lumière dans l'histoire, ceux qui descendent d'un grand nom. Ainsi de S. Eric, Roi de Suède en 1150, descendent cinq races : par Ingeburge et Birger, Euphémie et Albert de Mecklenbourg, Christiern, Roi de Danemark et de Norwège, va jusqu'à Gustave II de Suède, Christian IV de Norwège, Jacques VI d'Angleterre et d'Ecosse; par Waldemar de Suède, l'Empereur Charles IV, Elisabeth de Pologne, les Empereurs Mathias et Maximilien, jusqu'à Philippe III d'Espagne, et par Sigismond jusqu'à Vladislas. Et ces traînées lumineuses ne sont pas éteintes.

« Les Princes d'Allemagne qui descendent de Witikind sont nombreux. — Combien de familles françaises, de cette Noblesse de Province si honnête et si belle, si modeste et souvent si pauvre, ont dans les veines une goutte du sang de Saint-Louis et même de Charlemagne. — La haute Noblesse d'Angleterre, — comme celle de notre Bretagne, de l'Espagne et d'autres pays, — a été régie par la Loi Naturelle et non la Loi Salique, et se rattache presque toute entière aux héros de Froissart, qui sont sur les tablettes de Gelre. Nous n'avons pu qu'effleurer toutes les alliances de cette puissante aristocratie ; nous avons indiqué ce qui est le plus direct, laissant au Collège des Hérauts d'Angleterre et d'Ecosse le soin de réviser les généalogies anté-rieures, dont quelques-unes sont en défaut. On nous en voudra d'en avoir dérangé quelques-unes, mais notre but est d'apporter la lumière sur ces temps pleins d'ombre grandiose, et nous tenons à l'histoire plus qu'à l'amour-propre de quelques-uns. Du reste, cela ne nuit à personne.

Les gens à courte vue nous reprocheront quelques dates douteuses dont nous ne sommes pas coupable. Les savants qui enflent la voix prendront à notre égard des airs d'un dédain marqué. Je les attends. Quand au Lecteur bénévole, il est permis de lui dire humblement que, en ce temps-là, de 1350 à 1370, l'année commençait à Pâques pour les uns et à Noël pour les autres ; et que, dans les citations, notre devoir est de ne rien changer, pas plus la date que l'ortho-graphe d'un nom.

On cherche en vain, dans l'Armorial de Gelre quelques grandes familles du XIVe siècle. Cela s'explique. Au moment où Gelre voyageait, les uns étaient mineurs ou absents, et leur place est restée vide ; ou bien, comme en Italie ou en Castille, la guerre civile ou intérieure empêchait le Héraut de les inscrire à leur rang.

On voit donc que l'Armorial de Gelre est comme un tableau des générations accumulées, où chacun marche selon son droit. Ce n'est pas un recueil factice, c'est un registre officiel. Il y a là un ordre de préséance que règle l'office de Héraut.

Gelre nous montre, classées dans leur ordre, ces familles choisies, ces énergies, ces sélections sociales qui, par suite des événements et sous la main de Dieu, se sont élevées dans l'humanité par les services rendus et ont grandi au sein des nations pour les guider et les conduire. C'est l'Europe toute entière au XIVe siècle ; l'Empire et ses sept Electeurs ; le Roy de France et à la suite tous les Rois, les Princes, les grands feudataires, les chefs d'armées, les chevaliers, de Grenade à Riga, de l'Océan à Constantinople, de la Norwège à la Sicile. Ces Maisons illustres dorment, s'éteignent ou se perpétuent en s'enlaçant — « dormant et extinct » — s'enchevêtrent et forment un admirable réseau, qui dort aujourd'hui, mais dont l'empreinte forme l'ineffaçable Histoire.

Quand une nouvelle famille s'élève par son courage ou sa vertu, elle a besoin, pour se tenir debout, de se souder, de se fondre, de prendre alliance dans une de ces grandes Maisons, de vivre d'une vie choisie au sein de ces énergies sociales qui règlent et conduisent la marche des peuples ; sans quoi elle retombe au néant.

Rien n'est beau comme de contempler à travers les âges ces forces sociales, ces Maisons Nobles, ces Ricos-Hombres, ces Pairs, ces Lords, ces Magnats, ces Burgraves ou Margraves, — et nous avons eu ce bonheur de rencontrer un livre merveilleux, singulier, providentiel, prédestiné, qui contient, dans ses deux cents feuillets, le nom et les armes, c'est-à-dire l'histoire peinte et vivante de toutes ces familles et de toutes ces races avec lesquelles on remonte au fond des temps, par lesquelles on descend jusqu'à nos jours et dont on coudoie les descendans.

A ce point de vue et dans son ensemble, notre travail est bien simple. Nous avons devant nous ces Chevaliers, héros des grandes guerres du XIVe siècle ; nous reconstituons à chacun d'eux son histoire, d'abord par les chroniques ; nous remontons ensuite les âges où la légende est le résumé poétique des faits, la tradition transmise par la parole ; nous cherchons enfin ce que le Chevalier et sa famille sont devenus; ses élévations, ses alliances, ses grandeurs, et, autant que cela nous est possible, ceux qui les représentent parmi nous.

UN MOT SUR GELRE

Qu'est-ce que Gelre ? C'est un livre unique, c'est un monument. Les œuvres de cette taille, étant incontestables, voient le nom de leurs auteurs contesté. Gelre a cette bonne fortune et cet honneur. Le savant archiviste d'Utrecht, un voisin de la Gueldre, M. le docteur S. Muller, vient de répondre à la Notice qui précède le volume des Poésies Héraldiques, et après bien des circonlocutions et des ménagements, nous dit : Gelre n'a jamais existé...... c'est son fils ! Comme nous aimons la lumière, nous allons reproduire les arguments de notre éminent contradicteur, et nous permettre ensuite de les passer au crible de la critique.

Nous répétons qu'on ne connaît le heraut Gelre que par son livre, en tête duquel il a inscrit une date 1334 ; il doit donc être né vers 1315. — On nous répond : c'est possible.

Il nous a laissé son nom de *Gelre*, Ghelre, Gueldre, dans son Éloge funèbre de Spanheim.—On conteste que les Poèmes soient du même auteur que l'Armorial, quoique la similitude des blasons crève les yeux. C'est nier la lumière.

Nous avons cru voir dans le Poème du comte de Holstein la révélation de son nom d'homme par cette interpellation : « Wel Henen ! Wel Henen ! » que nous avons traduit par « Mais Heynen ! Mais Heynen ! » — On répond que nous interprétons mal et qu'il faut traduire. « C'est bien à eux ! C'est bien à eux ! » Pour nier Heynen père, on donne cent dix ans à Claes Heynen fils, son successeur ! On nie, mais on ne démontre rien.

En 1339, Gelre était déjà Héraut. A Buironfosse, lorsque

les armées anglaise et française étaient en présence, Froissart nous dit qu'il fut chargé de porter le défi d'Edouard III à Philippe de Valois : « Adont en fu chargiés un héraut qui là estoit dou duch de Guerles et qui bien savoit françois. » — On nous répond qu'il n'est pas certain que ce héraut soit Gelre. C'est nier l'évidence.

En examinant l'Armorial, on voit que le Héraut était à Crécy et à Poitiers, car les noms et les armes couchés sur les tablettes qui représentent l'Angleterre et la France, sont ceux des héros de ces grandes Journées, et pas d'autres. Il a vu l'Ecosse, et la manière dont il écrit les noms prouve qu'il a parlé aux Chevaliers écossais. Il a vu l'Arragon, on peut s'en convaincre en ouvrant le présent volume, et il a vu là des Armoiries qu'on ne trouve nulle autre part. Or, le Héraut, qui savait le français, l'allemand, l'anglais, l'écossais, l'espagnol, comme son Office de Héraut l'exigeait pour aller aux avant-postes, — et certes M. Muller ne niera pas qu'on devait parler toutes ces langues au milieu des Grandes Compagnies, — ce Héraut était assez pratique et assez exercé pour chanter l'Eloge funèbre des Chevaliers, dans deux ou trois de ces dialectes qu'il dut apprendre en sa jeunesse et avec lesquels il a dû rester familier.

Ce que je trouve étrange, c'est de voir des commentateurs se rengorger ou enfler la voix, s'emballer pour mieux dire, devant deux ou trois mots de patois et quelques locutions familières tombées des lèvres d'un Héraut chargé des intermèdes dans la Grande Salle d'un Burg. Les rhapsodes de nos jours donneront bien plus encore de fil à retordre aux savants de l'avenir. Nous ne voyons donc rien d'extraordinaire dans cette légère diversité de dialectes, et rien n'est plus simple, plus vraisemblable et plus vrai que de regarder l'auteur de l'Armorial comme l'auteur des Poèmes, dont il a peint les armoiries et dans l'un desquels il s'est nommé. — De ces poèmes, nous en avons excepté le dernier, l'Eloge funèbre du duc de Juliers, qui appartient, avons-nous dit, à son héritier, à celui qui lui succéda à l'office et au titre de Héraut Gelre, qu'il changea, de 1400 à 1404, pour celui de Beyeren.

Nous avons donné à la mort de Gelre la date probable de 1372. L'étude approfondie de l'Armorial nous a démontré que les Chevaliers qui y sont inscrits appartiennent à la génération guerrière de 1340 à 1371, *et pas au-delà*. Nous en avons induit que le Héraut avait dû se retirer ou mourir après Bastweiler, avec ses anciens maîtres, les ducs de Gueldre. On ne rencontre, en effet, dans l'Armorial aucune figure nouvelle, aucun personnage historique venu après 1372. Le livre est fermé, le Héraut a disparu. Mais M. Muller, qui ne me semble pas connaître le blason ni l'histoire des armoiries et des chevaliers, les enjambe d'un coup avec le temps et arrive tout seul à 1404.

Alors M. Muller, qui est un bibliographe distingué, un archiviste à qui rien n'échappe; qui connaît du premier au dernier feuillet toutes les Chroniques des Pays-Bas; qui vous dira, au doigt levé, comment elles s'enchevêtrent les unes dans les autres; ce que les auteurs ou compilateurs ont emprunté, copié, remanié, biffé, allongé, l'un chez l'autre; M. Muller rencontre une Chronique de Hollande compilée par *Claes* Heynen *fils*, dit Beyeren, *quondam* Gelre, et c'est sur cela qu'il s'appuie pour nier le Héraut de Froissart, l'auteur des Poèmes et du Wapenboek.

Ce Gelre-Beyeren a eu soin de mettre ou faire mettre son nom au bas de ses manuscrits, à la date de 1405 et de 1409.

L'argumentation de M. Muller part de là; il en conclut que Claes Heynen fils, qui s'appelle *Beyeren* ou Bavière, après avoir porté le nom de Gelre: devenu roy d'armes, mais tombé de la Gueldre dans la Roër, — compilateur de Chroniques sans valeur, fabricant de Tournois de Mons pour les bibliothèques publiques, — Beyeren, c'est lui, c'est Beyeren qui est l'auteur des Poèmes et de l'Armorial, — ou il n'y en a pas!

Aux négations de notre éminent contradicteur nous opposons
des faits palpables, visibles : la confrontation des œuvres. Ce
que Gelre-Beyeren a laissé, *avec sa signature*, n'est pas précisément sans valeur, et nous serions désolé de déprécier ses
manuscrits bien dorés et bien écrits ; mais ce n'est pas le héraut
du Wapenboek. Que M. Muller examine bien l'œuvre entière
du vieux Gelre, depuis les Défis de 1334 jusqu'à la fin de l'Ar
morial, il verra que ces deux mille armoiries ont une ressemblance absolue : c'est le même dessin correct, grave, savant ;
ces lions, ces aigles, ces léopards, ces fleurs de lys ; ces cimiers,
ces plumails, ces cornes d'auroch, ont une ampleur, une beauté
qu'on ne retrouve nulle part ; ces volets, ces cappelines, ces
chaperons, sont un type de costume qui disparaît vingt ans
plus tard, et que Claes Heynen fils, le petit Gelre-Beyeren, n'a
point connu. Les œuvres que Beyeren a signées n'ont plus la
même forme, ni le même aspect, ni cet air grandiose du
XIVe siècle. Beyeren est déchu ; il ouvre l'ère des Lambrequins.

Nous devons poursuivre M. Muller jusque dans ses retran-
chements. Il cherche une ressemblance entre l'écriture du dernier poème et celle des trois premiers. Eh bien, loin d'être de son
avis, nous sommes convaincu que, au point de vue graphique,
paléographique, celui qui a *écrit* l'Armorial a écrit les Défis,
la Bataille de Staveren et la Chronique de Brabant. L'écriture
est de la même grosseur, de la même taille que celle du Poème
de Juliers, c'est vrai; mais examinez bien les petites majuscules
qui commencent chaque vers de ce dernier poème, elles
accusent une autre main, d'autres habitudes, un autre esprit;
il y a des lettres, dans ces majuscules, qui ne se trouvent nulle
part ailleurs, L, D, S : la disposition même de ces petites capitales, en dehors de chaque ligne, dénote une autre pensée, et
leur dissemblance est tellement frappante que ce Poème a
l'air de faire bande à part dans le Recueil.

Ce poème, environ de 1395, est de Claes Heynen fils, dit

Beyeren, *quondam Gelre* : oui, *Gelre autrefois*, quand il fit ce poème, et comme pour montrer qu'il était le fils du grand Héraut, il l'a placé à la suite des poèmes de son père, en y peignant lui-même deux armoiries, qui sont d'un autre type, d'une autre facture, et qui n'en sont pas moins jolies. Nous regrettons même que ses Chroniques de Hollande, ainsi que les Tournois de Mons qu'il fabriquait, ne soient pas enrichis d'armoiries du même style. Beyeren pouvait bien faire, et il n'a rien fait !

Non ! il n'a rien fait. Et c'est avec tristesse que nous vous avons vu poser cette question : « le Recueil connu sous le nom d'Armorial de Gelre a-t-il été composé par le Héraut Beyeren lorsqu'il portait encore le nom de Héraut de Gelre, ou avons-nous affaire à un autre Gelre ? »

Ce n'est pas sérieux. Avant de prononcer de telles paroles, comparez donc, je vous prie, la Chronique de Hollande ou le manuscrit de M. Coenen van 's Gravesloot avec le Wapenboeck. M. Muller a biffé le Maître d'un trait de plume !

Demandons-en d'avance pardon à notre habile contradicteur ; il nous reste à l'enferrer, à propos du Frontispice, c'est-à-dire du Couronnement de l'Empereur, qui est en tête de l'Armorial. C'est un dessin à la plume, légèrement colorié, où Charles IV est assis, la couronne en tête, entre les *six autres* Electeurs : Au bas, à votre droite est Gelre, comme témoin ou serviteur, c'est-à-dire *Héraut*. A notre avis, avons nous ajouté, ce sont des portraits. En effet, pour ne parler que de Gelre, celui qui est au coin du tableau, *avec sa chaîne*, présente la même physionomie que celui qui est à la fin du volume, *avec cette même chaîne* brisée et couvert de son manteau armorié, quoiqu'une main criminelle ait passé le doigt sur sa figure. Pourquoi M. Muller, qui s'embrouille sur le nombre des Electeurs, nous fait-il dire que le Héraut prête serment à l'Empereur en même temps que les *six autres* Electeurs ? C'est justement le reproche que nous avons fait à MM. Van Hulthem, Van Malderghem et à M. le Conservateur même des manuscrits de la bibliothèque de Bruxelles, qui tous ont pris le Héraut pour le septième Electeur, tandis que le septième est *l'Elu*, l'Empereur même, Charles IV. — Vous avez donc l'oreille bien dure ? Voyez donc ce que nous en avons dit au tome 1er, page 283, s'il vous plaît.

M. Muller, qui est gêné par la présence de Charles IV entre ses *six* Electeurs [et j'allais dire *son* héraut favori, ce Gelre qui a distribué, ordonné l'Armorial selon l'édit de 1356 appelé la Bulle d'Or, *et pourquoi ?*], M. Muller voudrait placer l'exécution de ce dessin « entre 1411 et 1437, Sigismond, Electeur de Brandebourg, étant Empereur.» M. Muller s'aventure même à dire : « Si on admet que ce sont les portraits des *sept* Electeurs, il faut descendre encore plus bas, après 1437, quand la Maison d'Autriche vint au pouvoir, malgré la roideur des plis et des souliers à la poulaine. »

M. Muller qui ne connaît pas l'histoire par les Armoiries et les peintures de ce temps, ignore absolument que le tableau de l'Élection de l'Empereur au XVe siècle, existe réellement : Il n'a qu'à ouvrir la splendide édition de Grunenberg qu'a publiée l'an dernier le savant regretté Comte Stillfried d'Alcantara et Ad. M. Hildebrand, l'artiste si connu du « Hérold ». Il verra que la cérémonie du Couronnement en 1437, n'est plus la même qu'en 1356, et les éléments de cette discussion serviront de préface à notre tome 1er qui suivra celui-ci. D'ici là les souliers à la poulaine ne vous gêneront plus.

Cher monsieur Muller, vous auriez dû laisser dormir Beyeren dans sa pénombre, regrettant le nom changé de son père Gelre, sur les bords de la Roer, *quondam Gelre* ! Car il faut bien vous le dire néanmoins : comment ! ce Beyeren qui, à 90 ans, compile des Chroniques que vous qualifiez de fatras; cet homme qui avait en mains l'admirable Recueil que nous avons l'honneur de mettre sous vos yeux, et qui pouvait le continuer. l'enrichir, le doubler, pour montrer qu'il était digne de son père ; ce Claes Haynen fils, ce paresseux qui n'a jamais peint que trois blasons pour l'éloge du dieu de Juliers et a fait peindre par d'autres ceux qui ornent ses Chroniques d'Utrecht ; ce Beyeren qui n'a fabriqué que des copies d'armoiriaux comme le Tournoi de Compiègne de 1238, le Tournoi de Mons, les Trois meilleurs Jean, puis les meilleurs Guillaume, Adolphe, Thiérri, Conrad, Henri, Nicolas, Vinand, etc.... Explicit Beyeren ! C'est pour lui que vous usez votre érudition.

Ce Beyeren pouvait, — à la suite des Chevaliers d'Angleterre ici présents dans ce volume, c'est-à-dire Edouard III, ses fils et ses oncles, — nous donner les armes de Richard II et de ses favoris : il n'a rien fait.

Ce Beyeren, — au lieu du Roy Jean et de ses quatre fils qui vont bientôt paraître, — pouvait ajouter des feuillets, nous peindre les armes de ceux qui combattaient autour de Charles VI : il n'a rien fait.

Il a compilé des Chroniques que vous dites « sans valeur. » Pourquoi sans valeur ? Toute Chronique ornée d'armoiries a de la valeur. Il a modifié les strophes de Staveren et substitué un nom à un autre. Pourquoi l'a-t-il fait ? Il y a là tout un drame de famille que vous devriez nous révéler.

Laissons donc ses œuvres à Beyeren ; mais laissons au vieux Gelre l'œuvre colossale qu'il a tracée à travers les grands chemins de l'Europe. Beyeren a laissé des œuvres mortes, au bas desquelles il a inscrit son nom : qu'il les garde. Mais, lorsque tout ici est vivant sous vos yeux et palpite sous votre main, il aurait oublié son nom ? C'est impossible. Si Beyeren était l'auteur de l'Armorial, il en resterait une trace, il eût écrit au bout : « Explicit Beyeren, quondam Gelre ! « Il n'a rien dit, donc ce n'est pas lui. V. B.

PLANCHE LI

Porte : *Écartelé de France et d'Angleterre*, qui est, *au 1
et 4 d'azur semé de fleurs de lys d'or, au 2 et 3 de gueules à
trois léopards d'or en face*, quelques-uns disent *armés d'azur*.
— Le heaume d'or taré de profil, le volet découpé de gueules,
le bonnet de même retroussé d'hermines, et pour cimier un
léopard d'or couronné de même, lampassé de gueules, posé, et
non assis, sur le bonnet. — Et crye, le roy d'Angleteri e : *Notre
Dame! Saint George!*

Quel art et quelle science dans ce cimier, un des plus anciens connus.
Plus tard, dans les cimiers du XVe siècle, on voit le léopard assis au milieù
d'une couronne qui remplace le bonnet. Ici comme il est fièrement campé.

Edouard III, « le bon roy Edouard » — « Vous veuil de point en
point parler et monstrer toutes les aventures depuis la nativité du noble roy
Edouart d'Angleterre qui si vassaument a regné. Et tant y sont avenues
d'aventures notables et perilleuses et tant de batailles adrecées et d'autres
fais d'armes et de grans proesces puis l'an de grace MCCCXXVI que ce gentil
roy fut couronné en Angleterre, que il et tous ceulx qui ont esté avec lui
en ces batailles et eureuses aventures, ou avec ses gens là où il n'a mie esté
en propre personne, si comme vous pourrés oir cy-après, doivent bien estre
tenus et reputés pour preux. »

Nous ne referons pas l'historique de la Guerre de Cent Ans. Nous
rappellerons seulement : les prétentions d'Edouard III à la Couronne de
France. *Froissart,* II ; vicaire de l'Empire, II ; il fonda l'Ordre de la
Jarretière, IV ; sa victoire à Crécy, V ; il s'empara de Calais : — Au combat
devant Calais, Edouard III, entouré d'ennemis, s'écriait : « Ha ! Seint

Edward ! ah ! Seint George ! » Les chevaliers anglais reconnurent la voix de leur prince et'accoururent à son secours.

« Le jour devant la vigile Saint Jehan Baptiste [21 juin] en l'an de grasce Nostre-Seigneur M.CCC.LXXVII, trespassa de ce siècle li vaillans et li preus rois Edouwars d'Engleterre : de laquelle mort tous li pays et li royaumes d'Engleterre fu durement désolés, et ce fu raisons. Car il leur avoit esté bon rois : onques n'eurent tel, ne le pareil, puis le temps le roy Artus, qui fu ossi jadis rois d'Engleterre, qui s'appeloit à son temps la Grant-Bretagne. Si fu li rois embausmés et mis et couchiés sur un lit moult reveramment et moult poissamment, et portés ensi au lonch de le cité de Londres de XXIIII chevaliers vestis de noir, si III fil et le duch de Bretagne et le comte de le Marce derrière lui, et ensi allant pas pour pas à viaire decouvert. Qui veist et oïst en ce jour les grans lamentations que li peuples faisoit, les plours, les cris et les regrès qu'il disoient et qu'ils faisoient, on en euist grant pitié et grant compassion au cuer.

» Ensi fu li nobles rois aportés au lonch de Londres jusques à West-moustier, et là mis jus et ensepelis dalès madame sa femme, Philippe de Haynau, royne d'Engleterre, ensi qu'en leur vivant avoient ordonné. Et fu fais li obsèques dou roy si noblement et si reveramment que on peut onques, car bien le valli. Et y furent tout li prélat, li conte, li baron et li chevalier d'Engleterre, qui pour ce temps y estoient.

» Apriès ce l'obsèque on regarda que li royaumes d'Engleterre ne pooit estre longuement sans roy, et que proufitable estoit pour tout le royaume de couronner tantost le roy qui estre le devoit, et lequel li vaillans rois, qui mors estoit, avoit ordonné et ravesti dou royaume très son vivant. Si ordonnèrent là li prélat, li comte, li baron, li chevalier et les communautés d'Engleterre, et assignerent un certain jour et bien brief, que on couronne-roit l'enfant, le jone Richart, qui fils avoit esté *dou Prince*, et furent à ce dont tout d'accord. » — *Froissart*, éd. Kervyn, VIII, 389.

2. — DIE PRENSE. — LE PRINCE.

Porte comme le roy d'Angleterre, son père : *Ecartelé de France et d'Angleterre*. — Sans heaume et sans lambel, ces armes sont évidemment inachevées, ainsi que les trois sui-vantes. Le lambel du Prince étoit *d'argent à trois pendants* ou *pentes*. — Sa devise : *Houmont*, et *Ich Dien*, avec trois plumes. — Son cry : *Saint-Jorge ! Guiane !*

« Edward Plantagenet, fils aîné du roy Edward III, fut créé par le Parlement. an 17 du règne de son père, Prince de Galles. » 12 mai 1343. Le roy son père portait le titre de Duc d'Aquitaine ; le Prince fut créé Prince d'Aquitaine.

On l'appelait simplement *le Prince*, comme on dit *le Roy*.

Né le 15 juin 1330. Au mois d'octobre 1361, il épousa sa cousine Jeanne de Kent, fille et héritière d'Edmond, comte de Kent, fils du roi Edouard Ier.

Le samedi au matin de la bataille de Crécy, « li rois descendi de sa haquenée et se mist à piet avoecques ses gens et manda son fil, *le Prinche*. On li amena et fu adestrés de quatre chevaliers de son corps. Li enfes se agenoulla devant son père : li rois le prist par la main et le baisa et le fist chevalier, et puis le renvoia en l'ordenance de sa bataille. » V. 36 et 66.

Il fut le vainqueur à Poitiers : « le Prince de Galles chevauçoit avant, en abatant et occiant ses ennemis, dalés lui monseigneur Jehan Chandos par lequel conseil il ouvra et persevera la journée ; et li gentils chevaliers s'en acqitta si loyaument que onques il n'entendit ce jour à prendre prisonnier, mès disoit au prince : Sire, chevauciés avant : Dieu est en vostre main, la journée est vostre. Li Prince qui tendoit à toute perfection d'onneur, chevauçoit avant, se banière devant lui et renforçoit ses gens là où il les veoit ouvrir, ne branler, et fu très bons chevaliers. » — V. 447.

« Li Princes de Galles qui durement estoit hardis et corageus, et le bacinet en le tieste. estoit comme uns lyons fels et crueus, et qui ce jour avoit pris grand plaisance à combattre. » — Le roi fait prisonnier, « quant ce vint au soir, li Prinches donna à soupper en sa loge au roy de Franche, et servoit toudis li Prinches au devant de la table dou roy. » V. 447. — Froissart raconte les honneurs qu'il rend au roy Jean en Angleterre, VI, 294 ; — Ses efforts pour rétablir don Pedre de Castille, VII, 24 ; — Sa victoire à Najara, VII, 191 : — « Or furent eparses ces nouvelles en France, en Engleterre, en Allemagne et en tous pays que le Princes de Galles et se poissance avoient desconfi par bataille le roy Henri, et mort ou pris ou cachiet ou noyet, à ce jour que la betaille fu dalés Nazres, plus de C^m hommes. Si en fu li dis princes renommés et honnourés de bonne chevalerie et de haute emprise en tous les lieus et marces où on en ooit parler et en espécial en l'empire d'Alemagne et ou royaume d'Engleterre. Et disoient li Alemant, li Thiois, li Flamenc et li Engles, que li princes de Galles estoit la fleur de toute la chevalerie dou monde, et que uns tels princes estoit dignes et tailliés de gouverner tout le monde, quant par sa proèce il avoit eu III si hautes journées et si notables : la première à Créci en Ponthieu, la seconde, X ans apriès à Poitiers, et la tierce, ossi X ans apriès, en Espagne,

devant la cité de Nazres. Si en fisent en le cité de Londres, en Engleterre,
li bourgois de la ditte ville le solennité toute sus pour le victore et le
triumphe, ensi que anciennement on faisoit pour les rois qui avoient obtenu
place et desconfis leurs ennemis. »

Il mourut un an avant son père : « En ce temps paia li roi Edouwars
d'Engleterre as barons et as chevaliers de son pays son jubilé, car il avoit
esté L ans rois. Mais auçois fu trespassés messires Edouwars ses ainsnés
fils, princes de Galles et d'Acquittaines, la fleur de toute chevalerie dou
monde en ce temps et qui le plus avoit été fortunés en grans fais d'armes
et acomplis de belles besongnes. Si trespassa li vaillans homs et gentils
princes de Galles ens ou palais de Wesmoustier dehors la ville de Londres.
Si fu moult plains, et sa bonne chevalerie moult regretée. Et eut li gentils
princes à son trespas la plus belle recognissance à Dieu et la plus ferme
créance et repentance, que on vei onques grant seigneur avoir. Ce fu le jour
de le Trinité en l'an de grasce Nostre-Signeur M.CCC.LXXVI. Et pour plus
autentiquement et révéramment faire la besongne, et que bien avoit dou
temps passé conquis par sa bonne chevalerie que on li fe fesist toute l'onneur
et révérense que on poroit, il fu embausmés et mis en un vaissiel de plonch
et là tous ensepelis, excepté le viaire, et ensi gardés jusques à le Saint-
Michiel, que tout li prélat, conte, baron et chevalier d'Engleterre furent à
son obsèque à Wesmoustier.

» Sitos que li rois de France fu segnefyés de la mort de son cousin le
prince de Galles, il li fist faire son obsèque moult révéramment en la
Sainte-Capelle dou palais de Paris, et y furent si III frère et grant fuison de
prélas, de barons et de chevaliers dou royaume de France. Et dist bien li
rois de France et aferma que li princes de Galles avoit regné poissamment et
vassaument. » P. 381.

3. — DIE H[ER]TOG V. CLARENSE. - LE DUC DE CLARENCE.

Porte, comme le roy son père : *Ecartelé de France et
d'Angleterre.* — Sans heaume et sans lambel, ces armes sont
inachevées, ainsi que la précédente et les deux suivantes.
Le lamb eldevait être *d'argent chargé sur le bas de chaque
pente à dextre d'une pointe ou carreau de gueules.* « Quar-

*terly France semé, and England, a label of three points
argent, each charged with a canton gules.* »

Lionel Plantagenet, troisième fils d'Edouard III, qui le créa duc de
Clarence, en 1362. Il fut régent d'Angleterre en 1345 et lieutenant d'Irlande
en 1361. — Chevalier de la Jarretière; mort en 1368; tige de la maison
d'Yorck.

« Assés tost apriès che que li roys englès fut arivés en Anwiers [1338], la
royne sa femme ajut d'un fil qui fu appelés Lions, et y eut grant feste a le
relevée, et y fut li contes de Haynnau, frères à le royne, messires Jehans de
Haynnau, oncles de la dame et que li roys en ce temps amoit moult et
grant plenté de chevalerie de Haynnau… » II, 445.

« Le roys d'Engleterre demoura tous quoys en Anwers, en l'abbéie
Saint-Bernart, et la royne sa femme avoecq lui, qui nouvellement estoit
relevée d'enfant d'un biau fil qu'on clamoit Lion et pu puisedi ducs de
Clarence et mariés en Lombardie, ensi comme vous orés avant en l'istoire. »

« Quant li roys Edouwars fu arivés à Callais, il et li prinches de Galles,
ses ainnés fils, et encorres III de ses fils, monseigneur Lionnel, monseigneur
Jehan et monseigneur Aimmon… » VI, 219.

« En ce temps fu tretiés li mariages de monsigneur Lyon, fil au roy
d'Engleterre, duch de Clarens et conte de Dulnestre, à le fille monsigneur
Galeas, signeur de Melans, laquelle jone dame estoit nièce à monsigneur le
conte de Savoie, et fille de madame Blanche sa suer. » [1368] VII, 247.

« Vous avés bien chy-dessus oy comment li duc de Clarense fu mariés en
Lombardie a le fille monseigneur Galéas, liquels dus, assés tost apriés son
mariage, trespassa de ce siècle, dont ses gens furent moult esmervilliet; car
il estoit jones chevaliers, fors et appers durement. Si souppeçonnèrent que
on ne l'euist empoisonnet… Touttes fois, messires Galéas envoya le
corps embaumé de monseigneur Lion, duc de Clarence, par un évesque,
arrière en Engleterre; la fu-il enseveli. » — Lionel d'Anvers fut chanté par
Pétrarque.

4. — Die Ht v. Lanckaster. — Le Duc de Lancastre.

Porte, comme le roy son père : *Ecartelé de France et
d'Angleterre.* — Sans lambel et sans heaume, ce blason est
inachevé, comme les deux précédents. Le lambel doit être

d'azur chargé de neuf fleurs de lys d'or, trois sur chaque pente : *ad le label de France*, c'est-à-dire *semé de France*.

Sous Edward II, le comte Thomas de Lancastre ne portait que d'Angleterre [les trois léopards] et le lambel de France. — Au siége de Calais, Henri de Lancastre au *Tort-Col* ne portait non plus que « les armes de Engleterre a un *bastoun* de azure. » — Ch. Boutell a publié l'effigie de Henri premier duc de Lancastre en 1346, avec le lambel de trois pendants fleurdelysés, et pour cimier un lion posé comme celui du Roy. Froissart l'appelle « li gentils dus henris de Lancastre. » Ce Henri, comte de Lancastre, 1345 ou 1346, créé duc de Lancastre en 1351, mort en 1362, un des premiers chevaliers de la Jarretière, occupa constamment les charges les plus importantes, diplomatiques et militaires, depuis l'an 1337 jusqu'à sa mort. Il est sans contredit le caractère le plus aimable et le plus intéressant du règne d'Edward III. Ami du peuple, du clergé et des hommes de lettres, il relevait une position magnifique par ses mœurs et sa conduite. Ses vastes possessions passèrent à sa mort, avec la main de sa fille Blanche, à John de Gand, — en anglais de Gaunt, — quatrième fils d'Edward III, créé duc de Lancastre en novembre 1362. Il figure sous l'*écartelé* ci-contre *de France et d'Angleterre*. — Froissart, qui est un vrai généalogiste sous les dehors d'un charmant conteur, nous dit en son prologue : « Li propres roys mesmes, li prinches de Galles ses fils, li doi duch de Lancastre, messires Henris et messire Jehans qui eut sa fille ; » or le fils d'Edward, qui fut duc de Lancastre et qui épousa Blanche, la fille du duc Henri de Lancastre au *Tort-Col*, est bien Jehan de Gand, « comte de Ricemont, depuis duc de Lancastre. »

« Quant le roy d'Engleterre eult tous ses besoignes ordonnées, il se party de Gand et vint à l'Escluse, et là trouva-il ses vaissiauls tout apparilliés qui l'atendoient. Sy monta et toute sa route en mer et singla tant qu'il ariva à Londres au quay sur le Tamise, et laissa madame sa femme en la ville de Gant... de lés les Flamens et Jaques de Hartevelle qui souvent la visitoit. Aussy faisoit le conte de Haynau son frère et madame de Vallois sa mère, qui se tenoit en l'abéie de Fontenelles de lès Valenciennes, et assy faisoient les dames et demoyselles et bourgeoises de Gant. S'y advint que la dite royne d'Engleterre en celle saison s'ajut d'un biau fil en l'abbéye de Saint Pierre de Gant qui ot a non Jehan contre le duc de Brabant qui le leva, et fut depuis duc de Lancastre, pour che qu'il eut à mariage la fille au bon duc de Lenclastre et de madame Blanche. » — Il fut créé par Richard II duc d'Aquitaine, en 1390.

Ce Jean de Gand, très ambitieux, très intrigant et très incapable, joua pourtant dans les dernières années de la vie de son père, et pendant tout le règne de son neveu Richard II, un grand rôle dans les affaires d'Angleterre. Sa femme Blanche étant morte, il épousa à Bordeaux, en 1371, Costanza, fille de don Pedre le Cruel, roi de Castille ; en 1386, il envahit l'Espagne et ne retourna en Angleterre qu'au bout de trois ans. A sa mort, en 1399, son fils Henri, comte de Hereford et de Derby, renversa Richard II et s'empara du trône [Henri IV].

5. — Die G. van Huntenten. — Le Comte de Hontington.

Porte : *De gueules à trois léopards d'or*, qui est d'Angleterre, *à la bordure [d'azur] semée de fleurs de lys [d'or]. Angl. one bordre b 8 fleurs de luces o.* — La bordure est inachevée, c'est-à-dire sans émaux.

« John Holland 3e fils de Thomas comte de Kent fut créé conte de Hontington au 12 an du règne de Richard II, » 2 juin 1388. — « Et la furent le conte de Saslebery et le conte de Hostidonne frère du roy et qui à femme avoit la fille au duc de Lancastre et serour au conte d'Erby. » XVI. 110. — « Le roy d'Angleterre avoit deux frères de par sa mère. L'ainsné on appeloit messire Thomas et estoit conte de Kent; et le second messire Jehan de Hollande vaillant chevalier durement. Ce messire Jehan de Hollande avoit a femme la fille au duc de Lancastre et estoit conte de Hostidonne et chambrelen d'Angleterre, et fut cils qui occist le fils au conte Richard de Stanfort. Le conte de Hostidonne se tenoit le plus du temps delés le roy d'Engleterre son frère, et bien sçavoit plus que nul autre des convenences et affaires du duc de Glocestre ; car couvertement et sagement il en fesoit enquerre. Le roy Richard d'Angleterre aymoit son frère, c'estoit raison, et le portoit contre tous, et veoit bien et concepvoit que son oncle de Glocestre luy estoit trop fort contraire et se mestoit en très grant dilligence de faire conspiration contre luy et de emouvoir le royaulme : si en parloient souvent ensemble il et son frère de Hollande. » XVI, 13.

6. — Die G. v. Waerwic. — Le Comte de Warvick.

Porte: *De gueules à la face d'or accompagnée de six croisettes recroisetées d'or posées en orle.*— Le heaume d'argent, le volet haché de même, la couronne de gueules, et pour cimier une tête et col de cygne d'argent becqué de gueules.

Thomas de Beauchamp, comte de Warwick, cité par Froissart parmi les preux, qui fut à la bataille de Crécy, au siége de Calais, au combat de Vinchelsea, à l'Ecluse et à Buironfosse ; qui fut chargé de la garde du roy Jean ; chevalier de la Jarretière et amiral de toutes les flottes anglaises, portait ces armes — Dans le Role des « Banerez de Engleterre » et dans le Role d'Edward II ; « le counte de Warwyk, *de goules, crusule de or, a une fesse de or.* » — Dans le Role de Caerlaverock, Guy, père de Thomas, portait de même. — Dans le Role du Siège de Calais, « Thomas Bewchamp, E. of Warwike, *quartely,* 1 et 4 g. *a fess inter* 6 *cr. crossl. or,* 2 et 3 *chek or et az. a* [*cheuron*] *erm,* » qui est de Newburgh. — Si assambla li roys et messire Phelippes ses maisnés fils, à le bataille des Marescaux d'Engleterre, le comte de Warwich, et le comte de Sufforch, et des Gascons. Là crioient li Franchois leur cri : *Mont-joie ! Saint-Denis !* et li Englés : *Saint-Gorge ! Giane !* » — Thomas de Beauchamp, comte maréchal, fils de Guy et père de Thomas, de 1315 à 1369.

Nous avons longtemps été incertain à savoir si la face était d'argent au lieu d'or, et si, avec cette brisure, ces armes n'étaient pas celles du fils du comte de Warwick, l'ami, le compagnon de John Holland ci-dessus, « messires Guillaume de Biaucamp fils au compte de Warwick, » que Froissait cite dans l'ost du duc de Lancastre en 1373-74. M. Kervyn demande quel est le fils aîné du comte de Warwick mort à la suite d'une tempête le jour de Pâques 1360 : Dughdale rapporte que le fils aîné du comte de Warwick, Guy ou Guillaume de Beauchamp, est mort en 1351 *ou* en 1360. Enfin je cite Bank's : « Beauchamp, G. *a fess between six crosslets o.* John de Beauchamp, captain of Calais, amiral of the fleet standard bearer at the famous battle of Cressy, and a younger son of among the barons of the realm, from the 24 th. to the 34 th. of Edward III in wich year he deceased without issue. » — T. I. 220.

7. — Die G. van d' Maertse. — Le Comte de la March.

Porte : *Facé d'or et d'azur de six pièces, à un écusson d'argent posé en chef, et un chef d'or chargé d'un pal d'azur entre deux girons de même. Barry 6, o et b, escochon of pretence ar., on a chief of y first trois palets betwene deux gerons cantons of y second.* — Le heaume d'argent taré de face, le mantelet [de sable], la couronne d'or et pour cimier un plumail [sans doute aussi de sable] issant de la couronne.

On blasonne aussi : Porte : *six faces d'or et d'azur, un écusson de prétendue argent; sur un chef du premier un pal entre deux girons de la seconde.* — On trouve dans les Peerages du XVIᵉ siècle une légère différence dans le chef, deux et trois pals au lieu d'un et les girons intervertis. Heylyn blasonne : Barry of 6, o. et az. on a chief of the first, a pale between 2 esquires, a base dextre et sinistr of the 2d. un in escocheon ar.

Dans les Armoriaux publiés par Rowe Mores et Harris Nicholas : « Sir Roger de Mortimer, créé comte de March en 1327 ou 28, supplicié en 1330: *barre de or e de azur, ad le chef palu les corners geroune, a une escuchon de argent.* » Ses fils, Edmond, Roger et John ne furent pas comtes de March. Son petit fils Roger de Mortimer, fut 2ᵉ comte de March par restitution du roy Édouard III, en 1354 ou 55, lord Wigmore, chevalier de la Jarretière ; dont le fils fut Edmond, le bon, troisième comte de March en 1359 ou 60, baron de Wigmore, comte Maréchal d'Angleterre, espousa Philippote fille de Leonel d'Angleterre duc de Clarence, comtesse d'Ulster ; il porta ces armes et mourut en 1381 laissant un fils Roger de Mortimer qui mourut en 1399, dont le fils Edmond de Mortimer fut le dernier comte de La March, de la maison de Mortimer. Les autres Mortimer brisaient de plusieurs manières : Sir John de Mortymer, les armes de Mortymer *en le escuchon en sautour de goules;* Sir Roger de Mortymer, *en le escuchon un lion de pourpre ;* sir Henry de Mortimer, *barre de or et de goule, le chef palu, les armes de geroune, a un escuchon d'argent.* Ce sont trois brisures qui nous font savoir que John est bien Jean cité par Froissart, t. IV, p. 380, et ne doit pas être confondu avec Roger. — Enfin, dans la Chronique de Caerlaverock, Roger de Mortimer, *le oncle*, a *un écusson d'hermines*.

E puis Rogiers de Mortemer
Ki, deca mer e dela mer,
A porté quel part ke ait alé
L'escu barié au chief palé
E les cornières gyronnées
De or e de azur enluminées,
O le escuchon vuidie de *ermine*
Avoec les autres se achemine.

Dans le Rôle publié par Harris Nicholas se trouvent aussi les deux Roger : Sir Roger de Mortimer, qui porte les armes pleines, et sir Roger de Mortimer, *le oncle*, qui porte l'écusson d'ermines.

Leur origine : « Raphael, Ralph L. Mortimer passa en Angleterre avec le Conquérant et eut la conduite de l'avant-garde en la bataille contre le roy Hérold, auteur de la conqueste. D'iceluy Raphael descendit Roger sr de Mortimer qui fut comte de La Marche. »

Voyez aux Notes la généalogie en vers, rapportée par Dugdale.

8. — Die G. van Arendeel. — Le Comte d'Arundell.

Porte : *Écartelé, au 1 et 4, de gueules au lion d'or, au 2 et 3 échiqueté d'or et d'azur.* — Le lion est quelquefois *armé et lampassé d'azur*.

Dans le Rôle d'Édouard I, et dans celui d'Edouard II, dans la Chronique de Caerlaverock et dans le Role du Siège de Calais, « Le counte de Arundell » ou « Richard counte d'Arundell » porte les armes pleines *de goules à un lion rampaunt d'or*. — Mais les armes, ici écartelées de Warren, appartiennent à Richard Fits-Allan, conte d'Arundel fils ainé d'Edmond conte d'Arundell et d'Alice de Warren, grand-boutillier d'Angleterre, maréchal d'Ecosse et chevalier de la Jarretière. — Il se trouva à Crécy : « Dalès le Prince estoit toute la fleur de chevalerie d'Engleterre ; et adont li contes de Norhantonne et li contes d'Arondiel qui gouvernoient la seconde bataille et qui se tenoient sus èle, vinrent rafraîchir la bataille doudit Prince. » — Il étoit au siège de Calais : « Adont s'en retourna le dis messires Gautiers de Manni et vint deviers le roi qui l'atendoit devant son hostel et la estoient grant fuisson de signeurs, li contes Derbi, son cousin, le conte d'Arondiel, le conte de Norhantonne, messire Renault de Gobehem, messire Richart de Stanfort et pluissieurs hault baron d'Engleterre. » P. 208. — Mort en 1375. Il eut pour successeurs son fils Richard Fitz Alan en 1375 ; — Thomas Fitz Alan en 1397, died 1416 ; — John Fitz Alan, L. Maltravers 1434 ; — William Fitz Alan en 1439 ; — Thomas, 1497 ; - William, 1524 ; — Henri, 1543 ; — Mary Fitz Alan épousa Philip Hovard, duc de Norfolk, dont le fils Thomas Hovard fut conte d'Arundel en 1604 ; — Henri Howard en 1641 ; — Thomas Howard en 1652.

Voyez aussi aux Notes ce qu'en ont dit Dugdale et Banks.

9 — Die G. v. Saelsbrye. — Le comte de Salesbury.

Porte : *Ecartelé, au 1 et 4 d'argent à trois fusées de gueules rangées en face; au 2 et 3 [d'azur au griffon d'or].* — Le heaume d'or, le volet découpé d'argent, la couronne de gueules et pour cimier un demi griffon ou une tête et col de griffon aîlé d'[or] becqué de gueules.

Cette armoirie est inachevée. Dans le Rôle de Caerlaverock, Simon de Montagu porte d'azur au griffon d'or :

> Mes a Symon de Montagu,
> Ke avoit banière e escu
> De Inde, au grifoun rampant de or fin
> Prenoit la tieis eschier fin.

C'est l'écartelure. — Dans les Rôles d'Edwart II et Edwart III, « Sire Simon de Montagu, *quartile de argent et de azur, en les quarters de azure les griffons de or. en les quarters de argent les daunces de goules.* » — Dans le même Rôle : William de Montagu, *de argent a une fesse endente de goules a III endentures.* » Ces endentures forment des daunces ou fusées. Les fusées des Montagu s'appelaient *daunces*, c'est-à-dire un groupe de fusils ou de fusées qui se touchent, posées en face, d'où est venu en heraldry le mot de *face dancettée*. — Ce sont ces trois fusées que Guillaume de Montagu, devenu comte de Salisbury, garda comme armes pleines, et Gelre a laissé vides avec intention les quartiers d'azur au griffon d'or que Guillaume ne porta plus. M. Boutell, dans son *Héraldry*, p. 413, *Plate*, p. 82, nous a donné le sceau du comte de Salisbury, où l'on voit Guillaume sur un cheval caparaçonné aux armes de Montagu, c'est-à-dire aux trois daunces et le griffon en cimier. Aussi avons-nous été grandement surpris d'apprendre par M. Kervyn que le roy Edward III « traversant la forêt d'Anaud pour combattre les Ecossais, avait donné à Guillaume ce coursier caparaçonné aux armes de Montagu, et lui avait permis de porter son propre cimier, c'est-à-dire *un aigle*. » M. Kervyn, en disant que Gelre « a fort mal peint le cimier octroyé par Edouard III » et que « au lieu de l'aigle on a sous les yeux un oiseau fantastique qui ressemble bien plus à la chouette chère à Minerve », M. Kervyn, dis-je, a commis une double erreur : Gelre a peint en cimier un demi griffon fantastique, et ce griffon, qui n'est pas un aigle, appartenait aux Montagu avant Edouard III.

Guillaume ou William de Montagu, comte de Salisbury, chevalier de la Jarretière, prit une part active à toutes les campagnes d'Edouard III depuis l'an 1346. Il commandait l'arrière-garde à la bataille de Poitiers, et le British Museum possède un manuscrit de la « Bible hystoriaus » où on lit : « Ces livre fust pris ove le roy de France à la bataille de Peytiers, et le bon conte de Saresbirs William Montagu le acheta pur cent marcs et le dona à sa compaigne Elisabeth la bone countesse. » En 1376 il était amiral de la flotte. Il mourut en 1397.

Il eut pour successeurs : Jean de Montagu, 1397 ; — Thomas de Montagu en 1400, dont la fille Eleonor épousa Richard Nevill, dont le fils Richard Nevill, comte de Warwick, 1460 ; — George, duc de Clarence, 1472, qui épousa Isabelle, fille de Richard ; — Edward, fils aîné de Richard III, épousa la seconde fille de Richard Nevill, 1477 ; — Marguerite, fille de George duc de Clarence, fut créée comtesse de Salisbury, 1514 ; — Robert Cecil, vicomte de Cramborn, créé comte de Salisbury en 1605 ; — William Cecil, comte de Salisbury en 1612 ; — James Cecil, en 1068.

10. — DIE G. V. OCSEWOERT. — LE COMTE D'OXFORD.

Porte : *De gueules écartelé d'or, à une étoile d'argent au premier quartier*. — Le heaume d'argent, le volet de gueules, le bonnet de même retroussé d'hermines et pour cimier un sanglier d'azur défendu d'or, hérissé de même, posé sur le bonnet.

Ces armes appartiennent à Jean ou John de Vere, grand chambellan d'Angleterre, 1331-1359, à Thomas de Vere. grand chambellan, mort en 1371 et à Robert de Vere, favori célèbre de Richard II, mort à Louvain en 1392. Dans le Role du Siège de Calais, le sixième capitaine est « John de Vere, E. of Oxford, *quartely g. et or, in the first gu. a mullet argent.* » — Dans les Roles d'Edouard Ier et d'Edouard II les écartelures sont interverties : « Le counte d'Oxenford, *quartely de or et de goules, à une molette de argent.* » — Les anglais appellent *mollet* ou *mulet*, une étoile ; en France, la molette, ou l'étoile d'éperon, est trouée.

This Ralph was also in the wars of France and Flanders, and died 1346, the 10th Edward III, his first wise was Maud, widow of William earl of Ulster, and sister to Henry earl of Lancaster, by whom he had an only daughter, Maud, who married Thomas, son to John de Were earl of Oxford. » — *Bank's*, p. 430.

Jean de Vere était en 1346 à Crécy : « En la bataille du Prinche estoient les deus marisaulx messire Godefroy de Harcourt et le conte de Wervic, le conte de *Kenfort*, le conte de Sufort, le baron de Stanfort, messire Jehan de Camdos qui estoit tenus pour un moult vaillant homme d'armes et saige. » — En 1347, il étoit au siége de Calais.

Thomas de Vere, fils du précédent, comte d'Oxfort, accompagna le prince de Galles en Espagne, dans la compagnie de Thomas de Felleton : « Messire Guillaume de Felleton ses frères, messire Robert Canolle, messire Thomas d'*Ocfort*, messire Gaillars Vighier, messire Raoul de Hastinghes, messire d'Agournes [et non d'Aghorisses, entendez-vous, éditeurs de Froissart ?] et plusieurs autres chevaliers. » XVII.

Enfin Robert : « Robert de Vere, duc d'Irlande, marquis de Dublin, comte d'Oxfort, grand chambellan d'Angleterre, fils de Thomas de Vere, comte d'Oxford qui dans Froissart est appelé par corruption comte d'Acquessufort. » *Du Chesne*, p. 272.

Le sceau de leur aieul Robert de Vere, 1296, se trouve dans l'Héraldry de Boutell, pl. LXXXII.

11. — Die G. v. Noorthunmerlant. — Le Comte de Northumberland.

Porte : *D'or au lion d'azur, armé et lampassé de gueules.*
— Le heaume d'argent, le volet découpé d'or, le chapperon
de même retroussé de... et pour cimier un lion posé de...,
lampassé de gueules. — L'émail manque au lion du cimier.

Dans les deux Rôles publiés par Harris Nicholas et Roves Mores, sir
Harri de Percy porte *d'or a un lion rampaunt de azur.* Chevalier de la
Jarretière, connétable d'Angleterre en 1399.

Ces armes sont celles des comtes de Louvain. « Josselin de Lowen, fils
et héritier de Godefroy, duc de Brabant et conte de Bruxelles, épousa
Agnès, fille et héritière de sir Guillaume de Percy, pour l'amour de la quelle
dame il feist appeler ses enfants du nom de Percy, dont descendit Thomas
de Percy, comte de Northumberland, et T. de Percy, comte d'Atill, et T. de
Percy, comte d'Aigremont. »

Henry de Percy, fils aîné de Henry de Percy et de Marie de Lancastre,
assista au couronnement de Richard II « qui fu fils au Prinche de Galle. »
« Sy fu couronné à Westmoustre en la capelle du Palais, le roy Richart,
le onzième an de eaige, et fist che jour quatre contes et neuf chevaliers,
premièrement monsigneur Thomas, son oncle, conte de Boukinghem ; le
signeur de Persy, conte de Northombrelant ; monsigneur Guichart d'Angle,
son mestre, conte de Hostidonne ; le signeur de Moutbray, conte de
Notinghen. » [13 juillet 1377.] XVII.

Voyez aux Notes ce qu'en ont dit Dugdale et Banks.

12. — Die G. v. Devensier. — Le Comte de Devonshire.

Porte : *D'or à trois tourteaux de gueules,* qui est de
Courtenay, *au lambel d'azur à trois pendants, brochant.*

Ce sont les armes de Hugues en 1340-1377 et d'Edouard de Courtenay
1378 à 1419. — Dans les Rôles de Mores et de Harris Nicholas, « Hue *de*
Courteney, *de or à trois rondons ou rondeus de geules et un label de
azure.* »

« Hughes de Courtenay, chevalier, fut créé comte de Devons [hire] par le roy Edward III. » Il descendoit de Robert de Courtenay et de Marie sa femme, fille et héritière de Guillaume comte de Devon, au droit de laquelle il fut créé comte de Devon. » — Cette branche des Courtenay a brisé le lambel de diverses façons.

« Or vous voel-je nommer les contes et les barons qui furent au siége de Tournai avoecques le roi d'Engleterre et liquel passèrent la mer avoecques li, premièrement les prélas, l'évesque de Lincole et l'évesque de Durem ; le conte Derbi, le conte d'Arondiel, le conte de Norhantonne, le conte de Herfort, le conte de Warvich, *le conte de Douvesière*, le conte d'Ormont et le conte de Wincestre ; barons : le signeur de Persi, le signeur de Lusi, le signeur de Noefville, le signeur de Heinton, le signeur de Felleton, le signeur de Braseton, le signeur Espensier, messire Renault de Gobehen, messire Richart de Stanfort, messire Thomas de Hollandes, le signeur de Basset, le signeur de Bercler, le signeur de Fil-Warin, le signeur de Fil-Watier, le signeur de Biaucamp, messire Jehan de Biaucamp, messire Rogier de Biaucamp, le signeur de Hastinges, le signeur de Ferrières, le signeur de Moutbrai, le signeur de Multon, le signeur de Ware, le signeur de Lanton, le signeur de Grea, messire Richart la Vace, *le signeur de Courtenai* [son fils], le signeur de Illecombe, cornillois, le signeur de Talebot, et tant que il estoient vint-huit barons et dys contes. Je n'ai pas nommé le conte de Pennebrucq et le conte de Honstidonne qui aussi i estoient. Encores avoecques tout ce, se la bataille euist esté devant Tournai des deus rois et de lors alyés, ensi que on espéroit que elle deuist estre, il estoient issi hors d'Engleterre avoecques le roi pluisseurs chevaliers et signours qui euissent bouté lors banières hors, et avoient lor estat tout pourveu grant et estofé et ne désiroient aultre cose : aussi tout li signeur qui là au dit roi d'Engleterre compagnie faisoient, au plus estoféement comme il pooient, et i estoient tant de banières, de pennons, de monteures, de trefs, de tentes, de carroi et de toutes coses qui à une hoost apertient et est nécessaire as gens d'armes. » III, 312, 313.

« Hugues de Courtney, comte de Devonshire, chevalier de la Jarretière, dit M. le baron Kervyn de Lettenhove, descendait, d'après quelques généalogistes, de Robert de Courtenay, fils de Pierre de France, seigneur de Courtenay, le plus jeune des fils de Louis le Gros, qui, s'étant attaché au roi Jean, l'aurait suivi en Angleterre.

» Banks soutient, au contraire, que les Courtney ne sont point issus de Louis le Gros et que leur ayeul était un Renaud de Courtney qui obtint une baronnie dans le Devonshire lors de son mariage avec la fille du baron d'Oakhampton

» Hugues de Courtney, dont Froissart s'occupe ici, était petit-fils de Hugues de Courtney et d'Agnès Sint-John. Il épousa Marguerite de Bohun. Il fit la guerre en 1333 en Écosse, et en 1342 en Bretagne. Élu chevalier de la Jarretière vers 1350 En 1352, il fut chargé de défendre les côtes d'Angleterre. En 1356, il fut envoyé en Bretagne.

» Mort au mois de mai 1377.

» Marguerite de Bohun, fille du comte d'Hereford, donna au comte de Devonshire six fils et cinq filles. Par son testament, elle légua à un de ses fils tous les cygnes de son domaine de Toppesham et à une de ses filles le roman d'Arthur de Bretagne. » XXI, 94.

Il est aussi question, dans Froissart, de Édouard de Courtenay, comte de Devonshire, petit-fils du précédent : « La estoient li conte d'Arondiel, qui s'appeloit Richart, li contes de Douvesière [c'est Edward 1377], li contes de Northombrelant, li contes de Notinghem, messires Thumas de Hollandes, contes de Quent. » IX, p. 68.

Le comte Edouard fut nommé amiral de la flotte occidentale en 1383 ; mort en 1419.

PLANCHE LII

1. Die G. van Notingen. — Le comte de Nottingham.

Porte : *De gueules au lion d'argent ;* dans les Peerage le lion est *armé et lampassé d'azur*.

Jean Mowbray et Thomas Mowbray. — Dans le Rôle d'Edward II et dans l'Armorial de 1320 publié par Roves Mores, lord de Mounbray porte *de geules à un lyon rampaunt d'argent*. — « Quant li contes de Northombrelant et li contes de Nothinghem et li baron d'Engleterre perchurent que li Escot ne trairoient plus avant.. ; IX, 34. — Et puis s'en retournèrent parmy la terre le conte de Nottinghem et le seigneur de Moutbray ; X, 291. — Et commenchièrent a ardoir païs et villes, et a faire moult de desrois en la terre de Moutbray, qui est au conte de Notinghem. »

Jean, né en 1365, mort en 1383, dit un vieux Peerage, fils et héritier de Marguerite, duchesse de Norfolk, fut, par le roy Richard II, créé comte de Nottinghem et comte-mareschal d'Angleterre, et mourut sans issue, sa mère encore vivante ; après la mort duquel, Thomas Mowbray, deuxième fils de Marguerite, duchesse de Norfolk, fut comte de Nottinghem et comte-mareschal d'Angleterre, et après, au 20 ans du règne de Richard II, créé duc de Norfolk. — En 1393, dit M. Kervyn, Richard II permit à Thomas de porter pour cimier un léopard d'or comme les princes de Galles. Il mourut banni, à Venise, en 1400.

2. Die G. v. Pennicbrueck. — Le comte de Pembrocke.

Porte : *Écartelé, au 1 et 4, burelé d'argent et d'azur de dix pièces, à un orle de merlettes de gueules,* qui est de Valence ; *au 2 et 3, d'or à la manche maltaillée de gueules,*

3

qui est de Hastings. « Le counte de Penbroc, « *burele de argent e de azur, od les mereles de goules.* » — *Barry ar. et b.* 10 *merletz orle g.*

« Guillaume de Valence épousa Jeanne, fille héritière de Valeren de Mouchenesy, au droit de laquelle il fut comte de Penbrok, » et ses armes sont ici régulièrement blasonnées : de Valence écartelé de Hastings. Jean Hastings, comte de Pembroke, dans les monuments de l'abbaye de Westminster, porte les mêmes armes sur sa cotte de mailles, mais les quartiers sont intervertis : c'est Hastings, écartelé de Valence. Dans les Rôles, les armes ne sont pas écartelées.

Ainsi, dans le Rôle du Siège de Calais, Lorence ou Lawrence Hastings, comte de Penbroke, mari de Lady Isabel de Valence, mort en 1348, portait *d'or à la manche de gueules.* — Dans le Rôle d'Edouard II, publié par Harris Nicholas, et dans celui d'Edouard III publié par Mores, « sir John de Hastings, *de or, od la manche de goules,* » et « sir William de Hastinges, meymes les armes, *à un label des armes de Penbrok;* » et un autre John Hastinges, *de or a une manche de goules,* od la bordure de Valence. Dans les mêmes Rôles, « le counte de Penbroc porte *burelé de argent et de azure, od les merelos de goules* » sans écarteler de Hastings. Enfin dans le Rôle de Caerlaverock :

> Celui ki honnour enseigne
> Johan de Hastingues a non...
> Escu avoit fort e legier
> E banière de oevre pareille
> De or fin a la manche vermeille
>
> De Valence Aymars li vaillans
> Bele banière y fu baillans
> De argent e de asur burelée
> O la bordure poialée
> Tout entour de rouges merles.

Jean, comte de Pembroke, lord Hastings de Bergaveny et Westford en Irlande, né en 1346, chevalier de la Jarretière, épousa Marguerite, fille d'Edward III ; mort en 1375. Jean son fils, né en 1372, troisième comte de Pembroke, lord Hastings de Westford et Bergaveny, tué à 17 ans en 1389.

« Ainsi se pourvéoit li rois d'Engleterre quoiement et secrètement, et aqueroit amis en l'empire cheux que avoir en povoit, et souvent parloit à

Monseigneur Robert d'Artois, au conte de Lancastre, au conte de la Marce,
au conte de Pennebrucq, au conte de Northantone et à ses plus privés et
espécials amis,comment de ceste haulte et grande entrepresure qu'il désiroit
et esperoit à faire il se maintenroit. » Fr. II, 36o. — « Si escripsi li contes
Derbi au conte de Pennebrucq qui en Bergerach se tenoit, et li manda qui
a tel jour et à telle heure avoecq tous ses compaignons il fust devant
Auberoce. » [1344], IV, 253. — « Ce demora une espace de temps, et li rois
d'Engleterre tint toudis son siége devant Calais et tint grant court et noble,
le jour dou Noël. Le quaresme ensievant,retournèrent de Gascogne li contes
de Pennebruq et li contes de Quenfort et grant fuisson de chevaliers et
d'esquiers en lor compagnie, et ancrèrent devant Calais. — En che tamps
se départirent de Bourdiaux-sur-Geronde, au commandement dou prinche,
Ainmenions de Cambruge ses frères et le conte Jehan de Pennebourch et
plus de III^m combatans. XVII, 470. — Quant che vint à l'esté l'an LXXII,
par le infourmation de mensignior Guichard d'Angle et de ses compaignons,
le roy d'Engleterre institua le conte de Pennebourq qu'il appeloit son fil,
pour aller en Poito et y estre le souverain de toutes les marches de Poito et
de Saintonge. » XVII, 515. — « Le conte de Penenbroc, qui estoit bon
chevalier, se mist es plus grans vaisseaulx et les meilleurs de ses gens, et se
mist en mer pour combattre les Espaignols. » — *Chr. des Valois*, p, 232.

Des généalogistes rattachent les Pembroc aux Lusignan. « Entre les plus
anciennes maisons de France, dit un paléographe, une des plus grandes de
la province du Poitou, était celle de Lesignem, qui a joui de toutes les
marques qui peuvent rendre une maison illustre. Elle a eu des rois de
Jérusalem, d'Armenie et de Chypre; elle a tiré son nom d'une petite ville
située à cinq lieues de Poitiers : celui qui en a jeté les fondements était
Hugues I du nom, dit le Veneur; ses successeurs furent Hugues II à XIII.
Hugues XI eut pour père Guillaume de Lesignem, dit *de Valence*, qui a
fait la branche de Pembroc en Angleterre. Hugues XIII dit le Brun, sire
de Lesignem, comte de La Marche et d'Angoulême, mourut en 1303. » Le
burelé d'argent et d'azur appartient en effet aux Lusignan.

3. — Die G. v. Angus. — Le Comte d'Anguisse.

Porte : *De gueules à la quinte feuille d'or et un orle de
huit croisettes recroisetées de même.*

Messire Robert d'Omfreville, chevalier, comte d'Anguisse en Ecosse, sire
de Prode et de Ridendale. Dans Rymer, il se nomme Robert de Umfreville,

comte de Anegos. — Son fils Gilbert lui succéda en 1332, s'attacha entièrement aux Anglais et vécut comme Anglais. Cité au Parlement comme Pair
d'Angleterre de 1332 à 1381. Son frère Thomas alors lui succéda. Voici
d'ailleurs leur généalogie : Gilbert d'Umfreville, comte d'Anguse, baron de
Prodow, Otterborne, Hartbold et Ridesdale, mort en 1312, eut trois fils :
Gilbert d'Umfreville, Lord de Prodow, mort avant son père ; Robert
d'Umfreville, comte d'Anguse, Lord de Prodow, dont deux fils qui suivent ;
et Thomas, Lord de Redesdale ; les deux fils de Robert sont : 1º Gilbert
d'Umfreville, comte d'Anguse, Lord de Prodow, Otterbourg, mort en 1360 ;
il épousa Jeanne, fille de Robert Willougbi ; 2º Robert d'Umfreville, chevalier de la Jarretière, créé comte de Kyme en 1420 : Portent *de gueules
semé de croix recroisetées d'or à la quintefeuille de même.*

A la bataille de Nevill-Cross, « L'onorable pier en Deu William par su
grace erceveck d'Everwick primat d'Engleterre, et alters grans vers les
parties de North, le count d'Anegos, li sires de Percy, Moubray, Neville,
de Dayncourt, Maughley, Layburne, Scrope... et altres nobles et baronets
s'assemblèrent... et li roi d'Escosce se mova contre ceaux et araicrent et
ordinèrent lour batailes et escheles d'une part et d'altre... En la second
eschele monsir l'ercevecq, le counte de Anégos, li sires de Dayncourt.... »
Lettre de 1346, citée par M. Kervyn. — Voyez aux Notes.

4. — Die H. v. Bemont. — Le Sire de Beaumont.

Porte : *D'azur semé de fleurs de lys d'or, au lion couronné
de même, lampassé de gueules.* — Le heaume d'argent taré
de profil, le volet d'azur semé de fleurs de lys d'or, et pour
cimier un lion d'or la queue pendante posé sur un bonnet
d'azur semé de fleurs de lys d'or et retroussé d'hermines.

Ce semé de fleurs de lys d'or marque l'origine des Sires de Beaumont,
descendants de Louis VIII de France. Le Vicomte de Beaumon , ou
Beaumont le Vicomte, en France, a gardé ces armoiries. Les anciens
Peerage disent : « Henry, vicount Beamont descendet of Lewis y 8e of y
hame king of France, » et ajoutent que « Henry, viscomte de Beaumont,
passa en Angleterre avec la reine Isabeau, femme du roy Edward II, et
espousa Alix, fille et l'une des héritières de Alexandre de Comyn, comte de
Bugham. » Dans le Rôle de Édouard II, publié par Harris Nicolas, et

dans celui de Édouard III, publié par Mores, « Sir Henri de Beumond, *de azure, flurette de or a un lion raumpaund de or et un baston goboune* [*componé*] *de argent et de goules.* »

Puisque Henri de Beaumont portait une brisure, il était un des fils, le maisné du Sire de Beaumont, « que Dugdale ne nomme pas, » mais qui s'appelait aussi Henri de Beaumont. C'est, je crois, Henri de Beaumont, fils, « messire Henris de Biaumont, un grant baron d'Engleterre, » dont « messires Thomas Wage était l'oncle »,II,75, qui fit prisonnier Edward II et le Despensier le viel. « Au darrin avint que messires Henris de Beaulmont, fils du vicomte de Byaumont, en Engleterre, entra en une barge et aussi avoec lui auscuns compagnons et se fist nagnier devers ceuls, » II, 81; « messires Henris de Biaumont qui estoit uns jones chevaliers et de grant volonté s'asaia et dit qu'il iroit veoir que c'estoit, et se fist a force de remes mener à la barge du roi. Quant ils furent là venu, ils l'arestèrent et virent que li rois estoit dedans et son consillier messire Hues li Espensiers. Che fu fait l'an de grace 1326. » Le Sire de Beaumont eut deux fils, puisque Froissart nous rapporte qu'à la joute de 1342, à Londres, « uns moult gentils et jovènes bacheliers y fu tués au jouster par grand mesavenue : che fu messires Jehans, aisnés fils à Monseigneur Henri, viscomte de Beaumont [ou le Sire de Beaumont], en Engleterre, biaux chevaliers jones et hardis, et portoit *d'azur semet de fleur de lis d'or a ung lion d'or rampant et ung baston de gheulles parmy l'escut.*» Ainsi, l'aisné Jehan portoit pour brisure un *baton de gueules,* et le maisné Henri, *un baston componé d'argent et de gueules,* tandis que leur père, Henri. portait les armes pleines de Beaumont. Qu'en pense M. Kervyn? M. Kervyn peut me répondre que Henri de Beaumont, père, étant mort en 1340, et Jehan de Beaumont en 1342, c'est le maisné qui devint le chef de la famille et en porta les armes que Gelre a inscrites ci-dessus.

Quant au vieux sire de Beaumont, il est probable que c'est lui qui convint d'une joute avec le vieux comte de Narbonne, pendant la trève de Desplechin, 1340.

5. — DIE G. V. STAFFOERT. — LE COMTE DE STAFFORT.

Porte : *D'or au chevron de gueules.* — Le heaume d'argent, le bas volet haché d'or, la couronne de gueules, et pour cimier une tête et col de cygne d'argent becqué de gueules entre deux aîles d'argent posées en aigrettes.

« Robert, baron de Stafford, vesquit au tems de S. Edward le confesseur et eut issue Robert, baron de Staffort, qui vivoit au tems de la conqueste, duquel descendit Raphael, premier conte de Staffort. — Ralf L. Stafford var created erle of Stafford by king Edw. III. Raphael, Raoul ou Rodolfe de Staffort, guerrier et courtisan, fut créé conte de Stafford par le roy Edward III, 1351 ; il fit les campagnes d'Aquitaine en 1344-45, de Crécy, du siège de Calais 1346-47, de France 1359-60 ; mort en 1372. Il espousa Marguerite, fille et héritière de Hughes de Audley, conte de Gloucester : de lui descendirent Hughes 2ᵉ conte de Staffort, chevalier de la Jarretière, mort en 1386, et Thomas, William, Edmond et Homfroy ou Henri de Staffort, conte de Staffort, et premier duc de Buckingham.

Dans les Rôles d'Edward II et d'Edward III, « le Baron de Staffort » porte ces armes, c'est-à-dire : *de or à un cheveron de goules;* dans le siège de Calais, Ralf, avant d'être créé comte, portait aussi ces armes. Mais, dans les deux Rôles de Mores et de Harris Nicholas, Robert de Staffort, dont Froissart ne parle pas, et qui est peut-être Ralf ou Richard par une erreur de copiste, porte : « *de or a un cheveron de goules, à trois besans de or.* » — « En celle année, avoit-il fait et créé son cousin, le comte Henri Derbi, duch de Lancastre, et le baron de Stanfort, conte de Stanfort », V, 258.

Quand Edward III envahit la champagne, le comte de Staffort chevauchoit près de lui : — « Si se départy le roy de Calais, et mist en l'avangarde son cousin le duc de Lenclastre, et avoit en se route bien IIᵐ hommes d'armes et IIIIᵐ archiers, et chevauchoient chil environ deux ou trois lieues devant la bataille du roy, qui venoit après moult bien ordonnément, où bien avoit IIᵐ hommes d'armes et IIIIᵐ archiers ; et de l'arière-garde estoient [chief] les quatre enfans du roy, premièrement le prinches de Galles, messire Lions d'Ulnestre, messire Jehan conte de Richemont et messire Aymons de Lenglet. Entre le bataille du roy et le bataille de ses enfans aloit tout le caroy qui comprendroit bien quatre lieues, et estoit le roy et toute ses gens tout armés au cler. Sy estoit connestable de l'ost le conte de la Marche, et mariscal le conte de Wervich et le conte de Stanfort. A veoir l'ordonanche et comment il chevauchoient sans passer l'un l'autre, c'estoit grant biauté au considérer ; mais le pleuie que il faisoit en che tamps, leur grevoit moult. » XVII, 383.

6. — H. Thomas v. Hollant. — Sir Thomas de Holland.

Porte : *D'azur au léopard d'argent armé de gueules, ayant la lumière de même, lampassé d'or [l'écu semé de fleurs de lys d'argent].*

Dans les Rôles de Edward II et Edw. III, « Sire Robert de Hoylande, *de azure flurette de argent, à un lupard rampaund de argent.* » — Dans le Siège de Calais, Sir Thomas Holland porte de même.

Sir Thomas Holland fit les campagnes de Crécy, 1346; en 1354, nommé lieutenant du roy d'Angleterre en Bretagne; capitaine de Saint-Sauveur le Vicomte, 1359; un des premiers chevaliers de la Jarretière (un des founders of the Garter) épousa, environ 1352, Jeanne d'Angleterre dite la belle comtesse de Kent, depuis Princesse de Galles et mère de Richard II. Il fut reconnu comme Comte de Kent en 1360 et mourut cette même année. Son fils Thomas Holland, frère utérin de Richard II, lui succéda comme comte de Kent ; maréchal d'Angleterre ; mort en 1397.

« Assez tost apriés, se departi d'Engleterre li prinches de Galles et de son hotel de Berkamestede, à XX lieuwes de Londres, où il s'étoit tenus tout le temps en grant reviel avoecq Madame la Princhesse, sa femme qu'il avoit por amour prise a espouse et a compaigne, de sa vollenté, sans le sceu dou roy son père, laquelle dame avoit estet fille dou conte Aimmon de Kent, oncle dou roy englès, et avoit la ditte dame estet mariée en devant a che bon chevalier Monseigneur Thummas de Hollande, de qui elle avoit de biaux enfans. » VI, 367. — Assés tost apries, se maria li dus de Bretaingne à l'aisnée à fille Madame la Princesse de Galles, que elle avoit eue de Mouseigneur Thummas de Hollandes. » VII, 75.

7. — H. B[ar]tolomeus van Brues. — Sir Barthelemy de Bruch.

Porte de gueules au lion d'or à double queue.

Sir Berthilmeu de Borovash, dans le Rôle d'Edw. II ; sir Bertilmeu de Buronash, dans le Rôle d'Edw. III, porte « *de goules au lion rampaund de or, od la couve forchie.* — Bartholemew Burwash, the kings Chamberlen, dans le Rôle du Siège de Calais, porte : *or a lion rampt. double queve de g.* — Boutell. dans son *Heraldry historical*, l'appelle aussi Burwash, et M. Kervyn, dans sa Table, le place sous le nom de Barthelemy de Burghersh.

Lorsqu'Edouard III, à Buironfosse, 1339, offre la bataille à Philippe de de Valois, « Messires Roberts d'Artois avoit dallés lui monseigneur de Bercler le seigneur de Cliffort, messire Richart de Pennebruge, messire Bietremieu de Bruhes. » — A Crécy « messire Bietremieus de Bruwes » étoit dans l'armée du prince de Galles. — Connétable de la Tour de Londres, il mourut, dit M. Kervyn, en 1355. — Son fils porta aussi le nom et les armes de Barthelemy de Burghersh. Il est au combat naval de Winchelsea : « Si estoient avoecques li en celle armée, et si doi fil li princes de Galles et Jehans contes de Ricemont; mais cils estoit encores si jones que point il ne s'armoit., mais l'avoit li princes avoecques li en sa nef, pour ce que moult l'amoit. Là estoient li contes d'Arondiel, li contes de Norhantonne, li contes de Herford, li contes de Sufforch, li contes de Warvich, messires Renauls de Gobehen, messires Gautiers de Manni, messires Thumas de Hollandes, messires Loeis de Biaucamp, messires James d'Audelée, messires Biétremieus de Brues, li sires de Perci, li sires de Moutbrai, li sires de Neufville, li sires de Cliffort, li sires de Ros, li sires de Grastoch, li sires de Bercler et moult d'aultres. Et estoit li rois là accompagniés de CCCC chevaliers, ne onques n'eut tant de grans signeurs ensamble, en besongne où il fust, comme il ot là. » V, 259. — Il assiége le château de Courmicy : « De quoy chils bons chevaliers messires Bietremieux de Bruech, grant baron d'Engleterre, estoit, a toutte se routte et se charge de gens d'armes et d'archiers, logiés à Curmissi ung moult bel castiel de l'arcevesque de Rains. » VI, 247. — Sir Barthelemy de Brues ou Burghersh pair d'Engleterre du premier rang, 1330-55 ; son fils Bartholomeu Burgherhs, pair, 1357-69, chevalier de la Jarretière, mourut en 1369.

8. — H. Steven van Cusenten. — Sir Etienne de Cosyngton.

Porte : *D'azur à trois roses d'or boutonnées de gueules.* — Le heaume d'argent taré de face, le camail [d'argent] et pour cimier une rose de l'écu posée sur un chapeau [d'argent] retroussé d'or, entre deux tuyaux affrontés et recourbés garnis chacun à chaque bout d'une autre rose de l'écu.

Dans le Rôle d'Edw. II et dans le grand Rôle de 1320, « Sir William de Cosingtone, *d'azur à trois roses de or* » et, comme brizure, sans doute, Etienne a des roses *boutonnées de gueules*. — William et Etienne figurent tous deux dans Froissart. « Ces gens d'Armes bretons et françois se boutè- rent de grant vollenté ou gait et gaaignièrent de venues la barre dou gait et le chevalier dou gait qui s'appeloit messire Guillaume de Cuisenton », ou Cousenton, 1360. — « Le prinche de Galles se tenoit à Bourdiaux et eult désir de chevauchier en Franche, et sy avant, che disoit, que de passer la rivière de Loire et passer en Normendie devers son cousin le duc de Lan- clastre et monsigneur Phelippe de Navarre pour aydier à reconquerre les castiaulx perdus que le roy Jehan avoit pris sur l'irtaige du roy de Navarre. Sur celle entente et en celle meisme saison que le roy de Franche avoit mis le siége devant Bretuel, environ le Saint-Jehan-Baptiste l'an mil IIIᵉ LVI, que les blés et les avaines sont meurs à camps et qu'il fait bon ostoyer pour hommes et pour chevaulx, se party ledit prinche de Bourdiaux à belle compaignie de gens d'armes, IIIᵐ lanches de chevaliers et d'escuiers de Gascongne et de Engleterre et IIIIᵐ archiers et VIᵐ bidaus et brigans de piet. Or vous voel-jou nommer la plus grant partie des signeurs qui en che voiage furent, et premiers : d'Engleterre le conte de Werwich, le conte de Sallebry, le conte de Sufort, le conte d'Asque-Souffort, messire Renaus de Gobehem, messire Richart de Stanfort, messire Jehan Candos, messire Bertran de Bruch , le droit sire Despensier messire Édouart, messire Estienne de Gousenton, messire Guillaume Fil-Warine, messire James et messire Pierres d'Audelée, le sire de le Ware, le sire de Willeby, le sire de Bercler, messire Thomas et messire Guillaume de Felton, le sire de Bra- sentone... 1356. » XVII, 338. — Etienne de Cosyngton, 1355-1367, fut à Crécy et à Poitiers ; il fut maréchal de l'armée à la bataille de Najara. Voyez *Chandos hérald Black Prince*, p. 304. — « Le capitaine messire Estienne de Cusenton, un moult vaillant chevalier d'Angleterre. » *Chr. du Duc de Bourdon*, p. 124. — « De jour ne de nuict ne cessoint les gens d'armes mandez à Nantes par le Roy de France et le duc de Bourbon, ensemble messire Pierre de Bueil, d'imaginer comment ils pourroient gre- ver les Anglois qui les tenoient assiegez. Si advint un jour que parmy le chastel, toute la compagnie du duc Bourbon et le sire de Bueil, yssirent et allèrent frapper et ferir sur le guet de l'Anglois : messire Estienne de

Cusantonne qui estoit au logis de la Saulsaye, devers le matin en changeant son guet, et perirent François parmy, qui bien estoient d'Anglois cent et ci quante hommes d'armes, et François autant, dont en celuy encontre l'une partie des Anglois fut prinse et l'autre s'enfuyt, et retint l'en prins le Capitaine Messire Estienne de Cusantonne, un moult vaillant chevalier d'Angleterre et trente-six hommes d'armes des siens, et bien soixante morts.» *Chron. du duc de Bourbon*, 151.

9. — Die H. van Vidvatiir. — Le Sire de Fitz-Water.

Porte : *D'or à une face de gueules accompagnée de deux chevrons de même, l'un en chef et l'autre en pointe; ou, une face entre deux chevrons de gueules; or, a fesse between wo chevrons gu.* — Le heaume d'argent taré de face, le camail de gueules fourré de sinople et pour cimier deux ailes d'or posées de chaque côté d'un chapeau ou bonnet de gueules retroussé d'hermines.

Dans les Rôles d'Edward II et d'Edward III, « sir Robert fiz Waulter *de or a une fesse et* II *cheverouns de goules.* » Et dans le Rôle de Caerla-verock :

> O lui Robert le Fiz-Water,
> Ke ben sont dez armes le mester,
> Le enfesoit kanques il devoit
> En la banner jaune avoit
> Fesse entre deux cheverons vermaus.

Sir John Fitz-Walter, pair d'Angleterre, 1341-1360; son fils sir Walter ou Gautier Fitz-Walter, pair, 1369-1386, qui épousa Philippe de Mohun, fille de Jean baron de Mohun de Dunster. — Jean était à Buironfosse et à Crécy : « Li sires de le Ware, li sires de Lantonne, li sires de Basset, li sires de Fil-Watier, messires Gautiers de Manni, et plusieurs aultres que je ne puis mies tous nommer. » III, 53. — Il était à la prise d'Orensen, 1386 : « Vous devés savoir que, quant les armes furent faites à Besances de messires Jehan de Hollandes et de messire Regnault de Roye, comme dit est (et là furent le roy de Portingal et sa femme) a leur département le roy de Portingal avoit prommis au duc de Lancastre que, luy retourné en sa cité du Port, il ne séjourneroit point six jours, que il chevaucheroit; car ses gens estoient tous prests. Le duc envoia tantost sa femme en la ville de Saint-Jacques en Galice pour là séjourner en la garde du seigneur de Fil-Watier, ung grant baron d'Angleterre, à tout cent lances et deux cens archiers, et luy dit au partir de Besances : « Madame, vous vous tendrés « en la cité de Compostelle, et nous chevaucherons, le roy de Portingal, « mon fis et moy et nos gens, en Castille pour requerre nos ennemis, « et les combattrons où qu'ils soient trouvés. Ceste saison-icy nous verrons « se jamais aurons riens ou roiaulme de Castille. » La dame respondi : « Dieu y ait part ! » Ainci furent les départies pour le présent. Messire Thomas de Persy et le sire de Fil-Watier convoièrent la duchesse à tout deux cens lances hors des périls, et puis retournèrent devers le duc qui jà estoit hors de Besances, et chevauchoit, et ses routes, vers une ville en Gallice que l'on nomme Aurenc, laquelle luy estoit rebelle et nullement ne luy vouloit obéyr, car elle estoit forte, et y avoit ung nombre de Bretons en garnison, qui l'avoient prinse à garder sur leurs périls, et pour tant qu'ils sentoient bien que le duc et les Anglois vendroient celle part, ils s'estoient encoires moult grandement fortiffiés.» XII, 185.

10. — Die G. v. Noranten. — Le Comte de Northampton.

Porte : *D'azur à la bende d'argent cotoyée de deux filets ou bendletz d'or, et accompagnée de six lionceaux de même mis en orle.*

Ces armes de Noranten et celles de Hereford qui se trouvent à la planche 5o ont exercé la sagacité des héraldistes, et les savants les plus graves n'ont pu s'empêcher de sourire avec satisfaction devant ce qu'ils ont appelé une confusion d'armoiries. Les trois molettes à six pointes ou étoiles d'éperons, disent-ils, sont à Northampton et non à Hereford. On reproche donc à Gelre de les avoir intervertis, et, en effet, les armoriaux postérieurs donnent à Herford et à Northampton les armes l'un de l'autre. Je réponds que d'abord, dans le Rôle de Caerlaverock, Hereford n'a pas d'étoiles : il est l'aîné et porte les armes pleines sans brisure. Ensuite, Hereford et Northampton se divisent, Hereford reste l'aîné, et Northampton a des étoiles. Enfin les deux Noms et Armes sont réunis en la personne d'un neveu ; c'est alors que Humfrey de Bohun, créé comte de *Northampton* en 1360 et portant les armes de la planche 59, hérita de son oncle Humfrey de Bohun, comte de *Herford* : devenant à la fois comte de Northampton et de Herford, il garda son nom de Northampton, tout en portant les armes de Hereford.

De sorte que, en 1320, le comte de Hereford, aîné de Bohun, chevalier de la Jarretière, 1336-1361, *porte d'azur de cendal, à six lioncels d'or, à une bende d'argent et deux cotices d'or* ; en 1337, William de Bohun, son frère, comte de Northampton, porte celles *de Bohun brisées de trois étoiles* : son fils, Humfroy de Bohun, est comte d'Erfort par son oncle et comte de Northampton par son père, devient connétable d'Angleterre, comte de Northampton et de Hereford, reprend les armes pleines de Bohun et reste Northampton, mais sans brisure ; il mourut en 1371 *Alias* 1373, sans hoirs mâles, laissant deux filles : l'une, Éléonore, mariée à Thomas de Woodstock, comte de Buckingham et plus tard duc de Glocester; l'autre, Marie, mariée au comte de Derby, fils de Jean duc de Lancastre et plus tard Henri IV d'Angleterre. — Il fut l'un des protecteurs de Froissart.

« Or vous voeil nommer les plus grants signeurs de l'ost du roy d'Engleterre..., le conte de Hereford et de Norhantonne,.. » *Froissart*, éd. Luce, V, 200. — Li y estoient messires Henris dus de Lancastre, li conte de la Marce, connestables d'Engleterre, li contes de Herfort et de Norhantonne. » d°. éd. Kervyn, VI, 222. — Voir aux Notes leur généalogie.

11. — H. Reynolt v. Cobbam.— Sir Reynold de Cobham.

Porte : *De gueules au chevron d'or, chargé de trois etoiles de sable.*

Ces étoiles doivent être percées ; ce sont des *meulettes*, des *estoiles percied*. Les Anglais confondent les deux termes et appellent les molettes ou meulettes, des étoiles. La figure de celles de Cobham sont bien des molettes ou étoiles d'éperon, d'un genre particulier, d'un vieux type. M. Boutell, dans son *Heraldry historical*, a très bien conservé cette forme originale. Ces *meulettes* ne sont qu'une brisure, car Cobham a pour armes pleines : *de gueules au chevron d'or.* Ainsi, dans les Rôles de Edward II et Edward III, on trouve quatre Cobham : Henri et Renaud, Henri, *le oncle,* et Estevene son fils : Renaud porte les *trois moles d'azur.* — Dans le Rôle du Siége de Calais se trouvent Reynold Cobham qui porte *d'argent au chevron de sable, trois estoiles d'or ;* et deux John Cobbam : le premier porte *de gueules au chevron d'or trois estoiles de sable, a lambel of trois points d'or* : le second, *de gueules à chevron d'or, 3 martlets de sable.*— Le père a porté les molettes *d'azur;* le fils, les molettes *de sable* que John a surbrisées d'un lambel. — Malgré ces divergences, le plus ancien Peerage Ms. de la Bibliothèque Nationale, à Paris, donne raison à Gelre : « Reignold Cobbam, L. Cobham of Scarborough whor heire général was maries to Edward Brough the first L. Brough : *de g. a che. d'or, 3 molets de s.* »

« La repliquièrent li signeur en la presence dou roi toutes les paroles et requestes des Escoçois et demandèrent : Or sus, qui fera la response et qui parlera a point sus cheque il ont dit et proposé ? Dont parla messire Renauls de Gobehem, uns moult sages et vaillans chevaliers, pères à messire Renault qui fut depuis aussi un moult preus et vaillans chevaliers, et dist : A tout ce que chil Escoçois requièrent et demandent ne faut pas trop grand conseil... Adont furent appellé li Escos. Ils vinrent avant et entrèrent dedens la cambre et nuls fors euls. Li consauls dou roi se mist sus deus èles, et les Escoçois enmi euls. Quant il furent tout aquoisié, messires Renauls de Gobehem parla et dist : « Entre vous, signeur d'Escoce, vous « demandés à avoir response et non aultre cose, et vous l'auerés et bien « briefment. Vous avés demandé à quel title nous vous volons présentement « faire guerre. Vous le savez bien quoique vous ignorés ; mais puisque il « fault que nous renouvellons la parole, je parole pour nostre sire le roi et « pour tout le païs généraument d'Engleterre, et dissons que vostres rois « est tenus, et ont esté tout si prédicesseur, roi d'Escoce, et seront li suc-« cesseur, à faire hommage au roi d'Engleterre, à ceuls qui furent et seront, « et cela avoech le calenge nous volons tenir en droit, et le demandons et « requérons comme le bon hiretage à la couronne d'Engleterre. »

12. — H. WILLE FIWVRIN. — SIR GUILLAUME FITZ-WARREN.

Porte : *Écartelé d'hermines et de gueules, endenté en face de l'un en l'autre.*— Le heaume d'or, le chaperon découpé de gueules, et pour cimier un cygne d'argent becqué de gueules, membré de sable, posé sur un chaperun entre deux ailes en aigrettes d'argent.

Les trois Rôles d'Edward II, d'Edward III et du Siége de Calais donnent à Foulques et à Willem Fitz-Varen : *écartelé endenté en face d'argent*

et de gueules; quartely per fess endented arg. et g. Dans un Ms. de la
Bibliothèque de l'Institut, au lieu d'hermines, c'est *d'or herminé de sable.* —
Nous croyons que Foulques père et fils ont porté *d'argent;* William a brisé
d'hermines, et John ou Yon a brisé d'un lambel d'azur.

« Foulk Fitz-Waren of Whittington whose heire general was maries to
William Bourgchier who in her hight war L. Fitz-Waren. — Foulk Fitz-
Warren, sir de Whittington : la générale héritière duquel fut mariée à
Guillaume Bourchier qui, en son droit, fut sir de Fitz-Warren. »

« Or vous voel-jou nommer la plus grand partie des signeurs qui en ce
voyage furen¹, et premiers : le conte de Sallebry, le conte d'Asquesouffort,
messire Renaud de Gobehem, messire Guillaume Fil-Warine, messire
James et messire Pierre Audelée... » Il fut à l'Écluse, à Tournay, en
Écosse, en Normandie, en Guyenne. Mort en 1361.

Lors de l'expédition anglaise en Saintonge, « Quant li rois d'Engleterre
entendi ces nouvelles, que li rois de France et li François avoient asségiet
le ville de Saint-Jehan, et prioient qu'il fuissent reconforté et ravitailliet, si
respondi li rois si hault que tout l'oïrent : « C'est bien une requeste raison-
» nable et à la quele je doy bien entendre. » Et respondi as messages : « J'en
» ordonnerai temprement. » Depuis ne demora gaires de temps que li rois
ordonna d'aler celle part monsigneur Jehan de Biaucamp, monsigneur
Loeis et monsigneur Rogier de Biaucamp, le visconte de Biaucamp, mon-
signeur Jame d'Audelée, monsigneur Jehan Chandos, monsigneur Biétremieu de Brues, monsigneur Jehan de Lille, monsigneur Guillaume Fil-
Warine, monsigneur de Fil-Watier, monsigneur Raoul de Hastinges, mon-
signeur Raoul de Ferrières, monsigneur Franke de Halle et bien XL chevaliers; et leur dist que il les convenoit aler à Bourdiaus, et leur donna
certainnes ensengnes pour parler au signeur de Labreth, au signeur de
Mouchident, au signeur de l'Espare et as signeurs de Pommiers, ses bons
amis, en yaus priant de par lui que il se volsissent priés prendre de conforter la ville de Saint-Jehan par quoi elle fust rafreschie. » V. 281.

13. — H. BRIA[N]S V. STAPELTON. — SIR BRIANS DE STA-
PLETON.

Porte : *D'argent au lion de sable, armé et lampassé de
gueules chargé sur l'épaule d'un anneau d'azur.* — Le heaume
d'or taré de face, le mantelet découpé d'argent fourré de

gueules, et pour cimier une queue de plumes ou haut esteuf arrondi, garni de deux ailes de dragon de sable.

Est-ce Miles, ou Brians, qu'il faut lire ? Dans M. Kervyn : « Miles dit Brian de Stapleton, fils de Nicolas de Stapleton, chevalier de la Jarretière.» — Dans les deux Rôles, publiés par Mores et Harris Nicholas : « sir Miles de Stapeltone, *de argent a un lion rampaunt de sable.* » — Dans le Siége de Calais : « sir Nicholas » porte de même sans brisure. — Alors nous avons ici les armes de Miles, dit Brians, fils de Nicholas, au moment du Siége de Calais. — Milo de Stapleton fut cité en Parlement le 6 et le 7 an du règne d'Edw. II et le 16 an du règne d'Edw. III.

« En 1369, li rois d'Engleterre eut conseil d'envoyer son fil le conte de Cantebruge et le conte de Pennebruch, en le ducé d'Aquitainne devers son fil le prince de Galles, atout une carge de gens d'armes et d'arciers. Si furent nommé et ordené cil qui avoecques yaus iroient. Si me samble que li sires de Carbestone en fu li uns, et messires Brians de Stapletonne, messires Thomas Balastre, messires Jehans Trivet et pluiseur aultre. Si montèrent en mer au plus tost qu'il peurent, et estoient en somme CCCC hommes d'armes et CCCC arciers Si singlèrent devers Bretagne, si eurent vent à souhet, si arrivèrent ou havène de Saint-Malo de l'Ille Quant li dus de Bretagne sceut que il estoient arrivé en son pays, si en fu durement joiant, et envoia tantost aucuns de ses chevaliers devers yaus pour les mieuls conjoïr, tels que messires Jehans de Laguigay et messires Jehans Augustins. » VII, 329. — Mort vers 1373.

14. — H. Iacop v. Audeleer. — Sir James Audley.

Porte : *De gueules fretté d'or, au lambel d'azur de trois pendants, brochant.* — Le heaume d'argent, et pour cimier un bust de vieillard au naturel, la barbe et les cheveux gris, cerclé d'azur, vestu d'azur aussi formant un camail découpé.

Dans le Rôle de 1320, sir Nicholas de Audelaye, *de goules frette de or,* qui sont les armes pleines ; sir Huge de Audele, *de goule frette de or, a un label de azur ;* sir Gemes de Audele, *en le label, les liouncenz de or.* » Gemes, devenu le fils aîné, prit les armes de Huge, à qui, je ne sais pourquoi ni comment, les Armoriaux de l'Ordre de la Jarretière donnent *une bordure d'argent pour brisure,* et qui devint duc de Glocestre.

« Il fut saige chevalier et vaillant homme d'armes durement et fut cellui qui fut le premier assaillant à la bataille de Poitiers, là où le roy Jehan fut prins et desconfit, et fut tenu pour le plus preux et vaillant homme d'armes pour la journée de la partie des Anglois. » *Fr.*, V.

« Apriès le prise et concquès de le Roce-sur-Ion, s'en revinrent li signeur, sicomme dessus est dit, à Poitiers, et se départirent li pluisseur et s'en allèrent en leurs garnisons et en leurs fortrèces. Si se retraist li contes de Cantbruge deviers son frère le prinche de Galles en Angouloime, et li contes de Pennebrucq ossi. Or avint que messires James d'Audelée, qui estoit grans séneacaux de Poito et durement bons chevaliers et hardis et ungs grans capitains entre les Englès, s'en vint à Fontenay-le-Conte en Poito, et là s'acoucha malades, de laquelle maladie il morut. De le mort de lui furent li prinches et tout li chevalier d'Engleterre et de Poito moult courouchiés, mès amender ne le peurent. Apriès le trépas de monseigneur Jame d'Audelée, fu séneacaux et gouvernères de Poito messires Jehans Camdos, à le pryère et requeste de tous les barons et chevaliers dou pays » VII, 285.

15. — H. MABBERNAY. — SIR MAUBURIN.

Porte : *D'argent à la face de gueules, à la bordure de sable besantée d'or.*

Ces armes ne se rencontrent pas dans les Armoriaux anglais, ni dans les Rôles armoriés, ni dans les vieux Peerages : ce combattant du quatorzième siècle appartient à une famille du Poitou, et dans un vieil Armorial flamand, l'un des plus précieux de la collection Goethals à Bruxelles, il est rangé parmi les Poitevins à bannière qui suivirent le parti anglais dans ces luttes fratricides : « Monseigneur Mauburin de Lignières : *d'argent à la fesse de gueules, à la bordure noire besantée d'or.* » — Le *Dictionnaire des Familles* du Poitou par M. Ch. de Chergé, ancien président des Antiquaires de l'Ouest, rapporte tous les membres de cette famille qui « a fourni au prince de Galles un des plus fermes soutiens de son pouvoir, lorsque nos provinces étaient aux mains de l'Angleterre. La généalogie est dans Du Chesne, *Histoire des Chataigners.* » — Jean de Liniers, dit Maubruny, ou Montbrun, sire de Lignères, ou le Sire de Lignères, se trouva à la bataille de Poitiers.

« Lors prinst congié la duchesse [de Lancastre] et sa fille et les dames et demoiselles qui en leur compaignie estoient, et montèrent et partirent. Si furent accompaignées de l'amiral messire Thomas de Persy, de messire Yon Fitz-Warin, du Seigneur de Taillebot, . de messire Mauburny de Linières et de cent lances et de deux cens archiers. » XII, 99.

« En la ville de Noye morut, 1387, messire Mauburny de Linières, poitevin, ung moult vaillant et appert chevalier. »

« En ce temps estoit grans séneschaus de Poito messires James d'Audelée, uns moult sages et vaillans chevaliers ; si mist sus une chevaucie de tous les barons et chevaliers de Poito. Là estoient messires Guichars d'Angle, messires Loeis de Harcourt, li sires de Pons, li sires de Partenay, li sires de Puiane, messires Joffrois d'Argenton, messires Mauburni de Linières, li sires de Tannai-Bouton, messires Guillaumes de Montendre et pluiseur aultre chevalier et escuier de Poito, et estoient bien XIIe lances, et encores i estoit messires Bauduins de Fraiville, séneschaus de Saintonge. Si fisent cil signeur leur assamblée à Poitiers, et puis s'en partirent en grant arroy, et chevaucièrent tant qu'ils entrèrent en Berri. Et entrèrent ces gens d'armes en le terre li signeur de Chauvegni, qui estoit tournés françois ; si le ardirent et essillièrent toute sans déport, hormis les forterèces, et vinrent devant sa mestre ville de Breuse. Si le asségièrent et le assallirent et fisent assallir un jour tout entier par leurs gens, mès riens n'i conquisent. Dont s'alèrent-il logier, et disent qu'il ne s'en partiroient mies ensi et que elle estoit à yaus bien prendable. Si se levèrent au point dou jour, et s'armèrent et ordonnèrent, et sonnèrent leurs trompètes d'assaut. — *Froissard*, édition Kervyn.

Mauburin de Liniers était à la bataille du Pont de Lussac, où Jean Chandos tomba mortellement frappé. — Voyez Chandos, pl. LVI ci-après. — Qu'on nous permette de citer encore quelques lignes de Froissard, d'après la version de M. Léopold Delisle, dans son *Histoire de S. Sauveur le Vicomte :* « Or avint ainsi que, la nuit devant la nuit de l'an ou chief du moys de janvier, messire Jehan Chandos qui se tenoit en la cité de Poitiers, avoit fait une semonse et un mandement des barons et chevaliers de Poitou, et leur avoit dit qu'ilz venissent là tout secrètement, car il vouloit chevaucier. Les Poitevins ne lui eussent jamais refusé, car moult l'amoient. Si s'assemblèrent en la cité de Poitiers, et i vinrent messires Guichart d'Angle, messires Loys de Harecourt, le sire de Pons, le sire de Partenay, le s re de Puisances, le sire de Tannai-Bouton, le sire de Puiane, messires Geffroy d'Argenton , messire Maubruni de Linières, messire Thomas de Persy,

5

messire Baudouin de Fresville, messire Richart de Pontchardon et plu-
seurs autres. Quand ilz furent tous assamblez, ilz estoient bien CCC lances
Si se partirent de nuit de Poitiers, et ne savoient, excepté les seigneurs, où on
les menoit, et avoient les dis Anglois leurs eschielles et tout leur arroy
pourveu. Si vindrent jusques au dit lieu. Là furent-ilz tous enfourmez de leur
fait, et descendirent de leurs chevaus et les baillièrent à leurs garçons. Si
entrèrent dedens les fossez, et estoit environ heure de mienuit. En cel estat
où ilz estoient et que breifment ilz eussent fait et feussent venuz à leur
entencion, il oirent la guette du fort qui corna. »

La filiation suivie de Mauburin de Ligniers remonte à 1253. — « Jean
de Liniers, dit Mauburny, Seigneur de la Meilleraye etc., soutenait le parti
des Anglois dans les guerres qui désolaient alors la France C'était sans
doute par suite de l'abandon de nos provinces que le roi Jean avait été contraint de faire à l'Angleterre, après la funeste journée de Poitiers. Il accom-
gnait en 1369 messire Charles d'Audelée dans son expédition contre le
baron de Chauvigny qui venait de se donner à la France. Il était encore du
nombre des seigneurs poitevins qui accompagnaient Jean Chandos lorsqu'il
voulut aller surprendre la ville de S. Savin, projet qui amena la rencontre
au pont de Lussac ou ce grand homme de guerre fut blessé à mort. Il fit
aussi partie de l'armée que le duc de Lancastre conduisit en Espagne contre
le roi de Castille, sur la couronne du quel il avait des prétentions, 1356, et
fut un des trois chevaliers que le chef de l'armée anglaise envoya en 1387
vers le roi afin d'obtenir un sauf conduit pour permettre à ceux qui voudraient
se retirer de traverser son royaume. Mauburny mourut en 1387 à Noye, de
la maladie qui désolait l'armée anglaise, laissant, dit Froissart, la réputation d'un moult et appert chevalier. Marié à D^elle Sibille Taveau, fille de
Philippe et de Jeanne Pouthe, il eut six enfants : 1º Mauburny qui accom-
pagnait en 1390 le duc de Bourbon dans sa campagne contre les pirates
d'Afrique: « Le sire de Liniers à bannière, dit Froissart », ce qui indique
qu'il avait abandonné les drapeaux anglais pour se ranger sous ceux de la
France ; il fut chevalier, Seigneur de la Meilleraie et d'Airvault, en 1441
conseiller chambellan du Roi ; 2º Michel qui suit ; Pierre ; François, et
deux filles. — Michel de Liniers 1449, épousa Marie Rousseau, dont il eut
plusieurs enfants, entre autres Jacques et Guyard. Jacques laissa un fils
qui mourut sans hoirs et de Guyard qui épousa Marie du Bouchet, 1781, la
postérité forma plusieurs branches dont trois existent encore : E. A. J. de
Liniers né en 1806 épousa en 1841 Emilie de Constantin, dont postérité ;

J. A. de Liniers, comte de Lealtade né en 1798, attaché d'ambassade e
depuis chargé d'affaires, 1822, épousa en 1823 Olympe de Pontjarno, don
sept enfants ; Ch. de Liniers, né en 1812 épousa en 1839 Anna Hugueteau
de Chaillé. — *Dictionnaire des Familles de l'Ancien Poitou.*

Dans la généalogie ci-dessus, M. Ch. de Chergé est plus exact qu'André Du
Chesne, notre illustre historiographe de la Maison de Chasteigneraye. M. de
Chergé indique Mauburin père qui vivait de 1350 à 1370, et Mauburin ou
Mauburny fils qui vivait encore en 1433 et 1443. Néanmoins cette différence
entre les deux généalogies ne s'explique que par la présence, dans notre
Gelre, de ce Mauburin qui fut forcé un moment de suivre le parti des
Anglais, et dont le fils fut chambellan du roy de France. Nous nous faisons
un devoir de citer Duchesne pour constater qu'a propos de Mauburny,
Duchesne a confondu le père et le fils. Combien de généalogies sont erronées,
parce qu'on a réuni sur le même nom les faits et gestes de personnages qui
portaient le même surnom ! On peut voir dans l'*Histoire de la Maison des
Chasteigners*, p. 83, que Duchesne n'a connu qu'un Mauburny.

Jeanne Chasteignier, dit-il, espousa en premières noces Guillaume Rogre
en 1327 ; la mesme Jeanne se remaria avec Charles de Liniers, escuyer,
puisnay de la maison des Seigneurs d'Ervault, laquelle prist son nom de
la terre de Liniers, située près de la ville de Thouars. Le plus ancien que
l'on trouve de cette maison fut Guillaume de Liniers, chevalier, qui eut
pour fils Jean de Liniers, père de Guillaume de Liniers, de Guy et d'Honorée de Liniers. Guy de Liniers espousa Marguerite de Chercemond, de
laquelle il procréa Amaury de Liniers conjoint avec nostre Jeanne Chasteignier. — Amaury de Liniers, chevalier I du nom, [c'est ici que commence la
différence,] prist en mariage une fille d'Emery d'Argenton, Seigneur de
Hérisson, d'ou sortirent Amaury de Liniers II du nom, et Jean de Liniers,
Seigneur de la Melleroye allié avec Jeanne du Fouilloux, laquelle estant
demeurée veuve de luy et mère d'un fils, entre autres, appelé Jean de Liniers,
eut quelques procès en cette qualité tant contre Amaury de Liniers et Jean
de Bruièıes l'an 1388, que contre Jean d'Argenton Seigneur de Hérisson,
l'an 1390. Amaury de Liniers [c'est ici que s'accentue la différence] II du
nom, chevalier, espousa Marie de Chausseroye, héritière de la Seigneurie
d'Ervault, laquelle estoit fille de Payen de Chausseroye, Seigneur d'Ervault
et de Marguerite de la Porte et avoit esté mariée en premières nopces avec
Louis Chenin Seigneur de l'Islebapaume : d'eux vinrent Mauburny de
Liniers, Seigneur d'Ervault, Jean de Liniers aussi seigneur d Ervault

pendant que son frère tint le parti des Anglois, Joachin de Liniers mort sans lignée et Amaury de Liniers Seigneur de S. Pompain. Mauburny de Liniers, chevalier, Seigneur d'Ervault, de la Rochebœuf et de la Théobaudine, vivoit l'année 1433 et 1434, et eut pour femme Sybille Taveau dame de Chaumes, fille de Philippe Taveau, chevalier, Seigneur de Mortemer et de Jeanne Paute dame de Gourville. Ceux-ci engendrèrent Michel de Liniers, Seigneur d'Ervault, Pierre, François, Péronnelle et Jeanne de Liniers laquelle est nommée Marie en un arrêt de l'an 1468. »

Il est beau de voir ces vieilles familles de nos provinces, si grandes et si simples, résistant à tous les envahissements et à toutes les révolutions, enracinées dans le sol, et formant pour ainsi dire la couche, la terre. qui recouvre notre pays. — Mais il est pénible de voir combien de nos jours on méconnait la grandeur de leur race et comment on les biffe d'un trait de plume. Ainsi, dans l'un des Armoriaux les plus renommés, *l'Armorial de France de la fin du quatorzième siècle,* publié par le savant M. Douet Darcq et annoté par lui, on trouve au nº 141 : « Le sire de Linères, *de gueules à une fesse d'argent à six tourteaux d'or;* » et le savant annotateur, qui dirige en partie nos archives et fait la loi aux tribunaux, M. Douet Darcq ajoute : Lignieres ? c'est en Seine-et-Oise!

2. — Die G. v. Attels. — Le Comte d'Athole.

Porte : *D'or à trois pals de sable.*

« *Athole, Atteles, Atheles,* sont trois noms Ecossais, *Assele* est le même qu'*Athole,* et *Astley* est le nom Anglais, » nous écrit Lord R.— Ces armes se trouvent aussi parmi celles des chevaliers d'Ecosse, avec une autre orthographe, à la planche LXIII du présent volume. — M. Kervyn conteste aux éditeurs anglais le nom d'Astley, parce qu'on trouve *Assley* avec d'autres armes. Mais nous ferons remarquer aux savans anglais ainsi qu'à M. le baron Kervyn que ce même Chevalier, en deux circonstances, a paru devant Gelre, sous le nom d'*Attels* ou Athole en Angleterre, et sous le nom d'*Assley* en Ecosse.

Le nom d'Athole ou Attels, disparait complettement dans Froissart, grâce à la négligence des copistes : Il n'en est question que dans l'édition de Buchon, pour Jean des Adultilles : « Peut-être, dit M. Buchon, Jean des Athol-Iles, ou Jean d'Athiol. » Otterburn l'appelle Souverain des Hébrides : Jean d'Athotille. Un vieil Armorial de Noublanche, vers 1600, nous donne, au premier et quatrième quartier de Jean Murray en Ecosse, comte d'Athole, seigneur et baron de Readcastel, un *pallé d'or et de sable de six pièces* pour Athole ; dans un manuscrit flamand de la Bibliothèque de Bourgogne à Bruxelles, Attils, en Angleterre, porte aussi un *pallé,* au lieu de trois pals, *d'or et de sable;* et dans le Peerage de Burkes, 1843, John Murray, duc d'Athole, porte encore ce *pallé* au dernier quartier de ses armes.

Les armoiries apportent, on le voit, leur lumière sur ces noms qu'on a écrits comme on les a prononcés et qui nous sont venus dans les Chroniques, défigurés par les scribes.

« David de Strathbolgie, comte de Athole en Ecosse, fut cité en parlement comme pair d'Angleterre de 1330 à 1334; son fils David, comte d'Athole, cité de 1336 à 1369. » Ils étaient fils et petits-fils de Jean d'Athole qui fut supplicié à Vestminster en 1306. Enfin dans la *Chronique de Londres,* p. 33 : « En cele temps fut le comte d'Atheles pendu et descolé à Londres. En cele temps furent les ij frères Robert Bruce pris en Ecosse et pendus. » *V. Morref.*

Il est évident que le souverain des Hébrides, Jean d'Athotille, Jean des Athol-Iles, Jean d'Athiol, Athole, Atteles, ou Athèles est bien le Jean des Adultilles qui se trouve dans Froissart.

6

« Si fist li rois d'Escoce son mandement tout secrètement à estre en le
ville de Saint-Jehan-sus-Taye en Escoce. Si vinrent là tenir leur parlement
li conte, li prélat et li baron d'Escoce, et furent tout d'un accord, que au
plus hastievement qu'il poroient et au plus efforciement ossi, il entreroient
en Engleterre, au lés devers Rosebourch, si fort et si bien pourveu que pour
combattre le poissance de tout le demourant d'Engleterre, qui pour le temps
de lors estoit ens ou pays. En cel acord furent avoec le roy tout li baron, li
prélat, li chevalier et li escuier dou royalme d'Escoce, où plus a de L^m
combatans, uns c'autres, et fisent leur assamblée tout quoiement, pour plus
grever leurs ennemis. Et fu adont pryés et mandés Jehans des Adultilles,
qui gouvernoit les sauvages Escos, qui obéissent à lui et non à autrui, que
il volsist estre en leur armée et chevaucie. Il s'i acorda légièrement et y vint
à III^m hommes, tous des plus outrageus de son pays. Onques li rois
d'Escoce, ne li barons de son royalme ne sçeurent si secrètement faire leur
mandement, ne leur assamblée, que madame la royne Phelippe d'Engleterre.
qui se tenoit ou north sus les marces de Evruich n'en fust toute enfourmée,
et que elle y pourveist de remède et de conseil. » *V.* 120.

3. — Die He v. Hilton. — Le Sire de Hilton.

Porte : *D'argent à deux faces d'azur.*

Dans les Roles publiés par Mores et Harris Nicholas, dans le Role de
Caerlaverock, sir Robert de Hiltone ou Hyltone porte comme Gelre
l'indique, *d'argent à deux faces d'azur, de arg. a* 11 *barres de azur :* les
Anglais appellent les faces des *barres* et le *facé barry.* — Boutell, p. 407,
note les armes de Hilton, dans un scel, *arg. two bars az.* — Dans Banks' :
« Hilton, *arg. two bars az, and fl. de lys or.* La demeure principale de
cette famille était Hilton-Castle, dans le comté de Durham. Robert de
Hilton fut cité en Parlement du 23 au 25 an du règne d'Edward I. Il
épousa Marguerite, une des héritières de Marmaduke de Twenge dont il
eut deux filles, Isabelle femme de Gautier de Pedwardyn et Maud femme
de sir John Hothun, chevalier. Il est aussi fait mention d'Alexandre de
Hilton, qui servait dans les guerres d'Écosse, sous Ralph Lord Nevil, et
fut cité en Parlement du 6 au 9e an d'Edward III, mais la trace en est
perdue et Dugdale ne nous en a pas laissé de notice. Cependant le titre de
baron de Hilton reparait plus tard. »

N'est-il pas étrange de voir ainsi de grands noms disparaître, ou du moins rester couverts d'une ombre épaisse, et ne devons-nous pas chercher, d'une main pieuse, à travers les noms inconnus de Froissart si Hilton n'est pas encore un de ceux qu'on a mutilés. Dans Froissard on trouve Heton, Hilderton, Helinton, qui laissent des incertitudes sur leurs personnalités, et d'un autre côté nous voyons dans le nom et les armes de Grey, sire de Wilton, une ressemblance qui frappe les yeux. En effet, dans les Roles cités plus haut, Grey est placé à côté de Hilton et porte des armes presque identiques : *fascé d'argent et d'azur*, c'est-à-dire six pièces au lieu de cinq.— « Richard de Grey, chevalier, créé baron de Codnor par le roy Henri III, fils aîné de messire Henri de Grey, chevalier et frère de messire Jean de Grey, chevalier, duquel descendirent le sire de Grey de Wilton et le sire de Grey de Ruthin, » portent le *fascé de six pièces*, dans les vieux Peerages. — Et dans les généalogies manuscrites de Woet, Jean Lord Grey de Wilton porte *fascé de six pièces d'argent et d'azur brisé de trois tourteaux de gueules en chef;* un de ses fils, Roger Lord Grey, forma la branche de Ruttin on Ruthen et eut, d'Isabelle de Hastings, un fils Henry Lord Grey de Wilton qui continua la descendance et mourut au 16 an d'Edouard III.

Qu'est-ce que Thomas Gray de Heton, Thomas de Holton et le baron de Helton qui dans Froissart assistent à la bataille d'Otterburne, si ce ne sont les Gray de Wilton et le chevalier de Hilton dont nous donnons les armes ? Holton, Helton, Hilton, Wilton, c'est le même nom. Dans Froissard, on lit Holton en même temps que Helton : c'est probablement encore une erreur de copiste ou de prononciation, et vous voyez par les passages ci-dessous qu'il en est de même de Thomas Avermesquin et de plusieurs autres :

« Tous chevalliers et escuiers du pays, c'est-assavoir de la séneschaussée d'Yorch et de l'éveschié de Durem se recueillèrent au Neuf-Chastel, et là vindrent les séneschauls de Yorch, messire Regnault de Lomblé, messire Mathieu Radmen, capitaine de Bervich, messire Robert Avogle, messire Thomas Grea, messire Thomas Holton, messire Jehan Felton, messire Jehan de Lierebon, messire Guillemme Wasnichon, messire Thomas Abreton, le baron de Helton, messire Jehan Colpedich et moult d'autres et tant que la ville en estoit si plaine que les survenans ne savoient où euls logier ». Fr. XIII, 210.

« Là fut tellement mené par armes messire Henry de Persy que le sire de Montgombre le prist et fiança. Là veissiés-vous chevalliers et escuiers, messire Mahieu Adreman, messire Thomas Avermesquin [Aversequin],

messire Guillemme, messire Jaques et messire Alexandre de Lindesée, le
seigneur de Seton, le seigneur de Fenton, messire Jehan de Saint-Moraulx,
messire Patris de Dombarre, messire Jehan et messire Gaultier de Saint-
Clar, messire Patris de Herpbourne et ses deux fils, messire Patris et mes-
sire Mille, le sire de Montgombre, messire Jehan Marskevel, messire Jehan
de Gladuin, messire Guillemme de Roduem, messire Guillemme Stuart
messire Jehan de Hallibreton, messire Jehan Alidiel, messire Robert
Laudre, messire Alexandre de Ramesée, messire Alexandre Fresiel, messire
Jehan Emouston, messire Guillemme Walau, David Fenin, Robert Collemine et ses deux fils Jehan et Robert qui furent là chevalliers, et bien cent
autres chevalliers et escuiers que je ne puis pas tous nommer; mais il n'en
y avoit, qui ne entendesist bien et vaillamment à faire la besoigne. Du costé
des Anglois aussi se combatirent moult vaillamment depuis et devant la
prise des seigneurs de Persy, messire Raoul de Lomblé, messire Mahieu
Rademen, messire Robert Avegle, messire Thomas Gracy, messire Thomas
Holton [ou Helton selon un autre manuscrit], messire Jehan de Felleton,
messire Jehen de Liebon, messire Guillemme Walsinschon, messire Thomas Abreton, le baron de Helton, messire Jehan Colpedich et le séneschal
de Yorc et autres plusieurs et tous à piet affin que vous l'entendés. » p. 227.

Ce Thomas Helton et ce baron de Helton furent des personnages les
plus importants du règne d'Edward III et de Richard II, car l'un d'eux, le
père ou le fils, assista à l'abdication de Richard II, à la Tour de Londres,
sous le nom de Thomas Gray, et signa les actes, comme on peut le voir aux
Rotuli of Parliament, III, 422. M. Kervyn cite ces actes et doute encore que
Thomas Grey de Helton soit Thomas Gray de Hilton, ou un fils du même
nom!

4. — Die He v. Haestinc. — Le Sire de Hastings.

Porte : *D'argent à une manche mal taillée de sable.*

Les armes de Hastings, comme on les voit à l'écartelure de Pembrocke,
planche précédente, sont *d'or à la manche de gueules* : les émaux sont
ici changés pour brisure. La *manche de sable* a été aussi portée plus tard
par François de Hastings, Edouard de Hastings, chevalier de la Jarretière,
et Guillaume de Hastings, chambellan du roy Edouard IV.—Hastings : *ar.
a munch sa.; crest a bull's lead erased sa. attired or, gorged with a ducal
crown of thé last* ». Edmondson.

Il l'agit ici de Hugues qui se trouve dans les Actes de Rymer depuis 1346 jusqu'en 1365.

« Adont, ensi que les batailles furent ordonnées, on cevauça tout rengiet sievant les banniéres le roi, et en i avoit quatre, et les portoient li sires de Sées, li sires de Ferrières, li sires de Morlais et li sires de Hastinghes. II. 142. — « En la seconde bataille estoient le conte de Norhantonne, le conte de Herfort, le conte d'Arondel, messire Hues de Hastinges, le sire de Villeby. »

« Or vous voeil-je nommer les plus grans signeurs de l'ost le roy d'Engleterre et qui passèrent le mer adont avoecques li, ou en le compagnie le duch de Lancastre, son cousin germain. Premièrement ses IIII fils monsigneur Édouart, monsigneur Léonniel, monsigneur Jehan, monsigneur Aymon ; et puis monsigneur Henri duch de Lancastre, monsigneur Jehan conte de le Marce, connestable d'Engleterre, le conte de Warvich et le conte de Sufforch mareschal d'Engleterre, le conte de Herfort et de Norhantonne, le conte de Sallebrin, le conte de Stanfort, le conte d'Askesufforch, l'évesque de Lincolle, l'évesque de Durem, le signeur de Persi, le signeur de Nuefville, le signeur Despensier, le signeur de Ros, le signeur de Manni, monsigneur Renaut de Gobehen, le signeur de Moutbray, le signeur de le Ware, monsigneur Jehan Chandos, monsigneur Richart de Pennebruge, le signeur de Manne, le signeur de Willeby, le signeur de Felleton, le signeur de Basset, le signeur de Carleton, le signeur de Filwatier, monsigneur Jame d'Audelée, monsigneur Biétremieu de Brues, le signeur de Salic, messire Estiévène de Gousenton, messire Hughe de Hastinges, messire Jehan de Lille, messire Néel Lorinch et grant fuison d'autres que je ne puis et ne sçai mies tous nommer. » — Fr. VI, 224.

5. — DIE HE V. NEVILE. — LE SIRE DE NEVILLE.

Porte : *De gueules au sautoir d'argent.* — Le heaume d'or, la couronne de sable, et pour cimier une tête et col de buffle d'argent accorné de gueules, lampassé de même et dont le bas forme, sous la couronne, un volet découpé.

Ceux qui sont Sire de Newill devant le héraut Gelre, sont d'après M. le baron Kervyn de Lettenhove, Raoul de Neville mort en 1331 ; Raoul de Nevill son fils mort en 1367 et Jean de Nevill, qui tous trois furent à Nevill-Cros.

« Outred brother to Waldest erle of Northumb'land war in the conquest tyme Lord Rabye w. h. generall w. Marie to Robert Lord Nevell of Brantsport » ou « Outred, frère de Waldefe comte de Northumberland estoit au temps de la conqueste sieur de Rabye, la principale héritière duquel fut mariée à S. Robert de Neuville, S de Brantsport. » Peerage. — Sous Edouard III et Richard II, 1326-1377, « Rasse Nevill, L. Nevill, and first C. Westm'dland » ou « Raphael ou Ralph de Neuville, premier comte de Westmoreland, autrement nommé d'Aurabie [de Rabye],eut issue de Marguerite sa première femme, fille de Hugues conte de Stafford, Jean de Neville duquel descendit Charles dernier comte de Westmoreland trahister, et aussi Raphaël de Neuville baron de Owseley ; et de Jeanne sa seconde femme qui fut fille de Jean de Gant, il eut issue Richard de Neuville, conte de Salisbury, Guillaume de N. sire de Faucombrige, Edward de Neuville sire de Bourgavemy, Edward de Neuville sire de Latimer, et Robert de Neuville evesque de Durenne. » M. Boutell, dans son *Heraldy historical*, donne les brisures de tous ces Neuville, Neville et Nevyll.

La famille de Neville de Raby-Castle est une des plus anciennes de l'Angleterre disputant le commandement du Nord-Est aux Perci d'Almorch Castle. Mais les Percy et les Neville n'étaient pas ordinairement appelés pour servir dehors ; leur devoir spécial était de tenir garde contre les invasions des Ecossais. — Ralph Neville fut cité en Parlement comme pair de 1331 à 1366 ; son fils John Neville cité de 1368 à 1388, mort en 1389; *Historie Peerage.*— John Neville fut nommé lieutenant du Roi pour l'Aquitaine en juin 1378; *Foedera*, IV, 43. «Et quant li roys d'Engleterre le seut, si renvoya l'evesque de Durem, le seigneur de Lussi et le seigneur de Mout_bray, et leur pria que il desissent au conte de Salsebrin, au seigneur de Persi, au seigneur de Noefville, que ils entendesissent bien à garder les frontières contre les Escos et le pays conquis. » II, 132.

« Le roi d'Anglrterre ordonna que li sires de Persi, li sires de Noefville, li sires de Roos et li sires Lussi retourneroient en Engleterre, a tout deus cens lances et cinq cens archiers, et iroient en Norhombrelande garder la frontière contre les Escoçois ».V. 123.

« Li royne d'Engleterre recommanda touttes ses besoingnes et ses gens d'armes et archiers en le garde de IIII prélas et IIII barons qui là estoient : l'arcevesque de Cantorbie, l'archevesque d'Iorch, l'évesque de Durem et l'évesque de Lincolle ; et les barons : le seigneur de Persi, le seigneur de Nuefville, le seigneur de Moutbray et le seigneur de Luzi. Si se traissent ces gens d'armes d'Engleterre et chil archier, qui n'estoient non plus de

VIII^m hommes, ung c'autres, sus les camps et ordonnèrent III batailles bien et faiticement, les archiers sus elle, enssi que bien sèvent faire, et les gens d'armes apriès ».

6. — DIE BISSCOP VAN DUREM. — L'EVEQUE DE DURHAM.

Porte : *De sable au chevron d'or accompagné de trois croix ancrées de même.* — Le heaume d'argent taré de deux tiers, la couronne d'or, le volet de pourpre retroussé d'hermines, et pour cimier une mitre d'or soutenant le coq de Saint Pierre de même, au vol abaissé, posé sur une boule de gueules et tenant en son bec une âme ou listel avec ces mots : *Gloria Deo.*

C'est Thomas Halfeild qui succéda à Richard de Bury.

Dans le Role du Siège de Calais « Thomas Hatfeld of Dureem, *erm. a* [chevron] ∧ *sa. impaled with the see of Durham* ». Thomas Halfeild fut evêque de 1345 à 1381. « Adont envoya li roys d'Engleterre par dechà le mer X chevaliers banerés de son pays et X autres et l'évesque de Lincolle et cesti de Durem, et vinrent à Valenchiennnes, 1336, » II. 365: c'est Richard de Bury. — « Or vous voel-je nommer les contes et les barons qui furent au siège de Tournai avoecques le roi d'Angleterre, premièrement les prélas, l'évesque de Lincole et l'évesque de Durem », 1345. III, 312: c'est Thomas Halfeild. — Et lors furent maundez messagers a le roy de Fraunce, c'est à savoir l'erhevesqe de Caunerbary, l'evesque de Durham, sire Geffriy Scrope, et sire William de Clinton counte de Huntingdon, pur a treter la pés entre les deux réalmes, Fraunce et Engleterre » *Chro. of London,* 70.

A la planche 54, se trouve un autre évéque de Durham avec les armes de Beck. Voilà trois évêques de Durham que vous confondrez inévitablement si vous n'en connaissez pas les armes.

7. — DIE HE V. CRU[M]VELLE. -- LE SIRE DE CROMWELL.

Porte : *Ecartelé au 1 et 4 d'argent au chef de gueules, au filet d'argent brochant,* qui est de Cromwell; *au 2 et 3, échi-*

queté de gueules et d'or, au chef d'hermines, qui est de Tatsall ou Tateshall. — Le heaume d'or taré de profil, le volet d'hermines et pour cimier un plumail d'hermines posé en éventail sur un bonnet de même retroussé de gueules.

Je sais bien que je vais soulever contre moi les historiens et les généalogistes, mais je dois le dire : Voici un personnage sur le compte duquel la lumière n'a pas été faite. Quel est ce Cromwelle.

Il y avait au quatorzième siècle, deux famille de Cromwelle, qu'on appelle Cromwelle-Tatsall et Cromwelle-Wipont. Ces derniers sont plus connus. Dans le poeme du siège de Caerlaverock, Jean de Cromwelle, un des durs assaillants, porte pour armes : *d'azur au lion à la double queue d'argent, couronné d'or* :

> Cromewelle, li preus, li beaus,
> Ke entre le pieres va tripant,
> En inde ot blanc lyon rampant,
> Couronné de or, o double coue
> Mès ne croi pas ke il la rescoue
> Ke iluec ne li soit recoupée,
> Tant fu de pieres estampé
> E broié, ainz que il se en ala.

Thomas Wrigt, le commentateur de ce poeme ajoute que ce Jean de Cromwell est supposé le fils et successeur de Ralph de Cromwell qui vivait au 35 an du règne d'Edw. I ; John de Cromwell is supposed to haue been the son and successor of a Ralph de Cromwell, who was living in the 35th of Edward I Je trouve encore John de Cromwell who married Idonea second daughter and coheir of Robert de Wipont, and Widou of sir Roger Leyburne, which John was from the I st of Edw. II to the 9 th of Edw. III inclusive died soon after leaving Ralph his son and heir. Et ce Jean Cromwell qui s'est marié avec la fille de Robert de Wipont, porte dans le Role d'Edouard III publié par Mores, *de goules à six aneus de or, de gueules à six annelets d'or*, qui sont les armes de Wipont.

Si, des Armoriaux nous passons aux Chroniques et aux Actes, voici d'ad'abord Jean de Cromwell qui fut cité en Parlement sous Edouard II et Edouard III; et Radulphe de Cromwell qui fut aussi cité les deux dernières années du règne d'Edouard III. — Voici encore Jean de Cromwell qui fait la guerre en Ecosse avec Edouard II, va au parlement en 1308, Connestable de la Tour, ambassadeur en France en 1310. On le voit, en 1324, Amiral de la flotte qui escorte la reine Isabelle venant visiter la France. Il est encore Constable de la Tour sous Edward III,et *on suppose* qu'il est mort en 1333. — « En cele an fut abattu un mure de terre près de la Tour que sir John Cromwell fit, dont graunt noise fust cele nuyt la veile Saint-Matheu par entre la commune de la Cyté et sire Johan de Cromwelle ». *Chron. of London*, 37. — Enfin « Parmi les serviteurs de la reine Isabelle pendant son exil, il en était un du nom de Cromwell,dit M. Kervyn dans sa préface. A son retour elle lui donna la garde de la Tour de Londres: songeait-elle à y enfermer Edouard II ? Quoiqu'il en soit, quatre siècles devaient s'écouler avant que le nom de Cromwell s'associât au régicide. »

Mais à côté de ces Cromwelle-Wipont, les Cromwell-Tatsall qui portent les armes que Gelre à enregistrées, se trouvent dans un vieux Peerage avec *un filet d'azur* aussi large qu'une bande sans brocher sur le tout ; et, à coté des Cromwell-Wipont dans le grand Rôle des Bannerets d'Angleterre publié par Mores, nous les trouvons au premier rang : « Le Segnyor de Cromwelle, *de argent od le chef de goules e un baston d'azur* » ; Ce n'est plus le *Sir* c'est le *Segnyor*, et ce sont leurs armes comme ils les portaient à la même époque, vers 1300, avant l'écartelure de Tatsall. Cette écartelure n'est pas loin : nous trouvons aussi Tatsall dans le Poème du Siège de Caerlaverock, en 1300, à côté des armes de Cromwell-Wipont :

> Cele de Tateshale,'a oun
> Par sa valour o eus tirée,
> De or et de rouge eschequeré,
> Au chef de ermine outréement.

Voilà deux familles bien distinctes, qui sont amies, qui se coudoient, qui combattent côte à côte, qui ne se confondent pas. Il est probable que si, dans ce temps-là, la confusion n'existait pas entre les Cromwelle, les uns unis aux Tatsall, les autres aux Vipont, c'est qu'il y avait dans la langue, dans le son de la voix, des différences qui les faisaient distinguer, comme pour Mauny et Manny.

L'alliance de Cromwell avec Tatsall est donc du commencement du quatorzième siècle, après le siége de Caerlaverock, et le Cromwell que nous donne le héraut Gelre doit être de 1350, car dans Bank's, « Elisabeth fille de Ralph Lord Cromwell of Tatshall épouse sir John Clifton, cité en Parlement « from to 50 Edward III, to 12 Richard II. »

C'est un peu tard ; plus tard encore on retrouve les Cromwelle de Tatsall, et dans un vieux Peerage, je lis: « Messire Raphael Cromwell, chevalier, fut *créé seigneur de Cromwell* et fait sir trésorier d'Angleterre par le roi Henri VI ; il était linéalement descendu de l'une des héritières de Robert de Tatsal, lequel avoit espousé une des filles et héritières de Guill. d'Aubigny, comte d'Arondel. » Mais si plus tard un Cromwell Tatsal a eu le bonheur de *reprendre* le titre, ou d'être *recréé seigneur* de Cromwell, c'est qu'un grand fait, une lacune importante est arrivée dans la famille.

C'est pourquoi je me suis demandé :

Que devinrent, dans ces temps de luttes effroyables, de 1350 à 1370, les Cromwell-Tattshall ? On n'en parle presque pas. Ils disparaissent dans une espèce de confusion. M Kervyn l'a fort bien compris, et il me pardonnera de chercher à combler cette lacune en présentant ici la solution que je lui ai communiquée au mois d'août 1881, ce qui l'a fait sourire d'étonnement.

Dans cette nécropole vivante qu'on appelle les Chroniques de Froissard et les Actes de Rymer, je cherche et je trouve un héros, et je veux lui rendre la vie. En effet, au moment même où un Jean Cromwelle disparaît, vers 1333, voici un autre Cromwelle, dont le héraut Gelre a vu les armes écartelées de Tatsall, sur quelque champ de bataille ou dans quelque ambassade. Il l'a placé ici à l'égal des *grands guerriers*, des *capitaines* d'Édouard III, de 1340 à 1370. Or, qu'a-t-il fait, ce Cromwell ? où le rencontre-t-on dans les Chroniques ? On n'en sait rien, on n'en parle nulle part. Ce n'est pas Ralph, Radulphe, Raphael, qui fut un trésorier, un magistrat : c'est un frère de Ralph, sans doute, c'est un John de Cromwel, inconnu.

En vérité, — c'est ici qu'il faut ouvrir les yeux, — je vous ferai remarquer qu'il y a aussi, dans Froissard et ailleurs, un personnage puissant qui marche de pair avec Hue de Calverly, Haukwood, le Prince de Galles et Du Gueselin. Ce chevalier paraît justement de 1340 à 1370, sans qu'on sache positivement d'où il vient ni d'où il sort : c'est Jean Creswell, Creswal, Cressewelle ou Creswey, qui fut tué par Du Guesclin même. — Eh bien, je parie que c'est le Jean Cromwelle dont a défiguré le nom.

Les historiens n'aiment pas qu'on les dérange, et vont jeter les hauts cris. Mais j'en appelle à leur prudence. Quand des hommes de cette taille paraissent dans l'histoire, il est juste de faire la lumière sur eux. Je sais qu'il est facile de les traiter d'aventuriers : un trait de plume suffit ; mais quand on examine les évènements, en mettant les noms en regard, en rapprochant les dates, on interrogeant le drapeau, l'écu, les armes, on comprend que

Creswel n'est pas le premier venu et qu'il doit le être puîné sans doute d'un grand Banneret d'Angleterre.

Ce Creswey, dit M. Luce, que Du Guesclin parviendra à entraîner en Espagne à la fin de 1365, et que nous trouvons établi dans le château de Sainte-Maure en Touraine, au mois de novembre 1370, était originaire de Burnham, [d'après Rymer, au dix-septième siècle]. — Du Guesclin, « Messire Bertran, » en assommant Carsuelle, ou Creswey, ou Creswel, à Merc en Saintonge, ne l'a reconnu qu'à ses armoiries ; ce n'est qu'en voyant sa bannière armoyée qu'il l'a rué, qu'il l'a occis : Et vous ne vous demandez pas quelles sont ces armes ? Où sont-elles ? Qu'on me les montre : Ne sont-ce pas celles-ci ?

Je comprends combien il est désagréable, pour le monde officiel de la science, de voir ainsi troubler le repos des Chroniques par un simple dénicheur d'Armoiries, un débarbouilleur de figures historiques, sans prétentions et sans orgueil, et j'entends déjà les généalogistes me dire que Creswell et Cromwell sont deux familles *connues* dont tous les membres sont parfaitement en ordre ! Ah ! les Généalogistes ! Ils taillent, ils rognent, ils allongent, ils tirent à volonté. Ils ont inventé une généalogie à Creswel, pour expliquer Froissard qui n'a jamais parlé de Creswell, mais de Cromwell, et ce Cromwell est celui que Gelre a placé devant Haukewood et Calverly. Il faut donc mettre Cromwelle à la place de Creswelle, et ce malentendu reste à la charge des copies de Froissard, mal écrites ou mal lues.

En effet, permettez-moi de rendre palpable, de mettre sous vos yeux cette erreur évidente, qui ne tient qu'à une abréviation et à une lettre à demi effacée :

꙯õℓℓꝺℓℓꝺ   ꙯õℓℓꝺℓℓꝺ

CRESWELLE c'est CRO[M]WELLE

Creswey est donc le même personnage que Cromvelle, c'est un Cromvell de Tatsall. Il est mort sans postérité sans doute, mais Ralph, que j'appelle son frère, la continua d'une manière dormante : « Elisabeth, comme le dit Banks, fille de Ralph Lord Cromwell of Tatshall, épousa sir John Clifton, cité en parlement from to 50 Edward III, to 12 Richard II ». Et ensuite selon les vieux Peerages « messire Raphael Cromwell chevalier, fut *créé seigneur de Cromwell* et fut Sir Tresorier d'Angleterre par le roi Henri IV : il etoit linealement descendu de l'une des héritières de Robert de Tatsal lequel avoit espousé une des filles et héritières de Guill. d'Aubigny comte d'Arondell. » Les armes sont toujours *d'argent au chef de gueules à la bende ou filet d'azur.*

Je laisse au Collège des Hérauts d'Angleterre le soin de remettre le Creswey de Froissard à sa place parmi les Cromwell. On doit savoir si tous les Cromwell ont une même origine, ce qui est probable ; comment, au milieu du 13ᵉ siècle, ils se sont divisés en deux branches, avec des armoiries différentes ; pourquoi « Thomas Cromwell fut créé en 1540 comte d'Essex, duquel *le sieur Cromwell* à présent vivant [seizième siècle] est descendu, » avec de nouvelles armoiries ; et dans la généalogie du Protecteur, à quel degré il descend du « héros » de la Guerre de Cent ans.

8. — Die Bisscop van Noerfwic. — L'Eveque de Norwich

Porte : *Ecartelé, au 1 et 4 d'argent au filet d'azur posé en bande ; au 2 et 3 de gueules fretté d'or ; une bordure [d'argent] autour de l'écu.* — Le heaume d'argent, la cappeline découpée de gueules, et pour cimier une tête et col d'aigle entre un vol en aigrette d'argent, issans d'une mitre d'or.

Ces armes se distinguent par une double brisure, par une bordure d'argent ou de gueules autour de l'écu, et par le cimier des Spencer qui est issant de la mitre. Henri Spencer, ou Despencer, ou Despensire, ou le Despenser ; 1370. — Les anglais blasonnent à tort pour l'écu : *Ecartelé d'argent et de gueules, le gueules fretté d'or, une bande d'azur sur le tout :* Ce n'est pas *sur le tout,* c'est sur le *premier et dernier quartier.*

« Chils Edouwars li Espensiers et sa femme ne furent que chinq ans en mariage, et orent quatre fils : li troi en furent chevaliers, Edouwars, Hues et Thomas, et li quars ot nom *Henris* et tu *Evesques de Nordwich.* » II, 106. — « Or fut en son lieu mis et estably ung moult vaillant homme et sage clerc et qui grandement estoit en la grâce des oncles du roy, l'archevesques de Cantorbie, lequel est de ceulx de Montagu et de ceulx de Saslebery, et en estoit le comte de Saslebery oncle. Si furent mis ou conseil du roy, par l'accord des cités, des bonnes villes et ports d'Angleterre, le conte de Saslebery, le conte Richart d'Arondel, le conte de Douvessière, le conte de

Northombrelande, le conte de Nortinghem et l'evesque de Nordvich qui
s'appelloit messire Henry le Despensier. Et tousjours demouroit le chancelier
en son office, c'estoit l'évesque de Wincestre ; et emprès les oncles du roy,
tout le plus renommé du conseil après le duc de Glocestre, c'estoit messire
Thomas de Montagu, l'archevesque de Cantorbie, et bien le devoit estre, car il
estoit vaillant homme et saige durement, et mettoit grant paine à ce que le
roiaulme d'Angleterre feust en son droit bien réformé, et que le roy Richart
leur seigneur eust osté hors d'avecques luy tous ses marmousets » — Henri
Despencer se distingua par son activité guerrière contre les paysaus insurgés
de 1381, fit une croisade en Flandres contre les Clémentins, 1383 : « Sy
chevauchièrent vers Mardie et vers Dunkerque, et faisoit *li Evesque de
Nordwich* porter devant luy les armes de l'Eglise, la bannière de Saint-
Pierre *de gueules à deus clefs d'argent en sautoir*, comme confanonniers
du Pape Urbain, et en son pennon estoient ses armes, qui sont *écartelées
d'argent et d'azur a une freture d'or sur l'azur, et un baston de gueules
parmi l'argent;* et pour briser ses armes, car il estoit Despensiers le mainés,
il portoit *une bordure de gueules.* » X. 222. Quoique Froissart soit un bon
armoriste, nous croyons que la bordure doit être d'argent et non de gueules.
L'Eveque de Norwich est mort en 1406.

9. — Die G. v. Rutsemont. — Le Comte de Richemont.

Porte : *Echiqueté d'or et d'azur à la bordure de gueules,*
qui est de Dreux ; *au franc quartier d'hermines brochant
sur le tout,* qui est de Bretagne.

Gelre a placé ici le duc Jean de Bretagne avant qu'il ne *prit* possession de
son duché. — « Très haut, très puissant Prince, Jean, dit de Montfort,
duc de Bretagne, comte de Richemont en Angleterre, chevalier du très
noble Ordre de la Jarretière, gendre du roy Edouard III. » — Jean III duc
de Bretagne, fils d'Artus III et de Marie de Limoges mourut à Caen le
30 avril 1341 ; son frère Gui, mort avant lui, avait laissé de sa femme,
Jeanne d'Avaugour, une fille nommée aussi Jeanne, qui épousa en 1337
Charles de Blois, de la maison de Chatillon. Jean de Montfort, qui revendiqua le duché de Bretagne, était issu du second mariage d'Artus III avec
Yolande de Dreux comtesse de Montfort.

Les ducs et comtes de Richemond de la maison de Bretagne ont un brisure particulière. Chez les armoristes anglais, quelques-uns, au lieu d'une simple *bordure de gueules,* blasonnent *une bordure d'Angleterre* en la chargeant des léopards d'or : *Checky o. et a{. a border of Engl. a canton ermine;* parfois aussi, ils blasonnent sans bordure : *Checky o et a{. canton ermine.* — Cependant, dans l'Armorial de la Jarretière, la bordure est *de gueules* sans léopards. — Dans le rôle d'Édouard III, il porte les armes de Dreux-Bretagne « od la bordure de Engleterre. »

Cette bordure chargée de 8 lionceaux d'or, dont 7 visibles, se trouve décrite dans le poème du siège de Caerlaverock, sous Édouard I, en 1300. Il faut donc croire que sur le continent, en Europe, en France, en Bretagne (voyez planche LXXVIII), pour le héraut Gelre, comme pour Pierre-Sainte, *la bordure de gueules* est une brisure de Dreux, puîné de Bretagne, et que cette bordure chargée de léopards d'or a été portée en Angleterre par les comtes de Montfort, ducs de Richemont, comme brisure de la maison royale. Voici cette bannière à Caerlaverock :

> Son nevou Johan de Bretaigne,
> Par ce ke plus est de li près,
> Doi-je plus tost nomer après.
> Baniere avoit cointe et parée
> De or e de asur eschequeré,
> A rouge ourle o jaunes lupars
> De ermine estoit la quart pars.

« Que vous feroie-je plus loin compte? En telle manière concquist et acquist li contes de Montfort tout ce pays que vous avés oy, et se fist partout obeir et appeller dus de Bretaigne et encargia les plainnes armes *de Bretaingne.* » II, 370.

« A donc se partist le roy Edouard de Calais, et s'en ala en Engleterre, et envoya son aisné fils le prince de Galles, le conte de Richemont son frère pour lever les Escos. » — « Cum dilectus consanguineus et fidelis noster, Johannes de Britannia, comes Richemundiae in obsequio nostro, nuper per Scotos captus, et per eosdem in Scotia adhuc detentus existat. » — « Le 24 septembre 1341, le roi d'Angleterre donna le comté de Richmond à Jean de Montfort pour le dédommager de la perte du comté de Montfort saisi par Philippe de Valois. — Mort à Hennebont en 1345.

10.— Die G. v. Cloutcester — Le comte de Gloucester.

Porte : *D'or à trois chevrons de gueules.*

Ce sont les armes de Clare. — Dans les Rôles d'Edward II et Edward III, le comte de Gloucestre vient après le Roy d'Angleterre, et porte *de or à trois chevrons de goules.*

Gilbert de Clare, comte de Gloucester et de Hertford, 1262, épousa Jeanne de Acres, fille du roy Edward I. Jeanne de Acres, veuve, épousa en secondes noces Ralph de Monthermer, 1297, qui prit le nom de Glocester et les armes de Clare. Gilbert de Clare, 1324, fils de Gilbert et de Jeanne, reprit le nom et les armes de Glocester. Ce Gilbert de Clare, 10e comte de Glocester, est cité dans Rymer au temps d'Edward III ; sa fille Éléonore de Glocester, femme de Hugues le Despenser, obtint la restitution de ses biens confisqués à la mort de son mari. II, 106. Son autre fille Isabelle : « Sister and coheir of Gilbert, was made E. of *Gloucester*, épousa, 1337, Hugues d'Audeley, qui devint comte de Glocester et fit partie, dit M. Kervyn, d'une expédition en Bretagne, 1342, pour défendre la comtesse de Montfort.

Il y aux Archives de Paris un sceau de Gloucester qui porte *escartelé de France et d'Angleterre avec une bordure* [*d'argent*]. C'est celui de Thomas de Woodstock duc de Gloucester, né en 1355 selon les uns, et Lord Constable en 1347, selon d'autres ; c'est aussi celui d'Humphoi, « Son to K. H. the 4 th. D., en 1414

Dugdale a donné la Généalogie de Clare, que nous avons reportée aux Notes.

11. — Die he van Bairdolf. — Le Sire de Bardolf.

Porte : *D'azur à trois quintes feuilles d'or, boutonnées de gueules.*

« Thomas Bardolf, ou Bardolphe, sir de Stoke-Bardolf, duquel descendit sir Thomas Bardolf, qui eut une fille, son héritière laquelle fut mariée à Guillaume Philippe [Darcy], chevalier, qui au droit d'icelle fut sire de Bardolphe : « *d'azur à trois cinq foiles d'or percées.* » Peerage.

Dans le Rôle de Caerlaverock les armes de Bardolf sont décrites :

Hue Bardour, de grant manière
Riches homes e preus e cortois,
En azur Quint-Fullez trois
. Portoit de fin or esmeré.

Dans les Roles de Edward II et Edouard III, « sir Thomas Bardolf : *de azur trois quintefoilles de or* ; » sans être boutonnées. En même tems que Thomas, trois autres Bardolf se trouvent dans ces Roles : Sir William Bardolf porte *d'azur à trois quintes feuilles d'argent* ; sir John Bardolf, *de gueules à trois quintes feuilles d'argent* ; et un autre Thomas Bardolf, *d'or à trois quintes feuilles d'azur* ; c'est-à-dire, les mêmes armes avec changements d'émaux pour brisures.—Boutell, p. 406, reproduit un sceau de John Bardolf 1340, *d'azur à trois quintes feuilles d'or.*

Comment se fait-il que le nom d'aucun de ces quatre chevaliers ne se trouve dans Froissart ? Est-ce que Thomas Barton qui est cité dans les *Rotuli Scotiae* ; — Est-ce que Thomas Barton, du comté d'Oxford, cité dans une charte de 1380 ; — Est-ce que Thomas Barton qui fait la guerre aux Écossais à la page 37 du T. IX de l'édition Kervyn, ne serait pas un des Bardolf, celui qu'a rencontré le héraut Gelre ?

« Quant ce vint au fort et il virent que autrement il ne pooient finer, il parlèrent et recordèrent comment li castiaux de Bervich estoit conquis, et tout chil qui dedens avoient esté trouvet, mort, excepté Alixandre Ramesay, et après comment li contes de Northombrelant et li contes de Notinghem chevauchoient amont le Thuyde pour trouver les Escos, et comment monseigneur Thomas Mousegrave et ses fils et monseigneur Jehan Asneton et monseigneur Thumas Barton et bien IIIᶜ lances et otant d'archiers estoient logiet et arrestet en l'abaye de Miauros ; et puis recordèrent comment de ces chevaliers il estoient envoyé sur le païs pour savoir justement où li Escot se tenoient. « Par ma foy, respondi Guillaumes de Lindesée, vous nous « avés trouvés, mais vous demorrés avoec nous. » Lors furent trait d'une part et requierquiet as compaignons sur les tiestes, que bien les gardassent. Et puis tantost il fist partir ung homme d'armes de sa route et lui dist : « Chevauciés devers nos gens et leur dites tout ce que vous avés oy et le « convenant des Englés : et je me tenray chi jusques au soir pour sçavoir « se autres nouvelles nous venront. » Chis hommes d'armes se parti et chevaucha tant que il vint en un gros village oultre le Thuyde et la Mour̄lane, que on dist Hondebray, entre les montaignes ; et là a bon pays et cras et belles prairies, et pour ce s'i tenoient li Escot. Sus le soir vint là li escuiers, et trouva le conte de Douglas, le conte de Muret, le conte de Surlant, messire Archebaut de Douglas et les aultres. Si.tost que il fu venus, on sceut bien que il apportoit nouvelles. Si fu mené devers les seigneurs asquels il recorda tout l'affaire ensi que vous avés oy. »

Qu'est devenu ce Thomas Barton ? On n'en sait rien parce qu'on a défiguré son nom, auquel personne ne répond : Mais vous, Thomas Bardolf ? répondez ! Allons, Chevalier, debout !

12. — DIE HE V. LATEMER. — LE SIRE DE LATIMER.

Porte : *De gueules à une croix florée d'or.*

La croix *florée* de Latimer est devenue à tort, sous le pinceau de quelques héraldistes, une croix *fleurdelisée* Les vieux blasonneurs de l'Ordre de la Jarretière ont parlé clairement et ont dit : Guillaume de Latimer porte *de gueules à la croix fleurée d'or, ou a trois pointes, deux croches ou courbes, et celle du milieu droite*, comme au blason de Paverley : les pointes n'en sont pas longues, les courbes ne sont pas recourbées.

Guillaume le Latymer au siège de *C*aerlaverock :

<blockquote>
Prouesce ke avoit fait ami
De Guilleme le Latimier,
Qui la croix patée de or mier
Portoit, en rouge bien pourtraite
Sa banière ot cele part traite.
</blockquote>

Son fils, aussi Guillaume, dans les Rôles d'Edward II et Edward III, *de goules a la croix patée de or.* — Guillaume de Latimer, sire de Corbie, duquel descend Raphael de Latimer dont la fille fut mariée à Jean de Neuville, qui céda la baronie de Neuville à son frère Georges, créé ensuite sir de Latimer : *G. crosse florée or*. Peerage. — William ou Guillaume de Latimer, « Li Sires Latimiers, » était à la bataille de Poitiers en 1346. Né en 1329, cité pair d'Angleterre 1368-1379, mort en 1380, ou 1381 selon M. Kervyn, il était chambellan du roy Edouard III, et conseiller intime employé dans les affaires secrètes. Le roy fut obligé de le congédier en 1376, à la demande du Parlement, qui aurait bien voulu le voir emprisonner. V. *Chronicon Angliæ* par Le Moine de Saint-Aubin, p. 76-77. — Très honorable et noble seigneur Guill. Latimer, baron de Latimer, 42e chevalier du très noble Ordre de la Jarretière.

« Nous nos soufferons un petit à parler (car la matière le requiert) dou duch d'Ango et dou siège de Derval, et parlerons de monsigneur de Lancastre et dou duc de Bretagne, qui estoient arrivet à Calais à IIIᵐ hommes d'armes et VIᵐ arciers el bien IIᵐ d'autres gens. En celle route avoit largement de purs Escos bien CCC lances, qui servoient le roy d'Engleterre pour ses derniers. De toutes cec gens d'armes et del host estoit connestables messires Edouwars, li sires Despensiers, uns des grans barons de toute Engleterre, friche, gentil et vaillant chevalier et grant chapitainne de gent d'armes, et l'avoit li roi d'Engleterre pourveu de cel offisce ; et estoient marescal del host li contes de Warvich et li contes de Sufforch. Là estoient des barons d'Engleterre li contes de Stafort, li sires de Persi, li sires de Ros, li sires de Basset, *lt sires Latimiers*, li sires de Boursier, li sires de la Poule, li sires de Manne, li sires de Gobehem, fils au gentil signeur dont ceste hystore chi en devant fait bien mention, messires Loeis de Chiffort, li sires de Ware, messires Hues de Cravelée, messires Gautiers Hues, messires Guilloumes de Biaucamp, fils au conte de Warvich, messires Guillaumes Helmen, messires Mahieus de Gournay, messires Thumas Fouke, li sires de Walles, li sires de Willebi, messires li Chanonnes de Robertsart et pluiseurs aultres bons chevaliers que je ne puis mies tous nommer. Encores y estoient des capitainnes messires Jehans de Montagut, messires Richars de Pontchardon, messires Symons Burlé et messires Gautiers d'Evrues », Fr. VIII, 280.

13. — Die he van Graestoc. — Le sire de Greystock.

Porte : *Burelé d'argent et d'azur à trois chapelets ou couronnes de gueules brochants, posés deux et un.* — Le heaume d'or taré de profil, la couronne de même, le volet armoyé des émaux et pièces de l'écu, et pour cimier un feu ardent, *flammulas*, en pyramide, de gueules. — Ces couronnes s'appellent en anglais *Chappletz*

Ce sont les armes Fitz-William, dans le Role de Caerlaverock.

Rauf le filz Guillieme autrement
Ke cil de Valence portoit ;
Car en lieu des merlos mettoit

Trois chapeaus de rosés vermeilles
Ki bien avienent a merveillez

Dans les Roles d'Eward II, et d'Edward III, « sir Rauf le fylz William, *burele de argent et de azur, a* III *chapels de goules* ». — This family at a later period *assumed the name of Greystock,* and inherited the lands of that family. Ràlp Fitz-William died about the feast of all saints 1316 at an avanced age. *Th. Wright.* — William, fils de Ralp, baron de Greystock fut cité à la Chambre des Pairs de 1348 à 1357; Froissard qui l'appelle Greystoke, Gresop, Grisop et Grastoch, le nomme au combat de Winchelsea, dans l'ost d'Edouard III en Artois ; il combattit en Bretagne et en France, et fut nommé capitaine de Berwick. « Si eurent avis li Bourgeois de Berwich qu'il le segnefieroient au roy d'Angleterre, car encore li sires de Grastoch, un grans barons de Northombrelande, qui avoit tout ce pays en Gouvernance, estoit avoecques le roy d'Engleterre en ce voiage en France. » — Mais ayant laissé surprendre Berwich par les Ecossais, le roy Edward III en fut irrité :

« Che mesme jour au soir, ensy que le roy d'Engleterre devoit aller soupper, vinrent les certaines nouvelles de la prinse de Bervich, et ly segnifioit madame la royne d'Eng'eterre sa femme et ly escripsoit la manière comment la chose avoit allet, selonc l'information que elle avoit eut de cheaulx dou païs. Quand le roy englès entendy ces nouvelles, sy fut moult courouchiés et regarda adont moult fellement sur *le signeur de Grisop* qui devoit estre gardien de la chité de Bervich, et parla à lui moult rudement et assavoir pourquoi il s'estoit party du païs de Northombrelant, jusques à tant que il eust mis sy soufisant gardes que le païs ne y eust eu point de domaige et il n'euist point perdu de chité. Le chevalier respondy et s'escusa au plus courtoisement que il peut, et dist : « Monseigneur, de traïsons ne « se peult nul garder. Quant je me party de Bervich, je y avoie ordonné sy « bonnes gens et gardes à ung avis que sur che je ne cuidoie mie que la cité « se deust perdre ; car, se je euisse sceu le contraire, je y eusse demoré, et « che que je m'en party, che fu par vostre commandement. » Et adont se mirent les seigneurs d'Engleterre entre le roy et le chevalier, et dirent : « Monseigneur, il sera bien amendé. » Lors soupa le roy moult petit, et fist àl venir tout son consail après souper en sa chambre. Sy fut dit et ordonné que à heure de minuit, quant le marée venroit, que il entrassent tous en leurs bateaulx et s'en yroient en Engleterre, et ne dormiroit jamais en une ville que une nuit, sy seroit venu devant Bervich. Ensy fu-il segnifiet et criet parmy la ville de Calais et fu tout toursé, et les chevaulx mis ens ès batieaulx devant minuit, et à chelle heure le roy entra en son batiel, et toute ses gens, et furent l'endemain à heure de prime à Douvres. Sy dessendirent et mirent toutes leurs baghes hors, et puis montèrent à cheval et prirent le chemin de Londres, et fist commandement le roy par toute son ost que nuls ne presist aultre chemin que cheluy d'Escoche. » XVII, 314.

Le Seigneur de Grisop ou de Greystock est mort en 1358, et selon M. Kervyn le 20 juillet.

14. — H. Mychel van Poel. — Sir Michel de la Pole.

Porte : *D'azur à la face d'or, accompagnée de trois têtes de léopards de même, deux en chef, une en pointe; B. fish betwene 3 leopards heds ore.* — Le heaume taré de profil, et pour cimier un bust de vieillard à longue barbe et longs cheveux en queue tout de gueules, la tête cerclée et enrichie d'or, vestu d'argent formant une capeline decoupée.

Michel de la Poole, 1370, envoyé en Guienne : « Si regardèrent qui s'en yroit en Giane avoecq le duc de Lancastre. Si en furent esleu et nommé li sires de Ros, messires Mikieux de la Pole, messires Robert Rous et messires Jehan de Saint-Lô. » VII, 481.— Au siège de Montpaon : « Messires Mikiel de la Poule. » — Michel de la Poole fut créé conte de Suffolk au 8 an du règne de Richard II et après fut fait Chancelier d'Angleterre. » *Peerage.* — Accusé et réduit à fuir, il gagna la Hollande et arriva au « havene de la bonne ville de Dourdrech. » Il mourut à Paris la douzième année du règne de Richard II. Il était Chevalier de la Jarretière. *Kervyn.*

Au siège de Limoges : — Avoech le prince estoient si doi frère li dus de Lancastre, li contes de Cantbruge, et li contes de Pennebruch qui s'appelloit ossi leurs frères. Messires Thumas de Felleton et messires li captaus de Beus estoient demoret à Bergerach pour là garder le frontière contre les François et les compagnes qui se tenoient sus le pays. Encores estoient avoech le prince messires Guicars d'Angle , messires Locis de Harcourt, li sires de Pons, li sires de Partenay, li sires de Puiane, li sires de Tannaibouton , messires Percevaus de

Coulongne, messires Joffrois d'Argenton, Poitevins ; et de Gascons :
li sires de Pumiers, li sire de Muchident, li sires de Lespare, li sires
de Monferrant, li sires de Chaumont, li sires de Longuerem, messires
Aymeris de Tarste, li soudich de l'Estrade, li signeur de Condon, messires
Bernadet de Labret, sires de Géronde, et pluiseur aultre. Englès : monsi-
gnor Thumas de Persi, li signeur de Ros, monsigneur Guillaume de
Biaucamp, monseigneur *Mikiel de la Poule,* monsigneur Estiévène de
Gousenton, monsigneur Richart de Pontchardon, monsigneur Bauduin
de Fraiville, monsigneur Symon de Burlé, monsigneur d'Agorises, monsigneur Jehan d'Évrues, monsigneur Guillaume de Neufville et des autres que
je ne puis mies tous nommer ; et Haynuier : monsigneur Eustasce d'Aubre-
cicour ; et des compagnes monsigneur Perducas de Labreth, Naudon de
Bagerant, Lamit, le bourch de Lespare, le bourch Camus, le bourch de
Bretuel, Espiote, Bernart de la Salle, Hortingo, Bernart de Wist et moult
d'autres. Si se misent toutes ces gens d'armes au chemin en grant ordenance
et tinrent les camps, et commença li pays à frémir tous contre yaus.
Fr. VIII, 31.

Dans l'Armorial des Chevaliers de la Jarretière « Michel de la Pole
comte de Suffolck, baron de Wingfield, Chancelier d'Angleterre porte d'azur
à la face d'or accompagnée de trois mufles de Léopards aussi d'or, 2 et 1. »

15. — DIE HE VAN VESSY. — LE SIRE DE VESCY.

Porte : *D'or à la croix de sable.*

Dans les Rôles de Edward II et Edward III « Sir Willam de Vescy porte
de or à un croys de sable». — On voit une brisure des armes de Vessy à la
planche LV cy après, où elles sont *d'or à la croix engreslée de sable* :
William de Vassy eut une fille Sara, qui fut mariée à Hugues de Ufford
père de *Robert de Ufford, comte de Suffolk,* en 1335, père de William de
Ufford comte de Suffolk en 1369.

Q'on me permette de faire ici une remarque. M. Kervyn et quelques
Peerage disent que Robert Ufford fut *créé* comte de Suffolk le 16 Mars 1336.
Mais en 1333 à la prise de Berwick, Froissart, II, 262, cite déjà un comte
de Suffolk : « li nobles roys Edouards fist ses marescaux chevauchier devant,
le conte de Suffor ch' et monsigneur Thumas Wage. » Nous pensons donc
avec un autre Peerage, que le sire de Vassy, à qui Gelre donne *d'or à la
croix de sable* fut créé, lui, comte de Suffolk, created erle of Suffolk, au 14

an du règne de Edward II ; et que Robert de Ufford son petit fils, reçut le titre de comte de Suffolk au droit de sa mère, Sara, fille et héritière de Guillaume de Vassy. Encore un nom qu'on ne trouve pas dans Froissart et qui doit s'y trouver ! Comme nous allons le voir à la planche LVI.

Oui, ce nom est encore un de ceux qu'on a mal lus, soit parmi les chevaliers Anglais, soit parmi les chevaliers Ecossais. Johnes le traducteur Anglais appelle « Simon de Weseby » de son vrai nom sans doute : Simon de Vessy. A propos d'Erskine, M. Kervyn écarte le nom des Vessy quoique puissants parce que ce sont des Anglais et non des Ecossais. Mais en examinant le héraut Gelre, ne trouve-t-on pas les mêmes noms dans les Anglais et dans les Ecossais, à cette époque de confusion et de désordre où l'on était dans les deux camps ?

Il est nécessaire, pour convaincre les incrédules, si j'en trouve, de mettre sous leurs yeux la manière dont les copistes et les éditeurs de Froissart se sont trompés à la suite l'un de l'autre. Lorsque Froissart, de sa main courante dont il nous reste à peine la trace, écrivit ses récits, traça ce mot, selon l'origine du temps : VILLEBY, les copistes y ont pu voir *Villeby*, Wilby; *Vesseby*, Wessely ; Vescy, Vascy ; *Lessely*, Lesselée, La Selée, Assel, Lasseles, Lascy. — Il faut dans cette mêlée retrouver Vessy, car si vous

Welleby   Willy   Welly

avouez que Vessy ou Vescy fut une *puissante famille* du temps de Froissart, comment n'en trouvez-vous pas de trace dans les Chroniques ? De Ufford on renvoie à Suffolck, et à Suffolk on ne trouve pas l'ombre de Vessy ! Comment MM. Johnes, Kervyn, Luce, que Rymer lui-même n'a pas éclairés, ne se sont-ils pas demandé : Où donc est Vescy ou Vascy ? S'ils avaient eu pour lumière, dans ce dédale, la science des armoiries, ils auraient moins tatonné. — Je vous apporte l'Armorial de Gelre, messieurs, c'est un flambeau.

PLANCHE LIV

1.— Die he van Vaec. — Le Sire de Waak ou Wake.

Porte : *D'or à deux faces de gueules, accompagnées de trois tourteaux de même en chef.*

Thomas Wake, petit fils de Baudoin Wake, dit M. Kervyn.— Baudouin Wake, sir de Lidell et de Cotingham, la générale héritière duquel, nommée Marguerite, fut mariée à Edmond de Woodstok, Conte de Kent. Lord Wake of Lidell and Cotingham whose heire genrall callye Margret war marie ho Edmon de Woodstock, Erle of kent. *Peerage.* — Thomas, lord Wake of Lydel, *or two bars gu., in chief three torteaux*, whose sister and sole heiress married another Edmond Plantagenet, the youngest son of Edward I. This Edmond was executed in 1329, being then twenty eight years of age ; his two sons died without issue, and thus his only daughter became the sole heiress of both her father and her mother. This lady, the Princess Joan, married, first, sir Thomas Holland, K. G., and afterwards, the *Black Prince.* Sir *Thomas* Holland was created Lord *Wake* of Lydel, *jure uxoris* ; his eldest son Thomas Holland, bore the same title ; and the second daughter of hist eldest son Thomas Holland, bore the same title ; and the secoud daughter of his eldest son, Joan Holland, after the year 1394, married prince Edmond of Langley, then Duke of York. *Boutell*, 240.

Dans les roles publiés par Mores et Harris Nicholas, Wodestok et Wake se suivent : « Sir Edmond de Wodestok, counte de Kent, por e fiz à roy, porte les armes *de Engleterre od la bordur de argent ;* Sir John Wake porte *de or à* II *barres de goules, en le chef* III *rondales ou rondels de goules.*—Ce John Wake doit être le père de Thomas. Dans un armorial de la Jarretière, à la Bibliothèque Mazarine, on trouve : Richard de la Vache 54ᵉ chevalier : *d'or fascé de gueules de deux pièces et chargé en chef de trois guses ou tourteaux de gueules.* Philippe de la Vache 72e chevalier : *d'or fascé de deux pièces de gueules et un chef de trois guses ou tourteaux de gueules.* »

Le roy luy commanda... que hastivement luy feist venir, mesme la nuyt, saunz nul respit avoir, li seignour de Wake. » *Chron. of London*, p.85. —«Messires Thomas Wake fu ordonnés à estre marescaux de toute l'oost, » 11,75. — « Messire Thumas Wage bons chevaliers saiges et courtois qui estoit marescaux de l'ost.» 11, 78. — Il présida au supplice des Despencer: « Li dis messires Thumas Wake fist bien et fort loyer monseigneur Huon le Espensier sous le plus petit maigre et chétif chevalqu'il pot trouver. » — Thomas Wake, seigneur de Lidell, est cité le premier après le comte de Lancastre dans l'acte de déposition d'Edouard II. Kervyn.— Dans les mss. flamands on l'appelle : « Le seigneur de Waken.»

Quand Edward III vint à Amiens rendre hommage au Roy de France, Thomas Wage fut un de ses compagnons : « Li jones rois d'Engleterre ne mist mies en oubli le voiage que il devoit faire ou royaume de France, et se appareilla bien et faiticement et si souffissamment, ensi que à lui appertenoit et à son estat : si se parti d'Engleterre quant jours fu dou départir. En se compagnie avoit II évesques, cesti de Londres et cesti de Lincolle, et IIII contes, monsigneur Henri, conte Derbi, son cousin germain, fil monsigneur Thumas de Lancastre au Tor Col, le conte de Sallebrin, le conte de Warvich et le conte de Herfort : VI barons, monsigneur Renault de Gobehem, monsigneur Thumas Wage, mareschal d'Engleterre, monsigneur Richart de Stanfort, le signeur de Persi, le signeur de Manne et le signeur de Moutbray, et plus de XL aultres chevaliers, II,232. Les Wake, dit M. Kervyn, existent encore aujourd'hui.

2. — Dye he van Vavasuer. — Le sire de Vavasour.

Porte : *D'or à la face vivrée de sable, ou à la vivre de sable en face: fess dance ou daunce, arrantée* en vieux français.

Dans les Roles publiés par Rowe Mores et Harris Nicholas, on trouve les Vavasuer, sous le nom de Vavasour, et au premier rang. « Sir William Vavasour, *de or a une daunce de sable*» ; et dans le Role de Caerlaverock, il est encore un des premiers :

> Ede cele meis part,
> Fu Guillames li Vavasours,
> Ky de armes ne est muet ne sours ;

> Baner avoit ben conoissable,
> De or fin o la dance de sable.

« William le Vavasour was a Yorkshire baron, who inherited the manor of Haselwode in that county from his father, John de Vavasour. He was actively employed in the wars of Edward I, and was évidently a man of esteem, as he was appointed one of the judges of the Traitbaston. The time of his birth is not known. Arms, *or a fesses dauncette sable.*

Nous ne savons pourquoi Vavassour semble disparaître avec la guerre de cent ans : On ne le trouve pas dans Froissart. Cependant dans une lettre importante au point de vue historique, publiée par M. le Baron Kervyn de Lettenhowe, où la bataille de Nevill-Cross est exposée avec étendue, on rencontre Henri Vavasour parmi ceux qui furent faits chevaliers dans cette journée, le 13e jour d'octobre 1346 ; il est « de la compagnie monsir de Percy : monsir de Neville, monsir Symond Ward, monsir Henri Vavasour, monsir Metham le fils.» — Depuis, plus rien.

3.— Die he van Cliffoert. — Le sire de Cliffort.

Porte : *Echiqueté d'or et d'azur à la face de gueules.*

Sir Robert Lord de Clifford se trouve dans les Roles de Edward II et Edward III, avec ces armes : *cheker de or et de azur a une fesse de goules.* — Dans le Poeme du Siège de Caerlaverock :

> Robert le seignour de Cliffort,
> A ki raisons donne confort,
> De ses ennemis encombrer
> Toutes les foiz ki remembrer
> . Ki peut de son noble lignage...
> Le Roi son bon seignour connoie
> Sa banière mout honnourée,
> De or e de asur eschequeré,
> O une fesse vermelette.
> Si je estoie une pucelette,
> Je li donroie quer e cors,
> Tant est de li bons li recors.

Et à la fin, quand toutes les bannières victorieuses flottent :

> Puis fist le rois porter à mont
> Sa banière e la Seint Eymont

La Seint-George, e la Seint-Edward,
E o celes par droit eswart
La Segrave e la Herefort,
E cel du seignour de Cliffort,
A ki li chrsteaus fu donner.

Il fut Comte-Maréchal d'Angleterre en 1307 et mourut en 1314. Son fils Robert Pair d'Angleterre 1327-1343 mort en 1344. — A Buironfesse 1339, « messires Robert d'Artois avoit dallés lui monseigneur de Bereler, *le seigneur de Cliffort*, messires Richart de Pennebruge..» III,42. — Son second fils Roger de Cliffort cité en Parlement 1357-1388, mort en 1389. C'est lui que Gelre a inscrit ici. III,151.

« A che dont estoient dedens Vallenchiennes aucun chevaliers d'Engleterre et par espécial li contes de Warvich que li roys d'Engleterre avoit laissiet en Flandres, et avoit estet chils en le chevauchie de Aubenton et demorés en Vallenchiennes à le pryère dou conte, et estoient avoecques lui messires Hues de Hastingues, messires Rogiers de Biaucamp, messires Jehans Candos, messires Jehan de Grai, messires Oliviers de Bancestre, messires Rogiers de Cliffort. Si requissent chil chevalier à messire Henri d'Antoing que on les laissast wuidier le ville sus leur péril et chevaucer deviers le rivière d'Escault pour veoir se il poroient nient trouver à faire aucune bacelerie, ne biau fait d'armes sus les Franchois.» III, 151.

Son fils, sir Thomas, pair de 1389 à 1391. — « Quant l'évesque de Durem perchut que les siens se desroutoient, il demanda conseil à ses féauls, messire Guilemme de Lussy et à messire Thumas Cliffort, et à aucuns autres chevalliers qui là estoient », XIII,230. — Thomas eut avec Bouciquaut un combat singulier raconté dans le Livre des Faits de ce chevalier français.— Comme les Clifford sont nombreux qu'on me permette de noter ici deux lignes d'un vieux Peerage : « Gautier, sir du chateau de Clifford et de Flint, duquel descendit Henri de Clifford, comte de Cumberland.»

4. — Die he van Bolmeer. — Le sire de Bolmer.

Porte : *De gueules au lion d'or, [l'écu billeté de même].*

Dans les Roles des Bannerets d'Angleterre publiés par Mores et Harris Nicholas, sir Rauf de Bolmer, *de goules billeté de or à un lion rampaunt*

de or ; et sir Roger de Bolmer, *de argent billeté de goules, à un lion rampaunt de goules.* — Sir Rauf ou Ralph de Bolmer, que Gelre a connu, a
été cité en parlement comme pair de 1342 à 1349 ; mort en 1366. — Sous
quel nom tronqué peut-il bien être dans Froissart, le sire de Bolmeer ?
peut-être Belver: Guillaume de Belver, dit M Kervyn, est mentionné dans
un document de 1344, et Botler, Butler qu'on prend pour un Botiller ou un
Boutiller ou peut-être un de Blot, que d'incertitude ! ou bien esr-ce
un Philippe de Beauvers, cité plusieurs fois dans Froissart qui le trouve en
garnison à Aiguillon,et fut présent à la mort de Edouard de Beaugeu:—«Si
vous di que li Englés se combatirent si bien et si vassaument que encore
euissent ils desconfis chiaus qui là estoient venu,se n'euissent estéli brigant
qui vinrent là au secours plus de V^c,as lances et as pavais, tous bien armés,
frés et nouviaus. Si ne peurent avoir durée li Englès,quant il furent recargiet
de ces gens-là nommés brigant ; car il estoient tout lasset et hodet de
longement combatre. Ensi fisent li brigant la desconfiture. Si y furent pris
messires Jehans de Biaucamp, messires Loeis de Clifort, messires Oliviers
de Bancestre, messires *Phelippes de Beauvers*, messires Loeis Tuiton,
messires Alixandres Ansiel et bien XX chevaliers tous de nom, et ossi tout
li escuyer, et furent rescous tout li aultre prisonnier françois qui pris
estoient en devant. Si fust trop bien la besongne alée pour les François, se
li sires de Biaugeu n'euist esté là mort ; mès li gentils chevaliers, que si
vaillants homs fu et si preudons, dévia là sus le place, de quoi tout li compagnon furent durement courouciet, mès amender ne le peurent.»

Dans *Boutell*, c'est Rauf de Bulmer,

5. — Die here van Lyle. — Le sire de Lisle.

Porte : *D'or à la face entre deux chevrons de sable.*

Dans un vieux manuscrit flamand, « le sire de Lille, *d'or à la fesse de
sable, à deux chevrons de sable l'un dessus, l'autre desoulʒ.* » — Dans le
Role des Bannerets publié par Roves, « sire Robert de l'Yle, *de or a une
fesse à deux chevrons de sable.*»

Il eut pour fils « très honorable et noble seigneur Jean de L'Isle,seigneur
et baron de L'Isle, 5e chevalier du très noble ordre de la Jarretière. » Dans
le Role du Siège de Calais,sir John Lisley, baron, *or a fess int. 2 chvr. sa.*
— Dans un Armorial de la Jarretière, Jean baron de Lisley, 5e Chevalier,

d'or à la face de sable accompagnée de deux chevrons de mesme, un en chef qu'elle soutient, *l'autre en pointe* qui la soutient.

« Froissart rapporte qu'à la mort de Godefroi de Harcourt, Edouard III se mit en possesion du château de Saint-Sauveur et qu'il en confia la garde à Jean de L'Isle ». *Léopold Delisle*, Hist. de St-Sauveur. — « Monsigneur Jehan de L'Isle, un appert chevalier durement.» VI, 13.

« Quant le conte d'Erby ordonna pour aller à Villefranche les chevaliers dessus nommés, il lui souvint de la garnison d'Aguillon, et s'y institua monseigneur Gautier de Manny, messire de Franque de Halle, messire Jehan de Lille, messire Thomas Kok, messire Robiert de Noefville et messire Jehan de la Souce et pluiseurs autres, èsquels il se fioit, de aller celle part, et leur dist : « Seigneur et compaignon, vous savés et entendés « que le duc de Normendie est trop efforchiement venus en che païs et que « nous ne sommes pas gens assés pour le combatre. Sy nous faura guerrier « par garnisons ; et pour che je vous envoie en Aguillon que nullement je « ne voldroie perdre, car je le tieng pour mon garde-corps. Et prendés des « gens d'armes et archiers che que bon vous samble et que le fortresse puelt « porter. » Ces chevaliers obéirent, et dirent que vollentiers il yroient. Sy se partirent de Bourdiaulx atout VIᵉ armes de fer et IIᵉ archiers, et chevauchèrent tant qu'il vinrent à Aiguillon. Sy se boutèrent en la ville, et coururent tout le païs d'environ, et y amenèrent grant foison de pourvéanches. XVII, 177.

6. — Dᴉᴇ ʜᴇ v. Fᴀᴄᴏ[ᴍ]ʙᴇʀᴅsᴇ. — Lᴇ sɪʀᴇ ᴅᴇ Fᴀᴡᴄᴏɴ-
   ʙʀɪᴅɢᴇ.

Porte : *D'argent au lion d'azur, armé et lampassé de gueules.*

Nous trouvons ces armes dans un beau Peerage mss. du seizième siècle, dont le texte indique simplement *d'argent au lion d'azur,* mais dont la figure montre le lion *armé et lampassé de gueules.* — Sir John de Faucomberg, pair d'Angleterre, cité de 1336 à 1349 ; son fils, sir Walter, de 1359 à 1363. — Sir John et Walter Fauconberge se trouvent dans les Rôles des Bannerets, publiés par Roves Mores et Nicholas Harris, *de argent a un lion rampaund de azure,* et sir Wauter, de même, *à un baston goboune de or et de goules.* — Boutel cite Roger Faulconbridge, *arg. a lion rampt. az. on his shoulder a fleur de lys or.* — Le sir de Faucombridge et de Rison, la principale héritière duquel fut mariée à Guillaume Neuville fils d'Aurabie [Daweraby, de Raby], premier conte de Westmoreland[sous Richard II] de laquelle eut issue Guillaume de Neuville, L. ou Sir de Faucombridge et conte de Kent: *argent lion d'azur. Peerage, mss.* — Nous ne le trouvons pas dans Froissart...Cependant, dans l'Edition belge: «Jean de Falckburh, dit M. Kervyn, probablement Fauconberg ou Falconbridge. »

Que de rectifications à faire !

7. — DIE BISSCOP VAN DUREM. — L'ÉVÊQUE DE DURHEM.

Porte : *De gueules à la croix ancrée d'hermines.*

Ce sont les armes de Beck, et cependant Antony Beck, évêque de Durham, est mort en 1311. — Anthony Bek, the warlike of Durham, was a younger son of Walter Bek, baron of Eresby... He was elected bishop of Durham in 1283. — Il était au siége de Carlaverock :

> Le noble evesque de Dureaume,
> Ee plus vaillant clerck du Roiaume,
> Vermeille, o un fer de molyn
> De Ermine, e envoya se enseigne.

Dans le Rôle d'Edward II, « le évesque Antoyn de Dureem et Patark, *de goules a un fer de molyn de ermyne;* » cette croix ou ce fer de moulin est appelé par les Anglais *croix* ou *cross recercelée*, mais elle n'en a pas la figure. — Antony Bec est mort en 1311 ; « il était frère, dit Banks, de Jean Beke dont la fille Alice épousa William ou Robert de Villougby, » dont les armes sont à la Planche LV, écartelées de Vessy et de Beke.

8. — DIE HE VAN MORLAYE. — LE SIRE DE MORLEY.

Porte : *D'argent au lion de sable, couronné d'or, armé et lampassé de gueules.* — Les émaux n'ont pas été peints, mais ils sont indiqués par un signe familier, et on les trouve dans les vieux Peerage.

Dans les Rôles d'Edward II, d'Edward III et du Siége de Calais, « Sir Robert de Morlee, *de argent a un lion de sable od la couwe fourchie, corone de or.*— » Robert Morley fut créé Pair par le Parlement 1317-57 ; il fut un amiral des plus distingués; *voyez H.Nicolas History of royal Navy*, II, 235; il mourut en 1360 et eut pour successeur son fils Wiliam, qui fut cité en Parlement comme Pair de 1364 à 1378, et mourut en cette dernière année. Robert de Mor'ey fut cité en Parlement du 1 au 31 et Guillaume de Mor'ey du 35 au 5o an du règne de Edward III. And having had summons to Parliament from the 11 th of Edw. II, of the 31 st. of Edw. III, inclusive, died in France the 34 th Edw. III, 1360. — Robert de Morley fut présent à la bataile de Crécy:

« Et pooient estre en la compagnie dou roi huit mille armeures de fier, chevaliers et esquiers, et trente mille hommes parmi les archiers, la moitiet monté sus hagenées et l'autre moitiet sergens à piet envoyet de par les bonnes villes d'Engleterre et à lors gages, et encores sans les archiers à cheva', il y avoit bien vint-trois mille archiers à piet. Adont, ensi que les batailles furent ordonnées, on cevauça tout rengiet sievant les banières le roi, et en i avoit quatre et les portoient li sires de Sées, li sires de Ferrères, li sires de Morlais et li sires de Hastinghes, et chevauçoient et aloient à la sent des fumières, et ceminèrent jusques à basses vespres. Adont se logea li hoost en une grande prée priès d'un bois et sus une petite rivière et tout au lonch pour euls aisier, et pour atendre le charoi et les pourvéances, et tout ce jour avoient ars li Escoçois à cinq lieues englesces priès d'euls, et ne les povoient trouver, ne raconsuir. Quant ce vint à l'endemain au point dou jour, on sonna les trompètes, casquns fut armés et apparilliés, et se traissent les banières sus les camps, casquns en sa bataille et desous 'a banière où ordonné on estoit. » II, 142.

9. — Die he van Lucy. — Le sire de Lucy.

Porte : *De gueules à trois poissons d'argent ; G. 3 lucies erantar.* Armes parlantes ; ces poissons se nomment des *Lucies, erant, posées en pal, deux et une.*

Dans les grands Roles d'Edward II et Edward III, « Sir de Lucy, *de goules, crusule de or, à 3 luys de or;* Sir Ammeri[Antoine] de Lucy, *de azur crusule de or, à 3 luys de or;* Sir Thomas de Lucy, *de azure, crusule de argent, à 3 luys de argent.* » Il est à remarquer que dans ces deux Roles seulement, le champ de l'écu est *croiseté*.

Thomas fut à l'Ecluse, à Crecy, à Nevill-Cross. Il mourut en 1365. Il avait été cité en Parlement du 15 au 30 an du règne d'Edw. III :

« Moult fu là li roys d'Engleterre bon chevalier, et y fist de son corps pluisseurs belles appertisses d'armes, et s'abandonnoit vaillamment et hardiement entre ses ennemis pour yaux plus adammaigier et rendre coraige à ses gens. Ossi li évesques de Lincolle, li contes de Pennebrucq, li contes de Hostidonne, li contes de Norhantonne et de Glocestre, li contes de Herfort, messires Renaus de Gobehen, li barons de Stanfort, li sires de le Ware, messires Loeys de Biaucamp, messires Guillaumes Fils-Warine, li sires de Basset, li sire Gautiers de Manni, *li sires de Luʒi*, messires Guillaumes de Windesore, messires Thummas de Hollandes, messires Richars de Pennebruge, li sires de Felleton, li sires de Ponchardon, messires Niel Lornich, messires Oliviers de Clifort, messires Henris de Biaumont, messires Francques de Halle, li sires de Ferrières, li sires Despensier, li sires de Brassetonne, li sires de Multonne et pluisseurs autres barons et chevaliers d'Engleterre que je ne puies mies tous nommer, s'i esprouvèrent et combatirent très-bien et requisent leurs ennemis si vassaument et si fièrement avoecq l'ayde de leurs archers que finablement li Normant furent desconfit, tout mort et tout noyet, excepté Barbevaire et Maraut qui se sauvèrent ; car, quand il virent le desconfiture, il entrèrent en une barge et fissent tant par rivière qu'il yssirent de le bataille et eslongièrent les périls qui moult grant y estoit entre leurs gens, car on n'en prendoit nul à merchi, mès les mettoit-on tous a mort. Là furent morts messires Hues Kiérès et messires Pierres Bahucès et bien XL^m saudoyers, Normans, Pikars, Génevois, Bretons, bidaus et gens de touttes queilloites. Ceste bataille fu en l'an de grâce Notre-Seigneur mil CCC.XL, le jour devant le vegille Saint-Jean-Baptiste. » II, 197.

M. Luce, dans son Hist. de Du Guesclin dit: « Il y avait eu à Dinan des joutes où Guillaume de Lucy et Mathieu de Gournay du côté des Anglais, avaient joué le rôle le plus brillant [1354]. » et Froissart cite « messire Guillaume de Luzy» devant Brest en 1373.—Ce Guillaume de Lucy ou Luzy ne serait-il pas Guillaume de Multon, fils d'une sœur de Thomas de Lucy, comme le dit M. Kervyn? Nous croyons qu'il y a ici une erreur de prénom. Si l'on ouvre un vieux Peerage, on trouve « Geffrey Sir de Lucy, duquel la principale héritière espousa Henri de Percy premier Conte de Northomberland, auquel elle donna tous ses héritages à telles conditions que

luy et sa postérité porteraient toujours ses armes au second quartier de
l'écu ; » et en effet, nous trouvons une vieille gravure où les armes de Percy
sont écartelées de Lucy, pour Henri de Percy L. Constable en 1377 :
or à Lyon ramp. a. quarterly with G. 3 lucies hauriant, ar*.

10. — DYE HE VAN PERSI. — LE SIRE DE PERCY.
Porte : *D'or à cinq fusées d'a*ur mises en face.*

Ce sont les anciennes armes de Percy. Le Sire de Percy fut Henri de
Percy qui épousa Idoine Clifford et mourut en 1351. Son fils aîné Henri
de Percy, qui fut à la bataille de Crécy, à Nevill-Cross, épousa Marie de
Lancastre et porta ces armes aussi Il mourut vers 1368, laissant 1 Henri
qui fut comte de Northumberlant et se trouve à la planche LI ci avant ;
2 Thomas, qui fut le compagnon de Chandos. — Les armes des puinés
sont *d'argent à cinq fusées ou fusils de geules* comme brisure par changement d'émaux.

« Li contes Henris de Lancastre au Tors Col fu tous li premiers qui vint
a grant fuisson de gens d'armes et d'archiers, puis vinrent de Northonbre-
lande, li sires de Persi, li sires de Noefville, li sires de Moutbrai, et li sires
de Lussi, » II, 75. — « Li roys Edouwards eut et rechupt pluisseurs lettres
qui venoient de pluisseurs seigneurs et de divers pays, de Gascoigne, de
Bayonne, de Bretaingne, de Flandres de par Dartevelle à qui il avoit grant
amour, et des marces d'Escosce, dou seigneur de Persi et dou seigneur
de Ros. » IV, 127, an 1343.

A Crécy : « Le dimence au matin, ensi que li rois d'Engleterre issoit de
messe, retournèreut li chevauceour et les archiers, liquel avoient parfurni la
desconfiture. Si recordèrent au roi les capitainnes messire Richars de
Stanfort et messires Renauls de Gobehem tout ce que il avoient veu et
trouvé, et dissent ensi en oultre que nuls apparens n'estoit de nulle requel-
loite. Adont eut consel li rois que il envoieroit cercier les mors à sçavoir
quel signeur estoient là demoret, et en furent ordonné del aler (et fu dit de
la bouce dou roi) messires Thomas de Hollandes, messires Renauls de
Gobehem, *li sires de Persi,* messires Guis de Briane et messires Oulfars de
Ghistelle, et lor furent délivret tout li hiraut de l'oost et quatre clers pour
écrire les noms des nobles. Si se départirent li desus nommé et plus de
quatre cents hommes en lor compagnie pour aidier à tourner et à retourner
les mors. Quant il furent venu sus la campagne où la bataille avoit esté, li

hiraut dou roi d'Engleterre trouvèrent biaucop des hiraus les signeurs de
France, qui là estoient venu pour cerchier lors mestres et lsrs signeurs mors,
de quoi li signeur d'Engleterre furent moult resjoï, et lor fissent bonne
chière ; et cercièrent chil hiraut englois et françois tous les camps, et trouvèrent les signeurs mors en pluisseurs places, *et estoient recongneu le plus
par lors armoieries*, et tantos que il estoient avisé et recongneu, les clers
dou roi les mettoient en escript Si furent trouvet onse chiefs de hauls
signeurs, quatre-vins-et-trois banières et douse-cens-et douze chevaliers d'un
esqut, sans le menu peuple, dont il i eut plus de trente mille. V, 76.

Quant à Thomas de Percy, le puîné, il était en Poitou, à l'affaire du
Pont de Lussac ou périt Chandos : — « Lors se départirent les Poitevins
et aucuns chevaliers d'Angleterre avec eulx, et estoient bien deux cens
lances. Si entra le dit messire Jean de Chandos en un hostel, et fist alumer
le feu. La estoit encore demourez delez lui messire Thomas de Percy,
seneschal de la Rochelle, et sa route. Si dist a Monseigneur Jehan Chandos:
« Sire, est-ce votre entencion de cy demourer maishui ? — Oil, voir, messire
Thomas. Pourquoi le demandez-vous ? — Sire, pour ce que je vous prie,
puisque chevauchier ne voulez, que vous me donnez congié, et je chevau-
cheray quelque part avec mes gens, pour savoir si je trouveroie nulle
aventure. — Alez, ou nom de Dieu ? « Ce dit messire Jehan Chandos, A
ces moz se parti messire Thomas de Persy, et trente lances en sa com-
paingnie..... Tantost fu adjournée et jour, car a l'entrée de janvier les
matinées sont tantost espandues. Et povoient estre les François et les
Bretons environ une lieue du dit pont, quant ilz apperceurent, d'autre part
la rivière, monseigneur Thomas de Percy et sa route ; et messire Thomas
et les siens les avoient jà apperceus. Si chevaucherent les grans galos pour
avoir l'avantage du pont dessus dit, et avoient dit : « Velà les François ! Ils
sont une grosse route contre nous. Exploitons-nous ; si arons et prennons
l'avantage du pont ». *Froissart*, Ms français cité par M. Léopold Delisle,
dans son *Histoire de Sain.-Sauveur*.

Froissart fut plus d'une fois l'hôte des Percy.

11. — Die he van Menile. — Le Sire de Menell.

Porte : *D'azur à trois jumelles d'or, au chef de même.*

On voit par l'inégalité des trois tirets, que Gelre n'a pas achevé ces jumelles ; la place en est marquée sous l'azur. — Dans les Roles d'Edward II et Edward III, ces armes sont blasonnées autrement pour sir Nicholas de Meynel : *d'azur à deux barres gymiles de or, od le chef de or,* ce qui est moins régulier. Sir Nicholas fut cité comme pair 1336-1342, mort en 1342, sans hoirs males, sa fille Elisabeth épousa Pierre de Mauley le sisme ci-après. Cependant nous trouvons dans un vieux Peerage, Philippe Menell, L. Menell whore heire generall war mariès to the Lord Darcy of the Nort ; Philippe Menell, la generale heritière duquel fut mariée au sir d'Arcy du North, » et portant les armes indiquées par Gelre, *d'azur à trois jumelles d'or, au chef du second.*

Mais Jean d'Arcy ou Darcy, Sir de Menel, ne s'armait pas comme Menel ; il portait *d'azur à trois quintes feuilles entre neuf croisettes d'argent :* « Chambellan du roy Edward III, de lui est descendu comme héri tier masle le sir d'Arcy à présent vivant, et comme principaux héritiers les hoirs du sire de Connières et de messire Jacques de Strangewitz. »

Comment ne trouve-t-on pas Menell dans Froissard ? Il y a bien « Jean Menet, écuyer anglais, fait prisonnier au combat d'Ouchy ; Johnes le nomme : « Jean Meynil. » Ce Jehans Menet ou Meynil a vaillamment combattu : — « Li Englès se combatoient moult vaillamment ; mais finablement il furent mors ou pris, et pou s'en sauva. Là furent pris des chevaliers englès messires Jehans Rademen, messires Thomas Fauque, messires Hues Brunel, messires Thomas li Despensiers, messires Thomas li Bretons, messires Nicoles Gascoigne, messires Jehans Candeli, messires Hues Harpedenne, messires Léonnel d'Antrin et messires Phelippes de Camberi ; et des escuiers, Jehans Gaillart, Thomas Brudelay, Henris Mainefort, Guyons de Chuer, Guillaumes d'Autri, *Jehans Menet,* Antequin, Thomas Robinet, Jshans Wandenkin, Thomas Clément, Guillaumes Gansul, Jehans de Foubret, Thomelins Solerant, Guillaumes Quintemin, Robins Bouchelle, Robers d'Audelay, Raouls d'Estamby et Thomas Artus. » VIII, 295.

Mais ce Jehan Menet ou Meynil est un Darcy-Menil que nous trouvons dans le " *A Help To English history* " de Heylin, parmi les barons d'Angleterre, « Barons of England » créés par Edw. II : « Cogniers Darcy, I., Darcy et Menil ; Ebor. *az, semy croslets, and 3 cinque foils, ar.* » Ce n'est pas notre Menell ou Menile aux *trois jumelles d'or,*

Il ne faut donc pas confondre Menell aux jumelles avec Menell aux quatre feuilles.

12. — Die he van Maule. — Le sire de Mauley.

Porte : *D'or à la bende de sable.*

Pierre de Mauley le quint fut cité en Parlement du 9 au 29 an du règne de Edward III, 1336-1354; Pierre de Mauley le sisme fut cité du 31 au 50 an du même règne, 1355-1383.

Dans les Rôles publiés par Mores et N. Harris, sir Peres [Pierre] de Maulee figure avec ces armes. Il fut tué « déja fort âgé » à la bataille de Nevill-Cross, 1346. La Chronique de Valenciennes le cite; « en la primer eschiel du nostre parte estoient li sires de Percy, de Neville, de Mauglay, de Scrop, de Mosgrave et le vicount de Northumberland… » Et parmi les chevaliers morts en cette journée : « De la compaignie monsir de Moubray : monsir William Heroun, monsir Johan son frère, monsir Piers de Maulegh, monsir Thomas de Bentlay, monsir Thomas de Mideltoun, monsir Thomas Ask. » V. 490, 492. — « Il eut, dit M. Kervyn, pour fils Pierre de Mauley, qui combattit successivement en Guyenne et sur les marches d'Écosse, et qui mourut en 1383.

Les Grands Rôles des Bannerets du temps d'Edw. II et Edw. III donneut à Pierre de Mauley trois fils, avec leurs armes et leur rang : » Sir Robert de Maulee, *de or à une bende de sable, en la bende 3 aigles de argent;* sir Johan de Maulée, *de or à une bende de sable, en la bende III daufins d'argent;* sir Edmon de Maulée, *de or à une bende de sable, en lo bende III myvres de argent.* » — Edmon fut le dernier : « Edmon Mauley, L. Mauley and Steward to kinge Ed. the 2 war staine at the battell of Estrivallen of whom ther is no issue remayninge. » Edmon sir de Mawley et maitre d'hôtel du roy Edw. II fut tué à la bataille de Strivallen, duquel ne demeura nulle issue.

13. — Die he van Warryn. — Le sire de Warenne.

Porte : *Echiqueté d'or et d'azur; clecky o et b; checky or and azure.*

Ces armes se trouvent partout, sous le nom de Warren ou de Garenne. — « Guillaume conte de Warren passa en Angleterre avec le Conquerant qui lui donna tout Chickeland. » — Willem, earle the Warren the sonne of Will. yt eam rof the conq. ; Guillaume, conte de Warren, fils de Guill. qui passa avec le Conquérant, fut créé conte de Surrey par le roy Guillaume le Roux, duquel descendit Guillaume conte de Warren et de Surrey et de Sussex, qui eut issue Isabeau sa fille et héritière, laquelle en 1res noces fut mariée à Guillaume conte de l'Egle, fils du roy Estienne, et n'en eut point d'issue, et après fut mariée à Hamelyn Plantagenest, frère du roy Henri II, duquel elle eut issue; *Echiqueté d'or et d'azur Peerage, p.* 10.

« En cele an, XVe de Edw. II, à la Conversion de St Paul les deux Mortimers se rendirent à la grace le roy et furent amenez à le Tour de Londres par le counte de Garenne. » *Chr. of London*, p. 63.

Dans le Rôle de Caerlaverock, an 1300 :

> Johans li bons Quens de Warenne
> De l'autre chel avoit la renne
> A justicer et governer,
> Cum cil ky bien savoit mener
> Gent segnourie et honnourée.
> De or et de azur eschequeté
> Fu sa banière noblement.

Dans les Rôles d'Edward II, «Le counte de Garene, *cheker de or et de azure.* Dans le Rôle du Siége de Calais, sir William Waren porte *echequeté d'or et d'azur, au canton de gueules au lion rampant d'argent.*— Boutell nous a donné le scel de John de Warenne, comte de Surrey : c'est un échiqueté.

Dans Froissart, au commencement de ses Chroniques, la comtesse de Garenne reçoit les chevaliers du Haynau : — « Quant li jovènes roys Édouwars, madame sa mère le royne et li baron qui là estoient, virent que c'estoit acertes et qu'il ne volloit plus demorer et que pryère n'y pooit rien valloir, il li donnèrent congiet et de dolent coer. Se li donna li jovènes roys par le consseil de madame sa mère et des autres barons quattre cens mars d'estrelins I estrelin pour I denier de rente hiretablement à tenir de lui en fief et à payer cascun an en le ville de Bruges. Et donna encoires à Phelippe de Casteaux son maistre escuyer et souverain conseilleour C mars de rente à l'estrelin et ensi à payer que dit est. Et lui fist avoecq ce délivrer grant somme d'estrelins pour les frès de lui et de tous ses compaignons pour revenir en leur pays, et les fist conduire à grant compaignie de chevaliers jusques à Douvres et li fist délivrer et appareiller tout son passaige. Et les dames, meysmes la contesse de Garenne qui estoit soer au conte de Bar et aucunes des autres dames, li donnèrent grant fuison de biaux jeuyaux et

riches au départir. Et quant messires Jehans de Haynnau et se compaignie
furent venu à Douvres, il montèrent tantost as naves pour passer oultre
pour le désir qu'il avoient de venir à tamps et à point à ce tournoy qui
devoit estre à Condet. » *Fr.* II, 101.

Jeanne de Bar, fille de Henri de Bar et d'Eléonore d'Angleterre, épousa
en 1305, sous les auspices d'Edouard Ier, Jean comte de Warren, qui mourut en 1347, et dont voici la généalogie :

William de Warren, E. — 1088 William de Warren ; — 1138 William de
Warren, — qui portèrent*echequeté d'or et d'azur,* checky o. and az. —
1148 William de Blois, son of king Stephen first Husband of Isabel de
Warren, qui porta les armes de Blois.— 1164 Hamelin Plantagenêt b son
of George, Earl of Anjou, and half brother to K. H. 3*d.*, 2*d.* Husband of
Isabel de Warren, qui reprit les armes de Warren. c'est-à-dire l'échiqueté
d'or et d'azur ; — 1202 William Plantagenêt ; — 1240 John Plantagenêt ;
— 1305 John Plantagenêt, mort en 1347.

14. — DIE CON[I]NXSTAVELYE. — LA CONNESTABLIE.

Porte : *Ecartelé, au 1 et 4 de gueules à la bende d'or ; au
2 et 3 de vair.*

Dans les Rôles de Edward II et Edward III. « sir Robert le Conestable,
quartile de veer et de goules, a un bastoun engrele de or. » — Dans Noublanche, mylord Henri Constable, vicomte de Dumbar, porte *de gueules
a la bende d'or, ecartelé de vair,* mais parmi les Écossais.

Une autre Conestablerie est à la planche suivante.

15. — DIE..... SCROPPE. — LE [SIRE] DE SCROPE.

Porte : *D'azur à la bende d'or.*

Dans le Rôle des Banerets publié par Mores, Geoffroy de Scroop, « le
segnyor de Scroop, *de azur à une bende de or,* » et, plus loin, Henri de
Scrop brise *la bende d'or d'un lion de pourpre.*

Geoffroy de Scrop, Robert de Ufford, Henri de Percy, Guillaume de
Montagu accompagnèrent à Amiens le roy Edouard III, quand ce prince
rendit foi et hommage au roy de France pour la province de Guyenne.
M. Kervyn nous apprend que Geoffroy Scrop mourut à Gand vers 1340.

Henry Scrop of Bolton, dit un vieux Peerage, descendit de Gautier de Scrop qui passa avec Guillaume le Conquérant. De ce Henry sont descendus Guillaume de Scrop conte de Wilt, Roger de Scrop sir de Bolton, et Geoffroy sir de Masham et de Upsale. — Scrope of Bolton, *az. a bend or;* Scrope of Masham, *az a bend or, in chief a file of three points arg. Banks.*

Sir Henry de Scrop, fils aîné de Geoffroy de Scrop, étoit à la bataille de Duresme en 1347. Il était, dit M. Kervyn, capitaine de Guines en 1361. Il fut cité comme pair 1350 à 1391. — « Sir Richard le Scrope de Bolton, à l'âge de 18 ans fit la campagne de Crecy ; il fut à la bataille de Nevill-Cross deux mois plus tard. — En 1366-1387, il fit la campagne de Najara, et resta toujours partisan et ami du duc de Lancastre, Jean de Gand. Il fut cité comme pair, 1371. En 1878, il était au siége de Mortagne: — « Vous avés bien chi-dessus oy recorder la mort de Yeuwain de Gales et comment il fu mourdris, et ossi comment li Breton et li Poitevin estoient pardevant Mortaigne, desquels messires Jaques de Monmore, messires Perchevaux d'Aineval, Guillaumes de Moncontour et messires Jaques de Surgières estoient cappitaine,et ne veurent mies pour ce brisier leur siége,quoyque il furent moult courouchié de la mort Yeuwain de Galles, leur souverain cappitaine ; car il avoient grant désir de contrevengier sa mort sour chiaux de la forteresse. Si avés oy comment messires Thommas Trivet, *messires Scrop,* messires Thumas Abretons et messires Guillaumes Cendrins, à une quantité de gens d'armes et d'archiers, estoient ordonnés de venir à Bourdiaux tant que pour conforter chiaux de Mortaigne comme ossi messire Mahieu de Gournay qui se tenoit à Bayone et qui tous les jours avoit à faire en cele marce contre les Gascons et les Bretons, qui y tenoient pluisieurs fors Cil quatre chevalier dessus nommet et leurs routes avoient geu à Pleumoude bien un mois, et ne pooient avoir vent qui leur durast pour aller en Gascoingne, dont il estoient moult courouchiés, mais amender ne le pooient. » IX, 184.

En 1385, pendant la campagne du roy Richard II en Écosse, commença la célèbre dispute héraldique entre sir Richard Scrope et sir Robert Grosvenor, à propos du droit de porter *azur a bend or,* dispute qui fut terminée après quatre ans en faveur de Scrope. Sa probité le sauva dans les Révolutions de 1399 et il mourut en 1403. Voyez *Foss Judges of England,* IV, 8, et le « *Scrope and Grosvenor Roll,* » publié par sir Harris Nicholas.

Voyez aux Notes.

PLANCHE LV

1. — Die he van Ros. — Le sire de Ros.

Porte : *De gueules à trois bouguettes à eau d'argent.* — Les Anglais ont appelé ces meubles des *bouces*, puis des *waterboggs*.

Dans le Rôle publié par Mores, — je préfère les anciens Rôles aux généalogies postérieures,—on trouve : « Sir William de Ros, *de goules à 3 bouces de argent;* Sir William de Ros de Yngmanzorp, *de aꝛur a les bouces de or ;* Sir Robert de Ros, *de gueules à trois bouces de ermines ;* Sir John de Ros, *de argent à 3 bouces de sable ;* Sir Thomas de Ros de Zoltone, *de aꝛur a 3 bouces d'argent e un label de or.* » Ce sont des brisures.

Sir William est cité pair d'Angleterre, 1317-1342, mort en 1343 ; son fils Sir William, pair 1350-1351, mort en 1352, et son frère Thomas pair 1362-1384; son fils Jean ou John pair 1386-1396. — « Si sambla as aucuns seigneurs qui là estoient tels que le seigneur de Persi, le seigneur de Ros, le seigneur de Moutbray et le seigneur de Lussi, qui congnissoient auques le pays. » II, 139, — En 1333, « Li rois Edouwars... s'en parti... et passa la terre le signeur de Persi et cesti de Noefville, qui sont doi grant baron de Northombrelande et marcissent as Escos ; et ossi font li sires de Ros, li sires de Lusi et li sires de Moutbrai.» II, 272. — En 1346 : « Chil qui s'en alèrent par mer, che furent : messires Richars de Stanfort, messires Renaus de Gobehen, li sires de Ros, li sires de le Ware, messires Loeis de Biaucamp, messires Jehans Candos... et pluisseurs autres. » IV, 388. — Quand le duc de Lancastre débarque à Calais en 1369, « Si ordonna et nomma proprement li rois chiaus qui iroient avoecques lui, le conte de Sallebrin, le conte de Warvich, monseigneur Gautier de Manni, le signeur de Ros, monsigneur de Persi .. et pluiseurs autres. » VII, 423. — « Là estoient le sire de le Ware, le sire de la Poule, le sire de Basset et plus de deux mille hommes d'armes et quatre mille archiers. En la seconde bataille estoient le conte de Norhantonne, le conte de Herfort, le conte d'Arondel, le sire de Manne, messires Hues de Hastinges, le sire de Villeby, messire Thomas Bisse et pluiseurs aultres, qui estoient' douze cens lanches et deus milles archiers. En la tierche bataille estoit le roy bien acompaigniés de barons et de chevaliers et de aultres. Sy estoit delés luy le conte de Sallebrin, le conte d'Areselles, le conte de Cornuaille, le sire de Lusy, le sire de Persy, le sire de Neufville, *le sire de Ros,* le sire de Felleton, messire Thomas de Hollandes et messire Jehan de Hartecelle. Sy vous dy que à che jour et en che voiage le roy avoit par droite élection toute le fleur de chevaliers. Sy trait le roy bien ensus de la bataille sur le mote d'un molin à vent pour mieulx veoir autour de luy. » XVII, 2o3.

« Robert de Ros, dit un vieux Peerage, sir de Hamlake et de Werck, espousa Isabeau fille du roy d'Ecosse, de laquelle il eut issue Guill. de Ros, sir de Hamlake et de Werck, et Robert de Ros, sir de Kendal, père de Jean de Ros sir de Belvoire. dont la fille fut mariée à messire Robert Des Manoirs chevalier, père de Georges Des Manoirs sir de Ros : *de gueules à trois bougettes à eau d'argent; G. three water budgets arg.*

Ceux qui portèrent les armes de Sire de Ros, ou Roos aux Bouquettes sont, d'après une autre généalogie ancienne : Robert, Lord Roos de Hamlake, mort le 17 mai 1285, gist à Kerkham ; épousa Isabelle héritière d'Albany, morte en 13o1, fille de Guillaume ; —son fils, Guillaume Lord Roos de Hamlake, mort en 13i6, gist à Kerkham, épousa Mathilde de Vaux, gist à Pentany ; — son fils Guillaume de Roos, L. de Hamlake, mort en 1342, gist à Kerkham. épousa Mathilde de Badilesmer ; — ses fils : Guillaume de Roos qui épousa Marguerite fille de Raoul Newill, et Thomas. L. Roos de Hamlake et de Beauvoir, gist à Rievalle, épousa Béatrix fille de Radulp, premier comte de Stafford, veuve en 1409 : — Sa fille Marguerite de Roos épousa Renaud Lord Grey, le Ruthen.

Le poème du Siége de Caerlaverock, en 13oo, nous peint la bannière du premier Guillaume de Ros :

Guilemes de Ros assemblans
I fu rouge o trois bouz blans.

Le troisième Guillaume était à Crécy, et c'est là que Gelre l'aura vu.

2. — SUFFOLC. — NORFOLK.

Porte : *Party d'or et de sinople, au lion de gueules brochant.*

C'est une des plus singulières armoiries que nous ayons à déchiffrer. Le Chevalier que Gelre écrit Suffolc est un Norfolk. — Hugh Bigod, at y attaynts of Randolphe président of yᵉ Est-Angl., erle of Norfolcke e Norwig war by Kengt H.I.wade... »c'est-à-dire : « Hughes Bigod, après la condamnation de Rando'phe, président de l'Est-Engleterre, conte de Norfolk et de Norwick *sous Henri I,* » porte ces armes, dans les vieux Peerages; mais les Bigod, Hugues ou Roger sont de 1269 à 1313, c'est Jean Bigot que nous retrouvons ici. Ce Jean Bigot est cité par M. Kervyn dans ses notes, et si Froissart ne l'a pas connu, ce n'en fut pas moins un personnage des plus considérables de son temps.

Dans deux Peerages, l'un imprimé, l'autre manuscrit, nous trouvons deux Roger Bigot, contes de Norfolk : *per-pale o. and vert, a Lyon ramp. g.;* et voici leur généalogie : Roger Bigot, 4ᵉ comte de Norfolc, 1225, Mareschal d'Angleterre 1245 et grand sénéschal, porte les armes de sa mère : *d'or party de sinople au lion de gueules sur le tout;* il épousa Isabelle, fille de Guillaume roy d'Ecosse; Roger Bigot, son fils, fut 5ᵉ comte de Norfolck et Mareschal d'Angleterre 1269-1301, mort en 1306, épousa : 1º Philippes Basset, veuve de Hughes de Spencer; 2º Aleyde de Haynault Dame d'Avesnes; il eut pour frère Jean Bigot, qui fut son héritier en 1306.

Voyez aux notes.

3. — DIE HE V. AKEREN. — LE SIRE DE ACRES *ou* DACRES.

Porte : *De gueules à trois escalopes ou coquilles d'argent.*

Dans les Rôles d'Edward II et Edw. III, « Sir William de Acre, *de goules a 3 escalops de argent* ; Sir Edmon de Acre, *de goules a les 3 foiles de or e 3 escalops de argent.* »

William de Dacre est cité comme pair de 1350 à 1360 ; son frère Ralph de Dacre 1362-1375 ; un autre frère, Hugh de Dacre, 1376-1383. — Un vieil et beau Peerage nous dit : « Thomas L. Dacres of Dacres of whom did descend Humfrey L. Dacres of y North and Rich. Fines, L. Dacres of the south, » c'est-à-dire : Thomas d'Acres, duquel descendirent Humphroy

Dacres de North et Richard Fynes sir d'Acres du South, portait ces armes.

C'est encore un de ces guerriers *inconnus* qu'on retrouve à Nevil-Cross ou Durhem avec les Vavasour et les Maulée. Nous devons à la sagacité de M. de Kervyn la découverte et la publication d'une lettre de Thomas Samson, un clerc du diocèse d'Yorck, relative à cette journée, et nous découvrons, l'un parmi les vivants, l'autre parmi les morts, Thomas Ask et monsir Acres. — « De la compaignie monsir de Moubray : monsir William Heroun, monsir Johan son frère, monsir Piers de Maulegh, monsir Thomas de Bentley, monsir Thomas de Mideltoun, monsir Thomas Ask. De la compaignie monsir de Percy : monsir de Neville, monsir Symond Ward, monsir Henri Vavasour, monsir Thomas Metham le fils. De la compaignie monsir de Neville : monsir Robert Haunsard, monsir Nichol Furny, monsir William de Crathorne. Occisse à la journée: monsir Acres de Halnahbi, monsir Robert de Fritebi. »

4. — DIE HE V. FURNIVAEL. — LE SIRE DE FURNIVALL.

Porte : *D'argent à la bende de gueules accompagnée de six merlettes de même en orle ; az.a bend betwene 6 merletz g.*

Il se trouve partout, excepté dans Froissart. Dans le Rôle du Siége de Carlaverock :

> Avoec eus fu acheminez
> Li beaus Thomas de Fourneval,
> Ki quant seoit sur le cheval
> Ne sembloit home ki someille
> Sis merlos e bende vermeille
> Portoit en la banière blanche.

Et Thomas Wright ajoute note : « Thomas de Furnival succeeded his father, Thomas de Furnival, before 1279, but the date of his birth is not known. He appears to have served in nearly all the wars of Edward I. He died in 1332, when he must have been at least seventy years of age. The name this baronis remembered with gratitude, because he emancipated his tenants from their vasselage, established a regular municipal court with trial by jury, and instituted a market and pair, in his demesnes, at Sheffield in Yorshire. » — Sir Thomas de Fornival, ou Ffornyval, se trouve dans les deux grands Rôles que nous citons souvent, publiés par Mores et Nicholas

Harris, et les armes sont toujours les mêmes : *de argent a une bende e six merceles de goules.* — Dans Banks', Thomas de Furnival, cité en Parlement sous Edw. II, mort sous Edw. III, épousa Elisabeth de Montfort ; il eut trois fils, l'aîné Thomas fut cité en Parlement le 13 an d'Edw. III ; il épousa Jeanne de Verdon, dont il eut Thomas, mort sans postérité, et William qui épousa Thomassine, fille de Dagworth. — Voyez aux Notes.

5. — DIE CONI[N]XTAVELYE. — LA CONNESTABLERIE..

Porte : *De gueules à deux bandes, la plus haute, y hierst, d'or, et la plus basse, y lowest, d'argent,* qui est de Fitz-Water.

« Milon Fitz-Water fut par le roi Henri I créé conte de Hereford et Connestable d'Angleterre, et sir de la Forêt de Deane ; et au droit de sa femme fille et héritière de Bernard de Neumarck , il fut Sire de Breknock. Ce Milon eut cinq fils, qui tous furent l'un après l'autre Contes de Hereford et Connestables d'Angleterre, et moururent sans issue. Il eut aussi deux filles, Marguerite et Berthe, qui, après la mort de leurs cinq frères, furent héritières du Comté de Hereford et de la Connestablerie d'Angleterre : Marguerite, fille aisnay, espousa Homfrey de Bohun, au droit d'icelle conte de Hereford ; la puisnée, espousa le Sire de la Bruse et de Ganse. »

On trouve dans quelques vieux *Peerages* la succession de ces Lords-Connestables, portant : *G. 2 bends, one o. the other Ar. :* — 1141. Miles ou Milon de Glocester ou Fitz-Water, Lord Conestable ; — 1143, Roger, Lord Conestable ; — 1154, Walter, Lord-Conestable ; — Henri, Lord-Conestable ; — Mahel, Lord-Conestable. - En 1199, Marguerite, fille du comte Milon, apporte à son mari, Henry de Bohun, le titre de Lord-Conestable ; — 1220, Humphrey de Bohun Lord-Conestable ; — 1275, Humphrey de Bohun Lord-Conestable ; — 1298, Humphrey de Bohun Lord-Conestable ; — 1322, John de Bohun Lord-Conestable : — 1334, Humphrey de Bohun Lord-Conestable ; — 1361, Humphrey de Bohun Lord-Conestable, mort en 1371.

. On voit que la Connestablerie était une charge, un office. Aussi avons-nous été surpris de trouver sous la plume d'un jeune et émi ent historien la note suivante à propos des Grandes Compagnies : « Le nom de Conné-table était depuis longtemps en usage dans l'Infanterie Anglaise pour désigner l'officier, non noble, presque toujours chargé de commander, sous l'autorité d'un capitaine, un certain nombre d'archers. » *Hist. de Bertrand du Guesclin*, I, 339.

Il y a, dans chaque langue, des mots dont la signification varie ; dans le langage militaire, le mot français « maréchal » a plus d'une signification ; il en est de même du mot conestable ou constable dans la langue anglaise ; s'il était employé pour désigner quelque officier subalterne, il servait aussi à désigner une des plus hautes charges de l'Etat. Et sans jamais applaudir les Anglais d'avoir ravagé la France pendant cent ans, nous n'accuserons cependant pas Marguerite et Berthe Fitz-Water d'avoir commandé des routiers. La Connestablerie était une haute charge et les Fitz-Water ou les Bohuns étaient de hauts barons.

On trouve dans Rymer les noms d'autres connestables : Edmon de Wadestok, conte de Kent, Connestable de Devorr (Douvres) et Gardien des Cinq Ports ; Rauf ou Radulphe Basset de Draiton, Connestable aussi de Devorre et Gardien des Cinq Ports, qui a été chargé par Edouard III de recevoir les Ambassadeurs de Portugal. Sont-ce là des officiers d'infanterie ? Non. — Pour bien connaître l'histoire des familles et des institutions, il faut aussi connaître un peu les armoiries. — Voyez un autre Connestable à la planche précédente.

6. — HER JAN GRAYE. — SIR JOHN GRAY.

Porte : *De gueules à sept macles d'or posées trois, trois et une, au baton de...* — « The armes of Ferriers and bare the armes of Quincey, »

Guillaume de Ferrières, fils et héritier de Robert, conte de Ferrières et de Darby, les terres duquel furent confisquées au roy Henry III, fut Sir de Groley au droit de Marguerite sa grand'mère, deuxième fille et l'une des héritières de Robert de Quincey, conte de Vinchester et sir de Groley. Ce Guillaume sir de Groley, après la condamnation, laissa de porter lés armes de Ferrières et porta les armes de Quincey : la principale héritière de ce Guillaume sir de Ferrières et de Groley fut mariée à Edward de Gray, deuxième fils de Regnauld de Gray sir de Ruthin, qui eut issue messire Jean de Gray, chevalier, père de Thomas marquis de Dorset, et Edward de Gray viconte de Lisley. L'héritier mâle qui descendit d'iceluy Guillaume de Ferrières, sir de Groley, est Jean de Ferrières de Tamwortz, qui porte *de gueules a six macles d'or* [les armes de Quincey] *et une barre* [bande, bâton] *pour brisure.* » — *Peerage.* — Mort en 1359.

Comme il pouvait y avoir confusion entre les Ferrers et les Ferrières, les Gray et les Grey, Gelre a pris soin de nous donner son prénom : c'est bien Jean Gray qui est ici : — « A che dont estoient dedens Vallenchiennes aucun chevaliers d'Engleterre et par spécial le conte de Warwich... et estoient avoecques lui messires Hue de Hastingues, messires Rogiers de Biaucamp, messires Jehans Candos, messires Jehans de Grai, messires Olivier de Bancestre, messires Rogiers de Cliffort. » III, 151.

Dans le grand Rôle des Bannerets de 1320, William de Ferreres, *de goules a les loȝenges de or*; Thomas de Grey, *de goules a les loȝenges de or e un bastoun goboune ɖe argent et de aȝur.* » — Les Ferrères et les Gray ont, comme on voit, des armes semblables, avec des brisures diverses; mais il ne faut pas les confondre avec les Grey, qui portent d'autres armes. Ainsi un autre Henri de Grey et un autre John de Grey, qui portent *barry of six argent and aȝure a bend gules*, figurent au Rôle du Siège de Carlaverock :

> Henri de Grai vi-je là,
> De sis pecys la vous mesur,
> Barrée de argent et de azur.
> Johan de Gray ki virrée
> I ot sa banière barrée
> De argent et de azur entaillie
> O bend rouge engrellie....

7. — Le nom manque. — LE SIRE DE LOWELL.

Porte : *Fascé en ondes de six pièces de gueules et d'or*, ou *six faces ondoyées de gueules et d'or*, ou bien encore, pour parler comme les héraldistes anglais : *barre nebule de six or et gueules.* — Le heaume d'acier, et pour cimier une tête et col de lévrier d'argent, ayant la lumière d'or, colleté de gueules bouclé d'or, et dont le bas forme une cappeline au volet découpé.

Le nom n'a jamais été écrit auprès de ces armes, mais c'est bien Lowell. Dans l'Armorial des Bannerets d'Angleterre, en 1320, publié par Roves

Mores, « Sir John Louel, *oundee de or e de geules ;* sir Thomas Louel, *oundee de or e de goules, a un bastoun de azur ;* et sir William Louel, *oundee de or e de goul, a un label de Valence.* »

Il s'agit ici de Richard Lowell, pair d'Angleterre, cité en Parlement 1348-1350, mort en 1361.

Cette maison est éteinte, car je lis dans un Peerage : « Guillaume Lowell, duquel descendit le sir Guill. Lowell, qui eut issue François, viconte de Lovel, lequel mourut sans issue masculine, et laissa deux filles, ses héritières, Jeanne et Frisold. Jeanne fut mariée à messire Brian de Stapleton, chevalier : Frisold espousa messire Edouard Norris, chevalier : *six barres ondoyées d'or et de gueules.* » Banks a donné leur généalogie. — Voyez aux Notes ci-après.

8. — H. hu Calverle. — Sir Hughes de Calverly.

Porte : *D'argent à la face de gueules accompagnée de trois vaches passantes de sable, deux en chef et une en pointe.* — Le heaume d'or, la couronne d'argent, et pour cimier une tête et col de buffle de sable sans cornes, dont le bas, sous la couronne, forme un volet à deux pentes.

Hue de Calvelegh, ou Calvylay, et, dans la Chronique des Quatre derniers Valois, Hue de Carvelley, un des capitaines des Grandes Compagnies, l'adversaire, puis l'ami, le compagnon d'armes de Du Guesclin et l'une des plus vives physionomies de ce temps. — « Adont se traissent à consseil les cappitaines del host : le conte de Montfort premièrement, messires Jehan Camdos, par qui tout s'ordonnoit, messires Robers Canolles, messires Oliviers de Clichon, messires Ustasses d'Aubrecicourt, messires Gautiers Huet et messires Hues de Cavrelée » VII, 32. — Froissart cite parmi les preux ce « vaillans chevaliers. »

· Hugh de Calverly, l un des chefs de la garnison anglo-bretonne de Becherel, fut battu à Montmuran, le Jeudi saint, par Du Guesclin, qui fut fait chevalier ce jonr-là. C'est le même qui fit prisonnier Du Guesclin au pont de Juigné. — « Messires Jehans Camdos moult aviséement dist : Messire Hue, messire Hue, je ne vous estaublis mies en l'arrière garde pour cose que vous ne soyés ossi bons chevaliers et ossi seurs que nuls qui soit sour le place, et say bien que très-vollentiers vous vos combatterez des premiers ; més je vous y ordonne pour tant que vous estes ungs sages et avisés chevaliers et se convient que li ungs y soit et le face. » VII, 32. Il était de l'armée du Comte de Lancastre qui descendit en Normandie : « Sitost que il peurent perchevoir que il eurent boin vent, il entrèrent en leurs vassiaux, cascuns sires à sa charge, et estoit amiraux de la mer li contes de Salebrin, et connestables de l'ost li contes d'Aquesufort. Là estoient li contes d'Arondiel, qui s'apielloit Richart, li contes de Douvesieres, li contes de Northombrelant, li contes de Notinghem, messires Thumas de Hollandes, contes de Quent, messires Jehans de Hollandes, ses frères, li contes de Stafort, li contes de Suffort, messires Guillaume de Montagut, messires Hues de Cavrelée, messires Robers Canolles, messires li Canonnes de Robersart et pluisieurs vaillans chevaliers et escuiers. Si singlèrent de celle marée quoiement au lés devers Normendie, et ne sçavoient pas encores arrestéement entr'iaux quelle part il se trairoient, ne où il prenderoient terre ; car il désiroient moult à trouver l'armée dou roi de France sus mer, et leur avoit-on dit, yaux estans à l'ancre en l'isle de Wisque, par une nef balenghière qui s'estoit emblée en Normendie, que li siéges des François estoit devant Ewrues, et li armée de mer de par le roi de France gisoit à l'ancre devant Chièrebourcq. » IX. 68.

Il fut à Najara, et, dans les *Annales d'Espagne,* son nom est resté : « Los capitanes eran Beltran Claquin, breton, conde de Longavila, que tan famoso fue despues en Aspana y al fin condestable de Francia ; el senor de Audena, marescal de ce quel regno ; Vgo de Calviley, inglès, senor de Claravalls el conde de la Marca y ostros muy illustres cavalleros. » II, 139.— Malgré cela, il n'a pas trouvé grâce devant M. Luce, quoique « les Chroniqueurs se soient arrêtés avec étonnement devant cette figure. » — Calverley fut Amiral en 1377 et mourut vers 1384.

9. — DIE HE V. SPENCER. — LE SIRE DE SPENCER.

Porte : *Ecartelé d'argent et de gueules, le gueules fretté d'or, et un bâton ou filet d'azur brochant sur le tout.* — Le heaume d'acier, le volet de sable, le tortil d'or, et pour cimier une tête et col de chimère [d'argent] becquée d'or, entre deux aîles en aigrette d'argent.

Gelre a voulu inscrire ici Thomas de Spencer, celui que Froissart appelle « le jone sire Despensier. » X. 382. — Au lieu d'un filet *d'azur* les Spencer aînés portent un filet *de sable*. Ainsi, dans le Role de Caerlaverock:

> Du bon Hue le Despensier
> Fu la banière esquartelée
> De une noir bastoum sur blanc getté
> Et de vermeil jaune fretté.

Dans les Roles de Mores et de Nicholas Harris, on rencontre, après *la* « *bendlett de sable* » diverses brisures. Dans le Role du Siège de Calais on trouve sir Hughes, comte de Glocestre, qui porte les armes pleines ; sir Hughe Spenser, qui brise *de trois molettes ;* et Philippe dont on n'indique pas la brisure.

A la bataille de Poitiers Froissart cite messire Edouars, sires Despenssier, qui y fu fès chevaliers et leva bannière, messires Hues et messires Thummas les Despenssiers. Ils étaient dans la seconde bataille, c'est-à-dire dans le deuxième corps d'armée, avec le prince de Galles : — « La seconde bataille avoit li Prinches à M hommes d'armes, XXVᶜ archiers et XVIᶜ brigans, et estoient au frain dou prinche et pour son corps garder, chil doy bon chevalier messires Jehans Camdos et messires James d'Audelée. Là estoient en le bataille dou Prinche chil bon chevalier, messires Renaux de Gobehen, messires Richars de Stanford, li sires de le Ware, messires Édouars, sires Despenssier, qui y fu fès chevaliers et leva bannière, messires Biétremieux de Bruhes, messires Pierres d'Audelée, messires Hues et messires Thummas les Despenssiers, messires Thummas de Grandson, messires Richars de Pont-Cardon, messires Néel Lorinch, li sires de Felleton et pluisseurs autres bons chevaliers et escuiers. Si estoient très-bien ordonnei et mis en bon convenant, chacun baron et chevalier desoubs se banniere et sen penon, et les archiers devant yaux. » V. 421. — C'est Thomas, disons-nous, qui a porté le bâton d'azur. Son frère l'Évèque de Norwich est à la planche 53. — « Thomas le Despensire fut créé conte de Gloucester au 20 an du règne de Richard II. Il fut promu à cet honneur au droit de Eleonoie sa grand'mère fille et l'une des héritières de Guilbert de Claire, [Gilbert de Clare] conte de Gloucester. » *Peerage.*

▪ Seroit là chief de la guerre de par le roy son père, et enmenroit avecques luy IIᵐ hommes d'armes et VIᵐ archiers, et che fu acordet à le requeste et prière d'aucuns barons de Gascongne, qui là estoient venu veoir le roy leur seigneur, tels que le seigneur de Labreth, messire Jehan de Pumiers, messire Élies de Pumiers, le sire de Lespare, le sire de Chau-

mont, le sire de Muchident et messires Aymon de Tharse. Et furent ordonné et nommé lesquels seigneurs d'Engleterre yroient avecques ledit
prinche, premiers le conte de Wervich, le conte de Sallebris, le conte de
Suffort, le conte d'Asquesufort, messire Renault de Gobehem, messire
Richart de Stanfort, messire Jehan Candos, qui jà estoit un moult bon
chevalier et des plus renomés de sens et de proesche et d'eur et de fortune
d'armes de toute Engleterre : ossy le sire de le Ware, le sire de Willeby,
messire Guillaume Fils-de-Wervic, le sire de Despensier et sy doy frères
Thomas et Hues, qui devienrent chevaliers en che voyage, le sire de Felleton, messire Bertemieulx de Bruch, messire Estiévènes de Geusenton, le
sire de Bercler, le sire de Briseton, messire Noël Lorinch, messire Richart
de Pont-cardon, messire Daniel Pasele, messire Denis de Morbecque, messire Ustasse d'Auberchicourt, messire Jehan de Gistelles et pluiseurs aultres, que je ne puis mie tout nommer. Dont environ le Saint-Jehan tout
ches seigneur chevaliers et toutes gens d'armes et archiers se partirent
d'Engleterre, et montèrent à Hantone bien pourveu de gros vaisseaulx et
de belle navire, et allèrent devers Gascogne. » XVII, 3o1.

10. — H. Philips van Brienen. — Sir Philippe de Brienne *ou* Bryan.

Porte : *D'or à trois pointes renversées, aboutissant l'une à l'autre d'azur.*

C'est une brisure de Bryan, dont nous trouvons les armes pleines dans le
Rôle du Siège de Calais pour « sir Guy de Bryan, *az. trois pyles in point
or.* » —Guy de Bryan fut le 55ᵉ Chevalier de la Jarretière ; guerrier, amiral
et diplomate, né en 1310, cité pair en 1370, mort en 1390.

On trouve cités dans Froissart trois Guy de Briane et un Guillaume de
Brian ; on n'y trouve pas Philippe. Il est probable qu'une erreur de copiste
est à redresser, car si Gelre avait vu les aînés, il nous aurait donné leurs
armes, sans être brisées par changement d'émaux comme le sont celles-ci
pour Philippe.

D'un autre côté, Banks, en donnant la généalogie, ou plutôt l'histoire
des trois Guy de Brian, comme l'a fait aussi M. Kervyn, ne cite que les
trois Guy. Mais Banks donne aux Guy de Bryan, non les armes qui sont
dans le Rôle du Siège de Calais, mais celles même que Gelre a inscrites

ci-dessus. Lequel croire ? Voici ce qu'a dit Banks dans son *Extinct baro-netage* :

BRYAN : *d'or à trois pyles se rencontrant en pointe d'azur.*— Le premier de ce nom, Guy de Bryan, dont la principale résidence etait dans les Marches de Galles, était du parti de Simon de Montfort à la bataille de Lewes ; mais il fit sa paix et rentra en obéissance. Il eut pour héritier : — Son fils Guy, la 4e année d'Edouard III, gouverneur du château de Haverford ; — Son fils Guyon, investi de la baronie de Chastel-Walweyne, la 15e année d'Edouard III fut gouverneur du chateau de Saint-Briavel, Garde de la forêt de Dene, comté de Glocester, a pris part aux guerres de France ; mort le 17 juin, 23e année d'Edouard III, possesseur de la baronie de Tullagherm, dans les Marches de Galles ; — Son fils et héritier Guy, porte-drapeau du roi au combat de Calais, dans la 23e année d'Edouard III, Amiral de la flotte, Chevalier de la Jarretière, appelé au Parlement de la 24e année d'Edouard III à la 15e de Richard II. Mort l'année suivante, laissant deux petites-filles pour héritières, Guy son frère étant mort de son vivant.

Ce dernier Guy serait-il Philippe et les armes du Rôle du Siège de Calais seraient-elles erronées ? Nous voudrions bien en voir l'original.

Nous croyons que c'est un frère de Guy, oublié des généalogistes, parmi les trois ou quatre Guy, il y avait sans doute un Philippe que Gelre a vu.

Chandos dans son Poème du Prince Noir, *The Black Prince* n'a parlé que de Guy :

De Brian le bon Guy.

Le Roxburne-Club, dans ses Notes, affirme aussi qu'il était au siège de Calais. Et enfin un Armorial de la Jarretière ne lui donne pas pour armes celles du Role du Siège de Calais, mais bien celles de Banks et de Gelre :

Le 55e Chevalier, Guy de Brienne, porte : *d'or à trois pointes ou girons d'azur allant de la pointe au chef ;* ou mieux : *d'or à trois pals d'azur appointés en pointe.*

12. — DYE HE VAN WILBY. — LE SIRE DE WILLOUGBY.

Porte : *Ecartelé au 1 et 4 d'or à la croix engreslée de sable,* qui est de Wessy ; *au 2 et 3 de gueules à la croix ancrée d'argent,* qui est de Willougby [on voit sous l'émail une croix ancrée, d'autres disent un fer de moulin]. — Le heaume d'argent et pour cimier un bust de roy more au naturel, pour ne pas dire de carnation, ayant la lumière d'argent, couronné d'or et dont tout le bas forme un camail découpé.

On dirait que le nom est surchargé, et cependant c'est le nom : Wilby, Willebi, Robert de Willougby.

Si l'on remonte aux sources, on trouve pour la première écartelure, c'est-à-dire pour Wessy ou Wassy : « Ivon L. Wessy came w. y Donquerouz and maried Jone daughter e here to Wlm L. Tyson L. of Anvick e Molton vohor daughter...; Yvon de Vassy passa avec le Conquérant et espousa Jeanne fille et héritière de Guillaume Tison, sire d'Amvick et de Molton, la fille et héritière duquel fut mariée à Eustace Fitz-Jean, au droit de laquelle il fut Sire de Vassy ; porte *d'or à la croix de sable engreslée.* » Peerage. — Dans un autre Peerage : « Will. de Wessy created erle of Suffolk, *d'or à la croix engreslée de sable ;* au 14 an du règne du roi Edw. II, sa fille Sara fut mariée à Hugues de Ufford, frère de Robert de Uffore, conte de Suffolk. » — Enfin, « Sir Robert de Uffore fils de sir Hugh de Uffore et de Sara [ou Cécile] sa femme, fille et héritière de Guillaume de Wassy, comte de Suffolk, au 9 an du regne de Edw. III, étant sans hoirs males, sa fille fut mariée à Robert de Willougby, » et c'est ce Robert de Willougby ou Wilby qui est ici présent.

Quant à la seconde écartelure, c'est-à-dire à Willougby, il suffit d'ouvrir les Rôles publiés par Mores et Harris Nicholas : « sir Robert de Willeby *porte de goules à un fer de molin de argent,* » qui est de Beke of Eresby comme il est dit à la planche 54 pour l'évèque de Durham, Antony Beke, dont la croix est d'*hermine* au lieu d'*argent* comme brisure. L'eveque de Durham était le frère de Jehan Beke dont la fille Alice épousa William ou Robert de Willougby.

A la prise de Berwich 1333 : « Et fist là li roys pluiseurs nouveaux chevaliers : le seigneur de Willebi, le seigneur de Brasetonne, le fil du seigneur de le Ware… et pluisseurs autres d'Engleterre. » II. 270. —

Le « sire de Villeby » est à la bataille de Crécy en 1346, XVII, 204. — Le sire de Villeby est envoyé en Gascogne avec le Prince de Galles qui en 1355 seroit là chief de la guerre de par le roy son père, et enmenroit avecques luy II^m hommes d'armes et VI^m archiers, et che fu accordet à le requeste et prière d'aucuns barons de Gascongne, qui là estoient venu veoir le roy leur seigneur, tels que le seigneur de Labreth, messire Jehan de Pumiers, messire Élies de Pumiers, le sire de Lespare, le sire de Chaumont, le sire de Muchident et messire Aymon de Tharse. Et furent ordonné et nommé lesquels seigneurs d'Engleterre yroient avecques ledit prinche, premiers le conte de Wervich, le conte de Sallebris, le conte de Suffort, le conte d'Asquesufort, messire Renault de Gobehem, messire Richart de Stanfort, messire Jehan Candos, qui jà estoit ung moult bon chevalier et des plus renomés de sens et de proesche et d'eur et de fortune d'armes de toute Engleterre : ossy le sire de le Ware , *le sire de Willeby* , messire Guillame Fils-de-Wervic, le sire de Despensier et sy doy trères Thomas et Hues, qui devienrent chevaliers en che voyage, le sires de Felleton , messire Bertemieulx de Bruch , messire Estiévènes de Geusenton , le sire de Bercler, le sire de Briseton, messire Noël Lorinch, messire Richart de Pontcardon, messire Daniel Pasele, messire Denis de Morbecque, messire Ustasse d'Auberchicourt, messire Jehan de Gistelles et pluisseurs aultres, que je ne puis mie tout nommer. Dont 'environ le Saint-Jehan tout ches seigneur chevaliers et toutes gens d'armes et archiers se partirent d'Engleterre, et montèrent à Hantone bien pourveu de gros vaisseaulx et de belle navire, et allèrent devers Gascogne. » XVII, 301.

Jean de Willougby a été cité en parlement 31 fois du 1 au 44 an du règne de Edw. III ; Robert de Willoughby l'a été deux fois, le 49 et 50 un du règne de Edw. III et 18 années de Richard II.

14. — DIE HE V. BUSSEEL. — LE SIRE DE BURCHES.

Porte : *D'argent à la croix engreslée de gueules, cantonnée de quatre water bogs ou bougettes à eau de sable.*

Ces *Bogs,* que Palliot et les Rôles nomment *Bouses* ou *Bourses* sont des
instruments dont on se sert en Angleterre pour puiser de l'eau. Les Anglais,
dit la Colombière, les appelles *oges,* ou waterbougets espèce de champleur.
Spelman dit que ce sont des armes parlantes. Dans le grand Role des
Bannerets de 1320 publié par Mores, « le segnyor de Bouser, *de argent
a une crois engreslée de goules e IIII bouges de sable.*

Jean Boursier ou Bourgchier qui fut avec Guillaume Latimer et Jacques
Ross. otages pour Jean de Montfort, et exceptés de la trève de 1364.— Au
siège de Dinan ; ces Englois vinrent sur euls et les asallirent, et i ot la un
petit de belle meslée, mais elle ne dura point longement, car li François
furent tantos ouvert et espars, mors et pris. Messires Pierres Portebuef fu
pris d'un jone chevalier qui se nommoit messires Jehans de Boursier. »
IV. 183. — Messire Jehan de Monfort, qui se tenoit au siége devant Auroy,
entendy que Messire Charles de Blois estoit ensy fortefyés du costé de
Franche ; sy envoia en Acquitaine ses lettres et ses messaigiers pour pryer
as chevaliers et escuiers d'Engleterre qui là se tenoient, que il le volsissent
venir servir et aydier à garder son droit contre son adversaire monsigneur
Charles de Blois qui avoit par pryère grant foison de barons de Franche. A
che jour que les nouvelles vinrent en Acquitaine, estoient aulcun chevaliers
et escuiers englès povre, et avoient tout despendu depuis le pais faite ; sy
désiroient à trouver les Franchois pour combatre et recouvrer du nouvel ou
tout perdre. Sy se départirent d'Acquitaine plus de IIIᶜ lanches en instance
que pour servir monsigneur Jehan de Montfort, et tout Englès ; car bien
savoient que le roy d'Engleterre leur sires avoit toudis esté de la partie
dudit Jehan de Monfort. Tout premièrement messire Jehan Cando y vint
bien acompagniés de chevaliers et d'escuiers et d'archiers. Sy i vinrent
messire Robert Canolle en grant compaignie, ossy Hues de Cavrelée,
messire Gautier Huès, messire Mahieu de Gournay, *messire Jehan le
Boursier,* messire Simon Burlé et pluiseurs aultres, et s'en vinrent tout au
siége devant Auroy, et tous les jours leur croissoient gens. En la route mon
signeur Charles de Blois estoient messire Bertran de Claikin, le conte
d'Auchoire, le conte de Joni, le viscontes de Rohem, messire Charles de

Dignant, le sire de Lions, messire d'Ansenis, le sire de Malatrait, le sire d'Avaugor, le sire de Saint-Quentin, le sire de Lohéac, le sire de Gargoule, le sire du Pont et pluiseurs aultres, et tant que il estoient bien XVIII⁵ lanches de très-bonnes gens, et le conte de Monfort en avoit bien XI⁵ lanches. » XVII. 409.

Nous trouvons dans un vieux Peerage ces mêmes armes pour « Guillaume de Burches, en français le Bourchier, qui fut créé conte d'Eu, à Mantes, en Normandie au 7 an du règne de Henri V roy d'Angleterre, mort en 1420 : Il avait épousé Anne, veuve de Edmon conte de Stafford et fille et héritière de Thomas d'Angleterre, duc de Gloucester, conte de Buckingham, connestable d'Angleterre, dont il eut issue. — Banks donne sa généalogie. et ses armes qui sont *d'argent à la croix engreslée de gueules entre quatre bougets à eau.*

Sous Edouard II, dit Banks, Jean de Burser ou Bourchier était Chevalier, juge du Banc du Roi, emploi qu'il garda sous Edouard III. Ayant épousé Hélène fille de Walter de Colchetter, il alla résider à Standsted-Hall, Comté d'Essex. Il eut deux fils : Robert et Jean : Robert l'aîné lui succéda. Il fut à la bataille de Crécy. Lord Chance'ier d'Angleterre ; appelé au Parlement la 16ᵉ et la 22ᵉ année d'Edouard III ; mourut l'année suivante de la peste ; eut deux fils Jean et William : — Jean Lord Bourchier, l'aîné, fut de ceux choisis par Edouard III pour soutenir son droit à la couronne de France, passa une grande partie de sa vie dans les guerres de ce pays. — Fait Chevalier de la Jarretière. — Appelé au Parlement de la 5ᵉ de Richard II à la 1ʳᵉ de Henri IV. — Mort la même année.

Son fils unique Barthélémy Bourchier, appelé au parlement de la 1ᵉʳᵉ de Henri IV à la 10ᵉ. Mort le 18 mai de cette année. Il n'eut qu'une fille, morte la 11ᵉ année de Henri VI, sans enfant. Elle eut pour héritier sir William, frère de Jean, père de Barthélémy.

Enfin dans un Armorial de l'Ordre de la Jarretière que nous avons compulsé à la Bibliothèque Nationale à Paris, nous avons trouvé que Jean Bourchier, le 81ᵉ Chevalier, portait *d'argent à la croix de gueules engreslée et accompagnée ou cantonnée de quatre bousses ou bouces et engins de sable,* — qui sont *pompes ou machines à puiser de l'eau.*

15. — H. Jan Haucoert. — Sir Jean, John ou James Hawkwood.

Porte : *D'argent au chevron de sable, chargé de trois coquilles de*....—Le heaume de..., le tortil d'argent et de gueules, le bavolet d'hermines à la face de sable, et pour cimier une teste de dragon d'hermines à la face de sable comme le volet, dentée de même et oreillée de gueules.

Sir John Hawkwood ou Haccoude, célèbre général et condottiere anglais, dont l'histoire pourtant se rattache à celle de l'Italie et non à celle de l'Angleterre. Il apprit son métier de soldat avec sir Robert Knolles, dans la Grande Compagnie de Champagne, 1356-1361. Au mois d'avril 1361, il passa en Italie avec les restants de la Compagnie Blanche, apportant avec lui la peste. Sismondi, *Rep. Ital.* IV, 398; *Histoire de France* X, 596. Il se mit d'abord au service du marquis de Montferrat, après des Pisans, ensuite des Visconti ; puis du Pape, enfin des Florentins 1377, auxquels il demeura fidèle jusqu'à sa mort, 16 mars 1394. Ses talents militaires, sa probité et sa bravoure lui gagnèrent des succès brillants. Son tombeau se trouve encore dans la cathédrale de Florence. Chez les écrivains italiens son nom est *Aquâ Acutâ* ». *Sir R.* — Hawkwood dit M. Luce d'après Villani, est le *Falcone in bosco* des Chroniques Italiennes.

« En che tamps avoit en le marce de Toskane et de Ytalie un vaillant chevalier d'Engleterre qui s'appelloit messires Jehans Haccoude, qui pluiseurs grans apertises d'armes y fist et avoit faites en devant, et estoit yssus hors,dou roiaulme de France, quant la pais fut traitie et parlementée des deus rois à Bretegni dallés Chartres. En ce tamps, c'estoit uns povres baceliers. Si regarda que de retourner en son pais il ne pooit noient proufiter, et quant il convint toutes manières de gens d'armes widier le roiaulme de France par l'ordenance des trettiés de le pais, il se fist chiés de une route de compaignons que on appelloit les *Tart-Venus*, et s'en vinrent en Bourgongne, et là s'assamblèrent grant fuison de tels routes, Englès, Bretons, Gascons et Alemans et gens de compaignes de toutes nations, et fu Haccoude uns de chiauls par espécial avoecques Briquet et Carsuelle,par qui la

bataille de Brinay fu faite, et aida à prendre le pont de Saint-Esprit avoecq
Bernart de Sorges. Et quant il eurent assés gueryet et heryet le païs, le
pappe et les cardinaulx, on tretia vers eulx et vers le marquis de Montferrat
qui en ce tamps avoit guerre as signeurs de Melans. Cils marquis les em-
mena oultre les mons, quant on leur eut délivret sissante mille frans, dont
Haccoude en eut en se part dys mille pour li et pour sa route. Quant il
eurent achiévé le guerre dou marquis, li pluiseur retournèrent en France ;
car messires Bertrans de Claiequin, li contes de la Marce, li sires de Biaugeu et li mareschaux d'Audrehem les enmenèrent en Espaigne contre le roy
dan Piètre pour le roy Henry, et ossi li pappes Urbains V^{es} les y envoya.
Messires Jehans Haccoude et sa route demorèrent en Ytalie, et l'ensonnia
pappes Urbains, tant que il vesqui, contre les signeurs de Mellans. Ossi
fist pappes Grigoires régnant apriès lui. Et fist cils messires Jehans Haccoude avoir le signeur de Couci contre le conte de Vertus et les Lombars
une très-belle journée, et dient (et de vérité) li pluiseur que li sires de Couci
euist este rués jus des Lombars et dou contes des Vertus, se n'euist esté
Haccoude qui les vint aidier à V^c combatans, pour la cause de che que li
sires de Couchi avoit à femme la fille dou roy d'Engleterre et non pour
nulle autre cose. — Chils messires Jehans Haccoude estoit uns chevaliers,
moult adurés et renommés ens ès marces de Italie, et y fist pluiseurs grans
apertises d'armes. » IX, 155.

« Florence reconnaissante lui éleva un monument équestre ; sa statue,
en marbre blanc, porte un écu où des *faucons volans a travers un bois*
rappellent son nom et sa carrière aventureuse. »

PLANCHE LVI

1. — H. Thomas van Uffort. — Sir Thomas de Uffore.

Porte : *De sable à la croix engreslée d'or, le premier canton chargé d'un croissant d'argent.* — Le heaume d'argent, et pour cimier un bust de vieillard moresque de sable ou au naturel, n'osant dire de carnation, ayant la lumière d'argent, la tête cerclée d'un chappelet ou couronne enrichie de roses de même, vestu aussi d'argent formant un camail découpé.

Les généalogistes ne sont pas d'accord sur les Ufford, et Banks ne cite pas Thomas. M. le baron Kervyn a oublié lui-même d'en parler. Mais un Héraut d'Armes parle aux yeux plus clairement qu'un généalogiste, car les généalogies ne sont jamais faites qu'après coup. Gelre a eu soin de mettre ici le prénom de *Thomas* de Uffort, parce qu'il nous a déjà donné les armes de Uffore à Wilby-Willougby, pl. 55, n⁰ 12, et à Wassy-Wescy, pl. 53, n⁰ 15. — Wescy porte d'abord *d'or à la croix de sable*; quand il tombe dans Ufford, c'est *d'or à la croix de sable engreslée*, comme aux écartelures de Wilby; et, par changement d'émaux, comme le Rôle du Siège de Calais et l'Armorial de la Jarretière, pour Robert et William de de Uffore, *de sable à la croix engreslée d'or;* enfin, pour Thomas de Ufford, ces armes sont brisées d'*un croissant d'argent.*

Un autre Héraut, le héraut du Prince de Galles, Chandos, dans son poëme *The Black Prince*, n'a pas oublié Thomas de Uffort parmi les grands combattants de ce siècle et l'a placé devant Hastings et Beauchamp :

La fuist le bon Thomas Duffort
Qi le coer ot hardi et fort

13

De Hastynges le bon Hugon
Et Beauchamp son compaignoun
Guilliam qui moult fuist gentils.

Les commentateurs anglais du poëme ajoutent cette simple note : — « Sir Thomas Ufford son of Robert, first Earl of Suffolk, succeded to the stall in St George's Chapel on the death of the Earl of March, one of the founders of the Order in 1359-1360. Mr Betz imagines that he fill in the skermish before the battle of Najara, under sir Thomas Felton. » *Hist Garter*, p. 128. — Ce qui veut dire en français : — Sir Thomas de Ufford, fils de Robert, premier Comte de Suffolk, a succédé à la Stalle dans la Chapelle de Saint-Georges, à la mort du Comte de March, un des fondateurs de l'Ordre en 1359-1360. M. Betz suppose qu'il tomba dans une escarmouche avant la bataille de Najara, sous le commandement de sir Thomas Felton. *Hist. des Chev. de la Jarretière*, 128.

Ce sont deux Hérauts, Gelre et Chandos, qui sauvent de l'oubli Thomas de Ufford, et Gelre seul nous en indique les armoiries. Faisons donc, bien timidement, un reproche à Froissard de ne pas l'avoir distingué à part dans ses Chroniques.

Dans ses Chroniques, Froissard ne cite pas *Thomas* de Ufford, pas plus qu'il ne cite Guillaume ; il se sert généralement de ces mots : *le conte de Uffort*, pour les désigner. Cependant Thomas de Uffort figurant ici non loin de Calverly, nous croyons que c'est Thomas, qui se trouvait avec Calverly au siège de S.-Malo. Nous avons tout lieu de croire que c'est de Thomas qu'il s'agit presque toujours dans Froissard.

Thomas de Ufford, chevalier, était le frère de Guill. de Ufford, 2e comte de Suffolk, lord d'Eye et de Franlingham, en 1369, mort à Westminter en 1382, et qui avait épousé, 1. Jeanne de Montacut, 2. Isabelle fille de Thomas de Beauchamp, dont un fils Thomas, du premier lit. Thomas et Guillaume étaient fils d'Ufford, lord d'Eye et de Franlingham en Suffolk, chevalier de la Jarretière, qui fit les guerres d'Edward III de 1336 à 1339, mourut en 1339, et dont le père, Robert Ufford, chevalier, fut sénéchal de la maison du roy Edward II.

Dans l'Armorial des Chevaliers de la Jarretière, à la Bibliothèque Nationale à Paris, Robert Ufford, comte de Suffolck, 36e chevalier, porte *de sable à la croix engreslée d'or;* et Thomas Ufford, 40e chevalier, porte de même : alors quand Thomas fut chevalier, il porta les armes pleines, étant devenu l'aîné ?

Dans les trois Roles publiés par J. B. Nichols pour la Société des Antiquaires de Londres on lit : « Robert de Giffard (credo Ufford)... *or a cross engrailed sable* », qui sont les armes pleines d'Ufford, pour le père de Thomas. — On trouve aussi dans ces trois Roles : John de Ufford, *sable a cross engrailed, in the dexter and sinister canton an escallop or,* alias *escallops argent.* Ce John est cité par Banks ; voyez aux Notes.

2. —   [Le sire de Brough.]

Porte : [*d'argent*] *à la croix de gueules.*

Ces armoiries sont inachevées et le nom manque, nous ne pouvons donc faire qu'une supposition. Le sire de Brough, sous le règne d'Edward III, porte *d'or à la croix de gueules.* — Dans Sandford, Généalogical History p. 221, les de Burgh d'Angleterre et d'Irlande portaient *d'or à une croix de gueules.*

Si l'on interroge leur généalogie : Richard de Burgh, comte d'Ulster, *d'or a la croix de gueules ;* son fils Jean de Burg, comte d'Ulster, épousa en secondes noces Elisabeth de Clare, dont le fils Guillaume de Burgh, comte d'Ulster, Lord de Counaugt, mort en 1333, épousa Mahaud d'Angleterre et de Lancastre, dont il eut une fille, Elisabeth de Burgh, comtesse d'Ulster, morte en 1363 : Elle avait épousé Lionel de Plantagenet, dit d'Anvers, duc de Clarence.

Si les armes ci-dessus sont celles de Jean de Burgh, portant *d'argent* au lieu *d'or* par changement d'émaux, comme nous le donnons à supposer, on trouve dans Froissart et partout Jean de Burₑh ou Jean Aubourg assiégé à Saint-Sauveur-le-Visconte où il était le compagnon de Trivet.

« Et envoyèrent par un hiraut querre un sauf-conduit au connestable que il peuissent ségurement parlementer en l'ost : on leur acorda, et le reporta li hiraus tout séelé. Dont vinrent en l'ost tretyer messires Thumas Trivès et messires Jehans de Bourch au connestable et au duch de Bourbon qui là estoient. Si esploitièrent si bien que uns respis lor fu acordés par tel manière que, se dedens la Close-Paske il n'estoient conforté dou duc de Bretagne personelment, il renderoient la forterèce, et c'estoit environ le mi-quaresme, et ce terme pendant on ne leur devoit faire point de guerre, et ossi il n'en feroient point. Et se défaute estoient que dou duch de Bretagne il ne fuissent conforté et secouru dedens le jour qui expresséement y estoit mis, il livreroient présentement bons hostages pour rendre la forterèce. Ensi demora Saint-Salveur en composition ». VIII, 348.

Il fut un des derniers ennemis da la France en ce temps là, comme il est ici un des derniers dans l'Armorial de Gelre. — M. Léopold Delisle, dans son *Histoire de Saint-Sauveur-le-Viconte* nous fournit tous les documents relatifs à l'épisode du siége de Saint-Sauveur et de la capitulation dont Le Bourg fut un des atôges. Il faut remonter l'espace et le temps et se pénétrer des choses, pour bien connaître ceux qui prirent part à cette gigantesque Guerre de Cent ans, et dont les noms effacés sur leurs tombes comme ils sont mutilés dans l'histoire, sont pour nous l'objet d'une vénération qu'on nous pardonnera.

3. — DIE G. VAN HERFOERT. — LE COMTE DE HERFORD.

Porte : *D'azur à la bende d'argent chargée de trois étoiles ou « moletz » de gueules, cotoyée de deux filets ou bâtons « bendletz » d'or, et un orle de six lionceaux de même.* — Le dessin est inachevé.

Guillaume de Bohun, Comte de Northampton, 33ᵉ Chevalier de la Jarretière, eut pour fils Homphroi de Bohun, Comte de Nortampton, qui à la mort de son oncle Homphroi de Bohum Comte de Hereford, 32ᵉ Chevalier de la Jarretière, hérita de la comté d'Hereford, et de la charge de Conestable d'Angleterre, devint à la fois, 1360-1361, Comte de Northampton et d'Hereford, et porta indistinctement les armes soit d'Hereford soit de Nortampton : who being after E. of Hereford, added this tit le to that House. A la planche 54, sous le nom de Northampton, il a gardé les armes d'Hereford, et ici, Gelre enregistre ses armes de Northampton sous le nom de Hereford. C'est ce qu'explique très bien M. Kervyn dans sa table quand il dit des Bohun : « Humphroi de Bohun, fils de Guillaume comte de Nortampton, recueillit le comté de Hereford en 1361, à la mort de son oncle Humphroi comte de Hereford. »

Dans l'Englisg history, by P. Heylyn confirme cette particularité sous le nom de Northampton, il représente les Armes ci-dessus de Hereford : « Az. on abend between 2 cottizes et 6 lyons ramp. o. 3 mullets s. » et au-dessous le nom des deux Lords qui les ont portées:

« 1337, Will de Bohun ; 1360 Humph. ds Bohun, who being after E. of *Hereford*, added this Title to that House, from whom it came unto the Staff. D. of Buck. » — p. 362.

Il fut l'un des protecteurs de Froissard qui le chante dans son *Buisson de Joncèe* :

> Aussi dou conte de Herefort
> Pris une fois grant reconfort.

Il eut deux filles, l'une épousa le comte de Buckingham, l'autre le comte de Derby. ; son comté d'Hereford passa au duc de Glouscester. Mort en 1372. — Voyez pl. 52 ci-dessus.

« En che tamps se trouvèrent sur mer la navire du roy d'Engleterre et les chevaliers de son hostel, et les nefs de Flandres qui faisoient guerre as Englès, de laquelle navire de Flandres Jehan Pieterson estoit amiral, et des nefs du roy messire Guis de Brianne, *et là estoit le conte de Herford*. Sy estoient là des chevaliers du roy d'Engleterre avoecq le dit conte messire Richart de Pennebourcq, messire Alains de Bouqueselle, messire Richart de Sturi, messire Thomas Wis et pluiseurs autres, et se trouvèrent en Bretaigne en ung lieu que on dit à le Bay, et estoient là espyet les Englès qui venoient de parlementer au duc de Bretaigne. Là eult grant bataille et forte, et dura trois heures. Finablement les Englès obtinrent la plache, et furent les Flamens desconfis, et en y eult III^c mors et noyés, et pris des plus notables, et fu pris Jehan Pietreson et amenés en Engleterre, et tous les aultres.

« Ossy celle saison furent trièves prises entre les Englès et Escochois durant dix ans. » — XVII. 512.

4. — Die G. van Sent.... — Le Comte de Sentmère.

Porte : *D'argent à deux chevrons de gueules.*

Dans le Rôle des Beaunerets publié par Mores, on trouve ces armes brisées de deux manières : Saynmor, Saint-Maur, Seinmor « Sir de S... mer, *de ermine à deux cheverons de goules e un label de a{ure* ; Nicholas de Seinmor, *de argent à deux cheverons de goules e un label de vert.* » — Un beau Peerage du dix-septième siècle nous confirme ces dernières armoiries : « Nicolas Sentmere, L. Sentmere whose heere gew all war maries to Willm L. Jonthe to Stavyll and Bamfeld ; Nicolas de Sainte-mere, la principale héritière duquel fut mariée à Guillaume de Jonghe, sir de Stavele et de Bamfield, porte *d'argent à deux chevrons de gueules et un lambel de sinople à trois pendants, brochant.*

Dans une lettre citée par M. Kervryn H. Le Despenser mande à un ami de grever et eunuyer Roger de Saintmer par tous les moyens : «Nous vous envoyons la lettre sealée de notre seal, quele vous nous maundates touchant Roger de Seynt-Mor, et vous pryons... » XVIII, p. 3.

Il n'est pas oublié dans Froissart. Vous pouvez voir ci-dessus, à la planche LIV qu'il débarque à Calais, pour l'ost de Buckingham, en compagnie de Vavasour, de Hue de Cavrelée, de Robert Canolle, de Thumas Trivet et de tant d'autres chefs de Compagnies.

5. — HE JAN SANDOYS. — SIR JEAN CHANDOS.

Porte : *d'argent à un pal, peel ou pyle, aiguisé de gueules.*

Chandos, Candos, Shandois, Chaundos. — Dans un ancien Peerage et dans un Armorial de la Jarretière, Jean Shandois, Lieutenant du roy d'Angleterre en Guyanne, *d'or à la pyle de gueules.* — Dans le Role publié par Mores, « sir John Chaundos, *d'argent à un peel (pyle) de goules, e un label de aʒur* ; et un autre Shandois, Etienne, vicomte de Buckland a porté aussi *d'argent à la pyle de gueules* et pour brisure *un lambel d'aʒur à trois pendants.* — Dans un vieil armorial flamand : Candos, *d'argent a une borgne, a deux pointes de gueules,* c'est-à-dire borgne ou pal aiguisé des deux bouts. Dans l'Amorial de Grunenberg, publié par M. le comte Stillfried d'Alcantara, Grauff von Schandes a une pyle qui n'est pas issante du chef.

Le pal, peel, étant devenu une *pyle* ou *pointe* a causé des erreurs dans la figure de ces armoiries. « On a donné le nom de *Pyle* à l'instrument dont on se sert dans les monnaies pour les devises. armes ou revers des monnayes. C'est du latin *pylum* que ce mot a esté formé. Les anciens nommaient *pyles* les pieux de bois armez de fer, d'où vient *pilotis, piloter.* » *Ménétrier.*

Dans son sceau, Chandos a pour cimier un bust de vieillard barbu et chevelu.

« Li un des milleurs chevaliers de toute Engleterre. — Moult vaillant homme d'armes et saige... — Moult bon chevalier et des plus renommés de sens et de proesche et d'eur et de fortune d'armes de toute Engleterre. »

Il fut armé chevalier par Edouard III : « Et fist la li roys Englés pluisieurs chevaliers ; entre les autres le fu fais messires Jehan Candos qui depuis fu si bons chevalier.s » — C'était un chevalier accompli. A Poix, « là où il trouvèrent bonne ville et 2 castiaux, més nul des seigneurs n'y estoit, ne nulles gardes ny avoit fors 2 belles damoiselles, filles au seigneur de Pois, qui tantost euissent estet viollées, si n'euissent esté doy chevalier d'Engleterre qui les deffendirent et les menèrent au roy pour elles garder, che furent messires Jehans Camdos et li sires de Basset. » IV, 428.

Il était à l'Ecluse, à Crécy, au siège de Calais, à Poitiers, à Auray. — Il fut Connétable d'aquitaine : « le 20 janvier 1361 Jean de Chandos fut nommé Lieutenant du roy d'Angleterre dans le royaume de France... »

Chandos a été chanté par le Heraut qui porte son nom, dans le Poème des Prince Noir : The Black Prince :

> Après vous dois nomer Chaundos
> Qui fuist conestable del hos
> Qui menoit touz les compaignons.

« Peu de temps après la conclusion du traité Bretigny, Edouard III disposa des biens de Godefroi de Harcourt en faveur de Jean de Chandos, ce fameux chevalier, dont Froissart disait : oncques depuis cent ans ne fut plus courtois ni plus plein de toutes bonnes et nobles vertus et conditions entre les Anglois, de lui. Les beaux domaines qne Jean de Chandos tenait de la libéralité de son souverain lui furent confirmés le 24 octobre 1360 par le roi Jean, et le 26 du même mois par Charles duc de Normandie ». — Léopold Delisle.

Après le Prince de Galles, ou le Prince Noir, il est le premier des Héros d'Angleterre. — La mort de Jean de Chandos à la bataille du Pont de Lussac en Poitou, dit M. Léopold Delisle, a inspiré à Froissart un admirable chapitre. — « Et vecy Monseigneur Jehan Chandos et sa route, bannière desploiée tout ventelant, qui estoit d'argent à un pel aiguisié de gueules, laquelle Jaques Alery, uns bons homs d'armes portoit, et povoient estre environ quarante lances, qui approuchèrent durement les François .. « Alons ! Allons nous en ! vecy Chandos, sauvons-nous et noz chevaux. » Messire Jehan Chandos qui estoit grant chevalier, fort et hardi et confortez en toutes ses besoingnes, sa bannière devant lui, environnez des siens et vestu dessus ses

armeures d'un grand vestement qui lui batoit jusques à terre. armoié
de son armoirie, d'un blanc samit à deux pels aguisiez de gueules,
l'un devant et l'autre derrière, pié avant l'autre, le glaive ou poing,
s'envint sur ses ennemis. Or faisoit à ce matin un petit reslet ; si
estoit la voie moillée si que, en passant il s'entorteilla en son pare-
ment, qui estoit sur le plus long, tant que un petit il trébucha. Et
vecy un cop qui vint sur lui lancée d'un escuier.., et fu le cop d'un
glaive qui le prist en char, et s'arresta dessoubz l'oeil entre le nés et
front. Si lui entra le fer là dedens, qui s'en cousi jusques au cervel.
Messire Jehan Chandos, pour la douleur qu'il senti ne se pot tenir
en estant, mais chey a terre et tourna deux tours moult doulereu-
sement, ainsi que cil qui estoit ferus à mort : car onques depuis le
coup ne parla... « Gentilz chevalier, fleur de tout honneur, messire
Jehan Chandos, a mal fu le glaive forgié dont vous estes navrez et
mis en péril de mort. » La plouroient moult tenrement ceulx qui
estoient autour. Bien les entendoit et se complaingnoit, mais nul mot
ne povoit parler. Le gentil chevalier ne vesqui de ceste navreure que
un jour et une nuit, et morut. Dieux en ait l'ame par sa débonnai-
reté ! car onques depuis cent ans ne fu plus courtois, plus gentilz
ne plus plain de toutes bonnes et nobles vertus et conditions entre
les Anglois de lui. Partout, deça et delà la mer, de ses amis et amies
fu plains et regretez Monseigneur Jehan Chandos et les seigneurs de
France l'eurent tantost plouré. Si l'oy-je bien en ce temps plaindre
et regreter des bons chevaliers et des vaillans de France et disoient
ainsi que de lui c'estoit grant dommage et mieulx vaulsist qu'il eust
esté pris que mort : car s'il eust esté pris, il estoit bien si sages et si
ymaginatifz qu'il eust trouvé aucun moien par quoy paix eust esté
entre France et Angleterre, et si estoit tant amez du roy d'Angleterre
et de ses enfans qu'ilz l'eussent creu plus que tout le monde. »
Froissart cité par M. Léopold Delisle.

Chandos étant mort à la fin de 1369 ou au commencement de 1370, on
peut en inférer que Gelre a peint les armoiries de cette planche à la même
époque et que ce Recueil est resté inachevé dans les mains de Gelre en
1371, comme nous avons essayé de le démontrer dans la Préface qui est en
tête des Poësies Héraldiques.

6. — HE IAN DEVAREUS. — SIR JEAN DEVREUX.

Porte : *D'argent à la face de gueules, chargée d'une étoile [d'or] et surmontée de trois tourteaux de même en chef.*

« Jean d'Evereux, fils de Guillaume Devereux, dit M. Kervyn, fut en Guyenne l'un des plus valeureux compagnons d'armes du Prince Noir. Les Devereux ont été les ancêtres des Comtes de d'Essex ». En effet, mais cela est bien postérieur à notre Jean Devereux. Dans un beau Peerage ms. de la fin du 16e siècle nous trouvons : « Gautier d'Evreux, seigneur de Ferrières et de Chartelez, fut créé viscomte de Hereford, duquel est descendu Gaultier d'Evreux viscomte de Hereford d'Evreux et seigneur de Ferrières et de Chartelez, dernièrement créé comte de d'Essex et seigneur de Bourghchier et de Lovain, et chevalier du très noble Ordre de la Jarretière, porte *argent fesse de gueules, en chef trois tortues ou tourteaux.* »

Dans un Armorial nous trouvons ce Gauthier Devreux, conte d'Essex, viconte d'Ereford, baron de Ferreles et de Chartry, 207e chevalier de la Jarretière. — Mais plus tard aussi un « Guill. de Ferrières, sir de Chartley, deuxième fils de Guillaume Conte de Ferrières et de Darby qui eut issue, dont descendit pour principale héritière, Anne, dame de Ferrières et de Chartley qui fut mariée à messire Gauthier d'Evreux, qui au droit d'ice le fut Sir de Ferrières et de Chartley, et porte *veiré* ou *verriné d'or et de gueules* », qui sont les armes de Ferrers ; mais le Peerage ms que nous connaissons, et tous les Peerages imprimés nous donnent les Devereux, au nombre de huit, avec les armes de Jean Devreux sans la brisure, c'est-à-dire sans l'étoile.

Jean Devereux, resté inachevé sous la main de Gelre, est en effet un des derniers venus dans les luttes du 14e siècle. Il n'apparaît dans Froissart et dans les autres Chroniques qu'au moment de la Guerre d'Espagne entre Pierre Le Cruel et Henri de Transtamare.

» Si vuidèrent l'Espagne messire Eustaces d'Aubrecicourt, messires Hue de Cavrelée, messires Gautier Hues, messires Mahieus dis de Gournay, messire Jehans d'Evrues et leurs routes, et pluiseur aultre chevalier et escuier. » VII, 117. — « Si s'en vinrent en Limosin yaus rafreschir. En se temps en estoit senechaus et gouvernères de par le Prince messires Jehans d'Evrues. »

« Quant Cil XII bourgeois de Gand... vinrent à Calais, le capitaine de Calais, messire Jehan d'Ewrues les requilla liement, quant il saut qu'ils voloient aller en Angleterre » 1379. X. 76.

« Chil de la Rochel'e n'estoient pas courouchiés, quant il veoient que le païs s'estoit ensy retourné franchois ; car il avoient grant désir que il le peuissent estre, et tant esploitèrent que il vinrent à leur entente ; car messire Jehan d'Evrues avoit laissiet ens ou chastiel de la Rochelle un escuier, simple homme qui s'apelloit Phelipot de Mansiel. » — Sy tost que ly estet fu revenus, le connestable de Franche se party de Poitiers atout XIIIIe lanches, et s'en vint assiéger la ville et le castiel de Chiseck, qui estoient englesse, de laquelle messire Robert Miton et messire l'Escot estoient gouverneur et capitaines. Là fu le siège grant et lonc, fais et ordonnés par bonne ordonnanche, et fist faire le connestable autour de son logis et de toutes ses gens une deffense de palis, par quoy de nuit, ne de jour, soudainement on ne leur peuist porter damaige, et avint que les dessus dites capitaines segnefièrent leur estat à monseigneur Jehan d'Evreus et à messire d'Aghorisset et à Jehan Cressuelle, qui estoient dedens Niorch, en priant que, se il se povoient, il les venissent conforter et lever le siège. »

Hay de Chastelet, dans son Histoire de Du Guesclin nous présente aussi Jean Devereux à la même date, au moment ou Du Guesclin refoulait les Anglais du cœur de la France : — « Avant qu'on allast à l'assaut, Du-Guesclin avait sceu que le Captal de Buch, accompagné de Thomas de Percy et de Jean d'Evreux, marchoit avec deux mille hommes pour secourir Sainte Sévère *qui estoit du patrimoine de ce Jean d'Evreux,* et dont le frère de Percy estoit gouverneur ». — En 1372, après la prise de Moncontour, Du Guesclin s'avance dans la Guyenne : « Il prenoit tous les jours quelque petite place de celles que les Anglois avoient occupées : sur cela on l'informe que Jean d'Evreux avoit quitté la Rochelle pour se jetter dans Poitiers, de façon qu'il vit bien qu'il n'y avait plus rien à faire, ce qui luy fit tourner ses pensées ailleurs sans se mettre en peine d'attendre le retour de Percy. »

Il devint Connétable de Douvres et Gardien des Cinq-Ports, et mourut en 1393 ou 1394. — Voyez aux Notes.

Nous recommandons aux Historiens et aux Savans l'étude approfondie de ce personnage qui est l'une des figures les plus curieuses de ce temps.

PLANCHE LVIJ

11. — . . . . . — . . . . . .

Porte : *D'argent à la bande de gueules, chargée de trois étoiles de* . . . .

Je laisse au Collège des Hérauts d'Angleterre le soin de découvrir celui-là.

REMARQUES GÉNÉRALES

Les Remarques générales que nous présentons ne sont pas de *philologie*, dans le sens ordinaire du mot, mais simplement de *langage*, — et ne se rapportent qu'aux désignations de personnages.

Hé, Here, Herren, sont diverses manières d'appellation qui signifient Sire en français, Sir en anglais. La valeur de ces expressions a varié selon les temps ; elles sont tombées en désuétude ; elles ont une autre signification aujourd'hui, mais autrefois « la qualité de Sire ne se donnoit qu'aux aisnez qui estoient Chefs du Nom et Armes des grandes Maisons » dans tous les pays d'Europe. Gelre, au bas des armes, a soin d'indiquer qu'il parle du Chef du Nom et Armes ; et souvent, pour qu'il n'y ait pas confusion de personnes pour les puinez, il met un prénom : quand donc il met *die he, dve heren*, c'est de l'aîné qu'il s'agit.

———

Il est une autre expression particulière sur laquelle nous appelons l'attention des Philologues et des Héraldistes, c'est le mot *Die*, ou *Dve*, qui signifie *Le, La, Les, celui, celle, ceux* et qui placé devant le mot *here* a des significations qu'il faut déterminer :

Die he van... veut dire mot à mot : *Le sire de...* ; mais au 14ᵉ siècle, cette manière de parler perdait son caractère personnel, se généralisait et se trouve dans les vieux hérauts traduite par ces mots : *Celles Sire de..* c'est-à-dire *Celles* [les armes du] *Sire de.* ; ou bien on employait encore ces expressions : *Ceux* [qui sont] *Sire de...* portent telles ou telles armes.

Ce sont donc les Armes des Aînés que's qu'ils soient, sans autre nom ni prénom, et aussi celles des puînés qui forment branche sous le nom d'un fief particulier dont ils sont les *Sire*. Ainsi, le sire de Dinan, le sire de Montafilan ; dans Montfaucon : Ceulx de Vaudenay.

En sa qualité de Héraut, de porteur de Défis, Gelre s'enquérait de la position officielle de ceux qui le recevaient dans un Camp ou à la Cour des princes. En arrivant aux avant-postes, il demandait à parler à ceux qui avaient qualité pour recevoir ses messages, et prenait note de la qualité de ceux qui étaient les intermédiaires : ces coutumes de guerre ou de cour sont de tous les temps. Gelre devait parler toutes les langues; en tout cas il donne dans son Recueil à ceux qu'il enregistre le titre appellatif qu'il entend autour d'eux et qu'ils portent en réalité.

Il y a même parmi les Aragonnais qui sont dans ce volume, des désignations qui rappellent, dans le mélange des troupes, l'origine des individus : *Sir* P. Perement n'est pas un Espagnol. Dans ces deux mots, *Die Marques*, l'un est des bords du Rhin, l'autre de l'Espagne.

Il y a des noms qui n'ont pas d'orthographe, il les écrit comme on les parle, comme il les entend.

Sans parler de *die Coninc, die H'toge* et *die G.* —sur lesquels on n'a pas à faire de commentaires, c'est partout le Roy, le Duc, le Comte, — il y a *Die He*, le *Sire* ; *He, Sir*, pour les Anglois.

Chez les Ecossais, le langage n'est plus le même, les appellations changent : C [om] t — le comte, par un signe abreviatif ; *Kiir de Man*, le Roy de Man ; *Sijr Archibaut, Siir Robbert, Lourt* a Souls, *Luert a* [a pour *de*] Seton.

En Espagne, à côté de *Don*, se trouve le mot *En* qui signifie la même chose : *Don* Pier Savage, *En* Pier Ernaut.

A côté de cet Anglo-Espagnol, *Sir* P. Perement, il y a deux Monseigneurs : *Mo* [n] *s* [gr] Pier Barutel, et *Mo* [n] *s* [gr] *le* Castella Tamposta ; ce *le* français, montre bien que ce chastelain d'Amposte est venu en France, sans compter le *de* français que portent une vingtaine d'Aragonais.

Il y a des formes de langage qui étaient autrefois usuelles et qui aujourd'hui ont besoin d'être expliquées.

Pour décrire un blason écartelé, c'est-à-dire composé de quatre quartiers, dont le 1 et le 4, le 2 et le 3 se ressemblent, on disait et nous disons encore : écartelé *au 1 et 4* et non pas *aux 1 et 4*, parce que le 1 et 4 ne font qu'un, c'est le même blason répété ; c'est *le 1-4*, *le 2-3* ensemble. Nous ne fesons que suivre en cela la langue et la logique des vieux hérauts. Il y a dans toutes les langues des abréviations de la pensée, et les Philologues nous pardonneront de les rappeler ici.

Enfin nous prévenons le Lecteur que dans nos citations multiples nous avons dû conserver les diverses orthographes et nous indiquons les sources afin que ceux qui voudront contrôler ou rechercher la vérité sur les personnages ou les familles, puissent au besoin compléter ce qu'ils cherchent.

Je me demande pourquoi les Philologues français ou nos amateurs de vieil langage repoussent ou dédaignent les termes de Blason quand toutes les nations ont conservé cette vieille langue qui est la nôtre, et s'en servent encore pour bien décrire et bien expliquer leurs armoiries.

NOTES HÉRALDIQUES ET GENEALOGIQUES

Les Anglais ont deux avantages, c'est d'avoir un Collège de Hérauts et d'aimer les Armoiries. On donne à leur premier prince, 1416 avant J.-C., pour armes : *D'or au lion rampant de gueules, écartelé d'azur à trois couronnes d'or mises en pal*; puis la bannière *d'azur à trois couronnes d'or en pal*, sans autre écart. Selon quelques vieux Peerages, les premiers princes ont porté un écartelé : *au 1 d'or au lion de gueules ; au 2 d'azur à trois couronnes en bande d'or ; au 3 de gueules à trois couronnes en pal d'or ; au 4 d'azur à la croix patée au pied fiché d'argent.* Dans les Romans de Chevalerie on donne à d'autres princes *une croix avec une croisette au premier canton* ; avec Severus, *d'or à l'aigle de sable à deux têtes.* Avant le roi Artus on trouve encore *une croix* ; puis *un griffon.*

Le roy Artus, dit le Grand, — qui fit tant de belles expertises d'armes et que les Romans font l'auteur des chevaliers de la Table-Ronde, table batie par l'enchanteur Merlin, — avait pour armes *d'azur à trois couronnes d'or.* Selon d'autres, *de sinople au 1 et 4 à une croix d'argent, le premier canton chargé d'un soleil d'or ayant l'image de la Vierge au mitan ; le 2 et 3 de gueules à trois couronnes d'or mises en pal :* Et comme cette tradition semble impérissable, on retrouve ces armes parmi celles des Roys de l'Epinette, à Lille, huit siècles plus tard.

La conquête des Saxons donna aussi à chaque province des armes particulières qu'il est inutile de rapporter ici. Mais en 800, Egbert, réunissant dans sa main diverses provinces prit le titre de Roy d'Angleterre, « first King of England » et porta *d'azur à la croix fleurie d'or.* En 857 Ethelbald porta *d'azur à la croix potencée d'or au pied fiché.* Alfred en 873 porte *échiqueté d'or et de pourpre, au chef de sable au lion du premier.* Edouard I en 900 : *d'azur à la croix fleurie* entre *quatre merlettes, martlets, d'or.* En 924, Athelstene : *écartelé en sautoir de gueules et d'azur à un monde et une croix boutonnée d'or.* Edmond, en 940 : *d'azur à trois couronnes d'or.* Edouard le jeune et Ethelrede : *la croix fleurée entre quatre couronnes.*— Ils furent dépossédés par Kanut, roi de Danemark, en 1017, dont les armes étaient *d'or semé de cœurs de gueules à trois léopards d'azur l'un sur l'autre.* Harold, son fils, en 1037, porta de même selon les uns, alias *d'or à une croix patée de gueules chargée d'un léopard d'or.* Hardi Canute en 1041, *d'argent au corbeau ou à la pie de sable, au vol abaissé ou essorant.* Les Saxons revenus, repossessed ou restored, 1041-45, reprirent avec Edward le Confesseur, fils d'Ethelred, *d'azur a la croix fleurée d'or entre cinq merlettes de même.*

Ce fut alors que Edouard le Confesseur « visita Guillaume qui estoit appelé le Bastard, duc de Normandie, et fils de Robert, duc de Normandie, lequel Robert fut fils de la sœur d'Ethelred. Et St Edward cognoissant qu'il n'avoit nulz héritiers masles, ny autre nul légitime héritier que Guillaume le Bastard : iceluy en considération de la bonne chère qu'il eut de luy en Normandie, à son retour lui donna les honneurs et droits d'héritage de la couronne d'Angleterre et appartenances d'icelles et luy en fist recevoir les hommages par les nobles du Roiaume entre lesquelz estoient Harold qui puis après occupa la couronne en l'an 1066. » Harold the son of Godwin usurped the crown et porta *de gueules croiseté d'or et deux faces de même entre six têtes de léopard d'argent,* 3, 2, 1.

« Mais Guillaume vint en Angleterre et tua ledit Harold, et feist la conqueste d'Angleterre, dont il fut couronné roy en l'an 1067. » Ses armes étaient de *gueules à deux léopards d'or* qui sont celles de Normandie. Guillaume le Roux et Henri Beauclerc ses fils portèrent ces mêmes armes. Quoique ce dernier ait fait recevoir de son vivant sa fille unique Mahauld pour Royne d'Angleterre et duchesse de Normandie, cependant son neveu Etienne, Stephen, comte de Boulogne, — fils d'Etienne, comte de Boulogne, frère de Thibauld, comte de Blois, — se fit couronner Roy d'Angleterre, 1136, porta *de gueules au sagittaire d'or,* et régna 19 ans. Mais la race saxonne revint en 1155 avec Henri II dit au Court-Mantel ou Plantagenet qui ajouta aux armes du Conquérant, aux deux léopards de Normandie, un troisième léopard, celui de Guyenne, pour l'Aquitaine et l'Anjou et porta ainsi *de gueules à trois léopards d'or.* Il eut pour successeurs ses deux fils Richard, surnommé Cœur de Lion pour sa vaillance, 1189, et Jean sans Terre, son puîné, 1199. — Le fils de Jean, Henri III, lui succéda en 1216 et régna 56 ans; il eut deux fils : le puîné Edward I lui succéda. Il eut d'Eléonore de Castille, sa première femme, plusieurs enfants, entre autres Edward II du nom, roy d'Angleterre après son père ; et en secondes noces, de Marguerite de France, sœur de Philippe-le-Bel. — il eut Thomas, comte de Kent, qui laissa une fille Jeanne, mariée deux fois, d'abord à

Jean de Holland, puis à Edouard, prince de Galles, ou le Prince-Noir, fils d'Edward III.

Edward II épousa Isabeau de France, fille de Philippe-le-Bel, et ce mariage fut une des causes de la guerre de cent ans. Leur fils fut Edouard III, dont les armes sont peintes par le héraut Gelre *écartelé de France sans nombre et d'Angleterre*; son petit-fils Richard II porta les mêmes armes, 1377. — Henri de Lancastre ou Henri IV lui succéda, 1395, et ramena à trois le nombre des fleurs de lys des 1 et 4 quartiers. Henri V, 1412, et Henri VI, 1421 ; Edward IV de la branche d'York, 1450 ; Edward V, 1483, et Richard III, son oncle, 1483, qui fit mourir « les Enfants d'Edouard. » — En 1485, Henri VII, de la branche de Lancastre, par son mariage avec Elisabeth d'Angleterre de la branche d'York mit fin à la querelle des deux Roses et établit l'unité de la famille, the Families United. — Henri VIII, après son père, 1509, fut roy d'Angleterre et eut six femmes : de Catherine d'Aragon, il eut Marie qui fut reine d'Angleterre ; de Anne de Boulen, il eut Elisabeth qui fut reine après Marie ; de Jeanne Semour il eut un fils Edward VI qui fut roy après son père en 1546 ; Marie, qui, en 1553, épousa un fils de Charles Quint, sans enfants ; Elisabeth en 1558, morte sans être mariée, après avoir déclaré que la couronne d'Angleterre appartenait à Jacques VI du nom, roy d'Ecosse, et I d'Angleterre. Jacques était fils de Marie Stuart, fille de Jacques V, roy d'Ecosse. Il s'intitula Roi de la Grande Bretagne pour la réunion des deux royaumes en sa personne, 1603.

La reine Marie avait pour armes celles *d'Angleterre parties de celles d'Espagne-Arragon coupées d'Autriche.* — La reine Elisabeth avait repris *l'écartelé de France et d'Angleterre.* — Le roy James ou Jacques Ier. *écartelé de France et d'Angleterre au 1 et 4 ; au 2 d'Ecosse, au 3 d'Irlande.* Il épousa Anne de Danemark dont il eut l'infortuné Charles Ier, roi en 1625, qui fut martyr de la rebellion du Parlement :

> « *Haec est ista dies nigro carbone notanda.*

Après la mort de Cromwell on rappela le fils aîné de Charles, Charles II ; son frère Jacques II, héritier du trône, 1685, fut destitué en 1689. Marie, sœur de Charles II et de Jacques II était l'épouse de Guillaume, prince d'Orange, dont le fils Guillaume III épousa en 1689 Marie, fille aînée de Jacques II et monta sur le trône. Guillaume III décéda en 1702 sans lignée, et Anne, sœur de son épouse, lui succéda dans l'Empire. Les descendants mâles de Jacques II moururent en pays étranger, son fils Jacques-Edouard en 1766, et les fils du dernier Charles Stuart et Henri-Benoît en 1788 et

18... — La reine Anne était mariée au prince George de Danemark mort
en 1708, mais elle survécut à ses 13 enfants; son fils Guillaume, duc de
Glocester, étant mort en 1700 du vivant de son père le roi Guillaume III,
le roi porta la succession au trône en délibération devant le Parlement : La
plus proche héritière, Henriette-Marie, fille cadette du Roi, Charles I, en
était exclue comme catholique, en conséquence, en 1701, la fille aînée de ce
roi Princesse palatine, Electrice d'Hanovre, fut élue héritière de la couronne [maison de Brunswick]. Elle mourut en 1714, deux mois avant la
reine Anne, c'est pourquoi le fils de Sophie, George-Louis, Electeur
d'Hanovre, lui succéda sous le nom de George I. En 1727 il eut pour successeur George II, puis en 1760 George III, petit-fils de George II, et en
1820 George IV, dont la nièce présentement régnante a ajouté à son titre de
Reine d'Angleterre, celui d'Impératrice des Indes.

LE VICAIRE DE L'EMPIRE

La question historique *des Vicaires de l'Empire et en particulier du
Vicariat d'Edouard III dans la Germanie inférieure* a été l'objet d'une
thèse remarquable d'un docteur allemand, Metzler, devant l'Université de
Strasbourg. L'auteur examine les anciens Vicaires, leurs fonctions et leurs
droits; les Vicaires en Italie et au Royaume d'Arles ; le Vicariat en Lothier
et en Brabant, c'est-à-dire en Basse-Lorraine avant Edouard III ; quelle fut
l'occasion du Vicariat du Roi d'Angleterre, et quelle fut son autorité, son
étendue, ses limites, à l'égard des vassaux de l'Empire au point de vue du
droit, — l'Empereur étant debout, — de faire la guerre et de battre monnaie
dans les Provinces Belgiques. Les faits et gestes d'Edward III y sont
examinés : De Gand et d'Anvers, le roi d'Angleterre cite les Princes Alle-
mands qui s'excusèrent à venir l'aider dans son envahissement des Provinces
du Nord de la France ; c'est d'Anvers, « Rege Anglie in Antwerpia resi-
dente », qu'il fit soulever les Communes de Flandres contre Louis de Male,
et élire un *quidam* burgensis Gandensis, bourgeois de Gand, nomine
Jacobus de Artevoelda, Capitaine-général du comté de Flandre, livrant son
pays pour quelques balles de coton; et c'est à Gand, après avoir confirmé
et scellé son alliance avec le Capitaine, mutuo fedus, confederationem robo-
randam ac litteris et sigillis confirmandam, c'est à Gand que le Roi-Vicaire,
predictus Rex et Vicarius, una cum domina Regina, se transtubit de Ant-

werpia versus Gandaoum, fut reçu et intronisé comme Roi de France d'abord et ensuite comme seigneur et directeur suprême d'eux ou d'elles les communes, receptus et intronisatus tanquam Rex Franciae et Dominus ipsorum directus et supremus, avec tous les serments d'obéissance et de sujétion dus, comme ils avaient l'habitude de le faire, par les communs de Flandres, aux rois de France : faciens sibi fidelitatis, obediencie et subjectionis debita juramenta, quemademodum Regibus Franciæ hactenus facere commeverunt.

A ces détails historiques que nous retrouvons à la suite de cette thèse, il faut ajouter que c'est à Gand, pendant ce séjour, que le roi Edouard III, poussé par Jacques d'Artevelde, prit le titre de Roi d'Angleterre et de France et pour armes un *écartelé de France et d'Angleterre:* Ipse autem Rex in suo introitu insignitus fuit armis Francie et Anglie quartilatis ; et ex tunc in antea assumpsit sibi titulum scribendi in litteris suis : Edwardus Dei gracia Rex Anglie et Francie. — Des lettres d'Edward III comme Vicaire de l'Empire sont aux Chartes de Brabant.

NOTES DE LA PLANCHE LI

1. — LE ROY D'ANGLETERRE. — Nous avons donné le Cri d'Armes des Rois d'Angleterre, d'après les anciens manuscrits. Leur Devise est *Dieu et mon Droit.* — La Devise de l'Ordre de la Jarretière est *Honny soit mal y pense.* On sait que le Roy Edouard III devisant un jour avec la belle Alix, comtesse de Salisbury, « la jarretière gauche, de soye bleue, de ceste Dame estant tombée, Edouard prompt à servir la Dame et la relever, leva quant et quant la chemise si haut, que les courtisans l'ayant veuë ne se purent tenir de rire. La Dame réprimanda le Roy de cette privauté faite devant des gens qui se plaisent à la médisance. Edouard ferma la bouche à tous par ces mots français : *Honny soit qui mal y pense,* ajoutant que tel s'estoit mocqué de cette jarretière qui tiendrait à grand honneur d'en porter de semblab. « le Et fut créé l'Ordre de la Jarretière Bleue composé de vingt-cinq chevaliers.

En portant les Armes de France dans son Blason, le Roi Edouard III d'Angleterre et ses Hérauts ont respecté les lois héraldiques. Ce ne sont pas les trois fleurs de lys des Rois Philippe de Valois et Jean Le Bon qu'il s'est appropriées, c'est le *semé de France* que portait sa grand'mère. Il y a là une distinction, une nuance qui est à remarquer. Il n'est que prince, il n'est que prétendant, quoiqu'il se donne le titre de Roi de France ; il en prend les armes, et aux yeux de tous, par son écu, il n'est pas Roi.

On peut vérifier les anciens titres, toutes les peintures, toutes les sculptures, les sceaux et les monnaies : Dans les armes d'Angleterre, ce sont des fleurs de lys sans nombre, et dans les armes de France, trois fleurs de lys.

Ce n'est qu'un siècle et demie plus tard c'est-à-dire à la fin du quinzième siècle qu'un autre Roi d'Angleterre, Henri IV, prit les trois fleurs de lys.

Les manuscrits de Froissart dont les miniatures ne nous montrent que trois fleurs de lys sur les drapeaux anglais, sont du quinzième siècle.

Nous donnons ici une miniature du beau manuscrit de Froissart qui se trouve à la Bibliothèque Nationale à Paris : la Bataille de Poitiers. Nous donnons aussi le Sceau et contre Sceau du Roy Edouard tiré des Archives Nationales de France, ce Sceau est de 1360 et porte le n° 10025 de la Collection des Sceaux.

On peut voir en comparant ces deux œuvres capitales dont le type est admirable au point de vue artistique, que le dessin des Armes d'Angleterre par le Héraut Gelre, est comme elles un véritable monument.

2. — LE PRINCE. — Le Prince de Galles a été chanté par le Héraut Chandos, dans un Poème publié par le Roxburghe Club : « *The Black Prince by Chandos herald*, London, 1842 ; Printed por the Roxburghe Club ». Chandos nous a aussi conservé le Cri d'Armes du Prince :

> La crioit homme à haute gorge
> En maint lieu : Guyanne Seinte George !

C'est à Angoulème que le Prince Noir tomba malade comme ledit la Complainte de Chandos :

> Assetz sont après ce avint
> Qe a Anguyleme logiei vient
> Lui noble Prince Daquitaine
> Et la c'est bien chose certaine
> Li commence la maladie
> Qe puis dura toute sa vie.

Nous donnons le Sceau de ce Prince tiré des Archives nationales de France : Ce Sceau porte le n° 10134 bis, à la date de 1366. Nous l'avons fait graver exprès pour la présente publication.

La devise du Prince de Galles était composée de deux mots *Ich dien, je sers*, accompagnée des plumes d'Autruche qu'on voit sur sa monnaie : le pavillon d'or frappé à Bordeaux que nous reproduisons, le prince est *assis*, et non debout, sous un dais appuyé sur deux lions ; quatre plumes de chaque côté, avec ces mots *Ed. po.gns Reg. angl. pnes. a.*

« Quelques-unes de ses monnaies sont d'un très beau travail, dit un numismate, tandis que d'autres sont fabriquées à la hâte, selon les chances diverses des guerres continuelles qui ensanglantèrent son règne. Cet homme illustre aimait d'ailleurs les arts et les raffinements du luxe. Parmi les nombreux sceaux ou signets dont il fait usage, il en est de fort remarquables. La bague qui lui a servi parfois, en 1367, à sceller ses missives était ornée d'une intaille du temps de Postume rappelant exactement le revers de l'une des monnaies du Grand Empereur Gaulois. C'était un Héraut tuant à coups de flèches les oiseaux du lac de Stymphale. » *B. Filon.*

Voici, d'après Boutels, le pommeau de son épée.

3. — CLARENCE. — Dans un vieil Armorial de la Jarretière qui se trouve à la Bibliothèque Nationale à Paris, le 28e Chevalier est Lyonnel d'Anvers, duc de Clarence, comte de Wilghire, *escartelé de France et d'Angleterre au lambel d'argent aux trois pendans aussi d'argent rapiécés du costé droit de gueules*, ou, *cantonnés de gueules à dextre*, ou bien à *charge chacun d'un canton dextre de gueules vers la pointe.*

L'histoire du quatorzième siècle est loin d'être faite. Il existe des travaux considérables, qui jetteraient un jour nouveau sur cette sombre lutte des deux peuples, mais ils restent enfouis au fond des bibliothèques ou des archives, et ne seront peut-être jamais publiés. Ils sont remplis pourtant de détails intimes pleins de clarté.

L'un de ces manuscrits nous a été communiqué et nous y avons cueilli les lignes suivantes sur Clarence :

« Le second filz fut messire Leonnel duc de Clarence qui espousa la comtesse de Woulstre [Dulnestre, Ulster] en Irlande, de laquelle yssi deux filles lesquelles pluiseurs anglois dient non estre filles dud. Duc de Clarence, mais d'un Chevalier nommé Audelay, lequel depuis à ceste cause par l'ordonnance dud. Roy Edouart le tiers eust la teste coppée et lad. dame s'en retourna en Irlande et maria lesd. deux filles l'une c'est asavoir l'aisnée au conte de Northombellan, et la seconde a Messire Rogier de Mortemer Comte de La Marche. Et dient lesd. Anglois pour monstrer que lesd. filles n'estoient pas filles dud. messire Leonnel que oncques elles ne recueillerent léritage ne la succession dud. messire Leonnel, ne ne portèrent son nom ne ses armes, mais le nom et les armes de la Comtesse de Woulstre leur mère qui est grande demontrance qu'il y a quelque faulte de ce côté là. »

Froissart, en sa qualité de chanoine, est plus réservé, quoique bavard : il ne savait pas que Clarence avait *deux* filles de son premier lit. Qu'en pensent les Genealogistes.

4. LANCASTRE.— L'effigie de Henry premier Duc de Lancastre que nous reproduisons, porte sur sa cotte d'armes les *trois leopards d'Angleterre*

avec le lambel de Lancastre, sans l'écartelure, avec la date de 1347 : Son cimier qu'il porte en la dextre est celui *d'Angleterre*. Dans les brisures, *Cadency*, des Plantagenets, dont les armes sont sur le monument de l'évêque Burghersh dans la cathédrale de Lincoln, elevé en 1360, et que nous trouvons dans Boutell, — on ne voit pas non plus les Leopards d'Angleterre ecartelés des fleurs de lys de France. Mais le sceau de Henry de Lancastre Comte de Derby, qui fait partie de la Collection des Sceaux aux Archives Nationales de France, n° 10120, avec la date de 1396 porte les armes ecartelées comme celles du Heraut d'armes.

Le cimier quoique brisé n'en est pas moins visible ; c'est le léopard du Roi d'Angleterre *colleté*, c'est-à-dire *ayant au col le lambel de Lancastre*. Les armes sont accostées des deux palmes portées, aussi, par les fils aînés d'Angleterre.

Dans l'Armorial de la Jarretière, Henry Duc de Lancastre, Comte Derby, Lincester et Lincoln, Grand Maître de la Maison du Roy, porte *d'Angleterre au lambel de 3 pendans d'azur semé de fleurs de lys d'or*.

Petrarque, dans un de ses Triomphes, *la Renommée*, a dit :

> Quel di Luria seguiva il Saladino :
> Poi'l duca di Lancastro, che pur dianzi
> Er'al regno de Franchi aspro vicino.

« Et le duc de Lancastre dont le voisinage fut si incommode à la France. »

5. — HUNTINGDON. — Frère uterin du Prince de Galles, Jean Holland épousa Isabel de Lancastre. Il fut Amiral de la Flotte, et le Sceau ci-dessous nous montre ses armes comme Pavillon-Amiral. Gelre qui l'a placé un des

premiers sur la planche 51 sous le nom de Huntingdon, avant 1371, n'est pas d'accord avec les biographes qui ne le créent *comte* de Huntingdon que le 2 juin 1379.

6. — WARWICK, — Le héraut Chandos, dès les premières pages de son Poème, raconte la descente en Cotentin de l'armée anglaise dont le premier est Warwick :

Il lariva en Constantyn (Cotentin)
La ot maint bon chivaler fyn
De Warewyk luy noble counte
De quoy homme devoit faire counte
Luy counte de Northamtone
Qui moult estoit noble persone
Cil de Suffolk et cil de Stafford
Qui ont coer hardi et fort
Et le counte de Saresburi
Cil Doxenford ausci
Et si fuist Beauchamp Jehans
Raouls de Cobham luy vaillans

Monsieur Bartholmeus de Burghees
Qui moult fu hardi en ses faites
De Brian le bon Guyon
Richard de la Vache le bon
Et le bon Richard Talebot
En qui moult graunt proesce ot
Li fuist Chandos et Audelee
Qui bien feroient de lespee
Et le bon Thomas de Holand
Qui en luy eust proesce grant
Et des autres moult grant foisons
Dount je ne say dire les noms.

p. 12

Dans l'Armorial des Chevaliers de la Jarretière, le sixième Chevalier, Jean Beauchamp Admiral d'Angleterre porte *de gueules à la face d'or accompagnée de six croisettes de mesme, trois en chef et trois en pointe.* — Le quinzième, Thomas Beauchamp Comte de Warwick, grand mareschal d'Angleterre, comme ci-dessus. — Le trente-cinquième, Thomas Beauchamp, comte de Warwick, Baron d'Emely et de Hanslop, Grand Marschal d'Angleterre, comme ci-avant.

7. — MORTIMER. — Sur le sceau de Mortimer on distingue de chaque côté de l'écu deux heaumes couronnés avec le cimier que Gelre nous a conservé. Ces heaumes engoulent un demi lion et servent de supports.

La Société des Antiquaires de Londres a publié Trois Rôles où se trouvent différentes brisures de Mortimer. — Roger de Mortimer : *Azure three bars or, on a chief of the last two pallets of the first, the corners gyroned*

of the first and second, an inescucheon argent. Mortimer's Arms qui sont les armes de Mortimer. — Here as elsewhere in the Roll and in E. where this coat recurs differenced in tinctures, the blason is three bars, not barry as in Roll B. and elsewhere. — Les différences portent surtout dans le nombre des *faces* (bards) qui font intervertir les emaux et dans l'*écusson* sur le tout :

87 : Raf de Mortimer, Mortimer's Arms, ut suprà *sable andor, the inescucheon argent* ; c'est-à-dire *sable* au lieu d'*azur* avec l'*écusson d'argent*.

118 : Robert de Mortimer, *Gules two bars vair.*

375 : Henri de Mortimer, porte les armes de Mortimer, *d'azur et d'or the inescocheon argent billetée sable.*

24 : Roger de Mortimer, *l'ecuchon d'hermine.*

38 : William de Mortimer, *sur tout a bendlet gules.*

65 : Joan de Mortimer, *Gules et or, the inescucheon argent.*

Il est nécessaire de connaître ces différentes couleurs pour ne pas mettre les cadets avant les aînés.

Dans l'Armorial de la Jarretière, le dix-septième chevalier, Roger Mortimer comte de Marche, baron de Vigmore, porte *facé d'or et d'azur de six pièces, au chef d'azur chaucé d'or chargé de trois pals d'azur soutenus par un écusson d'argent posé en cœur.* Autrement et mieux *facé d'or et d'azur, au chef tiercé, le premier taillé d'or sur azur, le deuxième d'azur à deux pals d'or, le troisième trenché d'or sur azur.*

Le premier du nom, Roger de Mortimer, eut pour fils présumé, dit Banks,

Ralph, qui accompagna Guillaume le Conquérant en Angleterre, — eut pour fils Hugues, qui s'opposa à l'avènement de Henri II, devint chanoine de l'Abbaye de Wigmore; mort la 3¹ᵉ année de Henri II (1188), laissant 4 fils; — Roger l'aîné lui succéda, mort la 17ᵉ du roi Jean; eut pour successeur : — Roger, son fils, blessé dans un tournoi; mort la 11ᵉ de Henri III; eut pour successeur : — Son demi-frère Hugues, mort la 20ᵉ année de Henri III : — Roger son fils aîné soutint Henri III contre les barons révoltés; mort la 10ᵉ année d'Edouard I. — Son fils cadet Edmond lui succéda ; blessé mortellement à la bataille de Buelt contre les Gallois; il avait été appelé au Parlement, de la 22ᵉ à la 30ᵉ d'Edouard I ; il eut pour successeur son fils : — Roger, favori de la reine Isabel, femme d'Edouard II ; créé comte de March. Accusé de haute trahison, condamné à être pendu et exécuté.

Roger eut pour successeur Edmond, son fils aîné, n'eut pas le titre de comte de March, à cause de la flétrissure de son père; mort la 5ᵉ année

d'Edouard III, eut pour héritier : — Roger son fils, qui obtint, la 28e année
d'Edouard III, la réversion de la flétrissure de son grand'père, — reprit le
titre de Comte de March et ses terres confisquées ; mort la 34e d'Edouard III,
en Bourgogne, où il commandait les troupes anglaises ; eut pour successeur :
— son second fils Edmond, la 3e année de Richard II, Lieutenant du Roy
en Irlande, mort à Cock la 5e année ; eut pour successeur : — Roger, son
fils, appelé au Parlement la 9e de Richard II, déclaré héritier présomptif de
la couronne par sa descendance du duc de Clarence, la 20e et la 21e de
Richard II, Lieutenant d'Irlande ; tué à Keules ; — eut pour successeur
Edmond, son fils aîné.

8. — ARUNDEL. — Les sceaux du comte d'Arundel sont écartelés comme
le blason de Gelre. Nous voyons, sur le premier sceau, un demi-griffon
pour cimier et pour supports deux griffons ; nous l'avons tiré d'une publication anglaise, et nous n'en savons pas la date. Mais le second est aussi
celui de Richard : il est tiré des Archives nationales de France et porte le
n° 10094 avec la date de 1353.

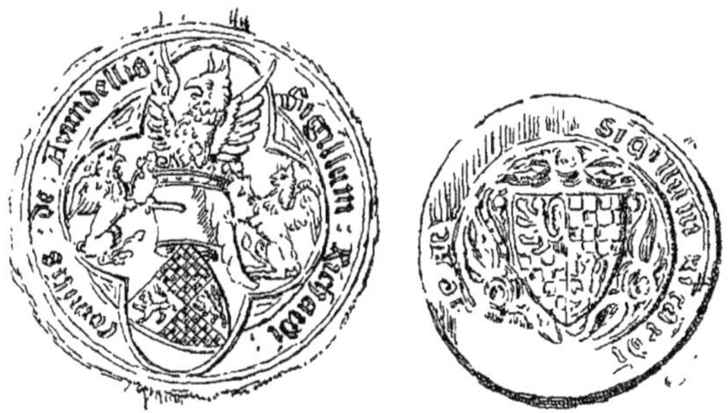

Dans Banks, les armes d'Arundel ne sont pas écartelées ; elles portent
simplement le *lion d'or armé et lampassé d'azur sur champ de gueules,* pour
Fitz-Allan. La généalogie des Fitz-Allan, comtes d'Arundel, se trouve au
t. I, de Banks, *The Dormant and Extinct Baronetage.* Nous y trouvons
que Richard, 5e comte de Fitz-Alan, fils d'Edmund, était comte de Varren
et de Surrey par droit de sa mère. Par descendance il était aussi seigneur

de Bromfield, d'Yale, de Chirkland et de Dynas Bran ; par droit héréditaire sommelier (burler) en chef d'Angleterre et intendant (Steward) d'Ecosse : il fit remise de ce dernier titre au Roy Edouard III pour une compensation pécuniaire.

Le château d'Arundel, qui avait été, à la mort de son père, donné à Edmund comte de Kent, oncle du roi, lui fut rendu : restitution confirmée en Parlement la 25ᵉ année du règne d'Edouard III, avec les baronnies de Fitzalan, de Clun et d'Oswestry. Il fut amiral des mers de l'Ouest, juge du pays de Galles du Nord, gouverneur des châteaux de Carnarvon, de Porchester et de Chirk, chevalier de la Jarretière.

Il prit souvent part aux guerres avec l'Ecosse, en la 14ᵉ année du règne d'Edouard III, à l'expédition de Flandre; l'année suivante il assista au tournoi donné par le roi pour l'amour de la comtesse de Salisbury. Il combattit aussi plusieurs fois en France, notamment à la bataille de Crécy, au siège de Vannes et au secours de Thouars.

Il remplit plusieurs postes élevés, plusieurs ambassades importantes et fut un des hommes les plus distingués du règne.

En l'année 28 du règne d'Edouard III, un jugement du Parlement ayant reconnu que son père avait été injustement mis à mort, il fut réintégré dans tous ses droits d'héritier. — Il mourut la 49ᵉ année du règne d'Edouard III. — Epousa en premières noces Elizabeth, fille de Hugh Lord Despenser, qu'il répudia, après en avoir eu une fille, Philippa, qui fut la femme de Sir Richard Sergeant, de Cornouailles, Chevalier. — En deuxièmes noces Eléonore, fille de Henry comte de Lancaster, dont il eut Richard, qui lui succéda; Sir John Fitzalan, qui épousa Eléonore, fille de Jean Maltravers; Thomas, archevêque de Canterbéry, et 4 filles : Alice, mariée à Thomas Holland, comte de Heue; Eléonore, morte jeune; Jeanne, femme de Hunsphreg de Bohem, comte de Herefond ; et Marie, épouse de Jean lord Strange de Blackmere.

Dans l'Arm. de la Jarretière le 36ᵉ chevalier Thomas Fitzallen, comte d'Alen, de Surrey et de Warren, Baron de Clun, Oswalster, Bronsfield, Yale, Chirland, et Dinarbrand, porte *de gueules au lion d'or, armé et lampassé d'azur*.

Ces noms anglais ne sont pas seulement méconnaissables dans Froissart, ils le sont dans les autres chroniqueurs. Voici deux lignes de Cabaret d'Oronville : Et furent ces bannerets anglois Huc Fuuerin, *Fitzwarin*, messire Feu Vnatier, *Fitzwalter*, messire Thomas Trenet, *Trivet*.

9. — MONTAGU. — Le sceau de William Montagute, Comte de Salisbury, dont nous donnons un croquis d'après Boutell, porte la date de 1337-1343. Le cimier est le même que celui de notre publication, mais combien le dessin du Héraut d'Armes est supérieur à celui du graveur : en outre, sur le sceau c'est un demi-aigle, et sous la plume du Héraut c'est un demi-griffon d'un aspect supérieur.

La vengeance du comte de Salisbury est connue. — L'auteur d'une Chronique de Flandre a donné sur la conspiration [de Godefroy de Harcourt] des détails que je ne saurais, dit M. L. Delisle, passer sous silence, quoiqu'ils soient d'une authenticité plus que douteuse. A l'en croire, Godefroi de Harcourt, le sire de la Roche-Taisson, Richard de Perci et Roger Bacon, qui servaient en Bretagne dans l'armée de Philippe VI, avaient trahi la cause de Charles de Blois ; gagnés par les promesses du Roi d'Angleterre, ils s'étaient engagés à soutenir le Comte de Montfort, et pour ne laisser aucun doute sur leurs véritables intentions, ils avaient attaché leurs sceaux au bas d'un acte secret qui fut mis entre les mains du Comte de Salisbury. Celui-ci avait encore la charte des chevaliers normands quand il apprit que sa femme avait été lâchement déshonorée par le roi Edouard ; pour se venger, il livra

la charte à Philippe de Valois, qui découvrit ainsi la trahison de Godefroi. »
— *Hist. de S. Sauveur.*

William L. Montacute, second earl of Salisbury, son of William, the first
earl, succeded his father, who died of wounds received at the Windsor
jousts, in jan. 1344, being then in his 16 th year, and became one of the
founders of the Garter in the april following. He married Joan Plantagenet
the fair maid of Kent, but was obliged by papal bull, to resign her to L.
Holland her previous husband : died 5 th june 1397.— Guillaume L. Montacute, second comte de Salisbury, fils de Guillaume, le premier comte,
succéda à son père, qui mourut de blessures reçues aux joutes de Windsor,
en janv. 1344, étant alors dans sa 16ᵉ année. Il devint l'un des fond. de la
Jarretière en avril suivant. Il épousa Joan (Jeanne) Plantagenet, la jolie
fille de Kent, mais fut obligé par une bulle papale de la résigner à L. Holland
son premier mari ; mort le 5 juin 1397.

Dans l'Armorial de la Jarretière, le quatrième Chevalier, Guillaume
Montagu, comte de Salisbury, sgr de Denbige, prince de l'Ile de Man,
porte *d'argent à trois losanges de gueules posés en face.*

10. — OXFORD, — Le comte d'Oxford, John de Vere, est un des premiers
qui descendit en Cotentin avec Warwick, Northampton, Suffolk, Stafford,
Cobham, Burghers, Brian, La Vack, Talbot, Chandos, Audelée, Holland.
Le héraut Chandos le chante comme un des fins chevaliers :

> Et le comte de Saresburi
> Cil Doxenford aussi.

John de Vere, eighth earl of Oxford, dit le Roxburne-Club, son of
Alphounes, younger brother of Robert, seventh earl. He served in Scotland
and Flanders, in the 19 Edw. III was retained to serve with 80 men at arms,
3 bannerets, 27 knights, esquires and 80 archers on horseback. He was at
Poitiers, and died in France the 24 th. jan. 1380.— C'est-à-dire en français:
John de Vere, 8ᵉ comte d'Oxford, fils d'Alphonse, frère cadet de Robert,
7ᵉ comte. Il servit en Ecosse et en Flandre ; dans la 19ᵉ année du règne
d'Edouard III, il fut retenu pour servir avec 80 hommes d'armes, 3 bannerets, 27 chevaliers, écuyers et 80 archers à cheval. Il était à Poitiers, et
mourut en France le 24 janvier 1380.

Une généalogie qui se trouve à la Bibliothèque Royale de Bruxelles, ne
s'accorde pas avec Banks. Les généalogistes sont priés de se mettre d'accord :

Robert de Vere 6e comte d'Oxford, Lord Bulbec, et Gd Chambellan d'Angleterre 1396 et Lord Simford 1312, Gᵘ de l'Armée du roy Ed. I en Aquitaine, fut appelé le bon comte d'Oxford ; épousa Marguerite, filia Roger Lord Mortimer; — Jean de Vere 7e Comte d'Oxf, Lord Bulbec et Samford,Gd Chambellan d'Angl.,133.1358, épª Mahaud de Badelesmes ; — Thomas de Vere 8e C d'O., Lord Bulbec, Samford, Gd Chamb. d'Angl. 1356-1370, épousa Mahaud fᵃ et héritière de sir Radulphe Ufford Chev., Lord Chief-justicier d'Irlande 1343 et de Mahaud de Lancastre, mort en 1404 : *de sable à la croix dentée d'or, au lis d'argent au canton.*

Voici d'après Boutel, le sceau de leur aïeul Robert de Vère, portant la date de 1263-1296 :

Il n'a pas encore de cimier ni de volet Ce sceau nous le montre avec une crête au-dessus du heaume, comme au-dessus de la tête du cheval.

11. — COURTENAY. — Dans l'Armorial de la Jarretière, le 7e Chevalier, Hugues de Courtenay, comte de Devonshire, *d'or à trois guses ou tourteaux de gueules 2 et 1, au lambel de trois pendants d'azur.* — Et le 79e Chevalier, Pierre de Courtenay, de même.

Beltz nous donne le cimier de Hughes : Within a ducal coronet a plume of swan's feathers, consisting of three rows, the first of eight, second of ten, and the uppermort of eleven feathers. Plate, still remaining in the stall wich the founder occupied ; c'est-à dire que d'une couronne ducale sort une touffe ou un plumail à trois rangs de plumes de cygne, la première rangée de huit, la seconde de dix et la troisième en haut de onze plumes. C'est ainsi que Beltz a vu ce cimier à la stalle occupée par Hughes comme chevalier de la Jarretière.

NOTES DE LA PLANCHE LII

1. MOWBRAY-NOTTINGHAM. — Banks nous en donne la généalogie :

Cette maison commence à Nigel de Albini, venu en Angleterre avec le conquérant, et mis en possession pour ses services, des terres de Robert de Mowbray, comte de Northumberland, confisquées au profit de la Couronne pour trahison ; eut pour fils et successeur, — Roger, qui prit le surnom de Mowbray et peut être considéré comme le premier de cette dynastie de la famille Mowbray ; la 7e année du roi Etienne, fut fait prisonnier à la bataille de Lincoln ; alla en croisade ; — Son fils Nigel y alla aussi et mourut avant d'être arrivé en Terre Sainte la 3e année de Richard I. —
Son fils aîné William lui succéda ; se révolta contre le roi Jean et Henri III ; prisonnier à la bataille de Lincoln. — Son fils aîné Nigel, mort la 13e année de Henri III sans enfants, eut pour héritier son frère Roger, mort la 51e de Henri III. — Celui-ci eut pour héritier son fils aîné du même nom, appelé au parlement la 22e, 23e, 24e et 25e année d'Edouart I ; mort l'année suivante, laissant pour héritier : — son fils Jean de Mowbray, qui la 7e année d'Edouard II, prit part à la guerre d'Ecosse, fut gouverneur de la ville d'York, et, la 11e année d'Edouard II, des châteaux de Malton et de Scarborough : partisan de Lancastre, fait prisonnier à Borough-Bridge, pendu à York la 15e année d'Edouard II, il avait été au parlement de la 1e à la 14e année d'Edouard II, eut pour successeur son fils aîné : — Jean, favori d'Edouard III, qu'il accompagna en France au siège de Mantes ; il fut aussi en Ecosse, gouverneur de Berwick. Nommé dans ses chartes seigneur de l'Isle d'Axholme, de Gower et de Brember, héritages de sa mère ; mort à York le 4 novembre, 35e année d'Edouard III.

— Lui succéda son fils Jean, tué la 42e année d'Edouard III, à Constantinople. — Son fils aîné Jean, au couronnement de Richard II, créé comte de Nottingham, mort peu après, eut pour successeur : — Son frère Thomas, créé la 6e de Richard II comte de Nottingham, 3 ans après Comte Maréchal d'Angleterre à vie ; la 16e de Richard II gouverneur de Calais ; la 20e du même règne obtint du roi confirmation de la charge de Comte-Maréchal d'Angleterre pour ses héritiers mâles, avec droit de porter un tronçon d'or émaillé de noir à chaque bout, ayant au bout supérieur les armes du roi et à l'inférieur leurs armes gravées dessus ; la 21e de Richard II, fait duc de Norfolk. Accusé de complicité dans le meurtre de l'oncle du roi le duc de Gloucester tomba dans la disgrâce pour avoir mal parlé du roi ; condamné au bannissement perpétuel, mort en exil à Venise en 1400, 1re année de Henri IV.

Son fils Thomas n'eut jamais le titre de Duc, mais ordinairement appelé Comte-Marshal : eut la tête tranchée à York la 6e année de Henri IV, pour conspiration pour détrôner le Roi ; pas d'enfants, eut pour héritier

Son frère Jean, à qui, la 3e de Henri IV, furent rendus titre et dignité de duc de Norfolk ; mort en 1432, 10e de Henri VI, laissant pour héritier

Son fils Jean, appelé en Parlement, mort la 1re année d'Edouard IV.

Son successeur et fils Jean, créé, la 29e année de Henri VI, comte de Warren et Surrey, mort la 15e année d'Edouard IV, ne laissant qu'une fille. L'héritage fut partagé entre les Howard et les Berveley.

Le sceau de Thomas Mowbray Comte de Nottingham que nous donnons ici est tiré de la Collection des Sceaux des Archives Nationales de France et porte le n° 10179 sous la date de 1396 : Ce sont les armes d'Angleterre brisées d'un lambel de trois pendants et pour cimier le lion concédé par Richard II.

2. — BEAUMONT. — La généalogie de Banks ne s'accorde pas avec les Chroniques et les Rôles. Banks conteste même l'origine royale des Beaumont. « Ils descendent de Louis, fils de Charles, comte d'Anjou, fils cadet de Louis VIII, roi de France ; mais cette descendance, dit Banks, est contestée. Ce qui ne l'est pas, c'est que, sous Edouard I, on parle de Henri de Beaumont, qui, en la 30e année, accompagna le roi en Ecosse. La 1re d'Edouard II, étant dit *Consanguineus regis*, parent du roi, il obtint en fief les manoirs de Folkyngham, Edenham, et tous les fiefs de chevalerie appartenant à Gilbert de Gant, que sa veuve Lora de Gant avait en douaire. »

Si, dans des actes publics, Henri de Beaumont est appelé *Consanguineus regis*, pourquoi Banks en doute-t-il ?

« La 4e d'Edouard II, continue Banks, lui fut concédée l'Ile de Man pour sa vie durant ; la 6e année, il prit fief de l'héritage de sa femme Alice, fille et héritière d'Alexandre Comin, comte de Boghan, connétable d'Ecosse. Il aida la reine Isabelle dans sa tentative de détrôner son époux ; en récompense de ses services, il obtint concession du manoir de Lough-borough, qui faisait partie des possessions de Hugues le Dépensier, comte de Winchester, flétri.

Sous Edouard III, il eut de hauts emplois. Appelé au Parlement de la 2e année d'Edouard II à la 6e d'Edouard III comme comte de Boghan ; mort la même année, laissant une fille Elizabeth, mariée à Nicolas, fils de Jacques Lord Audley, et un fils Jean, son héritier, n'usa jamais du titre de comte de Boghan ; mort la 16e année d'Edouard III. Son fils unique Henri, né au Brabant la 14e année d'Edouard III, eut sa légitimité ratifiée par le Parlement dans la 25e année ; prit fief de ses terres la 34e ; appelé au Parlement de la 36e à la 4e année d'Edouard III, mourut l'année suivante, laissant pour héritier : — Son fils Jean, appelé au Parlement de la 6e à la 17e année de Richard II ; mourut la 20e, laissant pour successeur : — Son fils Henri, fait chevalier du Bain la 1re année de Henri IV ; appelé au Parlement de la 5e à la 14e année, mort la 1re de Henri V.

Jean, son fils, créé Vicomte le 12 février. 18e de Henri VI : c'était la première personne honorée de ce titre en Angleterre. La 23e année, il reçut la préséance sur tous les Vicomtes à créer, et placé immédiatement après les Comtes dans les assemblées du Parlement et publiques. Il avait eu deux fils : Henri, mort de son vivant, et William, qui lui succéda ; fait prisonnier à Towton-Field, la 1re année d'Edouard IV, il fut flétri, et plusieurs de ses manoirs furent donnés à Lord Hastings ; mais lorsque Henri VII eut pris la couronne, ils lui furent rendus. La 1re année de ce règne, il fut appelé au Parlement sous le titre de « Willielmo Vicecomiti Beamont, » vécut jusqu'à la 25e année du règne ; mort sans enfants.

3. PEMBROCK. — D'après une pierre tombale qui se trouve à Elsyng, dans le Norfolk et qui date de 1347, John de Hastings, comte de Pembrock porte sur le surcot de sa cotte de mailles, les armes de Valence au 2e et 3e quartier. Nous avons dit à la page 18 de ce volume, qu'il était plus régulier de blasonner Valence écartelé de Hastings, par ce que Valence doit passer le premier.

Dans l'Amor. de la Jarretière, le 34e Chevalier Jean Hastings, comte de
Pembrock, Baron d'Abergavenny et Comte de Westford : *d'or à la manche
maltaillée de gueules*, autrement *d'or à la manche mautale de gueules*. —
Un autre la porte *de sable*.

« Guillaume Lesignem comte de Pembrock, 4e fils de Hugues X sire de
Lesignem, prit le surnom de Valence avec sa postérité, soit parce qu'il naquit
en ce lieu, où il y a une abbaye de l'ordre de Citeaux, ou bien à cause qu'il
lui fut donné en partage avec Montignac, Belac, Rancon et Champagnac.
Henri III roy d'Angleterre son frère uterin, l'attira auprès de sa personne
en 1247, le fit chevalier et lui donna la seigneurie de Werstford : l'an 1263
il servit ce prince en la guerre qu'il eut contre les grands du royaume, et
devint comte de Pembrock par le mariage que le roy lui fit contracter.

Femme : Jeanne de Monchensey, comtesse de Pembrock, fille de Guerin de Montchensey, chevalier anglois, et de N. Mareschal fille de Guillaume mareschal comte de Pembrock. — Ses fils. 1. Aimar de Valence I du nom, comte de Pembrock, sire de Valence, de Rancon, de Werstford, de Sainte-Gemme près Paris, fut employé en diverses affaires par Edouard I, roi d'Angleterre son cousin, qui l'établit vice-roy en Ecosse, et l'envoya plusieurs fois en France pour traiter avec le roy Philippe le Bel de la paix et du mariage d'Isabeau de France sa fille, avec Edouard prince de Galles. Après la mort de Guy, dernier comte de la Marche et d'Angoulesme, il prétendit ces deux comtez comme plus proche héritier mâle ; mais il s'accorda de ses prétentions avec le roy, comme portent ses lettres du 24 nov. 1308, mourut sans laisser d'enfants de Beatrix, dite Jeanne, fille puinée de Raoul de Clermont, sire de Neelle connestable de France et fut enterré à Westminster ; 2. Guillaume de Valence II du nom qui suit, 3. Yves et quatre filles.

« Guillaume de Valence II du nom, dit le Jeune, Sgr de Montignac, fut tué au combat de Lantilavit, au pays de Galles, l'an 1283, enterré à Westmynster ; Femme N ? Enfants : 1. Aymar de Valence II du nom seigneur de Montagnac, puis comte de Pembrock après la mort de son oncle. Femme : Marie de Chatillon, dite de S. Paul, fille de Guy de Chatillon III du nom, comte de S. Paul, mariée au mois d'avril 1321 par dispense du Pape Jean XXII, n'eut point d'enfants et vivait encore l'an 1355 comme portent les registres du Parlement ; 2. Elisabeth de Valence, mariée à Jean sire de Hastings, chevalier anglois, dont elle eut Laurent de Hastings, comte de Pembrock seigneur de Westfort, etc. — *P. Anselme*, III 82.

4. ANGUS. — Anno Domini 1380, obiit Dominus Gilbert de Unfraville, comes d'Angos qui dedit nobis XX l. — Robert d'Unferville Dunste-ville, baron de Cassilcombe : *d'argent fretté de gueules, au fr. canton de gueules chargé d'un lion d'or ; l'escu a la bordure engreslée de gueules. — Arm. de la Jarretière.*

Sir Robert de Unfravill lord de Tours au temps du Conquérant, eut concession de la vallée, de la forêt, et de la seigneurie de Riddesdale comté de Northumberland. — Un de ses descendants :

Gilbert, baron révolté, se réconcilia avec Henri III. Dans une charte il est qualifié de Comte d'Angus (Ecosse), du chef de sa femme. L'année 23e et 25e d'Edouard I et fut appelé au Parlement avec le titre de Comte d'Angus. Il mourut la 1re année d'Edouard II, eut pour successeur Robert, son fils, — appelé au parlement de la 2e à la 18e année d'Edouard II; épouse 1° Lucie, fille de Philippe, héritière de son frère William de Kyme, il eut un fils Gilbert, son successeur, et une fille Elizabeth, qui épousa Gilbert de Burdons; 2° Eléonore, dont il eut sir Robert, mort sans enfant, Thomas de Umfravill, et Eléonore femme d'Etienne fils de Richard Wuleys.

Gilbert commandait à la bataille de Durham, où les Ecossais furent défaits De la femme Mathilde, sœur d'Antoine de Lucy, il eut sir Robert de Umfravill, mort sans enfant, qui avait été au parlement de la 6e année d'Edouard III à la 4e de Richard II; mort la même année. — Thomas, son frère utérin eut l'hommage-lige de Herbosil; de Jeanne fille d'Adam Rodoun, il eut 2 fils sir Thomas et sir Robert de Umfravill.

Sir Thomas eut pour fils Gilbert, appelé par quelques historiens, comte de Kyme, tué à la bataille de Beaugé la 9e de Henri V; — sans enfant. — Thomas eut aussi 4 filles : Agnès épousa Thomas de Hugerston, d'où est descendue la famille du baron et de ce surnom.

De cette famille un sir Robert Umfravill fut, dit-on, vice-amiral d'Angleterre en 1410; il fit tant de prises sur les Ecossais qu'il fut surnommé *Robin Mend Maket. — Banks.*

Rex *etc*, salutem. Sciatis quod, cùm Thomas Comes d'Angos de Scotia, qui in obsidem pro David de Bruys, prisonario nostro, ad nos in Anglian nuper venit, et cui licentiam dedimus in Scotiam proficiscendi, et ad nos infra certum tempus redeundi, jam sit ad nos in Angliam reversurus... 1359. — *Rymer* III. 185.

5. — STAFFORD. — Dans l'Armorial de la Jarretière, le 16e chevalier Rodolff, comte de Stafford, gouverneur de Gascogne porte *d'or au chevron de gueules.* — Le 38e Hugues, comte de Stafford, porte de même.

Lors de la Descente en Cotentin qui commence le Poème de Chandos, on trouve un des premiers cités le comte de Stafford :

> Cil de Suffolk et cil de Stafford
> Cui ont le coer hardi et fort.

La ligne mâle étant éteinte, Henri Bayot, ayant épousé Milicent, l'héritière féminine, la 5e année de Richard I, prit fief de la baronie de Stafford. — Son fils Henri, abandonnant le nom paternel, prit celui de sa mère et

signa comme Hervey de Stafford ; mort la 21e année de Henri III. — laissa
son fils Hervey, mort peu après sans enfants, la 25e de Henri III. — Son
fils Robert lui succéda ; mort la 10e d'Edouard I, laissant : — Son fils
Nicolas, tué devant Droselan dans une expédition au Pays de Galles. — Lui
succéda son fils Edmond, la 25e d'Edouard, guerroya en Gascogne, puis en
Ecosse. Membre du Parlement de la 27e d'Edouard I à la 1re d'Edouard II.
Mort l'année suivante, eut pour successeur : — Son fils Ralph, la 18e année
d'Edouard II, Chevalier de la Jarretière ; fit la guerre en Ecosse, en
France ; la 25e d'Edouard III créé comte de Stafford ; mort la 46e année
d'Edouard III, eut pour successeur : — Son second fils survivant Hugues ;
fit la guerre de France, la 37e d'Edouard III, faisait partie de la suite du
roi ; Chevalier de la Jarretière, etc. — *Banks*.

6. — HOLLAND, COMTE DE KENT. — Chandos dans son poëme l'appelle
le bon Thomas de Holand :

Et le bon Thomas de Holand
Qui en luy eust proesce grand.

Thomas Holland, dit Banks, était d'abord simple Chevalier ; mais pour
sa valeur dans les guerres de France il fut fait par Edouard III Chevalier
de la Jarretière. Appelé en Parlement dans la 27e, la 28e et la 31e année
du règne d'Edouard III. L'année 34 il prit le titre de Comte de Kent, du
chef de sa femme Jeanne, la Belle Fille de Kent, seule héritière de ses frères
Edmond et Jean. Il eut de cette femme Thomas, Edmond, et Jean qui
devint comte de Huntingdon et duc d'Exeter ; et une fille, Mathilde,
mariée à Hugues de Courtenay, comte de Devon ; il mourut la 34e année
d'Edouard III. — Thomas, son fils aîné, en la 9e année de Richard II ; à
la mort de sa mère, Jeanne, obtint fief des terres de celle-ci, par laquelle il
était demi-frère du roi Richard II, qui le fit Maréchal d'Angleterre ; mais
plus tard ces fonctions lui furent retirées et données à Thomas, comte de
Nottingham. En la 20e année de Richard II il fut nommé gouverneur du
Château de Carisbroke à perpétuité ; il mourut la même année. — D'Alice,
fille de Richard comte d'Arundel, il avait eu Thomas et Edmond, qui
furent successivement Comtes de Kent ; 2 autres fils, Jean et Richard, qui
moururent sans enfants ; et 6 filles. — Thomas Holland, 3e Comte de Kent,
en la 21e année de Richard II, fut créé Duc de Surrey, Maréchal d'Angleterre, et l'année suivante Lieutenant d'Irlande ; mais s'étant soulevé contre

Henri de Lancastre, il fut pris et décapité en 1400 ; sa mémoire fut flétrie, ses terres saisies. Il avait épousé Jeanne, fille de Hugues, Comte de Stafford, mais n'eut pas d'enfants. Son frère Edmond hérita de lui ; en l'année 9 de Henri IV, il fut fait Amiral, mais peu après il fut blessé au siége du Château de l'île de Brial et en mourut. Pas d'enfants, ses sœurs ou leurs représen-tants furent ses héritiers.

Dans l'Armorial des Chevaliers de la Jarretière, le 12e chevalier Othon de Holland, porte *d'azur semé de fleurs de lys d'argent au lion leopardé de mesme*. — Le 19 ou 20e, Thomas de Holland, comte de Kent, baron de Vake et de Lidell, porte de même. — Le 57e, Thomas de Holland, comte de Kent, fils de Thomas de Holland et frère utérin de Richard II, ne porta plus les armes de son père. — Banks sème aussi l'écu de fleurs de lys, dont nous ne connaissons pas l'origine.

7. — BURGHERSH. — Dans le Poéme de Chandos *The Black Prince* :

Monsieur Bartholmeus de Burghees
Qui moult fut hardi en ses faites

Dans les notes de ce Poéme, l'éditeur nous dit que Bartholomew, second fils et héritier de Bartholomew deuxième lord Burghersh, était en Flandres avec son père en 1339, a Crecy, Calais et Poitiers ; fut un des fondateurs de la Jarretière. — Dans l'*Issue Rolle*, 9 *Edw. III*, est une note de 80 Liv. à lui payée en avance sur son compte comme receveur de Ponthieu. Il mourut le 5 avril 1369.

Robert de Burghersh, sous Edouard Ier Gouverneur du château de Douvres, Gardien des Cinque-ports, appelé au Parlement la 32e année du règne, mort la 34e. Eut pour successeur son fils Etienne, à qui succéda Barthélémy, qui participa aux guerres d'Ecosse et de France sous Edouard II et Edouard III, appelé au Parlement de la 1re à la 2e année d'Edouard III, mort l'année suivante, laissant pour héritier : — Barthé-lémy, son fils, un des plus éminents barons de son temps, Chevalier de la Jarretière ; mort la 43e année d'Edouard III, ne laissant qu'une fille, Elisabeth, qui épousa Edouard le Despenser.

Le frère Henri du Ier Barthélémy, évêque de Lincoln, puis lord chancelier d'Angleterre, mourut à Gand en 1343.

Le sceau de Barthélémy de Burghersh, que nous avons fait graver, est tiré de la Collection des sceaux des Archives Nationales de France, et porte le n° 10110 et la date de 1351. La figure du lion est identique à celle de notre Armorial; la forme de la queue double est entièrement la même, ce qui montre aux héraldistes qu'il ne faut pas la nouer. L'écu n'est pas héaumé, mais il est accosté de deux cimiers semblables comme de supports ; ces cimiers sont la porte de la Tour de Londres avec le demi-lion de l'écu issant les crenaux.

Bartholomœi de Burghersh, camerarii nostri, ac constabularii castri nostri Dovorriæ, et custodis quinque Portuum nostrorum 1354. *Rymer* t. III.

8. CUSENTON. — Le 5 février 1358, Etienne de Cusyngton fut nommé Chatelain et Garde de S* Sauveur. Il fut remplacé le 10 oct. suivant par Thomas de Holland. — *L. Delisle.*

9. FITZ-WATER. — Robert, 5e fils de Richard de Tonbridge, comte de Clare, obtint du roi Henri I la baronie de Dummow en Essex en l'honneur du château de Boynard dans la cité de Londres. Eut deux fils, Walter et Simon. — Walter lui succéda ; la 12e de Henri II certifia ses droits de Chevalier. Dans la tentative de Jean comte de Moreton, frère du roi, pour s'emparer de la Couronne, pendant l'absence de Richard I en Palestine, il adhéra à William de Longchamp, évêque d'Ely, gouverneur du royaume, reçut la garde du Château d'Eye, Comté de Suffolk. Mort en 1198, eut pour successeur son fils, — Robert Fitz-Walter, rebelle contre le Roi, fut fait prisonnier à la bataille de Lincoln ; alla en croisade à Damiette ; mort la 19e année de Henri III, 1235, laissant pour héritier, — Walter, son fils. Mort la 42e de Henri III, eut pour successeur

Son fils Robert, transmit, en la 3e année d'Edouard I (1275), l'héritage

du château de Baynard à Robert Kylwarby, archevêque de Cantorbéry ;
mais se réserva pour lui et ses héritiers les droits et priviléges inhérents à
sa baronnie. Robert prit part aux guerres de France et d'Ecosse. Appelé
au Parlement de la 23e année d'Edouard I à la 19e d'Edouard II ; mort
vers ce temps.

Robert, son fils, lui succéda. Mort en 1328, eut pour héritier, — Jean,
son fils, appelé au Parlement de la 15e à la 34e année d'Edouard III ; eut
pour successeur, — Walter, son fils, qui fut en Gascogne l'année 44e
d'Edouard III : combattit les révoltés en Essex sous Richard II, prit part
aux guerres de France et en Castille sous le duc de Lancastre ; appelé au
Parlement de la 43e d'Edouard III à la 9e de Richard II ; mort l'année
suivante ; eut pour héritier

Walter, son fils, appelé au Parlement de la 14e année de Richard II à la
5e de Henri IV ; mort la 9e de ce règne ; il eut pour héritier son fils
Walter, qui fit la guerre en France, fut au Parlement la 7e et la 9e de
Henri VI et mourut la 11e année (1482) sans enfants.

11. — COBHAM. — Chandos qui a chanté tous les héros de son pays
l'appelle « le Vaillant »

<blockquote>Raouls de Cobham luy vaillans.</blockquote>

Le Roxburghe-Club nous dit : This is apparently an error for Reginald
de Cobham, who was first baron Cobham of Sterborough, son of Reginald
Lord Cobham of Orkesden. He was made K. G. in 1352, Captain of Calais
Castle in 1353, and died of the plague the 5 th of october 1361. Ralph de
Cobham was the son of Henry, half brother to Reginald above mentioned.
— Ceci est apparemment une erreur pour Reginald de Cobham, qui fut
premier baron Cobham de Sterborough fils de Reginald Lord Cobham
de Orkesden. Il fut fait k. g. en 1352, capitaine de Chateau de Calais en
1353, et mourut de la peste le 5 octobre 1361. Ralph de Cobham fut le fils
de Henry, demi frère de Reginald déjà mentionné.

Dans l'Arm. de la Jarretière, le 4e Chevalier, Renaud, baron de Cobham
et de Sterboroug porte *de gueules au chevron d'or chargé de trois lion-
ceaulx de sable.*

Le premier nommé du temps du roi Jean, Henri de Cobleham, dans le
Kent, eut 3 fils : Jean shérif du Kent et un des juges de la Cour des
Common pleas sous Henri III ; Reginald, sherif du Kent, Connétable du

château de Douvres, Gardien des cinq ports ; et William, juge de circuit sous le même règne. — De Jean descendit, par sa 1re femme, Jean Lord de Cobham et Henri de Rundell ; par sa 2e femme, Reginald, souche des Cobham de Sterborough.

Jean succéda à son père, fut Juge de la Cour du banc du roi, baron de l'Échiquier sous Henri Ier et Edouard I ; mourut la 28e année de ce dernier règne. — Henri, son fils et son héritier, prit possession, en la 28e année d'Edouard I, de ses terres excepté le domaine de Méshania, dernière femme de son père ; la 4e année d'Edouard I prit part à l'expédition d'Ecosse ; la 10e et la 15e année de ce règne, fut gouverneur du château de Tombrugge. Appelé au Parlement de la 6e à la 9e année d'Edouard III ; date sa mort incertaine.

Il eut pour successeur Jean, son fils. en la 9e année d'Edouard III, amiral de la flotte à l'embouchure de la Tamise, à l'ouest, mort la 9e année de Henri IV, — Appelé au Parlement de la 1re année de Richard II à la 8e de Henri IV, laissant pour héritier, par sa petite-fille Jeanne, Sir John de la Pole, chevalier.

Ce dernier Jean lord Cobham. avait un frère cadet, Thomas, mort la 4e année d'Edouard III, et un autre, Reginald, recteur de l'église de Cowling. — *Banks*.

Nous trouvons dans Beltz le cimier de Renaud de Cobham : A Saracen's head, proper, wreathed about the temples or and gules.

Empruntons à Banks quelques lignes sur Cobham de Sterborough :

Sous le règne du roi Jean, dit-il, Henry de Cobham, de Cobham en Kent, eut trois fils : Jean, Reginald et William. — De Jean furent issus en premières noces Jean lord Cobham et Henry de Rundell ; — En secondes noces, Reginald de Cobham de Sterborough, qui prit une part active aux guerres de France, eut un des premiers commandements aux batailles de Crécy et de Poitiers : de la 16e à la 35e année du règne d'Edouard III, il eut place au Parlement. Il mourut de la peste, laissant pour lui survivre sa femme Jeanne, fille de Maurice de Berkeley, et son fils Reginald. — Ce Reginald fut aussi appelé au Parlement la 44e et la 46e année d'Edouard III. Il fut marié deux fois : à Elizabeth, veuve de Fulke le Strange de Blackmère, et à Eléonore, fille de Jean lord Maltravers, veuve de sir John Fitz-Alan, autrement appelé sir Jean Arundel. Il mourut la 4e année de Henri IV. Il eut pour successeur

Son fils Reginald, qui se maria aussi deux fois, d'abord avec Anne, fille de Thomas lord Bardolf, veuve de sir William Clifford, de laquelle il eut : 1º son fils aîné, Reginald, mort du vivant de son père, laissant une fille, Marguerite, qui fut la seconde femme de Ralph Nevill, second Comte de Westmoreland de ce nom : 2º le Chevalier sir Thomas Cobham, qui épousa Anne, fille de Humphrey Stafford, duc de Buckingham, de laquelle il eut une fille, Anne, mariée à Edouard Borough ou Burgh, dont le fils Thomas fut créé plus tard baron Borough ou Burgh par Henri VIII. Anne eut quatre filles : Elizabeth, mariée à Richard lord Strange, de Knocking ; Marguerite, à Reginald Curteys ; Eléonore, à Humphrey duc de Gloucester ; et Anne, nonne à Berking.

Cobham de Rundell : Etienne de Cobham, fils de Henry par Jeanne, fille d'Etienne de Pencestre, fut appelé au Parlement de la 20e année d'Edouard II à la 6e d'Edouard III. Mort cette année-là, en possession des manoirs de Roundell et d'Alyngton, comté de Kent, laissant survivants son fils Jean et sa femme Avice. — Ralph, frère d'Etienne, fut aussi au Parlement l'année 18e d'Edouard II seulement. Il épousa Marie, comtesse de Norfolk, dont il eut Jean, qui, dans la 34e année du règne d'Edouard III, prit part à la guerre en France.

12. FITZ-WAREN. — Au nombre des hommes d'armes à qui Guillaume le Conquérant confia la garde des Marches de Galles, fut Guarine de Meer, d'une branche de la maison de Lorraine, eut pour héritier, Foulque, son fils, qui eut six fils, l'aîné Foulque lui succéda, devint célèbre par ses prouesses, accompagna le roi Edouard I en Gascogne, servit en Ecosse ; la 32e année de ce règne fut fait chevalier du Bain. Appelé au Parlement de la 23e année d'Edouard I à la 8e d'Edouard II ; mourut vers cette époque.

Son héritier et fils Foulque, était la 12e année d'Edouard, engagé dans la guerre d'Ecosse ; la 14e, il fut Connétable de l'armée du Roi, marcha contre les Barons révoltés avec le Comte de Lancastre ; appelé au Parlement de la 9e d'Edouard II à la 9e d'Edouard III, mort la 23e, laissant son fils mineur, — Foulque, qui prit fief de ses terres la 36e année d'Edouard III, la 41e suivit le Prince Noir en Gascogne ; mort la 47e, eut pour héritier son fils Foulque, mort la 1re année de Richard II.

Son fils et héritier Foulque prit possession de ses terres la 7e année de Richard II, hérita de sa femme Elizabeth, sœur de Jean fils de sir William Cogan. Mourut la 15e année de Richard II, laissant pour héritier Foulque son fils, mort la 9e de Henri IV, laissant un fils Foulque âgé d'un

an, mort en minorité la 8ᵉ année de Henri V, laissant sa sœur Elisabeth
pour héritière. *Banks*.

13. — STAPLETON. — Dans l'Arm. de la Jarretière, le 77ᵉ chevalier,
Brian Stapleton, porte: *écartelé au 1 et 4 [contre équartelé le 1 et 2], d'or
au lion d'azur au croissant montant de gueules, au fr. quartier ou canton
dextre; le 2 et 3 de sable fretté d'or; au 2 et 3 du grand écu, echequeté
d'or et d'azur de quatre traits au fr. canton d'ermines, à la bordure de
gueules,* qui est comme un duc de Bretagne.

Milo de Stapelton, Dominus de Hathelsay. — Milo de Stapelton,
Dominus de Ingham et de Bedale, — dans le même acte 1354. *Rymer*, III.

Burke's dans son *Extinct Baronetcies* nous donne la généalogie des
Stapleton ou Stapylton dont une branche, au titre de Myton, était encore
existante en 1838, et dont l'autre de Carlton, s'éteint en 1707. Toutes deux
portent les Armes pleines de Stapleton, c'est-à-dire sans l'anneau d'azur.

14. — AUDELEY. — Le Sceau de Jacques Audeley que nous avons fait
graver est tiré de la Collection des Sceaux des Archives Nationales de
France, où, il porte le n° 10095 et la date de 1259, Il représente les armes
pleines, c'est a dire sans lambel. L'Ecu n'a pas non plus de cimier.

Mais ensi qil pleust a celles
Verray Dieu qui unqes ne menty
Monsieur James de Audelee
Qui moult fut de grant renomee
Morust illoeqes de maladie
Dont dolantz fui non doutez mye
Le tresnoble Prince de pris
Cas moult lui fui jamys amys

> Et puis gaires ne demora
> Et Chandos auxi trespassa
> Au pont de Lusak bien savez
> Dont fui damage et piteez.

Dans l'Arm. de la Jarretière, le 24ᵉ chevalier, Jacques Audeley porte *de gueules fretté d'or à la bordure d'argent.*

Banks nous dit : Hugues de Audeley, père de Huques comte de Glocester et frère, probablement, du Iᵉʳ Nicolas : — Sous le règne d'Edouard I, employé au service du roi, appelé Hugh Senior (le Vieux) pour le distinguer de son fils comte de Glocester. — Impliqué dans l'insurrection avec Thomas comte Lancastre, l'année 15ᵉ d'Edouard II, fut envoyé en captivité au château de Wallingford, rentra en faveur. Siégea au Parlement la 11ᵉ et la 14ᵉ année d'Edouard II. De sa femme Isolde, veuve de Walter Balun, eut Hugues, cidessus nommé et James.

Il y a eu une autre branche : James, qui, après le comté fini en ses héritiers féminins, fut appelé au Parlement de la 8ᵉ année de Henri V à la 33ᵉ de Henri VI ; prit part aux guerres de France. On pense que ce James descendait du frère de Hugues comte Glocester.

15. — LIGNIÈRES. — On voit dans les *Monuments de la Monarchie française* de Montfaucon, un chapitre où « Ce sont les Timbres et les cris du Roy de France et des Princes et Seigneurs de son sang et des Nobles de la Royaulté d'Armes des Français ; » et ensuite : « Ce sont les Timbres des Seigneurs et Nobles de la Royaulté de Berry », et parmi eux, Le Timbre de Lignières est la teste d'une Royne eschevelée, et crie... »

NOTES DE LA PLANCHE LIII

2. — ATHOLE. — Nous renvoyons aux notes de l'Ecosse quelques lignes sur Jean d'Athole, tirées du Peerage de Douglas. Mais nous voyons dans un vieux parchemin de la Bibliothèque de Bruxelles, une généalogie partielle d'Athole qui nous semble bonne à être examinée ici.

David surnommé Stratbogue, comte d'Athol, du temps du Roy Henri III d'Angleterre, épouse Isabelle fille de Richard Lord de Chiliam en Kent, fils b du roy Jean. — Leur fils : Jean de Strabolgie, deuxième comte d'Athole, mené prisonnier à Londres, le 5 nov. 1.'06, où il fut pendu, avait épousé N.., dont il eut. — David de Stratbolgie, 3e Comte d'Athol, L. de Chillam, mort en 1326, et Jeanne fille de Jean de Batzenoch en Ecosse et de Jeanne de Walduc ; elle eut en mariage la baronnie et le chateau de Mitford en Northumberland. Ils eurent trois enfants, David, Guillaume sans postérité, et Aymar. — David Stratbolge, 4e Comte d'Athol, Baron de Mitford en 1335, mort en 1369, épousa Elisabeth fille de Henri Lord Ferrers de Groby, dont deux filles Elisabeth et Philippote : la première eut trois maris, Sir Thomas Percy, Sir Henry Scrop, et Robert Horley ; la seconde épousa Sir Rasse Percy, ensuite Jean Hasham. — Aymar, 3e fils de David III n'eut non plus que deux filles : Marie qui ep. Sir Robert *de l'Isle de Selton*, Chevalier, et Isabelle qui eut pour mari Sir Rasse de Enre, Chevalier.

Il ne faut pas confondre Athole, Attels, Assele avec Asteley qui porte *d'azur à une quinte feuille d'hermine et une bordure engreslée d'or*, quelquefois *brisée d'un croissant*.

Ce qui a fait errer les commentateurs, ce qui a occasionné la confusion des noms d'Assele, Athole et Astley, c'est qu'on n'a pas controlé les personnages en examinant leurs visages, représentés par leurs armoiries.

3. — HILTON. — Dans l'Arm. de la Jarretière le 8e Chevalier, Jean Grey de Codnor, porte *facé d'argent et d'azur de six pièces*; c'est une pièce de moins que dans les armes de Hilton.—Dans les Roles publiés par la Société des Antiquaires de Londres, Robert de Hiltone, *argent two bars azure* ; c'est à dire *d'argent à deux faces d'azur*, ce qui forme cinq pièces. — Banks ajoute des fleurs de lys d'or sur l'azur.

De Hylton était présent au Traité de Bretigny.

Dans son *Histoire du Chateau de S. Sauveur*, M. Léopold Delisle montre les ravages des Grandes Compagnies dans la Basse Normandie et cite parmi les capitaines anglais Hochequin Hiltonne : « Le pays, dit-il, n'eut pas seulement à compter avec Jean Gokingue, capitaine de Saint Sauveur ; il a fallu satisfaire l'avidité d'un certain Hochequin Hiltonne que je suppose avoir été capitaine de la Compagnie de Chateau Gontier. Tous les deux reçurent des sommes considérables, et promirent de « tenir paisible et en seurté les genz et le paiz des vicontés de Valloignes, Carenton, Coustances, Avranches et Mortain, du 13 jour de décembre 1369 jusques à l'Ascension N-S. prochain ensuivant. » p. 154 — Dans les Quittances du Trésorier du Roi de Navarre, Hiltonne est cité plusieurs fois p. 144.

Je dois mettre sous les yeux du Lecteur les Généalogies de Banks, pour les Grey qui portent les Armes de Hilton *brisées*, c'est-à-dire modifiées.

Grey de Codnor, *barré*, c'est-à-dire *fascé de six pièces argent et azur, en chef trois tourteaux.* — Rollon ou Fulbert, Chambellan de Robert, Duc de Normandie, fut père de Jean de Croy, ancêtre de — Anschitil de Grey, seigneur de divers endroits dans les Comtés d'Oxford et de Bucks, père de — Henri de Grey, reçut du roi Richard I le manoir de Thurreck en Essex; eut six fils, Richard, Jean, William, Robert, Walter et Henri.

Richard, l'aîné, pour sa fidélité au roi Jean, obtint des terres dans le Leicestershire et le Lincolnshire. La 10e année de Henri III, fait gouverneur des îles de Guernesey, Jersey, Alderney et Sarke. La 42e année fait Connétable du Château de Douvres, Gardien des Cinque-Ports ; puis se révolta et fut fait prisonnier à Kenilworth : ses terres furent saisies, et plus tard restituées. Mort incertaine.

Son fils Jean, mort la 56e année de Henri III, eut pour successeur son fils : — Henri, appelé au Parlement de la 27e année d'Edouard I à la 2e d'Edouard II ; mort cette année là, laissant 2 fils, Richard et Nicolas : — Richard, appelé au Parlement de la 2e d'Edouard II à la 9e d'Edouard III, prit part aux guerres d'Ecosse et de France ; mort la 9e d'Edouard III, laissant pour héritier :

Son fils aîné *Jean*, servit en France et en Ecosse la 23e année d'Edouard III, fait gouverneur à vie de la ville et du Château de Rochester ; la 39e année alla en pèlerinage ; appelé au Parlement à partir de la 9 d'Edouard III *date de mort incertaine* — eut 2 fils, Henri et Jean. Henri mourut du vivant de son frère, et ce fut le petit fils qui hérita. Il était, la 17e et la 21e année de Richard II, engagé dans les guerres de France. La 4ᵉ de Henri IV, Amiral de la flotte du Nord, le 8ᵉ Connétable du château de Nottingham et garde chef à vie de la forêt de Shirewood. Ambassadeur en France et en Ecosse en différentes occasions. Appelé au Parlement de la 17ᵉ année de Richard II à la 4ᵉ de Henri V; mort la 6ᵉ, eut pour successeur son fils : — Jean appelé au Parlement de la 8ᵉ de Henri V à la 7ᵉ de Henri VI, mort la 9ᵉ année, sans enfants. — Henri, son frère, hérita — appelé au Parlement de la 9ᵉ à la 20ᵉ de Henri IV mort le 17 juillet de la 22ᵉ laissant pour héritier : — Son fils Henri, appelé au Parlement de la 38ᵉ de Henri VI à la 13ᵉ de Henri VIII, mort sans enfant ; il fut un chimiste savant. » *Banks*.

Le Jean dont nous avons souligné le nom, et de qui Banks ne connaît pas la date de la mort, doit être le Jean Helton des Chroniques.

D'un autre côté, pour les Grey de Hilton, nous trouvons dans un vieux manuscrit cette simple généalogie précédée du *fascé* et des *tourteaux*.

Jean Lord Grey de Wilton ep. N... dont il eut : — Roger Lord Grey Baron de Ruthen, ep. Isabelle fille de Jean Hastings, Comte de Pembroc, Baron de Bergavenni. — Leur fils Richard Grey, Baron de Ruthen, ép. Anne, fille de Jean Strange, Baron de Blaknes ; — Leur fils Jean ou Richard Grey, Baron de Ruthen, Lord Hastings de Wenshford, et Baron de Bergaveny en raison d'Isabelle Hastings son aïeule, épousa 1. Marguerite fille de Guillaume Baron de Ross, 2. Jeanne fille héritière de Guillaume Baron de Astley [*d'azur à la quintefeuille de gueules*]. — Du premier lit : Jean Grey Baron de Ruthen, Chevalier de la Jarretière, ép. Constance, fille de Jean Holland Duc d'Exester ; du deuxième lit, Sir Edward Grey, Chevalier, Lord Groby en 1459.

Enfin Banks nous donne la suite de cette généalogie avec les mêmes armes : Grey de Wilton *fascé de six pièces argent et azur, en chef trois tourteaux* qui ne sont que des brisures de celles de Hilton.

La confusion et les incertitudes ne sont venues que par suite des alliances et des héritages du nom. Il serait temps de mettre un peu d'ordre dans les généalogies, afin de savoir précisément que le sire de Hilton, dont Gelre nous donne les armes pleines, sans brisure, est le chef de puissantes familles et se trouve dans Froissard. En effet, les armes des Grey de Wilton ne sont autres que celles de Hilton modifiées, c'est-à-dire brisées.

Arthur, dit encore Banks, succéda à son père William, mort en 1563. Chevalier de la Jarretière ; appelé au Parlement de la 8ᵉ à la 35ᵉ année de la reine Elizabeth, mourut cette dernière année. — De sa seconde femme, Jane Sybille, fille de Sir Richard Morison, il eut Thomas, son héritier, et une fille, Brigitte, qui épousa sir Roland Egerton, baronet. — Thomas fils unique d'Arthur, lui succéda, fut impliqué dans la faction puritaine, en conspiration de Raleigh ; il fut arrêté le 12 juillet 1603 ; mourut à la Tour le 6 juillet 1614, sans enfant ; ses biens passèrent en fief au favori George duc de Buckingham.

Ainsi finit la ligne masculine des Grey de Wilton. Dans la ligne féminine représentée, sir Thomas Egerton, descendait de Roland. Le roi George III le créa par lettres patentes du 15 mai 1784 lord Grey de Wilton, l'éleva le 26 juin 1801, à la dignité de Comte, *Earl*, qui n'avait eue aucun de ses ancêtres de la branche Wilton.

5. — NEVILL. — Le sceau de Jean de Nevill que nous avons fait graver ci-contre est tiré de la Collection des Sceaux de nos Archives Nationales à Paris ; il porte le n° 10174 et la date de 1392. Le cimier est vu de profil, tandis que dans l'Armorial il est taré de trois quarts.

Un vieux manuscrit nous dit : que Radulph Lord Nevill qui porte *de g au s. d'argent* [Issu d'Octred, Comte de Northumberland, Saxon; mais ils prirent le nom de Nevill, à cause que Robert L. Raby ép. Isabelle, fille unique et héritière de Godefroy L. Nevill, du sang Norman, à condition d'en prendre le surnom], baron de Raby, Standrop, Branopeth, Warworth, Sheryhuton et Midleham. Créé Comte de Westmoreland par le Roi Richard II, le 29 sept. 1398, et de Richemond 1399, Chevalier de la Jarretière, Comte maréchal d'Angleterre et Lord Gardien des marches d'Ecosse, épousa 1. Marguerite, fille de Hues comte de Stafford 1396, 2. Jeanne de Lancastre, dite de Beaufort.

Nevill de Raby, dit Banks, porte *de gueules au sautoir d'argent*. — Descendent de Robert Fitz-Maldred lord de Raby, eut pour fils : — Geoffrey, qui prit le surnom de Nevill, eut pour fils Robert, son héritier, qui lui succéda la 38e année de Henri III, prit part à la révolte des Barons, mais fut pardonné ; — son fils Robert étant mort de son vivant, il eut pour héritier :

Son petit-fils Ranulph, appelé au Parlement de la 22e année d'Edouard I à la 5e d'Edouard III, mort en 1331, eut pour fils Robert, surnommé le Paon du Nord, mort sans enfant de son vivant, et un autre fils Ralph, appelé au Parlement la 36e année d'Edouard III ; guerroya en Ecosse et en France, mort la 41e année d'Edouard III, eut pour successeur : — son fils Jean, la 20e d'Edouard III était avec son père à la bataille de Durham, où les Ecossais furent battus ; fit aussi la guerre en France ; appelé au Parlement de la 42e année d'Edouard III à la 12e de Richard II, mort cette dernière année, eut pour héritier : — son fils Ralph, appelé au Parlement, créé Comte de Westmoreland la 21e année de Richard II, Chevalier de la Jarretiere , Comte Marshal d'Angleterre , mort le 21 octobre . 4e de Henri VI. Son fils aîné Jean étant mort de son vivant, il eut pour héritier : — son petit-fils Ralph, 2e Comte de Westmoreland ; n'ayant pas d'enfant lui survivant, eut pour héritier : — son neveu Ralph, était au siège du Château de Norham par les Ecossais la 9e année de Henri VII.

Son fils Ralph étant mort de son vivant, il eut pour héritier son petit fils Ralph fait Chevalier de la Jarretière par Henri VIII ; à sa mort, la 3e d'Edouard VI, eut pour successeur : — Son fils aîné Henri mort la 8e d'Elizabeth laissant pour héritier son fils Charles, prit part à l'insurrection du Comte de Northumberland la 13e année d'Elizabeth ; flétri , ses propriétés confisquées, mourut dans la misère aux Pays-Bas ne laissant que des filles.

Dans une note du Roxburghe Club, nous voyons : John, fils de Ralph, Lord de Nevill de Raby. En 1360 il fut fait Chevalier ; en 1369 il reçut la Jarretière, et l'année suivante il fut nommé Amiral de la flotte du Nord. En 1376 il fut mis en jugement pour sa conduite en Bretagne, mais il fut acquitté. En 1378, il fut nommé Lieutenant d'Aquitaine ; et, la même année, avec le Comte de Northumberland, il reprit Berwick, après quoi il partit pour son gouvernement. Il mourut en 1388.

Dans Rymer on trouve, d'après les archives de Gascogne et autres, des informations sur les prisonniers qu'il fit, ainsi que sur leurs rançons respectives.

Dans Burke's, Extinct Baronetcies, nous voyons la généalogie des Nevile avec le surnom de Grove portant les mêmes armes et dont le titre s'éteint en 1686. Ralph de Nevill fils de Ranulph fut appelé au Parlement du 20 nov. 1330 au 20 janvier 1336. Il épousa Alice fille de Hugh de Audley dont il eut plusieurs enfants, etc.

7. — CRESWELL ET CROMWEL. — Nous avons dit que Creswell n'avait jamais existé, que c'était Cromwel qu'il fallait lire. Non seulement Cromwel a été supprimé depuis cinq siècles dans l'histoire, la nuit s'est faite sur ce chef d'armée, mais on lui a substitué un être imaginaire et les coupables de nos jours sont MM. Buchon et Kervyn, aussi bien que MM. Luce et Leopold Delisle. Les Anglais, c'est encore plus honteux à le dire, les Anglais ont vu l'erreur, l'ont sentie, et n'ont pas eu l'envie même de la corriger.

Quand le Roxburghe-Club composé des plus grands noms d'Angleterre, publia le Poème du Heraut Chandos, la Chronique Rimée des hauts faits du Prince Noir, chaque vers fut annoté, chaque héros eut son speech.

A ces passages du Poeme de Chandos :

> Lors sen remeut a briep moot court
> Dan Eustace Dabrichecourt
> Devereux, Cresswell et Briket
> Qui sauoient de lui parler fait.

Et :

> Et Gilbard de la Mote auxi
> Et de Rochewarde Ammery
> Et monsieur Robert Camyn
> Cressewell et Briket le fyn.

Voici la note du Roxburghe-Club :

« By Briquet and Cresswell are probably intended the sir Robert Briquet an sir John Trevelle, mentioned by Froissart ; the latter is by Barnes called sir John Charnelle. In Buchon's edition of Froissart, the sir John Treuelle is read Jean Carsuelle, wich would very nearly agre with the text. Sir R. Briquet and Jean Cresuelle are mentioned at Najara as fighting under

Sir J. Chandos ; ed. Buchon IV p. 403. John Creswell is also mentioned
by Froissait in 1371 as having the castle of Moncontour given into his
custody, conjointly with Hewet and Holygrave, to keep the frontier against
Anjou and Maine, and in 1373 as having been taken prisoner at the battle
of Chisey. *Buchon VI,* 33. »

On n'est pas moins fier : Cressewell, c'est Trevelle, c'est Charnelle, c'est
Treuelle, ou c'est Carsuelle : qu'importe ! que Buchon, que Barnes et les
autres s'entendent avec Froissart, le Roxburghe-Club s'en lave les mains.
Je cite ou plutot je traduis :

« Par Briquet et Cresswell il faut probablemen tentendre le sire Robert
Briquet et sir John Trevelle, cités par Froissart ; le dernier, est par Barnes
appelé sir John Charnelle. Dans l'édition de Froissart par Buchon. le sir
John Treuelle est appelé Jean Carsuelle, qui se rapproche le plus conforme
avec le texte. Sir R. Briquet et Jean Cresuelle sont cités comme combattant
à Najara sous le sire J. Chandos : Ed Buchon II, p. 403. John Creswell
est aussi mentionné par Froissart en 1371 comme ayant été un des gardiens
du chateau de Moncontour avec Hervet et Holdegrave, pour garder la
frontière contre l'Anjou et le Maine, et en 1373 comme ayant été fait
prisonnier à la Bataille de Chisey. *Buchon VI,* 33. »

C'est tout : qu'importe que ce soit Creswelle ou tout ce qu'on voudra, le
Roxburghe-Club s'en moque assez. — Ces incertitudes montrent clairement que les généalogistes ont voulu *ranger* Creswel et lui ont fabriqué
une généalogie. — Dans Dugdale, qu'on ne recusera pas, à la table des noms
d'hommes on ne trouve ni Creswelle ni Cromwell, mais à la table des
noms de terre, on trouve Creswelle.

Nous devons citer aussi Banks, qui fait mourir Jean Cromwell la 9ᵉ année
d'Edouard III, et ne fait appeler son fils Ralph au Parlement que la 49ᵉ
année d'Edouard III. Or, c'est entre ces deux dates que Creswell apparaît :
mais Cromwell qu'est-il devenu ? On ne sait pas, et il y a là une lacune en
vérité bien étrange ; mais Gelre, qui *l'a vu* dans les Grandes Compagnies,
nous a gardé ses Armes comme un témoignage irrécusable *qu'il était là,* de
la 9ᵉ année à la 49ᵉ année, et qu'on l'a nommé à tort Creswell, au lieu de
Cromwell.

Ralph de Cromwell, d.t Banks, dans la 17ᵉ année du roi Jean, adhéra
aux barons révoltés. Après lui, un autre Ralph épousa Marguerite, sœur et
cohéritière de Roger de Somery, baron de Dudley ; la 25ᵉ année d'Edouard I
il prit part à la guerre d'Ecosse ; eut pour successeur : — Jean de Cromwell, épousa Idonea, 3ᵉ fille et cohéritière de Robert de Vipount ; prit part

à la guerre d'Ecosse, fut appelé au Parlement de la 1re année d'Edouard II, à la 9e d'Edouard III; mourut peu après, laissant pour héritier son fils Ralph.

Ralph épousa Mathilde, fille de Jean Bernack, sœur et héritière de William, mort mineur; du chef de sa femme, il devint seigneur du manoir de Tatshall, comté de Lincoln, par succession linéale des héritiers féminins de Robert de Tatshall. Ralph fut appelé au Parlement de la 49e année d'Edouard III à la 22e de Richard II; il mourut le 27 août de la même année, laissant sa femme et son fils Ralph, qui fut son héritier.

Sa veuve Mathilde mourut la 7e année de Henri V, laissant pour héritier son petit-fils Ralph, fils de son fils Ralph, lequel épousa Marguerite, sœur et cohéritière de William lord Deincourt. — Dans la 23e de Henri VI, Ralph fut Connétable du Château de Nottingham, fut appelé au Parlement de la 1re à la 33e année de Henri VI, mourut le 4 janvier 1455, sans enfant.

Les trois tantes et leurs descendants devinrent ses héritiers.

8. — L'EVÊQUE DE NORWICH. — On trouve dans Rymer, T. III, des Actes dans lesquels figure l'Evêque de Norwich, et surtout des traités de paix : De commisariis, ex Parte Angliae, ad tractandum de Pace, juxta quod Conventum fuerat in Treugis memoratis : venerabilis Patris Willielmi Norwicensis Episcopi, ac praefati comitis Lancastriae consanguinei, necnon dilectorum et fidelium nostrorum Roberti de Ufford, Comitis Suffolciae, Walteri de Manni Militis, et magistri Johannıs de Carleton legum Doctoris, plenius confidentes. *Rymer*.

Formule de la paix entre le roy d'Angleterre et le comte de Flandres : Savoir faisons à tous que, come par noz amez et foiaix conseillers assavoir est de Reverent Piere en Dieu, Guillaume Evesque de Norwicz, Henry conte de Lancastre, Robert de Ufford conte de Suffolc, Wauter seigneur de Manny, et mestre Jehan de Carleton doctour en Leys, commis et Deputes de par nous Roi dessus nommé. *Rymer*.

9. — RICHEMONT. — Dans un Arm. de la Jarretière, qui est à la Bibliothèque nationale à Paris, le 31e Chevalier, Jean de Montfort, Duc de Bretagne, Comte de Richmond, gendre du roy Edward III, porte *échiqueté d'or et d'azur de quatre traits*, [qui est Dreux,] *au fr. canton d'ermines* qui est Bretagne, *l'écu bordé de gueules*. — Les armoristes ne sont pas d'accord, on le voit, car ici les Léopards sont oubliés sur la bordure et la bordure environne l'écu tout entier.

Dans une note du Poeme de Chandos, le Roxburghe-Club nous dit : — Jean de Montfort, duc de Bretagne, comte de Montfort et comte de Richmond, fut proclamé duc de Bretagne, lors de la défaite de Charles de Blois à Auray en 1364 ; mais à la conclusion d'un traité avec Edouard en 1372, il fut expulsé de Bretagne et obligé de se retirer en Angleterre l'année suivante. Il fut élu membre de l'ordre de la Jarretière en 1375. En 1381 il fut réinstallé dans ses domaines, et mourut en novembre 1399. Un excellent récit sommaire de sa vie et particulièrement de sa conduite à l'égard d'Olivier dê Clisson est fait par M. Beltz, p. 195.

10. — GLOCESTER. — Le Prieuré de Clare, Stoke-Clarensis Prioratus, in agro Suffolciensi, primó alienigera, deindè vero factus indigera, — renfermait une généalogie rimée de la maison de Clare, que l'on connaît dans le monde lettré par les 3 premiers vers.

Sur les intéressantes murailles de ce Prieuré étaient représentés un Laique et un Clerc s'interrogeant devant une tombe ouverte auprès de laquelle étaient les *armes écartelées au 1 et 4 d'argent ou d'or au chevron de gueules accompagné de trois roses ; au 2 et 3 d'argent ou d'or à trois chevrons de gueules au lambel de cinq pentes en chef.*

Dans l'édition de Dugdale, 1655, *Monasticon Anglicanum,* cette généalogie, dans une prose rimée si savante et si ingénue, moitié anglais moitié latin, est placée sur trois feuillets au milieu desquels se trouvent les armoiries gravées pour les alliances dont parle le texte.

This Dialogue betwix a seculer asking, and a Frere answeryng at the grave of Dame Johan of Acres shewith the lynear descent of the Lordis of the honoure of Clare, fro the tyme of the fundation of the Freeris in the same Honoure, the yere of our Lorde MCCXLVIIJ unto the first day of may the yere MCCCLVI.

Les premières armes sont celles de Gloucester partyes de Hereford : Dns Ricardus Comes Glovern, qui circiter annum M. D. XLIII induxit fratres ordinis S. Augustini in Anglian et Dna Matilda comitissa Herefordiae uxor ejus.

Ensuite les armes de Gloucester partyes de Ulster avec cette légende : Dns Gilbertus filius et haeres dicti Ricardi et Dna Matilda filia comitis de Ulster uxor ejus.

Les armes de Gloucester partyes de celles d'Angleterre avec ces mots : Dns Gilbertus filius et haeres dicti Gilberti ; et Dna Johanna de Acres filia Edwardi primi uxor ejus.

Les armes de Gloucester partyes de Ulster, ensemble une *bordure de sable semée de besans d'or,* avec cette légende : Dns Joh [ann] es de Burgo, comes de Ulster, et Dna Elisabetha filia et haeres in parte Dci Gilberti, uxor ejus.

Les armes de Clarence partyes de celles de Ulster : Dns Lionellus Dux Clarentiae, et Dna Elisabeth filia et haeres Johis et Elisabeth uxor ejus.

Les armes de March partyes de Clarence avec cette légende : Dns Edmundus Comes Marchiae, et Dna Philippa filia et haeres Dci Lionelli, et Elisabeth uxor ejus.

Les armes de March partyes d'Angleterre *à la bordure d'argent* avec ces mots ; Dns Rogerus filius et haeres dicti Edmundi, et Dna Elionora, filia et haeres in parte Cancie, uxor ejus.

Les armes de Marche partyes de Stafford, avec ces mots : Dns Edmundus filius et haeres dicti Rogeri, et Dna Anna filia Comitis Stafford uxor ejus.

Les armes de Cantabrige *à la bordure de Lionceaux,* partyes de March et pour légende : Dns Ricardus, comes Cantabrigiae et Anna filia et haeres Rogeri comitis Marchiae, post obitum fratris sui Edmondi, sterilis.

Les armes d'Angleterre écartelées de France *au lambel de trois pendants besanté, partyes* de Vestmoreland, c'est-à-dire *de gueules au sautoir d'argent* et au-dessus : Dns Ricardus Dux Ebor., filius dictae Annae, et Dna Cecilia filia Comitis Westmorland uxor ejus.

Entre les six dernières strophes est un blason sans légende, party au 1 de March et au 2 vuide, il attend.

12. — LATIMER. — Un Armorial de la Jarretière donne pour 26e chevalier Gautier Paviley, *d'azur* [au lieu de gueules] *à la croix à trois pointes, deux courbes et celle du milieu droite, flourée ou fleuronnée d'or :* c'est Latimer. — Guillaume Latimer, le 42e chevalier, porte de même. — Mais Banks donne aux Latimer un champ *de gueules,* comme le héraut Gelre, et nous dit que l'origine de cette famille remonte à Jean, frère de William le Latimer, qui épousa Alice, fille de Walter Ledet. Jean épousa Christiane, l'autre fille, et mourut la 11e année du règne d'Edouard I, en possession, du chef de sa femme, des terres de Womundle, comté de Leicester, et du manoir de Wardon, dans le comté de Northampton.

Et ailleurs : — William, fils et héritier de William, shérif du Yorkshire et gouverneur du chateau d'York la 38e année de Henri III, fut appelé au Parlement du vivant de son père, 27e année d'Edouard I ; il y resta jusqu'à sa mort. Shérif du comté d'York, gouverneur du château de Scarborough,

eut pour successeur son fils : —William obtint, la 2e année d'Edouard III,
charte de libre gardien de toutes les terres de son domaine dans lés comtés
de Northampton et de Lincoln. et, la 3e année, dans les comtés de Bedford,
Norfolk, York et Kent ; appelé au Parlement de la 1re à la 9e année
d'Edouard III, mort cette dernière année : — Lui succéda son fils William,
en la 38e année d'Edouard III, se trouvait au siège de Daveroy. La 50e an-
nee, après une plainte du Parlement contre lui et le duc de Lancastre, il
fut privé de ses emplois et condamné à une amende de 20,000 marcs. Le
Roi lui en fit grâce, ainsi que de l'emprisonnement ; fut créé un des comman-
dants de la flotte, gouverneur de Calais, Chevalier de la Jarretière ; appelé
au Parlement de la 42e année d'Edouard III à la 3e de Richard II. Mort
en 1380, laissant une fille unique. — *Banks.*

13. — GREYSTOKE. — Anno Domini 1359, septo Idus Julli, obiit,
Dominus Will. Bars de Graystok. — *Dugdale.*

Banks nous dit que le comte de Chester Ranulphe de Meschines donna
cette baronnie à Lyolf, Le roi Henri I la confirma au fils Phorne, dont
la postérité prit le nom de Greystock d'après la localité. — Phorne eut un
fils Ivo, qui en eut deux : Walter, et Ranulphe mort la 12e année du roi
Jean et eut pour successeur : —William, son fils, à qui succéda :—Thomas,
son fils, qui eut pour fils et successeur Robert, qui lui survécut peu ; car
en l'année 38 de Henri III son frère William prit possession de l'héritage,
et par son mariage avec Marie fille aînée de Roger de Merlay, acquit le
manoir de Morpeth, dans Northumberland. Mort la 17e année d'Edouard I
— Il eut pour successeur l'aîné de ses deux fils, qui en la 23e année
d'Edouard I fut appelé au Parlement, prit part à la guerre de Gascogne,
mort la 34e année d'Edouard I, après avoir transférée son manoir-baronnie
de Graystock à Ralph, fils de William Fitz-Ralph [lord de Grimeshorpe
dans l'Yorkshire], fils de Jane sa tante ; ses frères et ses oncles étant tous
morts sans enfants.

Ralph épousa Marguerite veuve de Nicolas Corbet. La 24e année
d'Edouard I, comme frère et héritier de Geffery Fitz-William, de l'Yorks-
phire, il prit fief des terres de celui-ci ; prit part aux guerres d'Ecosse ; la
7e année d'Edouard II fut gouverneur de Berwick sur Twed, et de Carlisle
la 8e année ; il mourut l'année suivante. Il avait été appelé au Parlement de
la 23e année d'Edouard I à la 9e d'Edouard II. — Il eut pour successeur son
second fils Robert, l'aîné William était déjà mort sans enfants. — Robert
mourut l'année suivante, 10e d'Edouard II, laissant son fils Ralph pour

héritier, qui n'avait que 18 ans et ne prit fief de ses terres qu'en la 14ᵉ année d'Edouard II, prenant le surnom de Greystock : — William, son fils et héritier ne prit fief de ses terres que la 16ᵉ année d'Edouard III. Il obtint du roi permission de faire un Château de son manoir de Greystock. Il bâtit le château de Morpeth. Dans la 19ᵉ et la 23ᵒ année d'Edouard III, il prit part à la guerre de France. Appelé au Parlement de la 22ᵉ à la 23ᵒ année d'Edouard III; mort l'année suivante; il avait eu trois fils, Ralph, William et Robert, et une fille, Alice, qui épousa Robert de Harrington.

Ralph succéda à son père la 48ᵉ année d'Edouard III. La 4ᵉ année de Richard II, il commanda une expédition contre les Ecossais; fait prisonnier, il paya une rançon de 3.000 marcs. Son frère William se livra en otage pour lui à Dunbar, où il mourut de la peste.

Après son élargissement, il fut un des commissaires gardiens des Marches de l'Ouest. Appelé au Parlement de la 49ᵉ année d'Edouard III à la 5ᵉ de Henri V ; mort le 28 avril de cette année-là, laissant : — Jean, son fils, âgé de 28 ans. Appelé au Parlement de la 7ᵉ année de Henri V à la 12ᵉ de Henri VI. Il eut quatre fils, Ralph, Thomas, Richard et William, et une fille, Elizabeth, mariée à Roger Tornton, esquire. — L'aîné Ralph lui succéda. Appelé au Parlement de la 15ᵉ année de Henri VI à la 1ʳᵉ de Henri VII. Mort l'année suivante, ayant eu un seul fils, Robert, qui mourut de son vivant la 1ʳᵉ année de Richard III, laissant pour héritière une fille Elisabeth, qui épousa Thomas lord Dacre, et qui, en la 22ᵉ année de Henri VII, comme petite-fille et héritière de Ralph lord Greystoke, eut fief de toutes ses terres. — *Banks*.

14. — MICHEL DE LA POLE. — Le premier mentionné, William de la Pole, marchand de Hull, eut deux fils Richard et William ; — celui-ci devenu riche, prêta au roi Edouard à Anvers plusieurs milliers de livres d'or ; il fut fait second Baron de l'Echiquier et reçut la Seigneurie de Holderness avec des terres appartenant à la Couronne ; fut créé banneret ; appelé Sir William de la Pole, aîné, chevalier ; mort la 40ᵉ année d'Edouard III ; eut pour héritier : — Son fils Michel, quoi que marchand, se signala dans les guerres de France ; la 2ᵉ année de Richard II, fut Amiral de la flotte du Nord ; la 6ᵉ année, Chancelier, Garde du grand sceau ; appelé au Parlement de la 39ᵉ d'Edouard III, à la 8ᵉ de Richard II ; créé Comte de Suffolk par lettres patentes du 6 août, 9ᵉ année de Richard II. Accusé de concussion, il perdit la charge de Chancelier ; plus tard accusé

de trahison, se réfugia à Calais, puis ailleurs en France, ne répondit pas à l'appel devant le Parlement et fut proscrit. Chevalier de la Jarretière. Mourut en exil à Paris la 12e année de Richard II, laissant pour héritier son fils : — Michel, la 21e année de Richard II, obtint l'annulation du jugement contre son père ; la 1re de Henri IV recouvra le château et honneur d'Eye, autres terres de son père, le Comté de Suffolk. — La 5e année de Henri IV, il eut pour héritier son frère Richard de la Pole, etc.

(Banks).

NOTES DE LA PLANCHE LV

1. — LA VAKE. — Il paraît qu'on ne connait que peu de chose sur Sir Richard de la Vache ou sa famille. M. V. Beltz nous dit qu'il fut élu membre de l'Ordre de la Jarretière, à la mort de Lord Lisle en 1355. En 1361, il fut nommé Connétable de la Tour à vie, et mourut en janvier 1366.

Ce fut pourtant un homme de bon renom. Les Hérauts Gelre et Chandos qui l'ont vu, nous en laissent un bon souvenir. Dans le Poëme du Prince Noir :

> Richard de la Vache le bon
> Et le bon Richard Talebot
> En qui moult grcount proesce ot.

John Wake, son and successer to Ralph, died about the 22 Edw. III, being thein seised of the manors and lands whereof his father had been theritofore possessed : when his heirs were his dangthers. Isabel, wife of John Keynes, Margaret, wife of Hugh Tirel, — and Elisabeth, who married Richard Michel : among whom, the inheritance became divided ; — c'est-à-dire : — John Wake, fils et successeur à Ralph, mourut vers le 22e an d'Ed. III, étant alors saisi des manoirs et terres dont son père avait été jusqu'alors possesseur ; en ce qui regarde ses héritiers c'étaient ses filles, Isabelle, femme de John Keynes, Marguerite, femme de Hugh Tirel, et Elisabeth qui fut mariée à Richard Michel, entre lesquelles l'héritage fut partagé.

Banks donne à la Wake les mêmes armes, mais la généalogie de cette maison présente des différences sensibles :

Hewalduy, dit-il, surnommé de Wake ou le Wake fut le dernier qui se soumit au Conquérant. — Sa fille fut mariée à Hugh Evermur, dont la petite fille Adelhidis épousa Baudoin Fitz-Gilbert, frère de Walter père de Gilbert de Gant, 1er comte de Lincoln de cette famille. De Baudoin elle eut une fille, Emme qui, au temps de Henri I, épousa Hugh Le Vac ; elle transféra son nom à son mari ; ils eurent un fils Baudoin Le Vac, un des barons présents au Couronnement de Richard I, mort la 3e année du roi Jean. — Son successeur et fils Baudoin épousa Agnès fille de William de Humet, Il posséda avec elle le manoir de Wichendon. Mort la 8e année du roi Jean, — laissant un fils, Baudoin, qui épousa Elizabeth fille de William de Briwer, mort la 15e année du roi Jean. — Son fils Hugues épousa Jeanne fille de Nicolas de Stutevil mort, sous Henri III, — Son fils Baudoin, baron révolté contre Henri III, fit sa soumission et fut pardonné ; mort la 10e année d'Edouard I. — Son fils Jean, appelé au Parlement de la 23e à la 28e année d'Edouard I, mort cette année là. — Son fils aîné Jean ne vécut pas longtemps, le cadet Thomas hérita des titres et domaines, épousa Blanche fille de Henri comte de Lancastre ; fut appelé au Parlement de la 11e année d'Edouard II à la 22e d'Edouard III, mort la 23e, sans enfant, — Sa sœur Marguerite, veuve du comte de Kent, hérita ; sa fille Jeanne, appelée la belle de Kent épousa Edouard, dit le *Prince Noir*, père de Richard II. — Un plus jeune fils du dernier Baudoin Lord Wakefut Hugh de Blyseworth qui eut pour fils Thomas Wake, qui épousa Alice fille de Sir Jean Pateshal de Bletsko comté de Bedford , mais ni lui ni sa lignée n'ont jamais été reconnus parmi les barons du Royaume. — Descendait de cette famille Jean Wake, esquire, créé Baron par Jacques premier 5 décembre 1611. — *Banks*.

Revenons au plus illustre de tous, a Ralph ou Richard dont Boltz nous donne le cimier : *un pied de vache d'ermine tourné a droite, le sabot d'or*, a cow's leg ermine bent towards the dexter, the hoof upwarsor.

3. — VAVASOUR. — Burke, dans son *Extrict Baronetcies* nous donne la généalogie de Vavasor de Haslewood dont le titre s'éteint en 1826 et dont le nom est repris par Edouard Marmaduke Stourton en 1828. — Vavasor, de Killingthorpe, autre descendant 1665 ; Vavasor of Copmanthorpe autre descendant : ils portent tous les anciennes armes de Vavasor qui sont : *or, a fesse dancettée* ou *vivrée sable*.

5. — LISLY. — Nous trouvons son cimier dans Beltz : A milt-stone argent pecked sable, with the inner circle and rim of the sasne, the fer or, (Plate remaining in the fifth stall on the sovereign's side.

7. — BECK, EVEQUE DE DURHAM, — porte les armes de Beck qui sont *de gueules à la croix de moulin d'argent*, brisées, c'est-à-dire que la croix de moulin au lieu d'être *d'argent* est *d'hermines*.

Banks nous donne sa filiation : — Walter Bec, de Flandres, accompagna le duc de Normandie en Angleterre et en obtint le manoir d'Eresby dans le Comté de Lincoln et autres Seigneuries. — Il eut 5 fils : Hugues, Henri, Walter, Jean et Thomas. — Walter et Jean se partagèrent l'héritage. — Walter eut pour fils Henri qui fut père de Walter, Connétable du Château de Lincoln. — Henri eut un fils, Walter, qui fut père de Jean : — Jean eut de la veuve de William Bardolphe un fils Henri qui eut pour successeur : — Walter, père de 3 fils : Jean, *Antoine Evêque de Durham*, et Thomas, évêque de St David.

Jean, dans les années 23 et 24 d'Edouard I, fut appelé au Parlement ; mort la 31e année du même règne, laissant : — Walter, son fils et héritier, mort sans enfants, et 3 filles : Alice, femme de sir William de Willoughby; Marguerite, de sir Richard Harcourt, et Marie; — Walter eut pour héritiers Robert, fils d'Alice, et Jean, fils de Marguerite, etc. — *Banks*.

Dans les Rôles publiés par la Société des Antiquaires de Londres, John Beck porte *gules a cross moline argent*. Ce John est le frère aîné de l'Evêque de Durham.

Dans la Généalogie de Willougby, Banks nous dit aussi que Robert de Willougby « hérita de *son cousin* Antoine Bec, évêque de Durham, » et vous voyez à la planche LV, 12, les armes de Bec, écartelées de Wilby.

Nous trouvons dans ces généalogies quelques incertitudes : Robert *ou* William de Wilby était-il le cousin ou le neveu de l'Evêque? L'Evêque, Antoine, est-il mort en 1311 ou plus tard? Il ne doit pas être mort en 1311 puisque Gelre le place ici.

9. — LUCY. — Le roy d'Angleterre lui écrivait : « Edward par la grâce de Dieu Roy d'Angleterre et de France et Sieur Dirland a son chiar et feal chevalier Thomas Lucy, saluz. » Edouard lui adressa une lettre sur le combat de la Haye près Harfleur, et sur la bataille de Crécy.

C'est bien Thomas et non Guillaume. Voici d'ailleurs un fragment de la Généalogie de Banks :

Reginald de Lucie assistait comme baron au Couronnement de Richard I. — Son fils Richard épousa Ada, fille de Hugues de Morvill, et mourut la 13ᵉ année du roi Jean. Sa veuve Ada épousa en secondes noces Thomas de Multon sans permission du roi. Pour cette offense, le château d'Eyremam et ses autres terres furent saisis ès-mains du roi ; mais elle en obtint la restitution, ainsi que la tutelle des deux filles de Richard de Lucie qu'elle maria aux deux fils de Thomas de Multon : Annabel à l'aîné Lambert de Multon, et Alice au cadet Alan de Multon, qui prit le surnom de Lucie.

Thomas fils d'Alan, continua le surnom de Lucie ; la 16ᵉ année d'Edouard I prit fief des terres dépendant de l'héritage d'Alice sa mère ; mort la 33ᵉ année d'Edouard I (1305), eut pour successeur son fils, — Thomas prit part, la 34ᵉ année d'Edouard Iᵉʳ aux guerres d'Ecosse, mort la 2ᵉ d'Edouard II (1309) sans enfant. — Son frère Antoine lui succéda ; la 16ᵉ année d'Edouard II ; shérif de Cumberland, gouverneur du Château de Carlisle, du chateau d'Appleby, du chateau d'Egremont, du château de Cokermont et du manoir de Hupcastre ; la 5ᵉ année d'Edouard III, juge d'Irlande; la 8ᵉ gouverneur de la Ville de Berwick sur Tweed ; appelé au Parlement de la 14ᵉ d'Edouard II à la 17ᵉ d'Edouard III ; mort cette année là. —

Son fils Thomas de Lucie hérita de lui, la 17ᵉ année d'Edouard III ; appelé au Parlement la 15ᵉ, 16ᵉ, 17ᵉ année d'Edouard III et de là jusqu'à la 38ᵉ ; mort l'année suivante (1356), eut pour successeur : — Son fils Antoine mort en 1368 ne laissant qu'une fille morte en bas âge.

Dans Butke, *Extinct Baronetcies* nous trouvons une branche des Lucy de Broxburne, qui s'éteignit en 1759, portant *de gueules à trois luces ou brochets d'argent.*

12. — MAULEY. — Voici la généalogie de Banks.

Pierre de Mauley 1ᵉʳ du nom, poitevin, récompensé, pour avoir égorgé Arthur duc de Bretagne, de la baronnie de Mulgrave ; fait par le roi Jean shérif des Comtés de Somerset et Dorset, par Henri III laissant pour héritier son fils : — Pierre, la 23ᵉ année de Henri III, parrain du prince Edouard fils aîné du roi; partit pour la Terre Sainte la 25ᵉ année de Henri III, laissant pour héritier son fils : — Pierre, appelé de Mauley III ; eut pour fils et héritier : — Pierre IV, la 15ᵉ d'Edouard I fit la guerre dans le pays de Galles ; la 23ᵉ 26ᵉ, 27ᵉ, 28ᵉ et 32ᵉ, en Ecosse ; mort la 3ᵉ d'Edouard II; après avoir fait partie du Parlement depuis la 22ᵉ d'Edouard I jusqu'à sa mort : — Il eut pour héritier Pierre V qui alla, la 4ᵉ année

d'Edouard II, guerroyer en Ecosse, où il retourna la 10e, 11e d'Edouard II,
la 1re et la 17e d'Edouard III ; la 20e était à la bataille de Durham ; mort
la 29° année : — Lui succéda son fils Pierre VI qui était, la 30e année
d'Edouard III, à la bataille de Poitiers ; la 43e année, nommé Commissaire
pour la garde des Marches de l'Est ; mort le 19 mars de la 6e année de
Richard II ; eut pour successeur son petit fils : — Pierre VII, fils de
Pierre mort de son vivant ; fait chevalier du Bain au Couronnement de
Henri IV, appelé au Parlement jusqu'à la 3e année de Henri V. Mort la
même année sans enfants.

15. Ceux DE SCROOPE. — Dans l'Armorial de la Jarretière que nous
citons ailleurs encore, le 66e chevalier, Guillaume Scrope de Botton, comte
de Wilshire et trésorier d'Angleterre, porte *d'azur à la bende d'or*.

Dans Rymer, t. III : Monsieur Henry l'Scroup, I, 1354 '

Nous trouvons dans Burke's *Extinct Baronetcies* la descendance de
Richard le Scrope, 1er Lord Scrope de Bolton, appelé au Parlement sous les
règnes d'Edouard III et de Richard II. Sa postérité vient jusqu'à nous en
portant les mêmes armes.

NOTES DE LA PLANCHE LVII

I. — Ros. — Dans un des trois Rôles publiés par la Société des Antiquaires de Londres, on trouve une brisure des armes de Ros: Robert de
Ros, *gules three water bougets hermine, de gueules à trois bogs à eau
d'hermine*.

Banks les blasonne d'argent comme Gelre : *de gueules à trois budgets
d'eau d'argent*. Ce mot de *Budget*, pot à eau enflé comme une outre, un
budget! Avoir des budgets d'argent ou d'hermine dans ses armes, c'est assez
cossu, n'est-ce pas ? Comme le Blason renferme de jolies choses dont les
philologues et les politiciens ne se doutent même pas.

Les Roos ou Ros de Hamlake, dit Banks, ont pour fondateur Pierre
de Ros, qui sous le règne de Henri I prit son surnom du manoir de Ros

dans la partie orientale de Yorkshire ; eut pour fils et héritier : — Robert, sous le règne de Henri II, eut pour fils et héritier : — Edouard, mort la 32e de Henri II : — Son fils Robert reçut de grandes faveurs de Henri III, fonda les châteaux de Hamlake et de Werke ; mort la 11e année de III, eut pour successeur son fils : — William, qui laissa pour héritier son fils : — Robert, la 48e année de Henri III, fut baron rebelle à la bataille de Lewes ; appelé au Parlement la 49e année de Henri III ; mort la 13e année d'Edouard I, laissant pour successeur : — Son fils William, la 19e année d'Edouard I, comme petit-fils d'Isabelle, fille de William, surnommé le Lion, Roi d'Ecosse, fut un des concurrents à la Couronne de ce Royaume, mais ne réussit pas. La 29e année d'Edouard I, le roi lui accorda le château de Werke, échu à la Couronne par la révolte de Robert de Ros. Appelé au Parlement la 22e, 23e et 30e d'Edouard I, 1er, 3e, 5e, 6e, 7e, 8e et 9e d'Edouard II ; mort l'année suivante.

Son fils William rendit au roi le Château de Werke en échange d'autres terres. En guerre en Ecosse et en France ; au Parlement de la 11e à la 20e d'Edouard II, de la 1re à la 16e d'Edouard III ; mort la 17e année.

William, son fils, la 20e année d'Edouard III, fit la guerre en France, à la bataille de Crécy ; 24e et 25e d'Edouard III appelé au Parlement ; l'année suivante mort à la Croisade ; sans enfants, eut pour héritier : — Son frère Thomas, employé par Edouard III dans les guerres de France ; appelé au Parlement de la 36e année d'Edouard III à la 7e de Richard II ; mort cette dernière année.

Son fils Jean fit la guerre en France et en Ecosse. Allant à Jérusalem, il mourut à Paphos en Chypre, la 17e année de Richard II ; sans enfants, il eut pour héritier : — Son frère William ; la 4e année de Henri IV, Trésorier d'Angleterre. Membre du Parlement la 7e, 8e, 11e et 13e année de Henri IV ; mort la 2e de Henri V.

Son fils aîné, sans enfant, eut pour successeur : — Son frère Thomas de Ros, appelé au Parlement la 7e année de Henri IV, mort le 18 août de la 9e année, laissant un fils : — Thomas, fidèle à Henri VI, eut ses terres confisquées, son château de Belvoir donné à Lord Hastings. Appelé au Parlement de la 27e à la 38e de Henri VI ; mort la 1re d'Edouard IV.

Son fils aîné Edmond, la 1re de Henri VII, obtint la restitution des honneurs et des biens de son père. Mort la 24e année de Henri VII, sans enfant.

4. — Furnival. — Dans les Rôles publiés par la Société des Antiquaires de Londres, Thomas et Gerard Furnival portent de même. Il est possible que, vu l'état des manuscrits, les éditeurs aient oublié de voir quelque brisure : — Thomas Furnival, *or a bend between six martlets gules* ; — Gerard de Furnival, *argent a bend between six marlets gules.*

Ces Martlets, Marlets, Merlettes, Merles, sont des oiseaux auxquels on a coupé le bec et les pattes. Les Merles ont occasionné plusieurs proverbes, mais j'ai vainement cherché pourquoi on avait coupé le sifflet à ceux des armoiries. Le Blason étant un langage figuré, qui parle de lui-même, il ne serait pas sans intérêt de rechercher l'origine et la signification du *merle* ou de la *merlette* au bec ou sifflet coupé.

Banks nous dit que le premier mentionné, Gérard de Furnivall, croisé avec Richard I, eut pour héritier son fils, — Gérard, mort à Jérusalem la 3e année de Henri III. Il avait 3 fils, Thomas, Girard et William ; — Girard possédait la Baronnie de Warden, du droit de sa femme Christianne Ledet, mais à sa mort elle retourna aux héritiers de celle-ci.

Thomas, fils aîné de Girard, tué par les Sarrasins, laissa pour héritier, — Son fils Thomas qui, en la 54e année de Henri III, obtint la permission de faire un Château de son Manoir de Sheffield, dans l'Yorkshire ; eut pour successeur : — Girard, qui eut deux fils, Thomas et William.

Thomas, 3e du nom, fut appelé au Parlement de la 25e année d'Edouard I à la 6e d'Edouard III. Sous les règnes d'Edouard I et d'Edouard II prit part aux guerres d'Ecosse ; mort en 1332. — Son fils aîné Thomas lui succéda. Appelé au Parlement du vivant de son père, de la 12e année d'Edouard II à la 12e d'Edouard III ; mort en 1339, laissant pour héritier, — Son fils Thomas, eut en partage, en la 18e année d'Edouard III, le manoir de Fornham, comté de Buchs. La 20e année fit la guerre en France, fut à Crécy. Appelé au Parlement, de la 22e à la 38e année d'Edouard III. Date de mort incertaine. Pas d'enfant ; eut pour héritier, — Son frère William, appelé au Parlement de la 39e année d'Edouard III à la 6e de Richard II. Mort la même année ; ne laissant qu'une fil'e.

7. — Lowel. — On trouve une brisure des armes de Louell dans les trois Rôles publiés par la Société des Antiquaires de Londres : — 117. Jean Louell, *barry undée of six or and gules, a label azure.*

Banks blasonne pour Lovel ou Luvel de Dockinges, Tichmershy, etc., *nebulé,* au lieu de *ondé,* ce qui est à peu près la même chose.

Le premier de la ligne, ajoute Banks, fut William, frère de Ralph et de Henry, du château de Kary, fut Lord de Minster comté d'Oxon, mort avant la 8ᵉ année de Richard I. — William son fils eut, la 13ᵉ année du roi Jean, la baronnie de Dockinges, et pour successeur son fils : — Jean prit les armoiries de la famille de sa femme Alive Basset, dont il eut trois fils et une fille. — Jean lui succéda ; mort en 1287, en possession du manoir de Minster-Luvel, comté d'Oxon ; Jean son fils aîné fut son successeur :

Jean suivit le roi Edouard I en Gascogne la 25ᵉ année du règne ; la 24ᵉ, appelé au Parlement comme baron, jusqu'à la 4ᵉ d'Edouard II : — Son fils aîné Jean lui survécut peu. Appelé au Parlement les 6ᵉ, 7ᵉ, 8ᵉ années d'Edouard III, mort la dernière année, laissant un fils : — Jean, prit part à l'expédition d'Ecosse la 8ᵉ année d'Edouard III, la 18ᵉ en France, et la 19ᵉ, la 20ᵉ, la 21 ; mort cette année ; eut pour successeur : — Jean, son fils aîné, mourut avant sa majorité, la 35ᵉ année d'Edouard III, sans enfants ; il eut pour héritier son frère, qui s'appelait aussi Jean. — Celui-ci, la 37ᵉ année d'Edouard III (1203), prit possession de ses terres ; Chevalier de la Jarretière ; la 46ᵉ année et autres d'Edouard III, fit la guerre avec le Roi. — Sous Richard II, épousa le parti populaire, puis retourna à celui du roi. Appelé au Parlement de la 49ᵉ année d'Edouard III à la fin de la 8ᵉ de Henri IV, fit son testament en la 9ᵉ de ce règne, (1408) — date de sa mort incertaine. — Jean, son fils et successeur, appelé au Parlement de la 11ᵉ de Henri IV, à la 2ᵉ de Henri V ; mort cette année (1414), eut pour successeur son fils aîné, — William, fit la guerre en France la 4ᵉ et la 9ᵉ année de Henri V ; appelé au Parlement de la 3ᵉ à la 33ᵉ année de Henri VI. Mort le 16 juin 1459 ; eut pour héritier : — Jean, son fils, la 38ᵉ année de Henri VI obtint par patente du Roi le titre de Grand Garde Forestier de la Forêt de Whiswode, Comté de Northampton, ruiné par les Yorkistes ; mort la 4ᵉ année d'Edouard IV. — Il eut pour successeur son fils François, promu la 22ᵉ année d'Edouard IV, Comte de Luvel ; créé par Richard III Chevalier de la Jarretière, Lord Chambellan de la Maison du Roi, Grand Sommelier d'Angleterre. Après la bataille de Bosworth, alla en Flandre auprès de Marguerite Duchesse de Bourgogne, fut tué à la bataille de Stoke de la 3ᵉ année de Henri VII. Ses biens furent confisqués. — *Banks.*

8 — CALVERLY. — Ce Calverly fut si honoré par les uns et si maltraité par les autres, que notre impartialité nous fait un devoir de transcrire ici quelques lignes de Lopez de Ayala et de Cabaret d'Oronville, deux bons Chroniqueurs.

E estonce llego à su servicio é à la guerra de los Moros el conde de Arminiaque con buenas companas, que era vasalbo del Rey, é tenia tierra del : e otrosi vino Mosen Hugo de Caureley *un caballero muy bueno* de Inglaterra. p. 341. Variante : —A la guerra de los Moros Mossen Hugo de Carbolay. *Lopez de Ayala.*

Le duc Loys de Bourbon, après la mort du roy Jean, paya toute sa finance dont il estoit pleigé et eut pleine quittance du roy d'Angleterre, puis passa la mer et revint en France, et l'on amena *un grand Chevalier* d'Angleterre appelé messire Hue de Cavrelay à Clermont en Beauvoisin, et là demeura le Duc l'espace de deux mois pour payer aucuns restes qu'il devoit encore en Angleterre, et depuis en de grands frais, lesqueulx portè‑ rent la finance du duc en Angleterre et aussi l'argent pour son avenir en Bourbonnais à Souvigny où il arriva deux jours devant Noël, l'an de grâce mil trois ans soixante-trois, et de son âge l'an vingt-huit. *La vie de Louis Bourbon.*

9. — DESPENCER. Dans l'Armorial de la Jarretière de la Biblio-thèque Nationale à Paris, le 41ᵉ Chevalier, Edouard, baron de Spencer porte *escartelé, au 1 et 4 d'argent au baston posé en bande de sable traver-sante ou continue de l'un en l'autre ; au 2 et 3, de gueules fretté d'or* ; ou bien, *escartelé le 1 et 4 d'argent ; le 2 et le 3 de gueules fretté d'or, à la cottice de sable brochant sur le tout.*

Burk's, dans son *Extinct Baronetcies* donne la postérité d'une branche de Spencer of Yarnton dont le titre s'éteint en 1771 , et deux autres branches de Offley dont les titres s'éteignent en 1633 et en 1712. Ces trois branches portent les Armes de Spencer *brisées d'une bande de sable, a trois coquilles ou escalopes d'argent.*

10. — BRIAN. — Voici la note du Roxburghe-Club pour Guy de Bryan du Poème de Chandos.

Guy, Lord Bryan, son and heir of sir Guy Bryan, succeded his father in 1349. He served in Scotland and in Flanders, and was rewarded for his conduct in the Night defence of Calais, with 200 marks ; he was Admiral of the western Flet in 1356, and elected in tothe Garter on the de ath of Chandos in 1379. He died the 17th of August 1390. — *C'est-à-dire :*

Guy ; Lord Bryan, fils et héritier de sir Guy Bryan, succéda à son père en 1349. Il servit en Ecosse et en Flandres et fut récompensé de sa conduite pendant la défense de nuit de Calais, avec 200 marks ; il fut Amiral de la flotte de l'Ouest en 1356, et élu à la Jarretière à la mort de Chandos en 1369. Il mourut le 17 août 1390.

12. WILBY, WILLOUGBY. — Les généalogies de Banks nous *renseignent* sur les personnages, mais les armoiries de Gelre sont plus précises ; cependant, notre devoir est de soumettre les pièces à l'examen du Lecteur.

Willougby de Eresby, dit Banks, porte *d'or fretté d'azur ?* — Ralph de Willeghby, sous le roi Jean eut ses terres confisquées pour adhésion aux barons révoltés ; elles lui furent rendues la 1re année du règne de Henri III.—

Il eut deux fils : Hugues et Robert : —

Hugues, de son mariage avec Freshesend une des filles de William de Cokerinton, eut pour successeur, — William de Willoughby, mort sans enfant. Ce fut son oncle Robert, qui prit possession de ses biens ; l'année 48 de Henri III il fut un des barons révoltés. — M. Collins dit que Robert était fils et non oncle de William.

Il laissa un fils sir William Chevalier, qui en la 54e année de Henri III partit pour la Croisade en Terre Sainte. — Il eut pour fils et héritier Robert, qui la 4e année d'Edouard II *hérita de son cousin Antoine Bec, évêque de Durham* ; servit dans les guerres de France et d'Ecosse ; appelé au Parlement la 7e année d'Edouard II, mourut la 10e année.

Jean, son fils, la 1re d'Edouard III prit fief de ses terres, servit dans les guerres d'Ecosse et de France ; fut à la bataille de Crécy ; appelé au Parlement de la 6e à la 23e année d'Edouard III, mourut la même année. — Sir Jean Willoughby, Chevalier, son fils et successeur, servit dans les guerres de France, à la bataille de Poitiers avec le Prince Noir. Appelé au Parlement de la 24e à la 44e année d'Edouard III, mourut la 46e année. Il avait épousé Cécilie, fille de Robert et sœur et cohéritière de William de Ufford, comte de Suffolk.

Il eut pour successeur *Robert, son fils*, qui servit dans les guerres de France et d'Espagne, sous Jean de Gand Duc de Lancastre. Appelé au Parlement de la 49e année d'Edouard III à la 18e de Richard II, il mourut en la 20e année, ayant pour successeur : — Son fils William, qui, en la 22e année de Richard II fut Pair du Parlement où ce Roy abdiqua ; appelé au Parlement de la 20e année de Richard II à la 11e de Henri IV ; mort la même année.

Son fils aîné Robert lui succéda ; — Appelé au Parlement de la 12e année de Henri IV à la 29e de Henri VI ; mort l'année suivante, laissant pour héritière sa fille Jeanne, épouse de sir Richard Welles.

Ce Richard fut appelé au Parlement comme Lord Willougby du vivant de son père ; mais cet honneur dura peu dans la famille Welles. A la mort de Richard Hastings, Lord Welles et sa femme survivant sans enfant, la baronnie d'Eresby retourna à la ligne d'où elle avait été distraite pendant quelque temps.

WILLOUGHBY RESTAURÉ. — Sir Robert Willoughby, Chevalier, fils de Thomas, frère cadet du dernier Robert Lord Willoughby, devint l'héritier en ligne masculine ; mort la 3e année d'Edouard IV, laissant 2 fils, Robert et Christophe. — Robert prit l'héritage, mais il mourut la 7ª année d'Edouard IV, en minorité, laissant pour héritier son frère Christophe, âgé de 14 ans ; celui-ci, la 14e année d'Edouard IV, devenu majeur, prit fief de ses terres, créé Chevalier du Bain au Couronnement de Richard III. Il eut 5 fils : William, Christophe (père de William, créé Lord Willoughby de Parham), Jean, Georges, et Thomas (ancêtre de Willoughby de Middleton) ; mort en 1499. eut pour successeur : — Wi'liam, son fils aîné, faute d'enfants : Sir Richard Welles. époux de Jeanne fille de Robert Lord Willoughby, devint un de ses héritiers, et recouvra la baronnie d'Eresby ; fut appelé au Parlement la 1re, la 3e, la 6e, la 7e et la 14e année de Henri VIII ; mort la 17e année. laissant une fille unique, Catherine, qui, la 26e année de Henri VIII, prit fief des terres de son héritage et devint la 4e femme de Charles Brandon, duc de Suffolk, à qui elle survécut, et elle épousa ensuite Richard Bertie, esquire ; elle en eut un fils : — Peregrine Bertie (Lord Willoughby de Eresby) qui, à la mort de sa mère réclama et reçut le titre de Lord Willoughby de Eresby ; fut ensuite appelé au Parlement, ainsi que son fils Robert, qui la 2e année de Charles I fut créé comte de Lindsay. Son petit-fils Robert fut fait duc d'Aucasser en 1715.

La baronnie de Willoughby fut absorbée dans les titres supérieurs jusqu'à la mort de Robert, 4e duc, en 1779. Elle vint. à échéance, entre ses deux sœurs et cohéritières, dont la 1re Priscille épousa Pierre Burrel, esquire, et par patente du 18 mars 1780, se fit confirmer pour elle et ses héritiers, de son chef, la dite baronnie de Willoughby d'Eresby. — *Banks.*

14. — BUSSEL. — Porte *arg. a chevron betwen three water boudgets sable*.

15. — HAUKWOOD. — L'usage était alors de traduire les noms. Villani appelle Haukwood *Falcone in Bosco*, qui est une traduction du nom de Hauw kwood.

Richard, son of Warine Bussel, temp. Henry I, posseded the barony of Penwortham, in the county of Lancaster; but the same was taken away from Hugh, his nephew, by King John who granted it to Hugh de Lacy, Constable of Chester. *Banks,* III, 48.

NOTES DE LA PLANCHE LVI

1. — UFFORD. — Le sceau de Robert comte de Suffolck, représenté ici, se trouve aux Archives Nationales de France ; il porte le n° 10199 avec la date de 1348. C'est celui de Robert Ufford *qui fut créé* Comte de Suffolk.

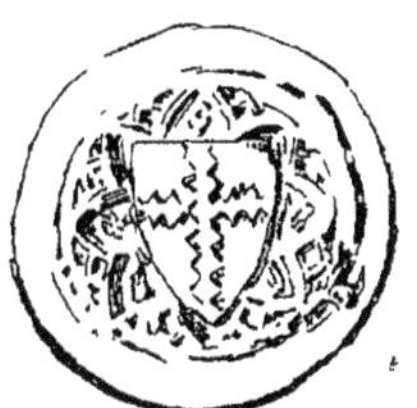

Le héraut Chandos, dans son Poème sur le Vainqueur de Poitiers, *the Black Prince,* cite plusieurs fois parmi les combattants « celui de Suffolc et celui de Staffort ». — Le Roxburghe-Club, c'est-à-dire l'éditeur ou le commentateur de ce Poème dit qu'il s'agit ici de Robert Uffort fils de Robert Lord Ufford qui le 16 mars 1336-7 fut créé comte de Suffolc ; et il ajoute que M. Beltz, Histoire de la Jarretière, n'a pas trouvé dans les Archives publiques la corroboration, l'attestation du fait que ce gentilhomme ait fait partie de cette expédition. »

> Et ordeignerent la endroit
> Eusi qe ouesque lui irroit
> De Warrewyk lui noble counte
> De quoy homme fesoit grant aconte

Cette famille, dit Banks, descend de Mallet, Baron Normand, à qui Guillaume le Conquérant donna le manoir de Peyton, dans le Suffolk ; d'où elle prit son nom, selon la coutume.

Walter, frère cadet de Robert Mallet, shérif du Yorshire, Lord de Sybton et d'honneur d'Eye, comté de Suffolk, eut deux fils : — Robert, l'aîné, et Reginald, surnommé Peyton, du nom du manoir.

Reginald fut le père de Jean Lord de Peyton, qui eut plusieurs fils, dont Jean de Peyton fut l'ancêtre des Peyton des Comtés de Cambridge, de Huntingdon et de Kent ; et Robert, qui prit le surnom d'Ufford, de la seigneurie de ce nom, Comté de Suffolk.

Robert d'Ufford fut Juge en Irlande du temps d'Edouard I ; il mourut la 26e année de ce règne, laissant : — Robert, son fils, qui épousa Cécile, fille de Robert de Valoines ; appelé au Parlement de la 2e à la 5e année d'Edouard II, mort la 10e année, laisant trois fils, Robert, Ralph d'Ufford et Edmond.

Robert fut créé comte de Suffolk. [Il y a une lacune ici.]

Ralph fut Juge d'Irlande sous Edouard III, prit part aux guerres de France et de Flandre, mourut en 1346, et eut trois fils : — Jean, l'aîné, appelé au Parlement la 34e année d'Edouard III, mort l'année suivante, laissant pour héritier son frère Ed mond, qui de sa femme Sibil, fille de sir Robert Pierpoint, eut un fils, — Sir Robert Ufford, Chevalier, qui laissa pour héritières trois filles, sa voir : Ela, épouse de Richard Bowes, esquire ; Sibil, nonne à Berking ; Jeanne, femme de William Bowes, frère de Richard, et dont la fille Elizabeth épousa sir Thomas, fils de William lord Dacres.

Pour compléter la lacune ci dessus, voici une note tirée d'un manuscrit de la Bibliothèque Nationale à Paris : « Robert de Ufford fils de sir Hugues de Ufford et de Sara sa femme, fille et héritière de Guillaume de Vassy, Comte de Suffolk, fut au droit de sa femme créé Comte de Suffolk au 9 an du règne de Edward III, sans hoirs mâles. Sa fille mariée à messire Robert de Willougby.

Robert de Ufford qui fut créé Comte de Suffolc, et qui porta nécessairement les armes pleines, c'est-à-dire sans le croissant qui est au premier canton, se trouve souvent cité par Rymer, aux années 1338 et 1348.

Rex universis etc salutem. Sciatis quod nos de fidelitate probata et circumspectione providâ, venerabilis in Christo Patris Henrici Episcopi Lincolniensis, ac dilectorum et fidelium nostrorum, Willielmi de Bohum Northamptoniae, et Roberti de Ufford Suffolciae Comitum, plene confidentes, etc. 1338. — *Rymer*, II.

Au bas d'une donation faite à Henri comte de Lancastre on trouve les signatures ou les sceaux, *his testibus,* de ces témoins : Willielmo de Bohun, comite Northamptoniae, Ricardo comite Arundellae, Thomas de Bello Campo comite Warrwicae, Johanne de Ver comite Oxoniae, *Roberto de Ufford*, *comite Suffolciae,* Bartholomeus de Burghersh, Ricardo Talbot senescallo hospitii nostri, et alisis. 1348. — *Rymer*, III.

Parmi les personnages chargés par Lettres de Edw. III données à Westminster le 11 oct. 1348 de traiter avec le comte de Flandres, sont : Guillaume Eveque de Norwich, Henri comte de Lancastre, *Robert de Ufford comte de Suffolc*, Guillaume de Clinton, Barthelemy de Burghersh et Vautier de Manni. — *Rymer*.

Robert premier comte de Suffolc qu'un vieux manuscrit de Bruxelles fait mourir en 1139 figure encore dans Rymer en 1348 : il n'a dû mourir que plus tard. Son fils aîné Guillaume, que nous ne voyons pas non plus dans Froissart, était cependant bien vivant et devait porter les armes pleines comme son père Robert quand Thomas les portait brisées du croissant. Mais quand Thomas fut fait Chevalier de la Jarretière en 1360, il ne devait pas être l'aîné puisque Guillaume n'est mort qu'en 1382, et cependant l'Armorial de la Jarretière, ainsi que Beltz lui donnent : *de sable a la croix engreslée d'or*, sans brisure, avec le cimier de son père. Il y a une erreur quelque part.

Toujours est-il qu'en fidèle historien, Gelre nous donne les armes de Thomas encore puîné, vers 1360. — M. Beltz. que nous avons déjà cité, donne à Robert et à Thomas, pour cimier : A man's head, affrontée, proper ducally crowned or.

5. — CHANDOS. — Quelques héraldistes ont donné à la *pyle* de Chandos une autre forme ; au lieu d'être issante du chef et de finir en pointe au bas de l'écu, ils l'ont faite comme une pièce de bois, un pieu pointu aux deux bouts et posée dans le champ comme un pal aiguisé en haut et en bas, en blasonnant : *d'argent à une borgne à deux pointes de gueules*, qui est une singulière manière de blasonner. — Dans un Armorial de la Jarretière, « Jean Chandois, *de gueules chaucé d'or;* Geliot appelle

aussi cela *d'or à la pointe de gueules,* autrement *d'or à la pyle renversée de gueules.* »

Chandos eut des titres espagnols, comme tous les conducteurs d'armées, chefs de Grandes Compagnies : « En la colleccion de Rimer hay una orden del rey Edouardo de Inglaterra expededa en Westm., 1365, dirixida a Johan de Chaundos vizconde de San Salvador, Hugue de Calverle, Nichol de Dagworth, y William de Elmham, caballeros. » — *Lopez de Ayala.*

Chandos fut fait Chevalier Banneret par le Prince de Galles, en Espagne, avant la bataille engagée par Du Guesclin pour le roy Henry de Castille contre Pierre le Cruel : « La apporta messire Jean Chandos la bannière, entre ces batailles, laquelle il n'avoit encores nullement bouttée hors de l'ost du Prince, auquil il dist ainsi : Monseigneur, veez-ci ma bannière, je vous la baille par telle manière qu'il vous plaira de la desvelopper, et qu'aujourd'huy je la puisse lever. Car, Dieu mercy, j'ai bien de quoy, terre et heritage, pour tenir estat, ainsi comme appartiendra à ce. Ainsi prit le Prince, et le roy Dom Pierre, qui là estoit, la bannière entre leurs mains, qui estoit *d'argent à un pieu* [*un pal*] *aiguisé de gueules,* et luy rendirent en disant ainsi : Messire Jean, veez-cy vostre bannière, Dieu vous en laisse vostre prou-foire. Lors se partit messire Jean Chandos, et rapporta entre ses gens sa bannière et dist ainsi : Seigneurs, veez-ci ma bannière et la vostre, si la gardez comme la vostre. » — Cette cérémonie, remarquée par Froissart, a servi d'exemple à tous les vieux blasonneurs.

Une quittance de 1361 commence ainsi : « Sachent tous que nous Johan de Chaindos, viconte de Saint-Sauveur, lieutenant au roialme de France pour monseigneur le roy d'Engleterre, confessons avoir eu et receu de Guillaume Jurques, dit Jurquet, escuir, la somme 5986 escus de Philippe .. » — *Léopold Delisle.*

M. Beltz a donné son cimier : « A man's head proper, wreathed about the temples argent.

6. — DEVEREUX. — Dans les Rôles publiés par les Antiquaires de Londres, William de Evereux porte : *gules a fess argent in chief three plates;* — et Walter de Eueres (Devereux) : *argent a fess gules, en chief three torteaux;* changement d'émaux.

Mais Jean Devereux soulève une question historique qui n'est pas encore élucidée : Un Conseiller à la Cour Royale de Paris, M. Monmerqué, membre de l'Académie des Inscriptions et Belles-Lettres a publié en 1844 une « Dissertation historique sur Jean Ier roy de France, » dit *le petit roy Jean*. Cette étude a été soumise à l'Académie et se trouve dans ses Mé_ moires ; elle élève des *doutes historiques* sur la mort du petit roi Jean et rapporte tous les faits relatifs à un *Roy supposé,* Gianni ou Giannini. dont il est question dans une Charte de Rienzi, dans l'Histoire de France du P. Daniel et dans l'Histoire Générale du Languedoc de Don Vaissette.

« Il apparut dans les provinces du midi de la France un homme qui prenait le nom et le titre de Jean Ier, Roi des Français, et revendiquait la couronne les armes à la main. Il avait rassemblé autour de lui un assez grand nombre de gens, faisant partie de ces Grandes Compagnies qui causèrent tant de maux à cette époque et dont on fut délivré. plusieurs années après, par l'intervention de Du Guesclin. Proclamé Roy par ses troupes, cet homme nommé Jean Gouge, avait élevé à la Lieutenance générale du royaume Jean Du Vernay, gentilhomme anglais. »

Jean Gouge, en italien *Gianni della Guglia,* est présenté par Villani comme un chef de Grande Compagnie qui en 1359 envahit le Piémont, porta la terreur jusque dans la Cour du Pape à Avignon, et en cela Villani est d'accord avec les écrivains contemporains. — Une lettre d'Innocent III rapportée par Don Vaissette dit aussi : « un certain homme du nom de Jean, surnommé Gouge, citoyen de Sienne ose se proclamer Roy des Français ; il a réuni un assez grand nombre d'hommes, et il s'est rencontré parmi eux un certain Gentilhomme Anglais, nommé Jean Devernays, exilé et banni d'Angleterre, ainsi qu'on nous en assuré, par la multitude et l'énormité de ses crimes, qui, sous le manteau de cette extravagante folie, n'a pas rougi de se dire, au nom du dit Gouge. Lieutenant du Roy de France ; et, se mettant à la tête d'une certaine bande de gens armés, il s'est livré, dans le Royaume, à toutes sortes de pillages et de rapines, d'incendies et de meurtres. »

Nous ne discuterons pas le fait, à savoir si le petit roi Jean est mort peu de jours après sa naissance ou si, échappé à la mort, il est devenu simple citoyen de la ville de Sienne ; nous laissons au travail de M. Monmerqué toute la valeur de son argumentation, — nous nous demanderons seulement : Qu'est-ce que Jean de Vernay ? Un Gentilhomme Anglais, un Chef des Grandes Compagnies ne disparaît pas comme un éclair.

Voici le récit du P. Daniel dans toute sa naïveté : — « Un nommé Jean Gouge, natif de Sens (Sienne), se fit proclamer roy de France. Il assembla quelques troupes, apparemment de celles des Compagnies et nomma pour son Lieutenant-général dans tout le royaume Jean Devernai, Gentilhomme

Anglois, banni de son pays pour ses crimes. Ils firent des courses et de grands désordres. L'un et l'autre furent pris. — On ne trouva nulle part ce qu'il devint, non plus que l'Anglois. »

Mais Jean Devereux présente la même énigme que Jean Duvernay : même nom mal écrit, même pays d'origine, même emploi, même histoire. Jean Duvernay faisait partie des Grandes Compagnies qui ravagèrent la Lombardie avec Giannini, c'est à dire que Jean Devereux fit partie des Grandes Compagnies qui ravagèrent la Lombardie avec Haukwood. Quand Jean Duvernay abandonne Giannini, le Roy supposé en 1360, Jean Duvernay se transforme : Jean Devereux apparait presque aussitôt ; Jean Duvernay, n'ayant plus rien à faire avec Jean Gouje, part pour l'Espagne avec tous les ravageurs.

Ce grand mouvement a laissé partout des traces dans toutes les Chroniques.

Quand Du Guesclin voulut purger la France des Grandes Compagnies et les mener en Espagne ; le mouvement de cette formidable armée du côté d'Avignon fit trembler le pape et le conclave. Sa Sainteté s'avisa d'envoyer au devant d'eux un Cardinal, les menaçant de l'excommunication, pour les ranger à leur devoir. « Quand ils le virent approcher, ils lui firent la civilité de faire quelques pas pour venir au devant de lui. Bertrand du Guesclin, le Comte de la Marche, Arnould d'Endreghem Maréchal de France, Hugues de Cavrelay, *Jean d'Evreux*, Robert Scot, Olivier de Mauny, le Vert Chevalier et beaucoup d'autres officiers, voulans luy témoigner le respect qu'ils portoient à son caractère et à sa dignité, l'approchèrent avec de profondes soumissions. Quand ce Cardinal les vit tous rangés autour de luy il leur explique le sujet de sa commission, les conjurant de ne commettre aucunes hostilités s'ils vouloient obtenir du Saint Père l'absolution de tous les déréglements qu'ils avoient commis. Le Maréchal d'Endreghem homme de bon sens prit la parole lui représentant que toute cette armée était sortie de France dans le dessein d'expier, par une Guerre Sainte, tous les maux qu'avoient faits dans la Chrétienté ceux qui la composoient : mais avant que de la commencer, il luy fit entendre qu'ils avoient crû se devoir premunir de l'absolution du Saint-Père, et luy demander la somme de deux cents mille livres pour les aider à soutenir les frais et les fatigues du long voyage qu'ils avoient à faire : qu'ils esperoient ce secours du Pape, sçachans qu'il avoit assez de charité pour étendre ses aumônes et ses libéralitéz au de là de l'absolution qu'ils en espéroient. Après avoir bien meurement pesé le tout, Sa Sainteté paya. »

C'est à partir de là que Jean Devereux apparaît. Il est déjà un des chefs des Grandes Compagnies, et pour parvenir à ce commandement, *il est probable* qu'il s'était illustré sous le nom de Jean Duvernay.

Qu'y aurait-il d'étonnant à ce que Jean Duvernay ait abandonné Jean Gouge en Italie et en Piémont, et soit redevenu Jean Devereux pour aller en Espagne ? Qui me dit, devant la similitude de ces deux noms normands, Jean Duvernay et Jean Devereux,que le premier n'a pas été mal écrit par un copiste ?

Nous disons *il est probable*, et ce point reste à éclaircir. Les commentateurs anglais ne sont pas fixés sur lui. Dans les Notes du Poème du Héraut Chandos sur le Prince Noir, le Roxburghe-Club dit : — « Sir John, afterwards John second Lord Devereux, *he does not appear, probably on account of his youth*, to have taken any part in the previons wars. He became *afterwards* one of the heroes of Froissart. In 1370 he was Governor of Limousin, in the same year was with the Prince at Limoges, Seneschal of Rochelle in 1372, was taken prisoner at Chisey in the March of 1373, Governor of Calais in 1380, warden of the cinq Ports in 1357, K. G. in the year following, and died in feb. 1393. » *C'est à dire* : Sir John, plus tard John II Lord Devereux fils, *ne paraît pas*, probablement à cause de son âge, avoir pris part aux guerres précédentes : où était-il alors ? On ne sait même pas son âge. »

Banks nous laisse dans les mêmes incertitudes. Il nous dit que les Devereux sont venus en Angleterre avec le Conquérant : — William, fils d'Etienne, partisan des barons révoltés contre Henri III, fut tué à la bataille d'Evesham ; — Son fils William, profitant du décret dit « *Dictum de Kenilworth*, » recouvra ses terres. Il eut pour descendant sir Walter Devereux, père de sir Jean et d'Etienne Devereux, de Bodunham Devereux, comté de Hereford, ancêtre des comtes d'Essex de ce surnom, et du vicomte de Hereford;—*Sir Jean* ou John Devereux épousa Marguerite, fille de Jean de Vere, comte d'Oxfort, eut un fils, — *sir John*, qui, la 42e année d'Edouard III, *accompagna le Prince Noir dans la guerre de Gascogne*. La 9e année de Richard II il fut fait Chevalier de la Jarretière, la 11e année Constable du Chateau de Douvres et Gardien des Cinq ports. Appelé au Parlement de la 8e à la 16e année de Richard II, il mourut l'année suivante. — Il eut pour successeur son fils Jean, aussi Chevalier, qui mourut trois ans après son père, laissant comme survivants sa femme Philippa et sa sœur Jeanne, femme de Sir Walter Fitz-Walter.

Si Jean Devereux, qui fut le compagnon du Prince Noir et mourut en

1393, n'est pas Jean Devernay, quelle part a pris son père, appelé aussi
Jean Devereux, aux luttes précédentes? Mais, que ce soit le père ou le fils,
qu'importe ! C'est toujours Jean Devereux, et ce doit être Jean Duvernay,
ou Du Vernay. Il y a là des réticences qu'on peut facilement expliquer.
Dans ces temps, dont les Grandes Compagnies furent le fléau inévitable,
ceux qui les commandaient ont changé ou modifié leurs noms, selon certaines circonstances : Cromwel est devenu Creswell, et Jean Devereux, père
ou fils, s'appela Jean Duvernay devant ses troupes. Jean Devereux, malgré
sa naissance, ne fut qu'un de ces barons anglais qui se firent chefs des
Grandes Compagnies pour mettre la France à sac et à feu. Le héros Chandos l'a chanté comme Dambricecourt, Creswell et Briquet :

> Monsieur Johan Deuereux noble personne.
> Lors sen remeut a brief moot court
> Dan Eustace Dabrichecourt
> Deuereux, Cressewell et Briket
> Qui sauoient de lui parler fait.

La science historique a bien des pas à faire encore, car voilà bien des
questions soulevées par une armoirie.

Nous avons dit avec M. Kervyn que les Devereux ont été les ancêtres des
comtes d'Essex. Un mot encore. On a publié au siècle dernier, je crois,
une brochure pour revendiquer cet ancien lignage; on a bien fait. Nous ne
connaissons pas cette brochure, mais voici aussi quelques lignes d'un vieux
héraut du XVIᵉ siècle qui confirment, corroborent et expliquent le premier
paragraphe de la page 105 ci-dessus : « Evreux-Ferrers portait *vairé d'or et
de gueules*, Jean d'Evreux, baron de Ferrers, de Chartley, Chevalier de la
Jarretière, esp. Cécile fille de Guillaume Bourchier, viscomte d'Essex et
d'Eu. Leur fils Gauthier d'Evreux, baron de Ferrers, de Chartley, Chevalier de la Jarretière, créé viconte d'Herfort par le roy Edward VI, 1550,
reprit *la face avec les trois tourteaux de gueules en chef*. »

En résumé nous pensons que Jean Duvernay n'est qu'un épisode
de la vie de Jean Devereux, qui s'est débarrassé de Giannini ou Jean Gouge
pour voler à travers la Provence jusqu'à l'Aquitaine offrir ses services au
Prince Noir. Jean Devereux ou Jean d'Evreux, Jean Duvernay ou Jean
Du Vernay, sous ces quatre noms différents a été un des plus considérables
chefs des Grandes Compagnies et en reprenant, à travers les siècles et les

générations, écartelées les unes dans les autres, les armes primitives, *la face et les trois tourteaux*, les maisons d'Essex et de Hereford ont montré qu'il ne fallait rien renier de ses ancêtres, puisque les races humaines sont faites de bien et de mal, et que le mal concourt souvent au triomphe du bien.

POSTCRIPTUM

On trouve aux Chartes de Brabant, avons-nous dit page 116, des Lettres de Edward III comme Vicaire de l'Empire. Il y a aussi dans Rymer, plusieurs actes à ce titre à la date de 1339 : — « Nous, Edward, etc., Vicaire de Saint Empire de Rome, faisons savoir à tous que, come nous, à tout nos gents et coadjuteurs, airent en pourpos de traire vers les frontières dou Royaume de Franche, nous avons promis, etc., et encore nous promettons a no dit frère que nous, come Vikaire de l'Empire, comanderons à tous, etc. *Rymer*, II, 5o.

On voit aussi dans Rymer, T. II, les Lettres Impériales, datées du 25 juin 1341 par lesquelles l'Empereur Louis de Bavière, revoqua le vicariat du Roi d'Angleterre et l'engagea à faire la paix avec la France : « Vicariatum per nos vobis commissum, ex causis revocavinus praenotatis. »

PLANCHE LI

Page 118. — La devise du Prince de Galles était un soleil se levant du milieu des nuages avec cette inscription *houmont*, placé haut. Les trois plumes d'autruche enserrées dans une couronne avec la banderole enroulée et l'inscription *Ich Dien, je sers*, nous semble avoir été arrangée depuis. — Beltz nous dit : Badges : I. The sun rising out of clouds, with the motto *houmont*, highmindedneds ; 2. Three ostrich feathers, encircled by a crown, with an escroll thercon and the motto *Ich Dien, I serve*.— Mais le Pavillon d'or frappé à Bordeaux et que voici, a quatre plumes, deux de chaque côté,

et son petit sceau, comme Prince de Galles, duc d'Aquitaine, comte de Cestre, etc., ne renferme que deux plumes, une de chaque côté du hcaume.

Nous ferons remarquer en outre que ce sceau a, par sa forme, son cimier dont le lion tient au col le lambel à trois pendants a, beaucoup de ressemblance avec le sceau du duc de Lancastre qui se trouve à la page 121, où

il y a aussi deux plumes d'autruche avec un enroulement, et en cimier un lion accolé ou colleté d'un lambel à trois pendants. La seule différence sensible est le lambel de l'écu qui a cinq pentes, page 121, au lieu de trois dans celui-ci.

Page 127. — C'est un Gascoyn-Cecil qui porte aujourd'hui le titre de

Comte de Salisbury et pour armes un *fascé d'argent et d'azur chargé d'écussons de sable au lion d'argent.*

Page 128. — Sir Aubrey de Vere porte encore les armes de la maison de Vere, et Burke, dans son Peerage en a donné la généalogie jusqu'à nos jours.

Page 14. — Le duc de Northumberland qui représenta comme envoyé extraordinaire la Grande-Bretagne au Couronnement de Charles X, portait *ecartelé au 1 et 4 contrecartelé de Louvain et de Lucy ; au 2 et 3 des fusils de Percy*. — Le Comte de Devon, William Courtenay dont la généalogie est dans tous les Peerage, porte *écartelé de Courtenay* sans lambel et de Redwers *qui est d'or au lion rampant d'azur*.

PLANCHE LII

Page 131. — Voici le sceau de Thomas Mowbray.

que nous avions oublié. — On voit dans Rymer des Lettres pour le mariage de Roger de Moubray avec Marguerite fille de noble homme Alexandre de Abernethy, ad concordiam inter Angliae et Scotiae populos nutricendam. 1311.

Dans les Lettres de protection données à différents Chevaliers, Rymer donne une liste où se trouvent Johannes de Moubray, miles, — Johannes de Moubray junior, chevalier, — Johannes filius Johannis de Moubray de Axiholm, chivaler. 1356. t. III.

Page 133. — Jamais blason n'a été si célèbre que celuy-cy dit le P. Ménétrier, à cause du procez mû entre Regnaud de Grey, seigneur de Ruthen, demandeur, et Edouard de Hastings chevalier, défenseur, pour le port de cette *manche de gueules.* Ce procèz commencé sous Richard II pendait encore sous Henri VI. Edouard de la Bysse en a donné au public un extrait tiré de l'original que luy avait communiqué le Baron de l'Estrange, et cet extrait qui est de neuf pages entières in-fº, commence ainsi, « Lis de titulo gestandorum insignium Domini de Hastings comitis Pembrochiae paulo antea defuncti *manicae* nempè puniceae in clypeo aureo, coorta est inter Reginaldum de Grey Dominum de Ruthen actorem, et Edouardum de Hastings Equidem partem ream. » Trois anciens sceaux et l'Ecusson que Spelman a donné nous représentent cette manche taillée comme elle doit l'estre et cet auteur en parle en ces termes : *Manicae* formam ex vetustis sigillis et monumentis restauravinus. » *Ménétrier.*

Le Laboureur a pris à tort cette manche pour une hache. Celle de Mohun est d'hermine, qui est une fourrure propre des habits.

Le marquis de Hastings dont Burke donne la généalogie jusqu'à nous, porte encore *d'argent à la manche mal taillée de sable ;* une autre branche brise d'une *bordure engreslée de sable.* – *D'argent à la manche de sable* est aussi porté par le Comte de Huntingdon-Hastings dont la généalogie se trouve dans le Peerage.

Page 142. — Stapleton porte encore *d'argent au lion de sable* au premier quartier de ses armes et sa généalogie est dans le Peerage. — Elisabeth Stapleton, Baronesse Le Despencer, dont la généalogie est dans Burke, porte, *écartelé au 1, de Stapleton, au 2 de Fane, au 3 de Neville, et au 4 de Spencer.*

PLANCHE LIII

Page 144. — Les Grey de Ruthyn et Grey de Groby ont leurs généalogies dans le Peerage de Burke, jusqu'à nos jours. Ils portent *fascé de six argent et azur.* — Mais le comte de Wilton-Egerton, vicomte Grey de Wilton ne porte pas les faces ou le facé dans ses armes, mais *d'argent au lion de gu. entre trois phéons de sable.*

Page 147. — Le Peerage de Burke donne la généalogie de Neville-Abergavenny jusqu'à nous.

Page 61. — La généalogie de Vesci est continuée dans le Peerage jusqu'à nos jours et les Vicomtes de Vesci portent encore *d'or à la croix de sable brisée d'une croix patriarchale d'or.* — Une des branches de Fitz Gerald écartèle ses armes de celles de Vescy, *la croix* aussi *chargée d'une croix patriarchale du champ qui est d'or.*

PLANCHE LIV

Page 156. — Wake de Clevedon porte toujours *d'or à deux faces et trois tourteaux en chef de gueules* et sa généalogie vient jusqu'à nous.

Page 157. — Vavassour de Haslevood et Vavasour de Spaldington ont, dans les Peerage, leur généalogie jusqu'à nous. Ils portent toujours *la face dancettée sur champ d'or brisée* de plusieurs manières ; le premier *en chef à droite, d'une croisette recroisettée et fichée d'or ;* le second *d'une fleur de lys d'argent sur la face vivrée.* — Les armes de Vavasour ont une ressemblance avec celles de De la Vare, et les noms écrits en lettres anciennes peuvent occasionner des méprises. Le comte Delaware, George John West, dont la généalogie vient jusqu'à nos jours, porte *d'argent à la face vivrée de sable* pour West, ce qui semble une brisure, écartelé de *gueules au lion rampant d'argent et un orle de croix recroisettées au pied fiché de même.* John de La Ware était à Crécy et Roger de La Ware était à Poitiers.

Page 159. — Le comte de Beverlay, George Percy, porte actuellement, au 1 et 4 de ses armes, de Percy ancien Northumberland, ou *Louvain-Brabant,* écartelé *des trois Lucies;* au 2 et 3 *d'azur à cinq fusées d'or en face,* au lieu de *or à cinq fusées en face d'azur* qui est de Percy.

Page 75. — Le baron de Tabley, du surnom de Warren, dont la généalogie est dans les Peerage, porte encore *l'échiqueté d'or et d'azur, brisé au canton, de gueules au lion rampant d'argent.*

PLANCHE LV

Page 160. — Le baron de Ros, William-Lennox-Lascelles Fitz-Gerald De Ros, porte encore aujourd'hui : *de gueules aux trois bougets d'argent, écartelé de Fitzgerald,* et l'on voit sa généalogie dans le Peerage de Burke.

Page 164. — Le comte de Spencer porte encore ces armes, mais le filet d'origine est devenu *une large bande de sable chargée de trois coquilles d'argent.*

Page 166. — Burke, dans son Peerage, nous donne les généalogies de Willougby de Broke, de Willougby de Eresby et de Willougby de Baldon-House. Il indique, pour cette dernière branche, *la croix d'or engreslée sur champ de sable.*

Page 166. — Un dernier mot a propos de Haukwood. On a trouvé fort jolie la traduction du nom de Haukwood en italien et on a attribué cette idée à Villani. Je crois que ce nom de *Bosco* a été plus populaire et n'est que le résultat de l'habitude qu'on avait alors de parler un latin barbare. En effet, quel est ce Nicolas *Bosco* et son épouse qui reçurent en 1308 des Lettres d'invitation au couronnement du Roy ? Et en 1309, lors de la treve rompue par les Ecossais, on voit parmi ceux qui furent appelés au rendez-vous par Lettres Royales : Maître Guillaume de Bosco, *magistro Wilhelmo de Bosco.* Ne sont-ce pas là des Haukwood ? C'était une grande maison : et quoique Chef de grandes Compagnies, cet homme ne méritait pas les insultes de quelques historiens.

PLANCHE LVI

Page 100. — Le comte d'Oxford-Harley-Hereford porte *d'or à la bande coticée de sable,* et sa généalogie se trouve dans le Peerage de Burke.

Seymour, marquis et comte d'Hertford, a gardé au 1 et 4 de ses armes *la bande coticée et chargée d'une rose entre deux annelets,* et la généalogie est dans le Peerage de Burke.

Page 171. — Le vicomte de Hereford porte les armes de Devereux dans le même Peerage.

Nous avons omis volontairement, à la page 92, de décrire les armes d'un Chevalier qui se trouve le treizième sur la Planche LV. Nous avons jusqu'au dernier moment espéré le rencontrer dans Burke, dans Banks ou dans Dugdale ; nos recherches ont été infructueuses. Nous ne l'avons trouvé non plus ni dans les Grands Rôles publiés par Rove More et Harris Nicolas, ni dans le Rôle du Siège de Calais, ni dans les Rôles publiés par la Société des Antiquaires de Londres. Il nous échappe entièrement, et cependant ses armes sont tellement précises, son cimier est si remarquable, que nous n'accusons que notre faiblesse de n'avoir su le découvrir.

Le voici :

13. — DIE HE VAN DER S... OU B... — LE SIRE DE LA...

Porte : *D'argent au lion de gueules ; party losangé d'or et de gueules.* — Le heaume d'or, et pour cimier un bust de vieillard tortillé d'argent et de gueules, barbu, chevelu, et vestu tout d'argent, le vestu formant un volet découpé.

Le nom du Chevalier est effacé et coupé. Ce *party* indique une alliance. Le lozangé nous montre Craon, Ferrers, Rivers ou La Pole. — Dans le Poëme de Caerlaverock :

> Johans de Rivers le appareil
> Ot masclé de or e de vermeil;
> E par tant compare le a on
> Au bon Morice de Croon.

Ce *masclé* était-il un *loxangé?* Si le *losangé* était d'un Craon, le *lion* serait une brisure de Clisson, au moment où Clisson voulut prendre le parti de Montfort et des Anglais, sous le nom *de la B*[landinaye].

C'est une probabilité trop mince pour nous permettre de rien affirmer.

Nous préférons attendre que le Record Office veuille bien nous permettre de fouiller ses Annales Généalogiques pour nous fixer à cet égard.

Voici cependant quelques lignes tirées du P. Anselme : « Olivier II du nom, Sire de Clisson, eut pour femme Isabeau de Craon, fille de Maurice V du nom, Sire de Craon ; eut pour fils : — 1. Olivier III, — 2. Amaury de Clisson, sgr de l'Isle d'Aurillé, de la Blandinaye, et autres terres qui furent confisquées à cause de ses rébellions, 1344. Il obtint abolition par lettres de Blois, et mourut au combat de la Roche-Derien en 1347, tenant le parti du duc. »

D'ailleurs, si c'était Clisson, il porterait ses armes, non en *party*, mais en *écartelé*.

Nous avons un remords et nous retournons sur nos pas.

La Planche LVII est vide. Au bas se trouve un écu inachevé et sans nom, portant : *d'argent à la bande de gueules, chargée de trois [étoiles] de...* — Et nous avons laissé au Collège des Hérauts d'Angleterre le soin de découvrir celui-là.

Quel est le Chevalier que Gelre a pu laisser ainsi rejeté au bas d'une feuille ? Ne se ait-ce pas encore un de ces Chefs des Grandes Compagnies, dont le nom a été tordu de tant de façons, et qu'on appelle d'Agourne, Dagourne, d'Aigworth, Daghworth, et même d'Agorisses ou Dagorisses.

Daghworth porte partout : *d'hermines à la bande de gueules chargée de trois besants d'or*. Gelre, pour achever son écu, n'avait qu'à tracer quelques queues d'hermines sur l'*argent* et placer ses *besants d'or* où l'on voit quelques traits sous le *gueules*. Nous avons donc lieu de croire que c'est Thomas Dagworth, ou plutôt son fils Nicolas Daghworth, que Gelre aura voulu placer ici.

Il nous reste à mettre d'accord M. Luce et M. Kervyn sur ce nom. Nous dirons d'abord avec eux que Dagworth et Dagourne sont le même nom, et nous ajoutons qu'ils portent les mêmes armes; nous ferons ensuite observer qu'au moment où Thomas Dagourne est tué, son fils Nicolas entre en scène et d'Aghorisse aussi : Dagourne et Dagorisses sont le même nom formé des mêmes lettres. Nous savons bien que dans deux actes, découverts par M. Luce aux Archives Nationales de France, on lit : « Adam Chel dit *Dagorisses,* » et ailleurs *Agouser*, *Adegorisser*; mais ces chartes ne sont pas originales, et Adam Chel n'empêche pas que Dagorisses ne soit Dagourne: ce Chevalier dont on saisit le château de Gençay sans pouvoir mettre la main dessus, et dont le nom a pu être mal écrit. L'erreur du copiste nous paraît bien simple : il a pris une *n* pour deux *ii*.

Dagornes, Dagoriies, Dagoriise.

Le Nicolas Dagworth qui joûte contre Bertrand du Guesclin et s'en va ensuite avec lui, comme Haukwood, en Espagne, c'est le « Dagorisars de Gençay, » celui du don du connétable ; c'est Nicolas Dagourne, fils de Thomas Dagworth. Adam Chel dit d'Agorisses, ou Dagorisses dit Adam Chel, est bien Nicolas Dagworth, et sa figure dans Froissart est assez accentuée. Quand il quitte l'Espagne, il revient avec les Anglais à Limoges, à Moncontour, à Soubise, à Niort ; fait prisonnier Chizé, on ne le retrouve que sur les Marches d'Ecosse. Là il cesse de paraître. On ne sait pas où il meurt. Pourquoi ce silence ou cet oubli ? C'est que l'on n'écrit plus son nom d'Aghorisses, mais d'Agourne et Dagworth comme auparavant ; il est envoyé en ambassade par Edouard III vers le Roy de Castille, qui l'a connu sous le nom d'Aghorisses, et il devient plus tard un des favoris de Richard II.

« Jean de Dagworth (l'aïeul) et son épouse assistèrent au Couronnement d'Edouard en 1308. — Thomas épousa la comtesse d'Ormond. — Guillaume Latymer épousa Thomasinne de Dagworth, et recueillit de ce chef le manoir de Dagworth. »

L'Angleterre met Thomas de Dagworth au rang de ses preux.

REMARQUE GÉNÉRALE

Les noms espagnols ont plusieurs orthographes. Ainsi *Damps, Dans, Dant* Pietre, veut dire *Don* Pèdre ; — Villena ou Vilena ; — Arragon et Aragon.

Le mot *En* signifie aussi *Dom* ou *Don*. Vous trouvez à la planche LXII, à côté de *Don* Pier Centelles et *Don* Pierre Savage, *En* Pier Ernaut, *En* Jame Duris, *En* Johan Castelblanq. Ce mot *En* se place devant les noms catalans, et *Don* devant les noms castillans, dit Buchon : « *En* pour les hommes et *Na* pour les femmes, dit-il, est un signe particulier aux langues catalane et limousine. Il répond au *Don* des Espagnols. C'est une expression de respect qui se met devant les noms d'hommes. »

Dans la Chronique catalane de Ramon Muntaner, on lit : « Le roi En Jacques ayant vu cela... Il fut convenu entre le roi En Pierre et les barons... Je cesse de parler du roi En Jacques pour parler de son fils aîné En Pierre, roi d'Aragon et de Valence, comte de Barcelone... Le roi En Jacques estant trespassé de cette vie, les infants En Pierre et En Jacques furent couronnés rois... L'amiral En Roger de Loria... Le noble En Beranger d'Entença.. L'infant En Alphonse... En Raimond Marquet et En Beranger Mayol... En Guillaume Escrivan de Xativa. — L'infant En Pierre eut bon nombre d'enfants, dont quatre garçons et deux filles survécurent à leurs père et mère, savoir : les enfants En Alfonse, En Jacques, En Frédéric et En Pierre. — L'infant En Jacques eut beaucoup de fils et de filles ; quatre garçons et deux filles survécurent à leurs père et mère, de même que cela eut lieu avec l'infant En Pierre. Le premier fils fut nommé En Jacques, le second En Sanche, le troisième En Ferdinand et le quatrième En Philippe ».

53

NOTES DE LA PLANCHE LVIII

Froissard donne indistinctement le nom de Roy de Castille et de Roy d'Espagne au Prince qui régnait au-delà de l'Aragon. Cordoue et Grenade sont encore aux Africains. Les fils d'Alfonse VI, Don Pedre et Henri de Transtamare, sont tous deux Rois d'Espagne de la Maison de Castille. Mais Gelre met nettement sous l'écu écartelé de Castille et Léon, *Espagne*.

Quoique la Castille fût une province d'abord sujette aux Rois de Léon, c'est elle cependant qui prend la première place dans les Armes d'Espagne. Mais si la Castille est le cœur de l'Espagne, Léon en est la tête, et malgré l'obscurité de son origine, qui se perd dans la nuit des Rois Goths, on peut dire que *le Lion rampant de gueules ou de sable* [c'est le mélange du sable et du gueules qui a fait le pourpre incertain] *sur fond d'argent*, vient des princes de Gothie dont descendait Pélage, le premier roi de Léon. — De Pélage à Bermond III, 714-1037, on compte vingt-trois rois de Léon. Bermond III n'ayant eu qu'un enfant mort en bas âge, le royaume parvint à sa sœur Sancie, femme de Ferdinand I, roy de Castille, second fils du roy de Navarre Sance le Grand, qui avait érigé pour lui la Castille en royaume. — Des fils de Ferdinand I, dit le Saint, Sance I ou Sance-Fernandez fut roy de Castille, et Alphonse VI fut roi de Léon. Ce dernier, par la mort de son frère, réunit les deux Couronnes, et sa fille Vrraca, vers 1108, fut reine de Léon et de Castille.; mariée deux fois, la première à Raymond de Bourgogne, la seconde à Alphonse d'Aragon, qui prit le titre de roi de Léon, sans hoirs, elle eut, de Raymond de Bourgogne, Alphonse III de Castille et VIII de Léon, qui lui succéda en 1122, et dont les fils Sance II fut roy de Castille et Ferdinand II fut roy de Léon en 1157.

Sance II de Castille épousa Blanche de Navarre, dont il eut Alphonse IV; ce dernier épousa Léonor d'Angleterre, dont il eut : Blanche, reine de France, mère de S Louis; Berenguela reine de Léon ; Urraca reine de Portugal ; Léonor reine d'Aragon, et Henri qui lui succéda au trône de Castille, sans hoirs.

Alphonse IX, fils aîné de Ferdinand II, fut roi de Léon : lui régnant fut donnée la bataille de Muradal ou de Tolose. Il eut pour fils et successeur Ferdinand III, roy de Léon par son père, 1230 : ce fut lui qui, par le conseil de sa mère, s'empara du royaume de Castille, qui revenait de droit à sa sœur aînée Blanche de Castille, mère de S. Louis, par la mort de

Henri 1, mort sans postérité. — Les Espagnols ont voulu être les maîtres chez eux.

En la personne de ce Ferdinand II ou III, fils d'Alphonse IX, « les royaumes de Léon et de Castille furent unis et annexez ensemble sans plus à l'advenir estre séparez et divisez l'un de l'autre, » avec des armes écartelées, comme on les voit à la planche LVIII, jusqu'aujourd'hui. — Son fils aîné, Alphonse V dit le Sage, lui succéda ; il épousa Yolande ou Violante d'Aragon, dont il eut, entre autres : Ferdinand, dit de la Cerda, et Sance III qui fut son successeur. [Ferdinand de la Cerda épousa Blanche de France, fille de S. Louis, dont il eut deux fils : 1º Alphonse, et 2º Ferdinand ; Alphonse épousa une fille du vicomte de Narbonne, dont il eut deux fils, Louis de Clermont et Charles, connétable de France, dont nous verrons les armes à la planch e CXXXIII. Louis de Clermont épousa Léonor de Gusman, dont il eut Louis de Clermon t, Jean de la Cerda et Isabel de la Cerda, femme de Bernard b de Foix, d'où sont descendus les ducs de Medina-Cœli. Ferdinand, second fils de Ferdinand de la Cerda, ép. Jeanne de Lara dont il eut Ysabelle de la Cerda, femme de Jean Manuel, père de Jeanne, reine de Castille, femme de Henry b roy de Castille, dit de Trans-tamare.] — Sance III fut successeur d'Alphonse V le Sage, parce qu'il s'empara des royaumes de Léon et de Castille, qui appartenaient aux enfants de son frère aîné Ferdinand de la Cerda, 1284. Il épousa Marie de Castille, dont il eut Ferdinand III, 1295, qui de Constance de Portugal eut Alphonse VI, roy de Castille et XI et dernier de Léon, 1312, qui de Marie de Portugal eut pour fils et successeur Pierre, roi de Léon et de Castille, dit Don Pedre le Cruel, détrôné par son frère b Henri de Trans-tamare.

> Tres puissant et tres honurez
> Henry gestes clamez
> Duc de Tristemare et autrement
> Sappelle par le temps present
> En ses lettres roy de Castielle.
> *Le Héraut Chandos.*

Nous nous demandons toujours pourquoi Gelre a laissé les armes d'Espagne isolées sur cette planche. Nous croyons que cela ne tient pas seulement à la lutte entre Pierre le Cruel et Henri de Trastamare, mais aussi à l'incertitude du héraut à établir un ordre quelconque, à placer chacun à son rang. L'Espagne se débattait encore sous l'oppression des Sarrazins. Les Ordres Militaires institués pour faire la guerre aux Mores, *les Chevaleries*, absorbaient toute la force militaire de ce temps. L'Espagne était troublée par des luttes intestines et cherchait à rejeter les Mores au-delà de Gilbraltar : mais Pierre le Cruel ni son frère ne pouvaient réunir d'armée : on ne leur devait pas de service militaire. C'est une armée française, commandée par Du Guesclin, qui va faire couronner Henri II de Transtamare ; c'est l'armée anglaise de Bordeaux qui va rétablir le Pierre le Cruel sur son trône. Néanmoins de ce chaos est sortie l'Espagne. Henri II sut rétablir l'ordre, donna des titres aux Princes et aux *Ricos hombres*, et les grandes familles se constituèrent. — Historien et généalogiste, Don Lopez de Haro a recueilli ces origines dans un travail merveilleux.

Henri II de Trastamare, roy paisible de Castille ou d'Espagne, eut de sa femme Jeanne Manuel, entre autres, Jean qui lui succéda ; Jeanne, femme d'Alphonse, fils du marquis de Villena don Alphonse, dont les armes sont à la planche LX. — Jean, 1379, eut de Léouor d'Aragon, Henri III, qui épousa Constance de Lancastre, dont il eut un fils, Jean II du nom ; Jean épousa Marie d'Aragon, dont il eut Henri IV, et en secondes noces Isabelle de Portugal, dont il eut Isabelle de Castille. — Henri IV lui succéda, sans enfants, et sa sœur Isabelle fut reine de Castille et de Léon : Isabelle eut de son mary Ferdinand, roy d'Aragon et de Sicile, qui chassa les Mores de Grenade, et fut surnommé le Catholique : Jeanne, qui fut reine de Castille, Léon et Grenade, et épousa Philippe, archiduc d'Autriche, comte de Flandres et des Pays-Bas, père de Charles-Quint, Empereur et Roy d'Espagne.

La descendance mâle de Charles-Quint s'éteignit après Philippe II, en 1700, dans la personne de Charles II, qui par son testament choisit pour successeur Philippe d'Anjou de la maison de Bourbon, second petit-fils de sa sœur Marie-Thérèse, épouse de Louise XIV, roi de France. Par le traité d'Utrecht, en 1713, Philippe obtint le trône d'Espagne, à condition de renoncer à d'autres pays. — A Philippe V succéda son fils Ferdinand VI, et à celui-ci, en 1759, son frère Charles III, dont le successeur, en 1808, Charles II abdiqua en faveur de son fils Ferdinand VII. Dépossédé un instant par Napoléon, les droits de ce dernier furent reconnus par le conquérant en 1813, et Ferdinand VII régna jusque 1833. Il avait réglé l'ordre de succession au trône en faveur de sa fille Isabelle II, qui fut proclamé reine le 2 octobre 1833, et renonça au trône, en 1870, en faveur de son fils Alphonse XII présentement roi d'Espagne et des Indes.

Puisque nous avons parlé du Lion du royaume de Léon, ajoutons qu'on n'est pas d'accord sur l'origine des armes de Castille. Les uns veulent qu'à la défaite de Miramolin en 1212, c'est-à-dire après la bataille des Naves de Tolose, Alphonse IX en mémoire du Château de Ferral ou du Pavillon du roy More, prit le *Château de trois tours*. Il est probable que ces armes sont plus anciennes et sont des armes prises sur le nom du pays. Dans un ancien sceau du conseil de Castille, on voyait une montagne sur laquelle était posé un *Château sommé de trois tours crénelées* ; et, d'après Garivay, Alphonse IX se servait de ces armes avant la bataille de Muradal ou des Naves de Tolose.

De Alfonse, le sixième roi de Castille, onzième et dernier de Léon, sont sorties quelques familles que nous devons noter ici, parce qu'elles portent les armes de Castille et Léon, brisées de plusieurs manières ; les plus grands noms de l'Espagne s'y rattachent ou en sortent : Manuel, Gijon, Benavente, Niebla, Mendoce, Ognate, Albuquerque, Penafiel, Henriquez, l'Infantado, Castro, Alva, Zuniga, et tant d'autres qui sont le légitime orgueil de la nation.

Alfonse avait eu, outre Henri II de Trastemare, don Tello dont parlent beaucoup les chroniques.

Don Tello fut comte de Castaneda ; il épousa dona Juana de Haro i Lara, de la maison de Biscaye, fille de don Juan Nunez de Lara et de dona Maria de Haro, sans enfants. Il eut, hors mariage, don Juan, mort à Aljubarrota avec Arnaud de Solier ; dona Constança, femme de Juan de Albornez ; dona Isabel, épouse de don Pedro Velez de Guevarra, et dona Juana, qui fut mariée à don Juan Alonso de Baeça. — *Lavana*, Note du Nobiliaire de don Pedro.

La mère du roy Henri II, dona Léonor de Guzman, avait pour frère don Alvar Perez de Guzman, dont est issu don Pedro Nunez de Guzman, la tige de la maison de Guzman.

Dans un Poème sur la Guerre des Mores, le roy don Alfonse a chanté ses enfants :

> Otro pendon leuadares
> De don Tello, fijo mio,
> A tarifa llegaredes
> Asi bos lo mando yo.
>
> E uno fue don Enrique
> Muy apuesta criatura
> El otro don Fadrique
> Sennor de buena ventura.

Alfonse eut aussi don Sanche de Castille, comte d'Albuquerque qui épousa Léonor de Castille, comtesse d'Albuquerque, qui fut reine d'Aragon, et dont la postérité s'est assise sur les trônes de Castille, de Navarre, d'Aragon et des Deux-Siciles.

Le Roi Alfonse eut encore de Léonor de Gusman Don Fadrique de Castille, Grand Maître de Sanctiago dont issit : Alonso Henriquez Almirante de Castille, seigneur de Medina de Rio Seco ; Léonor de Castille, femme de don Diego Sarmiento tige des comtes de Salinas ; don Pedre de Castille, comte de Trastamare qui de dona Isabel de Castro, dame de Lemos, eut sept enfants, entre autres don Fadrique de Castille y Castro qui épousa Aldonça de Mendoce, et Béatrix de Castro héritière de Lemos qui épousa don Pedre Alvarez Osorio, sans prospérité. — Le duc d'Albe de Tormes actuel, don Carlos Fitz James Stuart y Portocarrro Alvarez de Tolède Lopez de Zuniga, etc., 7ª descendant direct de Jacques II roi d'Angleterre, descend aussi de l'infant don Fadrique, frère du Roi Henri II.

La postérité de Henri II de Trastamare, en dehors de la ligne royale de Castille, est aussi profondément enracinée dans les maisons d'Espagne. Il eut de dona Iniguez de la Vega un fils, don Alonzo Henriquez de Castille, comte de Gigon et de Norona, qui ép. Isabel de Portugal, dont il eut dix enfants, entre lesquels don Pedro qui suit ; don Fernand qui ép. Béatrix de Meneses, d'où les marquis de Villareal ; don Sanche comte de Mira, qui épousa dona Mencia de Sosa ou Souza ; don Fernando Henriquez ci-après, qui épousa Blanche de Souza, dont les seigneurs de las Alcaçobas ; don Diego Henriquez, d'où les Henriquez de Séville et de Madère ci-dessous ; dona Béatrice, femme de Ruy Pereira le vieux, dont une fille ép. Ruy Diaz de Mendoce, seigneur de Moron, et une autre dona Isabelle, fut la seconde épouse de Hurtado de Mendoce, premier duc de l'Infantado. — Don Pedro de Norona, l'aîné, eut sept enfants, dont les branches se sont étendues et ont fait alliance avec les maisons de Montemayor, de Bragance, d'Abrantès d'Albuquerque-Penamacor, Ataugia, Çoutino, Correa, Damina, Tabora, Cabral, Acosta, Silveira, Camara, Gama-Vidiguiera, Acuna, Mello de Atalaya, Ribadeneira, Mazedo, Carvallo.— Les deux principales branches, les Henriquez d'Alcazobas et les Noronas de Séville ont formé des rameaux où l'on retrouve : Silva de la Chamusca, d'où sont descendus en Castille les ducs de Pastrana, Medina-Sidonia, et les comtes de Salinas, de Miranda, Mendez de Vasconcelos, Ponce de Léon, et tant d'autres maisons illustres dont il nous semble que l'heure est venue de résumer les généalogies.

NOTE DE LA PLANCHE LIX

Un vieil héraldiste nous confirme dans cette opinion qu'il s'agit ici de Rodrigo de Narvaez, car en 1413, Ferdinand infant de Castille, surnommé l'Infant de l'Antequera pour avoir conquis cette place sur les Mores en 1410, institua un Ordre de Chevalerie, dit en espagnol l'*Orden de la Jarra de Sancta Maria,* pour conserver la mémoire de la prise du château d'Antequera, et, parmi les douze premiers chevaliers ses compagnons honorés de cet Ordre, se trouve Rodrigo de Narvaez.

NOTE DE LA PLANCHE LX

Ce fut en 1034 que le Roy de Navarre, Sance le Grand, érigea le Comté d'Aragon en Royaume en faveur de Ramir « le fils de s'amie » qui épousa Ermesinde, fille de Roger comte de Bigorre, dont il eut, entre autres, pour successeur Sance Ramir, premier du nom, qui s'empara du royaume de Navarre, et qui de Félicie, fille du comte d'Urgel, eut trois fils qui furent rois successivement après lui : Pedro I, Alphonse I, qui mourut en 1134, et Ramir dont la fille Peronnelle épousa Raymond Berenger, comte de Barcelone, qui fut régent du royaume d'Aragon. — Le fils aîné, Raymond Alphonse, fut roy d'Aragon et comte de Barcelone, Comté uni et annexé à la Couronne d'Aragon. Il eut de Sancie, fille d'Alphonse Raymond, roy de Castille et de Léon, plusieurs enfants, entre autres Pedro ou Pierre II qui lui succéda, et Alphonse qui fut comte de Provence, et eut à femme Marie, comtesse de Forcalquier : — Pierre II, 1196, fut marié deux fois, la

première à Béatrix, sœur de Marie comtesse de Forcalquier, dont il eut
Raymond Bérenger ; la seconde à la fille du comte de Montpellier, veuve
du comte de Comenges, dont il eut Jacques ou Jaime I, et mourut en 1213
après la bataille de Muradal. — Jaime I eut de Yolande de Hongrie, entre
autres fils : Pierre III qui lui succéda, Jacques roy de Majorque, et Ferdinand : Jacques roy de Majorque eut un fils Sance qui fut roy de Majorque ;
un fils de Ferdinand, Jacques, fut après roy de Majorque, et eut pour fils
Iacques, qui fut *héritier* de Majorque ou Mayorque, mais dont l'héritage,
repris par son oncle, figure à la planche LX, 4, comme une simple bannière
d'Aragon.

A Jaime I, mort en 1276, succéda son fils Pierre III. qui de Constance,
fille de Mainfroy, eut : Alphonse III, roy d'Aragon ; Jacques II, roy de
Sicile après les Vespres Siciliennes, puis après roy d'Aragon, et dont les
armes sont à la planche LXXI ; Fréderic, roi de Sicile. — Alphonse III,
1285, mort sans hoirs, laissa la couronne à Jacques II, qui de Blanche,
fille de Charles le Boiteux, roy de Naples, eut, entre autres, Alphonse IV
qui suit ; Pedro, comte d'Ampurias, dont les armes sont planche LX, 11 ;
Raymond Bérenger, comte de Prades, pl. LX, 12. — Alphonse IV, 1328,
eut de Thérésa, héritière d'Urgel, Pierre IV qui lui succéda ; Jacques,
comte d'Urgel, dont les armes sont pl. LX, 10, et d'autres.

Pierre IV le Cérémonieux, qui régna cinquante et un ans, eut quatre
femmes : de la 3e, Constance de Sicile, il eut Jean qui lui succéda ; Martin
qui succéda à Jean ; de la 4e, Sibylle de Fortia, pl. LXI, 11, veuve d'Artal
de Fosse, il eut une fille, Isabelle, qui fut comtesse d'Urgel. — Jean I,
1387, étant mort sans hoirs mâles, Martin I parvint à la couronne ; il eut
de Marie, comtesse de Luna, un fils Martin roi de Sicile, mort sans lignée ;
de Marguerite de Prades, il n'eut pas d'enfants et mourut en 1412.

Son successeur fut Ferdinand I, frère de Henri III, roi de Castille, qui,
de Léonor d'Albuquerque, eut : — Alphonse V, roy d'Aragon, mort sans
lignée ; et Jean II, frère d'Alphonse, roy d'Aragon, de Naples, de Sicile,
1458 ; Il épousa d'abord Blanche de Navarre, au droit de laquelle il fut roy
de Navarre, et dont il eut Léonor, reine Navarre ; ensuite Jeanne, fille de
Frédéric Henriquez, dont il eut Ferdinand II ; il mourut en 1479. — Ferdinand II, roy d'Aragon, de Navarre, de Sicile, Mayorque, Sardaigne, de
Castille, de Léon, et de Navarre par usurpation. Il régna trente-sept ans, et
après sa mort les royaumes et provinces d'Espagne, Portugal excepté,
furent réunis en une seule monarchie en la personne de l'empereur Charles-
Quint.

PLANCHE LXIII

1. — Die Coninc van Scotlant. — Le Roy d'Ecosse.

Porte : *D'or au lion de gueules, armé et lampassé d'azur,
enfermé dans un double trescheur flouré et contreflouré de
gueules.* — Le heaume d'argent, la couronne d'or, le volet aux
armes d'Averdael qui est *d'or au sautoir de gueules, au chef
de même*, et pour cimier un léopard de gueules couronné d'or,
tenant en sa dextre une épée haute d'argent garnie d'or, assis, la
queue entre les jambes sur une montagne de sinople. — La
devise d'Ecosse : *In defens, pour ma défense.* La devise des
Stuarts : *Nemo me impune lacessit.*

Les armes anciennes du Royaume d'Ecosse, — dit un vieux blasonneur,
Noublanche, — scavoir depuis Fergus qui en fut le premier Roi, l'an 330
avant l'Incarnation, jusques au Roy Achaïe, estoient : *d'or au lion de
gueules, armé et lampassé d'azur.* — Palliot dit aussi : « *Au lion de
gueules* que Fergus, dont les Ecossois font leur premier Roy, met *sur son
écu d'or*, 330 ans avant l'Incarnation de notre Rédempteur, ils ont ajouté
le *double essonier ou trescheur flouré et contreflouré de gueules*, duquel
Charlemagne permit à Achaïus d'enfermer le Lion de ses armes, pour mémoire à la postérité de l'alliance offensive et défensive envers et contre tous
qu'ils contractèrent entre eux et leurs sujets l'an 809. »
Mais, de son côté, le P. Ménétrier rapporte, d'après Nicot, que « l'enseigne de Charlemagne estoit toute déployée *d'azur à fleurs de lys toute
semée my-partie d'Allemagne*, et la bannière estoit *d'or à un lion rampant
de gueules au tressoiler double*. Ce sont maintenant les armes d'Ecosse,

que quelques historiens disent avoir esté données à ce pays par Charlemagne l'an 809, le Roy d'Escosse ayant fait alliance avec cet Empereur. Ainsi le lion n'aurait pas esté le symbole de Fergus, premier roy d'Escosse (comme ils nous le veulent persuader), auquel l'Empereur eut seulement adjouté le trescheur fleurdelisé ; mais il y aurait apparence qu'il luy eut esté donné de cette sorte peut-être en luy donnant cette enseigne pour conduire les troupes auxiliaires qu'il avoit amenées à l'Empereur. »

Dans le Grunenberg de M. le Comte Stillfried d'Alcantara, le Lion de l'écu est *couronné d'azur*, ainsi que celui du cimier qui n'est plus un léopard. Pl. XXII. — « Le Trescheur est un orle fleuretté comme une tresse ou dentelle. On a dit autrefois *tresche* pour tresse, tressoüer, trescheur ; les Anglais disent *tressure*. Un ancien ms. blasonnant les armoiries d'Ecosse, dit : d'or à un lion de gueules langué et double tressouer alezé, fleuré, couronné dedans et dehors de mesme. » — *Menetrier.*

Ce sont les armes de David Bruce fils de Robert Bruce, *Magnificus Princeps Rex Scotorum. Rymer IV.* — « David le Bruiss fitz Robert le Bruiss naguers Roy d'Escosse. » *Chron. London*, 61. Roy de 1329 à 1371. — « En ce temps le Roy Edouart d'Angleterre et Henri Duc de Lenclastre et Robert d'Artois o les Angloiz entrèrent en Escosse. Le roy David o les Escos leur vindrent à l'encontre. La out moult forte bataille et furent les Escos deconfiz et le Roy Edouard out victoire et prinst Brues et pluiseurs chasteaulx. — « Sa femme estoit sœur du Roy Edouart. — « La eut grande bataille et dure car Escot sont moult bonne gent et dure, et qui, pour ce temps héoient trop les Englés pour les grans dammaiges qu'il leus avoient fais, et si estoient adont là grant fuisson, si les amiroient petit. Et fu là pris li roys David d'Escoce. [Nevil-Cross, 1346] » — « Le 7e jour de may l'an 1373, trespassa de ce siècle en la ville de Haindebourc li rois David d'Escoce, et fut ensevely dans l'abbaye de Domfremely moult reveremment delis le roy Robert de Brus, son père. Deluy ne demoura ne fils, ne fille ; mais fut roy, par droite succession, un sien nepveu, nommé Robert, qui estoit Seneschal d'Escoce : grant homme estoit et beau chevalier, et avoit onze fils. »

Les Princes qui se sont disputé le trône d'Ecosse de la fin du XIIIe siècle jusqu'à la fin du XIVe et l'ont occupé sont : Jean Baillol, 1292 ; — Robert Bruce I, 1306 ; — David II, 1329 ; — Edouard Baillol, 1396, fils de Jean ; — David rétabli, 1342 ; — Robert II, 1371, fils de Watier ou Gauttier Stuart ; — Robert III, ou John Stuart. — Ce sont donc aussi les armes de ce roy Robert II Stuart, neveu de David Bruce de 1371 à 1390, à qui succéda Robert III auparavant John, comte de Carric dont nous verrons les armes ci-après.

Nous avons fait reproduire la généalogie des Rois d'Ecosse en trois planches d'après un recueil de la Bibliothèque Mazarine à Paris, et nous remercions publiquement ici les éminents Conservateurs de ce précieux dépôt, MM. Baudry et A. Francklin, de leur bienveillance à nous y autoriser. — Les trois portraits qui ornent ces planches semblent gravés par Woëriot.

2. — G.T DE ROS. — COMTE DE ROS.

Portoit : *D'Ecosse à la fasse echiquetée d'azur et d'argent brochante sur le tout.* — Le heaume d'argent et pour cimier une tête et col de sanglier de gueules, formant un camail decoupé sur le heaume, défendu et miraillé d'argent et portant la face échiquetée de l'écu comme un large bourlet entre deux rondelles de sinople emmanchées de deux écots de même issantes de la face.

Le comté de Rosse, dit Noublanche, a été possédé par quelques princes du sang royal d'Ecosse, puis réuni à la couronne, ensuite apanage du deuxième fils du roy. — Hugh, comte de Ross, tué à Halidon-Hill, 1333 ; sa fille Euphemie épousa le roy Robert II ; son fils *William, comte de Ross,* justicier d'Ecosse en 1344, mort en 1370, et dont la fille Euphemie épousa sir Walter Leslie qui fut reconnu comme comte de Ros en 1379. *Douglas, Peerage of scotland.* Après la mort de Walter Leslie, le roy Robert II donna le comté de Ross à son fils Alexandre Stuart de Batenoch.

Dans Froissart, on rencontre le comte de Ros dans l'invasion qui a précédé la bataille de Nevill-Cros : — Or avint, entreus que le roy englès ot aségié Calais, que ceste trième estoit jà passée et acomplie. Adont le roy d'Escoche qui sentoit le roy englès hors de son païs et le royalme d'Engleterre wit de gens d'armes (car tout ou en partie estoient avecque le roy devant Calais ou avecque le conte d'Erby en Gascongne), sy s'avisa le roy d'Escoche par l'enhort de ses hommes qu'il feroit une grant armée pour aler en Engleterre et ardoir et exillier tout le païs sy avant qu'il pouroit chevauchier en Engleterre, et feroit le roy englès rompre son siége de devant Calais ; car ossy il en estoit durement priés er requis du roy de Franche, à qui il avoit grant alianches et grant faveur d'amour. Se fist ledit roy son

espécial mandement et une grant asamblée à estre à le Saint-Jehan ensiévant tous à celle assamblée, et y furent cil signeur que je nommeray, premiers le conte Patris, le conte de Moret, le conte de Douglas, messire Archebaus Duglas, ses cousins, messire James Douglas, leur oncle, le conte d'Orquenay, le conte d'Astreverne, *le conte de Rose*, le conte de Fy, le conte de Surlant, le conte de Bosquem. messire Robert de Versy, messire Simon Fresiel, Alexandre de Ramesay, tant qu'il furent bien II^m lances et XVII^m hommes sur haghenées ; car toutes les basses gens d'Escoche ont haghenées, quant il vont en l'ost. » XVII, 228.
— Voyez à la planche suivante Walter Leslie et Alexandre Stuart.

3. — G.T. DE CARRIC. — COMTE DE CARRICK.

Porte : *D'Ecosse, au Lambel de trois pendants échiquetés d'argent et d'azur.* — Le heaume d'argent vermeil, le bourlet d'argent et d'azur, et pour cimier une tête et col de lion de gueules, lampassé d'azur, allumé d'argent, dont le bas forme un chaperon decoupé entre deux demi-vols d'or en aigrette.

Les chaperons dit le Père Ménétrier se portaient souvent sur le casque, et c'est de là qu'est venu l'usage du bourlet qui l'attachoit et celuy de ces pentes que nous voyons autour du casque.

Ce sont les armes de John qui porta le nom de Comte de Carric du vivant de son père, avant 1371, et qui sous le nom de Robert III, succéda à Robert II Stuart, son père. — M. Kervyn d'après un passage de Froissart, dit qu'il fut fait Chevalier devant Bervick en 1378 : j'en doute ; celui qui fut fait Chevalier ce jour là est, je crois Robert, depuis duc d'Albanye et David son frère uterin.

4. — G.T. DE VIVE. — COMTE DE FIFE.

Porte : *D'or au lion de gueules armé et lampassé d'azur.* — C'est le lion d'Ecosse sans le trescheur, c'est à dire « les anciennes armes d'Ecosse depuis Fergus qui fut le premier Roi l'an 330 avant l'Incarnation jusques au roy Achaie ».

« Les Comtes de Fife, dit M. Kervyn, possédoient depuis les temps les plus anciens, deux privilèges sans doute inséparables à leurs yeux, celui de conduire les Rois d'Ecosse au trône et de placer la couronne sur leur front, et celui de commander, les jours de bataille, l'avant garde de l'armée ».

A Nevil-Cross en 1346 « le Conte de Fy qui étoit dans la bataille du Roy David d'Ecosse, et fut fait prisonnier », est Duncan; mais quand les Ecossais entrent en Angleterre, quelques jours avant la bataille d'Otterburn, juillet 1388, « les plus sages et les plus usés d'armes parlèrent : ce furent messire Arcembaut de Douglas, le conte de Fy, messire Alexandre de Ramsay, messire Jehan de Saint-Clar et messire Antoine, et messire Jaques de Lindesée » : ce n'est plus le même conte de Fife, c'est Robert Stuart, Conte de Fife, second fils du roy Robert II, qui fut créé ensuite duc d'Albany, apanage du deuxième fils du roy d'Ecosse jusqu'à la fin du dix septième siècle, M. Kervin dans ses Notes du·t. XIII, dit : « Une grande assemblée avait été tenue à Edinbourg. Il y fut resolu qu'une armée placée sous les ordres du *comte de Fife*,, second fils du Roi, se reunirait à Yelthom ». C'est lui que le comte de Douglas arma chevalier : — « Les Escochois qui estoient sur les camps assés près des Englès, se ordon‑nèrent et se rengièrent, et firent quatre batailles. En chacune avoit VI^m hommes, et se mirent tous à pied, et leur chevaulx derière yaulx. En la prumière bataille estoit le sire de Douglas ; en la seconde le conte de Moret, le conte Patris, le conte de Mare ; en le tierche, le conte d'Orkenay et le conte de Rose ; en la quatriesme le roy David d'Escoche, le conte d'Astreverne, [Strathern], le conte de Fy, [Fyfe], le conte de Boskem, le conte de Surlant, l'évesque de Bredane, l'évesque de Saint-Andrieu, messire Robert de Versy, messire Simon Fresiel, et estoient ces deus chevaliers delés le roy et à son frain, et portoit à ce dont le souveraine banière du roy Alexandre de Ramesay, ung très bon et vaillant homme d'armes », 1346. — XVII.

Une Charte d'avril 1340 est contresignée: In cujus rei testimonium hanc cartam nostram eidem fieri fecimus, sigillo nostro signatam, hiis testibus, Henrico de Bello Monte Comite de Bogham, David de Strabolgi comite Atholliae, Duncano comite de Fyf, Gilberto de Umfrevill, comite de Angous, Richardo Tallebot, Henrico de Ferrariis, Alexandre de Montbray, Eustacio de Maxewell, militibus et multis aliis. — *Rymier*.

Des Lettres de protection furent accordées au comte de Fyf pour aller chercher sa rançon en Ecosse : — Rex, omnibus Ballivis et fidelibus suis, salutem ; sciatis quod, cum Duncanus Comes de Fyf, prisonarius noster in

Turri nostra Londoniae, ab eadem ad partes Scotiae pro redemptione suâ
quaerendâ, de licentiâ nostrâ, et abinde usque Turrim nostram praedictam
redeundo, in protectionem et defensionem nostram necnon in salvum et
securum conductum nostrum, etc. — *Rymer*, III, 52,

5. — G.T   A   STRADERE. — COMTE DE STRATHERN.

Porte : *d'Ecosse chargé d'un chevron de gueules, et la face
échiquetée d'azur et d'argent* qui est de Stuart.

David Stuart, comte de Strattearn, fils du Roy Robert II et d'Euphemie
de Ross, fille de Hugh comte de Ross et de Strathern. Il fut armé Chevalier
par Douglas devant Berwick : « La fist li contes de Douglas son fils messire
Jame Chevalier, et lui fist lever banière; et la fist-il Chevalier deux des fils
le Roi d'Escoche, messire Robert et messire David, et tout doi levèrent
banière, et y eut fait sur le place environ trente Chevaliers de le partie des
Escos et ung chevalier de Suède qui s'appeloit messire Jorges de Wesmède,
et porte *d'argent à un fier de molin de gheules à une bordure endentée de
gueules* et crie : « Mesonde ! » IX, 40.

Le comte de Fife [qui précède] ayant avec lui Archibald, seigneur de
Galloway, et les comtes de Sutherland, de Meinteith, de Marr et de Stra·
thern traversa le Liddesdale et se dirigea vers Carlisle. » *Kervyn*. — To his
second wife King Robert married Euphemie daughter of hugh earl of
Stratern and by her had two sons, whereof David had the litle of earl of
Stratern, and Walter that of Earl of Athol. » *Banks'*.

On trouve dans les Actes de Rymer, t. II, des Lettres de sauf-conduit
données au nom du Roy Edouard III à David Styward comte de Strathern.
1373.

6. — G.T A. DOUGLAS. — COMTE DE DOUGLAS.

Porte : *Ecartelé, au 1 et 4 d'argent au cœur de gueules,
au chef d'azur chargé de trois étoiles d'argent* qui est de
Douglas ; *au 2 et 3 d'azur à la bande d'or accompagnée de six
croisettes recroisétées au pied fiché de même, posées en orle,*
qui est de Marre. — Le heaume d'or taré de deux tiers, le

ɔourlet de sable et d'argent, et pour cimier une large touffe de plumes d'autruche d'argent garnie en dehors de sable, posée en éventail et issante d'un cornet évasé de gueules, garni, crevé ou diapré des plumes de l'éventail.

Entre tous les Douglas, il nous est facile, à l'inspection des armoiries, de distinguer ici Jacques de Douglas, fils de Guillaume premier comte de . Douglas et de Marguerite de Mar. Il fut armé Chevalier par son père, avec Strathern qui précède. Il épousa Euphemie fille de Robert Stuart d'Ecosse et fut tué en août 1388 à la bataille d'Otterburn. — « Le comte James de Douglas qui estoit jeune et fort et de grant voulenté et qui moult désiroit à avoir grace et loenge en armes, fist sa banière passer avant en escriant : Douglas ! Douglas ! Les Anglois furent si fors qu'ils reboutèrent bien avant leurs ennemis. Le comte James de Douglas qui estoit de très haulte emprinse, senty que ses gens reculoient. Adont pour recouvrer terre et pour monstrer vaillance de Chevallier, il prist une lance à deux mains et se bouta ès plus drus, et fist voye devant luy et ouvry la presse.. et tant cela avant sans mesure ainsi que ung thorel.., que il fut rencontré de trois lances attachiées et arrestées en venant tout d'un coup sur luy, l'une en l'espaule, l'autre en la poitrine, l'autre en la cuisse. Oncques il ne se sceut destachier, ne oster de ces horions, que il ne feust porté à terre et des trois lances navré perilleusement et, depuis que il fut à terre, point ne se releva...» XIII, 220. — « Je, acteur de ceste histoire, chevauchay parmi le roiaulme d'Escoce et fus bien quinze jours en l'ostel du conte Guillemme de Douglas, père de ce conte James dont je parle présentement en ung chastel a cinq lieues de Haindebourg, que l'on dist ou pays Dalquest ; et ce conte James, je l'avoie veu, jeune fils et bel damoisel et une sienne suer que on appeloit Blance. » XIII, 218.

Les Douglas se sont divisés en plusieurs branches. On en trouve en Suède : — « Wilhelm Douglas, baron de Wittingham, épousa sa cousine Christine Dumbar, fille de Patrick Dumbar. baron de Wittingham. — Dans l'Armorial officiel de Suède, Douglas est parmi les Comtes ; il a gardé sur le tout de ses armes *le cœur de gueules* dans une rose, et *un chef d'azur à trois étoiles d'argent*. Et pour un de ses cimiers une salamandre.

Voyez aux notes ci-après.

7. — G.T. DE MAERTLE. — COMTE DE MARCH.

Porte : *de gueules au lion d'argent, à la bordure de même,
chargée de huit quintes feuilles de gueules.* — Le heaume
d'or taré de profil, la couronne de gueules, le volet découpé de
sable, et pour cimier une tête et col de cheval gris ou de sable,
animé et lampassé de gueules, harnaché et bridé de même et
portant sur la muselière une houppette de sable. — Ces armes
ont formé plus tard le second quartier d'Albanye.

Le comte de March était présent quand Jean de Vienne descendit dans le
Northumberland : — « Quand li rois [Robers d'Escoce] fu venu en Haindebourc, chil baron de France se traissent devers luy et s'aquintièrent de ly,
enssi comme il appartenoit et que bien le savoient faire, et estoient avoec
eux à ces aquintances li contes de Douglas, li contes de Mouret, *li contes
de le Marce,* li contes de Surlant et pluiseurs autres. Là requist li amiraulx
et pria au roy que, sus l'estat pour quoi il estoient venu ou païs, on luy
acomplesist, et dist que il voloit chevauchier en Engletière. Li baron et li
chevalier et escuier d'Escoce, qui se désiroient à avanchier, en furent tous
resjoy, et respondirent que, se à Dieu plaissoit, il feroient un tel voiage où
il aroient honneur et proufit. Li rois d'Escoce fist son mandement grant et
fort, et vinrent à Haindebourc et là environ au jour qui asignés y fust, plus
de XXX mille hommes et tout as chevaux ; et ensy que il venoient, il se
logeoient à l'usage de leur païs et n'avaient pas toutes leurs aises. » X, 377.

Si le comte de March est placé ici à côté de Jacques de Douglas, c'est que
Gelre a dû les voir côte à côte, sur les frontières d'Ecosse, à la veille de
quelque bataille. C'est Georges, ayant près de lui Guillaume et Patrick
de Dumbar et de March. « Au jour de l'assignation qui fut faitte a Gedours,
vindrent tout premièrement le conte James de Douglas, messire James conte
de Mouret, le conte de la Mar[ch]e et de Dombare, messire Guillaume
de Fy[fe], messire Guillaume conte de la Marche, messire Guillaume de
Lindesée et messire Jaques son frère, messire Thomas de Versy, messire
Alexandre de Lindesée, messire Jehan de Zodelans [Sandelans], messire
Patris de Donbare, messire Jehan de Saint-Clar, *messire Patris de Fohopbourne* [Hopburn], messire Alexandre de Ramesay et messire Jehan son
frère... et moult d'autres chevaliers et escuiers d'Escoce. » XIII, 210. — Il

faut se garder de confondre ces trois chevaliers : Le premier est George de
la March et de Dumbar, qui figure ici sous les présentes armes, dont le
frère Jean épousa Marguerite Stuart sœur de Robert III, et chez qui
Froissart trouva un accueil si hospitalier ; le second Patrick de Dombar et
de March, à qui d'autres ont donné les armes de Patrick de Hopburn dont
le cimier, *une tête de cheval de gueules*, se trouve à la planche LXV ci-après :
Le vieux Favin l'appelle Patach de Dombard.

Un sauf-conduit fut accordé par Edward III au Comte de Marche pour
activer le rachat de David Bruce : Rex, custodibus Marchiarum Regni, etc.,
salutem : Sciatis quod suscepimus in protectionem et defensionem nostram,
necnon in salvum et secutum conductum nostrum, Patricium de Dumbarre
Comitem Marchiae, veniendo cum quadragenta Equis et sexagenta Personis
Equitibus et Peditibus, cujuscumque conditionis fuerint, ad villam de
Berewico super Twedam, etc. 1358. — *Rymer*, III.

8. G.T DE MAR. — COMTE DE MAR.

Porte : *D'azur à la bande d'or accompagnée de six croisettes recroisetées au pied fiché de même.* — Le heaume
d'argent taré de profil, le chapperon de gueules, le bonnet de
même retroussé d'argent et pour cimier un double vol banneret
armoyé des émaux et pièces de l'écu.

Comte de Mar, Mare, ou Marre. — Thomas de Mar, dont le comte
Guillaume de Douglas avait épousé la sœur, fut un otage du roi d'Ecosse ;
a été chanté par Froissart dans le *Buisson de Jonèce.* — Thomas, comte
de Mar, fils de David, dit M. Kervyn, occupant en 1358 la charge de
Chambellan d'Ecosse ; il épousa : 1 l'héritière de Menteith ; et 2 Marguerite
fille aînée de Thomas Stuart comte d'Angus ; il mourut sans postérité et
ses titres passèrent à sa sœur Marguerite.

Encore un compagnon des deux précédents Chevaliers à la bataille
d'Otterburn. « Le conseil fu accordé et tenu, et ordonnèrent que messire
Arcembaut de Douglas, le conte de Fy, le conte de Mouret, le conte de la
Mare, le conte d'Astraderne, messire George de Dombare.. et bien sèze
barons d'Escoce menroient toute la plus grant partie de l'ost devers Carlyon ;

et le Conte de Douglas, messire George Conte de Dombarre, et le Conte Jehan de Mouret, ces trois seroient capitaines de trois cens lances de bonnes gens et d'eslitte .. » XIII, 207.

« Or entendy ledit messire Guillame que le roy d'Engleterre estoit oultre passés à Calais sur entention de guerrier François, et avoit tout son pouvoir avecques luy, parmy che que le prinche de Galles en avoit mené une grant partie en Gascongne. Sy dist en soy-meismes qu'il volloit resveiller ses ennemis. Sy s'avisa où premier il feroit son emprise, et s'en descouvry à son serouge qui sa sœur il avoit, *le conte de la Mare*, et à ung sien cousin monsigneur Archibault Douglas, vaillant homme, et leur dist qu'il avoit aviset d'esquieller et de prendre par fait d'armes tout en une nuit le bonne chité de Bervich et le castiel de Rosebourcq, qui jadis fu de leur yretaige. » XVII, 307.

On trouve les armes de Mar, ci-devant, aux écartelures de Douglas. On les trouve aussi, dans divers armoriaux, écartelées de Erskine pour Jean, Comte de Marre et de Carrick, seigneur d'Erskine et Breiching. — Plus tard, Jean Stuart, troisième fils de Jacques II roi d'Ecosse eut pour son apanage le comté Marre, des armes duquel il a chargé le tout de ses armes.

En 1359, un sauf conduit est accordé au Comte de Marr par Edward III : — Rex etc, salutem. Sciatis quod, cum nobilis vir, Comes de Marr, de Partibus Scotiæ in Regnum nostrum Angliæ, in comitivâ David de Brus, Prisonarii nostri, de licentia nostra, jam venerit, et in eodem moretur, etc· *Rymer* III 177.

En 1359 : Ceste Endenture faite entre très excellent Prince Sire Edward par la grace de Dieu, Roy d'Angleterre et de France, d'une part et Thomas, Counte de Mar d'autre part, — temoigne que ledit Counte est demorrez devers ledit Roy et lui ad fait homage-lige countre toutes les persones du mound, horpris tant soulement la Persone de Sire David de Bruys son Signur, — et ledit Counte servira loialment, tant comme il vivera ledit Roy d'Engleterre, et ses heirs, en ses guerres et ailleurs contre toutes parsones, hors prise la persone du dit Sire David, tant come il fait son devoir envers lui. *Rimer* III 179.

En 1359, à propos de sa rançon, David Bruce écrivit des Lettres obligatoires : En témoignance de queles choses nous avons fait mettre nostre signet en absence de nostre grant seal, et aussi noz très chiers et fealx : Thomas comte de Marr nostre cousyn, Robert Herskyn, et Hugh Engelton, chivalers, ount mys lour sealx aus presentes, en evidence des choses dessusdites. — *Rymer* III 179.

9. — KIIR.. DE MAN. — SIRE OU ROY [DE L'ILE] DE MAN.

Porte : *De gueules à trois houssestes ou jambes maillées d'argent, garnies et éperonnées d'or, posées en pairle ou plutôt aboutissant en cœur de l'écu* ; « *Gules, 3 mens legs armed proper, conjoined in fesse point at the upper part of the thighs, flexed in a triangle, garnished and spurred, or* ».

Ces jambes sont appelées *heuses* ou *houssettes* ; leur forme a varié selon la mode et le temps. On les trouve non garnies de mailles mais de cuissards, blassonnées de même. Elles ont formé le 3e quartier d'un duc d'Albanye. Dans Palliot, « Jean Stuart, comte de Buchnam en Ecosse, duc d'Albanye et connétable de France sous Charles VI, portoit sur le tout de ses armes : de *gueules à trois houssettes d'hermines éperonnées d'or* ; » mais ce que Palliot prend pour des *hermines* n'est autre chose que les *mailles* fort exactement figurées ici par Gelre.

Francisque Michel blasonne d'après des figures du XVIIe siècle : *de gueules à trois houssettes* ou jambes bottées d'hermines *éperonnées d'or, aboutissant au point d'honneur de l'écu.* On en voit la figure dans le ms. de Noublanche.

Le Sire de Man a été de 1340 à 1395, William Montacute, ou Guillaume de Montagu, créé comte de Salisbury, couronné Roi de l'Ile de Man en 1342, petit-fils de Simon Monteacute, issu des anciens Roys de Man. — « De 1333 à 1335, dit M. Kervyn, les *Patent Rolls* constatent plusieurs dons faits par le Roi à Guillaume de Montaigu ; en 1333, ses droits sur l'Ile de Man sont reconnus. » Et cependant dans ses Commentaires de Froissart, M. Kervyn attribue à Mohun tout ce qu'a fait *le Sire de Manne.* Ainsi, *le Sire de Manne,* par exemple, était à Poitiers : Et le sire ou Kiire de Man, où était-il ? Il y a beaucoup de confusion ; mais, si « le sire de Manne » était à Poitiers, il s'appelait Guillaume de Montagu, et y fut fait prisonnier. Espérons que les historiens Ecossais éclaireront ce point trop obscur : « Les généalogistes anglais n'indiquent aucune solution. »

10. — G.T DE MORREF. — COMTE DE MORAY OU MURRAY.

Porte : *d'argent à trois quarreaux ou coussins houppés de gueules posés deux et un, dans un double trescheur flouré ou*

contre flouré de même ; ou, *d'argent au double essonier fleuretté et contrefleuretté de gueules environnant trois sachets
houppés de même.* — Le heaume d'or, le volet d'argent, la
couronne d'or et pour cimier une tête et col de cerf [d'argent
colleté de même] bouclé d'or, lampassé et allumé de gueules,
sommé de huit cornichons d'or.— Son cry : *Mouret au conte !*

Froissart appelle les *sachets* ou *carreaux* des *oreilliers ;* et un manuscrit
de la Bibliothèque Mazarine donne une figure de ces *sachets* ouverts
comme des *aumonières.*

« Le conte de Mouret qui s'armoit *d'argent à trois oreillies de gueules.* »
II, 132.

A la prise de Berwich, 1333 : « Celle nuit, enssi c'a soleil esconssant, se
parti li jovènes messires Guillaume de Douglas et li jovènes contes de
Moret, et messire Robers de Versi et messires Simon Fresel, a bien CCCC
armures de fer bien montés et bien abillyés et chevauchièrent. » II, 264. —
Si estoient en le compaignie dou roy d'Escoce li contes Patris, li contes de
Moret, li contes de Douglas « à la bataille de Nevill-Cross. » Encores en ce
jour furent pris li contes de Mouret, li contes de la Marce, messires Guillaume de Duglas, messire Archebaus de Duglas, messire Robers de Versi,
li évesque d'Abredanes et li evesques de Saint-Andrieu et pluiseur aultre
baron et chevalier. V, 128. — « En ce temps fu amenés en Engleterre
messires Charles de Blois qui s'appelloit duc de Bretagne, qui avoit esté
pris devant la Roce-Deurient : si fu mis en courtoise prison ens ou chastiel
de Londres, avoecques le roy David d'Escoce et le conte de Mouret. V, 223.
— A la bataille d'Otterburn « le conte Jehan de Mouret, sa banière et ses
gens entour lui, se combatoit moult vaillamment et reculoit Anglois sur
leur encontre et leur donnoit moult à faire et tant que ils ne savoient bonnement auquel entendre. » XIII, 222. — Il fut parmi les vainqueurs de cette
journée : « Dessoubs la banière du conte de la Mare et de Dombarre fut
prins cest escuier de Gascoigne et prisonnier au conte Jehan de Chastel-
neuf, et dessoubs la banière du conte de Mouret fut aussi prins gascoing
Jehan de Cantierain. » XIII, 235.

Voyez à la planche LXV d'autres Morref-Murray-Mouret avec d'autres
armes.

Rymer [voyez plus loin Le Seneschal] dit : « Thomas frère et héritier de
Jean », en 1351. — Et en 1357 : Lors du traité pour la délivrance de David

d'Ecosse, Edward III dut choisir trois ostages entre les seigneurs de soutz escripts, c'est assavoir, le Seneschal d'Escou, les countes de la Marche, de Marre, de Rosse, de Angus, et de Sotherlande, le seigneure de Douglas, et Thomas de Murreve. » — *Rymer*, III.

C'est donc à Jean, frère de Thomas, que se rapportent ces actes qui suivent et que nous trouvons dans Rymer.

En 1340, — Rex vicecomiti Eborum, salutem, cum nos... ad tractandum et tractandum pro nobis et nostro nomine, cum quibusdam hominibus de terra Scotiae, amicis *Johannis comitis de Murref*, in Scotia nuper de guerra capti, etc. *Rymer*, II.

En 1340, — Ceste endenture faite à Bilibrig, le primer jour d'augst, les seigneurs de Parcy, Moubray et Nevill d'une part, et monseur Patrik de Dunbarr counte de la Marche, monseur Alisandre de Seton, monseur Williame de Lemyngton, sire Williame Bullok, de Renaud More, d'autre part, tesmoigne que, mesme le jour et lieu, fuste accorde que le dit Counte de le Marche, monseur Alisandre de Seton, monseur Williame de Lemyngton, Johan Stiward, fitz monseur Alain Stiward, et Patrick Heryng demoerent ostages deinz la terre d'Engleterre, pur monseur *Johan Randolph counte de Mureve*. que ad conge d'aler en la terre d'Escoce entre ses amys, illoeques d'assaier et taster lour volontez touchant sa delivrance..., etc. *Rymer*, II.

En 1340, — Confirmation par les envoyés anglais pour la mise en liberté du *conte de Murref*. — Le Roy as touz ceux..... Sachez nous avoir veu et regarde une endenture faite entre les seigneurs de Percy, Moubray, Nevill et Patrik de Dunbarr counte de Marche, Alisandre de Seton, William de Lemyngton, William Bullok et Renaud More... ratefions et confermons. — *Rymer*, II.

En 1341, — Sauf conduit donné au Comte de Murref pour négocier ses affaires au delà de la mer : Rex universis et singulis admirallis. etc., cum *Johannes comes de Murref*. nuper de guerra captus, et infra Regnum nostrum Angliae detentus sub custodia Carcerali et jam pro quibusdam obsidibus de terra Scotiae, pro eodem comite redditis, deliberatus, cum vigenti hominibus, equitibus, etc. — *Rymer*, II.

En 1341, — Pour son départ, un autre sauf conduit lui fut donné : Rex universis, etc., salutem. Cum *Johannes Randolf, comes de Murrief*, nuper de guerra captus, et infrà Regnum nostrum Angliae sub carcerali custodiâ detentus, et jam a custodia praedicta sub certâ formâ dimissus cum duodecim hominibus equitibus, ad partes Scotiae in proximo se divertat, ibidem

per tempus aliquod moraturus..., suscepimus, etc. — *Rymer*, II. — Pour
son retour, même année 1341, il eut encore un sauf conduit : — Rex universis, etc., salutem. Cum *Johannes Randolf comes de Mureff*, nuper de
guerra captus..., detentus, et jam a custodia praedicta sub certa forma
dimissus, et Willielmus de Lemyngston miles.. a partis Scotiae in Angliam,
ad retrandum corpus praedicti comitis in prisonam, a quâ sic dimissus ex-
titit.... suscepimus, etc. — *Rymer*, II.

11. — G.T A DE VE LENOS. — COMTE DE LENOX.

Porte : *D'argent au sautoir de gueules accompagné de
quatre quintesfeuilles de même percées.* .

Melchior Lennox, cinquième comte de Lennox, succéda à son père
Malcolm vers l'an 1292. Il prit une part active dans les guerres avec l'Angleterre et fut tué à la bataille de Halidon-Hill en 1333. Il laissa deux fils,
Donald qui fut son successeur, et Murdoch. Donald, sixième comte,
n'ayant non plus que son frère d'héritier mâle, la succession revint à sa
fille unique Marguerite, mariée à Walter de Faslanc, qui prit le titre de
Dominus ou seigneur de Lennox ; leur fils sir Duncan Lennox fut reconnu
de nouveau comme comte par Robert II, 1380-1383. V. *Douglas, Peerage
of Scotlands*.

D'après un manuscrit de Voët : « Alexandre Stuart, frère de Robert II,
épousa Marguerite, fille et héritière de Robert Stuart, sir d'Arnley, comte
de Lenox, qui portait *d'argent au sautoir de gueules et quatre roses de
même*. Alexandre Stuart eut pour fils Jean Stuart, sir d'Arnley, connestable
d'Ecosse, qui obtint du roy de France Charles VI, la terre d'Aubigny et le
comté de Dreux.

Nous trouvons dans un ms. de Noublanche que, plus tard, Jacques
Stuart, duc de Lenox, comte de Darnley, Amiral et Grand Chambellan du
Royaume d'Ecosse, Duc de Richmond, Grand-Maître et Gouverneur des
Cinq-Ports d'Angleterre ; et Henry Stuart, Duc d'Albanie, fils aîné de
Mathieu Comte de Lenox, à cause de la Reine Marie Stuart sa cousine,
ont porté, sur le tout de leurs armes, l'écu de Lenox avec *sautoir de gueules
engreslé*. D'autres Seigneurs d'Aubigny, de la maison de Lenox, ont aussi
porté sur le tout de leurs armes l'écu de Lenox, avec le sautoir de gueules
engreslé. Cependant, dans un des beaux manuscrits de la Bibliothèque
Mazarine, à Paris, nous trouvons plusieurs fois, pour le Comte de Lenox,
le sautoir de gueules *sans engreslure*.

2. — AVANDERDEEL. — AVERDAEL.

Porte : *D'or au sautoir de gueules, au chef de même.* — Le heaume d'argent, le mantelet armoyé des émaux et pièces de l'écu, la couronne feuillée ou diaprée d'argent et pour cimier un dextrochère de carnation vestu de gueules.

On ne saurait trop remarquer avec quel art, quelle harmonie de coupe ou de taille sont disposés les costumes, ou plutôt les cimiers du quatorzième siècle. *Le vestu* d'Averdael c'est-à-dire *la manche* de gueules, s'adapte sur le heaume ou elle est fixée par une couronne de feuilles, et c'est le bout de la manche qui, par sa disposition, forme du chef un chaperon, et du sautoir un bavolet.

Le blason d'Averdael se trouve au cimier du Roy d'Ecosse. Ce sont les armes de Robert Bruce ; il se voit 25 ans plus tard aux armes d'Albanye. Dans Noublanche, Thomas Bruce comte d'Elgin, seigneur de Kinlosse les porte *ecartelées d'or au lion de gueules armé et lampassé d'azur.* En remontant d'un siècle, l'un des quatre Chevaliers qui accompagnèrent le Roy d'Ecosse au Tournoi de Compiègne est Richard de Bruse-Averdael. — On trouve aussi plus tard les emaux intervertis : *de gueules au sautoir d'or au chef de même.*

Voyez aux Notes, ci-après.

———

PLANCHE LXIV

1. — G.T a Karric. — Comte de Carrick.

Porte : *D'argent au chevron de gueules.*

A la planche LXIII se trouve Jean Stuart comte de Carric ; ici ce sont les anciennes armes de Karric, que nous retrouvons dans un manuscrit de la Bibliothèque Mazarine à Paris. H 1857. — « Or vous nommerai les deus prelas et les chinc Chevaliers, l'évesque de Saint-Andrieu et l'évesque d'Abredane, messire Jame Douglas, frère a messire Guillaume qui porta le coer dou roi Robert de Brus en Grenade et la morut, messire Arcebaus Douglas, son fil, le Comte de Quarrich, messire Robert de Versi et messire Simon Fresiel. » II, 277. — M. Kervyn dans ses notes, X. 542, en parlant d'une trève, dit : « Le 12 juillet 1383, le duc de Lancastre et le comte de Carrick se réunirent à Morehouslan (la Mourlane de Froissart) ; il fut convenu que de part et d'autre on repareroit les dommages causés aussi bien au château de Werk que dans le comté de March. » Peut-être ce passage se rapporte-il a John Stuart.

2. — G.T a Straderen. — Comte de Strathern.

Porte : *D'or à deux chevrons de gueules.*

Nous avons retrouvé ce nom et les armes dans un manuscrit de la Bibliothèque Mazarine à Paris. Un comte de Strathern se trouve déjà à la planche précédente avec les armes de Stuart, pour David Stuart un des fils du Roy Robert II et d'Euphemie de Ross. Ici, ce ne peut être que Malise IV

de Strathearn, fils de Malise III qui épousa Marie fille de sir John Comyn
de Badenoch, et fut prisonnier à la bataille de Dunbar en 1299. « Le roy
Edward prist le serment de les Escoce à Weimoutier, que jamais ne duis-
sent relever encountre Engleterre, ne armes porter encountre lui, c'est a
savoir, sire Johan Le Comyn, le counte de Stratherne, le counte de Carryk,
IIII evesques et deus abbés pur tote la clergie d'Escoce, et issint passèrent
quites en lour paiis. » *Chr. de London.*

3. — G.T A ASSEEL. — COMTE D'ASSEELE.

Porte : *D'or à trois pals de sable.*

A la planche LIII, parmi les Chevaliers Anglais, on trouve
les mêmes armoiries et un même Chevalier, sous le nom
d'Attels. Mais Gelre ne nous dit pas son prénom.

Assler, Asley, Asseele, Attels, Atheles, c'est Athole. La prononciation
est la même, les armes sont semblables. — « A la fest de la Seint Croise en
maii, le counte de Garenne et le counte d'Atheles et autres grauntz, passèrent ave cent niefs à Portesmouthe vers les parties de Gascogne. » *Chr. de
London.* Dans un vieil armorial flamand du fonds Goethals, à la Bibliothèque Royale de Bruxelles, nous avons trouvé « le conte de Asseele, *d'or
à trois pals de sable.* »

Il est évident, par l'inspection seule des mots, Adtulles, Adteelles-Iles,
qu'il s'agit dans les passages mal écrits de Froissart du fils de Jean d'Athole,
c'est-à-dire de Jean de Strabolgie 2e comte d'Athole ou plutôt de son fils
David, comte d'Athole, dont la descendance directe cessa avec David,
5e comte d'Athole qui n'eut de sa femme Elisabeth de Ferrers que deux filles
Elisabeth et Philippote.

On trouve dans la *Chronique de Londres* une note sur Jean Arthol, qui
est tirée je crois du Peerage d'Ecosse de Douglas : — « Jean, comte
d'Athol, un des chefs associés de Bruce à sa difficile tentative pour restaurer
les libertés d'Ecosse, assista à son couronnement à Scone, le 27 mars 1306.
A la défaite de Bruce, en la même année, le comte d'Athol essayant de fuir
par mer, fut pris et amené à Londres. Quoiqu'il fut allié au sang royal par
sa mère, la fureur d'Edouard contre les partisans de Bruce était telle qu'il
fut condamné à mort au palais de Westminster le 7 nov. et exécuté le

même jour sur un gibet de 33 pieds de haut. A cause de sa royale descendance, il fut descendu avant d'être mort; sa tête coupée fut plantée sur le pont de Londres ; son corps brûlé et réduit en cendres. » — *Douglas Peerage.*

Dans une généalogie, Jeanne de Comyn de Bazenoth, dame de Mitford, épousa David de Strabolgie, 3ᵉ comte d'Athol mort en 1316, laissant deux fils : David, 4ᵉ comte d'Athol qui épousa Catherine Comyn de Boghan ; et Aymar d'Athole lord de l'Ile de Selton.

Il est évident que Jean des Adult-Illes ou Jean des Iles d'Athole, c'est le même personnage et le même nom.

Dans Rymer, David de Strabolgy, 1354, « Comes Atholiae. »

« Auquns Isles qui marcissent à l'encontre d'Islande et de Norwege, lesquels Isles sont nommé les Sauvages Escos et ont Signeur pour euls qui se nomme Jehans des Adultilles. » *Fr.* II, 279. — Et fu adont pryés et mandés Jehans des Adultilles qui gouvernoit les Sauvages Escos, qui obéissent à lui et non a autrui, que il volsist estre en leur armée et chevauchie, » V. 120. — « Quant on sceut en Escoche que le roy David estoit arivé, sy en furent moult resjoïs, et le viurent veoir, et parla à barons et chevaliers de son royalme, et les barons d'Escoche le reconvoièrent ensy que on doit faire son seigneur, que long tamps n'avoient veu ; et depuis ne demoura gaires que il fist un grant mandement et commandement que tous fiévés et arière-fiévés fussent à ung certain jour en la ville de Hamdebourcq; car il volloit aller en Engleterre. Adont s'esmurent gens de tous costés de tout le païs d'Escoche, et eult ledit roy pluiseurs soudoiers de Norwèghe et de Danemarche, et luy vint encores par prière et par amour un sien serouge du royalme de Suède, qui s'appelloit Robert conte d'Orkenay. Là vint le conte de Mouret, le conte de Surlant, le conte de Mare, le conte de Bosquem, le conte de Saint-Andrieu, l'évesque d'Abredanne, le sire de Bresy et tous les barons et fiévés d'Escoche, et furent bien tous ensamble six mille hommes d'armes et quarante mille d'autres gens, parmi ceux de la Sauvaige-Escoche que Jehan des Adtulles amena, » XVII, 122.

4. — G.т A Sutherlant. — Comte de Sutherland.

Porte : *D'or à trois étoiles de gueules, posées deux et une.*

Guillaume et Jean frères et successivement comtes de Sutherland. — Guillaume l'aîné prisonnier à la bataille de Nevil-Cross, avait épousé

Marguerite sœur de David Bruce, et mourut sans héritiers. — Jean, son frère, comte de Sutherland, épousa Mathilde de Dunbar fille du comte de March et mourut en 1389. *Kervyn*. Les noms de Surland, [Sutherland] de Fy [fe] et de March sont associés dans les vers que Froissart consacre aux souvenirs de son voyage d'Ecosse, dans *le Buisson de Jonèce* :

> Bel me reçurent en leur marce
> Cils de Mare et cils de Marce,
> Cils de Surlant et cils de Fi.

« Les Comtes de Sutherland étaient d'une famille très ancienne, de race primitive. Kenneth, 4ᵉ comte de Sutherland, fut tué à Halidon-Hill en 1333 ; son fils Guillaume fut prisonnier à la bataille de Nevill-Cross ou Durham : il épousa Margarit sœur de David Bruce et mourut en 1370 ; son fils John ou Jean, ici présent, fut à la bataille d'Otterburn en 1388, mort en 1389 ».

Un mariage, dit M. Kervyn, a porté l'héritage des comtes de Sutherland dans la maison de Gordon. Nous trouvons en effet dans un Peerage du dix-septième siècle que « Jean Gordon, comte de Sutherland, Seigneur et Baron de Strath-Naverne et de Dunrobin, portoit sur le tout de ses armes, *de gueules à trois étoiles d'or*, brisure par changement d'émaux.

Dans Douglas, *Peerage of Scotland*, 661, les armes sont : *Gules 3 mullets or within a border of the latter changed withe a double tressure flowered and counter flowered with fleurs de lis of the first.*

A la bataille d'Otterburn, « Se messire Arcembaut de Douglas, le conte de Fy, le comte de Surlant et les autres de la grosse route qui chevauchoient vers Carlion, eussent là esté, ils eussent prins l'évesque de Durem et la ville de Neuf-Chastel-sur-Thin ». XIII 230.

Lors de la Rebellion des Lollards : — Li dus de Lancastre qui estoit sus marce entre le Mourlane, Rosebourc et Mauros, et qui là parlementoit as Escos, estoit ossi tous enfourmés de ceste rebellion et de sa personne en grant doubte ; car bien savoit que il estoit petitement en le grâce dou commun d'Engletière ; mais nonobstant toutes ces coses se demenoit-il moult sagement ses traitiés envers les Escochois. Li contes Douglas, li contes de Mouret, *li contes de Surlant*, messires Thumas de Verssy et chil Escot qui pour le roy et le païs d'Escoche faissoient et menoient ces tretiés, savoient bien toute la rebellion d'Engletière et comment li peuples se commenchoit de toutes pars à rebeller contre les nobles. Si dissoint : « Engletière gist en grant branle et péril que « de estre toute destruite. »

Et vous dy que ens leur traitiés il s'en tenoient plus fort enviers le duc de Lancastre et son conseil. Or parlerons dou commun d'Engletière comment il persévèrerent ». IX. 397.

En 1358, un sauf conduit est donné à Guillaume de Sutherland pour retourner en Ecosse. *Rymer* III 175. — En 1360, un autre sauf conduit pour le comte de Sutherland : Johannes Sutherland, et Nicholaus de Crighton de Scotia qui ad Willielmum Comitem Sutherland, qui in regno Angliae in obsidem pro David de Bruys Prisonario Regis moratur, quibusdam de causis, de licientia Regis sunt venturi, habent litteras Regis de Salvo conductu, veniendo cum duobus famulis et quator Equis suis in dictum Regnum ad praefatum comitem, *etc. Rymer* III 175. — Un troisième sauf conduit, en 1362, pour le comte de Sutherland : « Rex *etc* salutem ; sciatis quod dedimus licentiam Villielmo Comiti de Sutherland, qui in obsidem, unà cum aliis Nobilibus de Scotia pro David de Bruys, Prisonario nostro, in Anglia moratur, proficiscendi ad partes Scotiae pro certis negotiis, ipsam ibidem tangentibus, ità quod idem comes.... ad civitatem nostrum Londoniae redeat, ibidem in obsidem, in forma qua nunc moratur, moraturus, etc. — *Rymer* III 53.

5. — Sijr Archibaut. — Sir Archibald [Douglas].

Porte : *D'hermines au cœur de gueules, au chef d'azur chargé de trois étoiles d'argent.*

C'est le premier quartier des armes de Douglas qui sont à la planche précédente ; avec brisure *d'hermines* au lieu *d'argent* pour le champ de l'écu, pour : Archebald Douglas, neveu du Régent d'Ecosse et fils naturel de James Douglas qui fut du côté des Français à la bataille de Poitiers. — « La ne fu mies mise en oubli fleur de chevalerie, premierement messires Jehans de Clermont, messires Ernouls d'Audrehem, messires Ustasses de Ribeumont, messires Jehans de Landas, messires Robiers de Duras, messires Guillaumes contes de Douglas, d'Escosse, et messires Archebaus Douglas ses cousins germains... » V. 406.

« De premières venues messires Archebaux de Douglas qui estoit grans chavaliers et adurés durement et ressoingniés de ses ennemis, quant il deut approchier, mist piet a terre et prist à son usasge une longhe espée qui avoit d'alemelle bien II aulnes. A peines le peust uns aultres homs lever en sus de terre ; mais elle ne lui coustoit nient au masnier, et en donnoit les cops si grans que tout ce qu'il aconsieuwoit, il mettoit par terre, et n'i avoit si hardi, ne si joli de le partie des Englés, qui ne ressoingnast ses cops. » IX, 41.

« Je ne sçai a qui la terre de Douglas est retournée ; car quant je acteur de ceste histoire fus en Escosce et en son hostel à Dalquest, vifvant le conte Guillaume son père, ils n'estoient que deux enffans, fils et fille ; mais encoires y avoit-il plusieurs de ceulx de Douglas, car j'en vis jusques a cinq beauls freres, tous escuiers, qui portoient le surnom de Douglas en l'ostel du roy David d'Escoce, et avoient esté enffans a ung chevallier d'Escoce, qui s'appella messire James de Douglas, et croy bien que les armes de Douglas qui sont *d'or à trois oreilles de gueles*, leur retournerent, mais del heritaige je ne sçay. Et devés savoir que messires Arcembault de Douglas dont j'ai traittié en plusieurs lieus, comme vaillant chevallier qu'il feust et fort redoubté des Anglois, estoit bastart. » XIII, 256.

En 1358, — « Pro Arcebaldo de Douglas. — Edwardus, Dei gratia, Rex, *etc.*, salutem. Sciatis quod, cùm Arcebaldus de Douglas Chivaler, et Wilhelmus de Tours, de Scotia, in regnum nostrum Angliæ, quibusdam certis de causis, de licentià nostrà, venerint, Nos, (volentes securitati ipsorum, Arcebaldi et Willielmi, in hac parte providere), suscepimus ipsos, Arcebaldum et Willielmum, et quatuor Equites de familia sua, etc. » — *Rymer*, III, 162.

6. — G.T A ORCANA. — COMTE D'ORKENAY.

Porte : *D'argent à la croix engreslée de sable.* — Le heaume d'or taré de profil, la couronne d'argent et pour cimier une tête et col de biche ou poulain au naturel, lampassée de gueules, allumée d'argent, et dont le bas forme un chaperon par dessous la couronne.

A la planche LIII, se trouve déjà le comte d'Orknay avec les mêmes armes, parmi les Chevaliers Anglais.

C'est une brisure de Saint-Cler, ou Sinclair. Henri de Saint-Cler, fils de Guillaume, fut créé comte d'Orkney : Le comte d'Orkenay, dit Froissart, « ungs grans princes et puissans ». 1341. — A la bataille de Nevill-Cross, « se fist ledit roy son especial mandement et une grande assemblée à estre à la Saint-Jehan, et y furent cil signeur que je nommerai premiers, le conte

Patris, le conte Moret... le conte d'Orquenay,.. Et ossi y furent pris le conte Moret et le conte de Surlant, et durement navrés le eonte d'Orkenay et messire Guillaume Duglas. » 1346. — « Ils partirent de Saint-Jehan et c hevauchièrent tant que il vinrent en Haindebourg ou lis rois, li contes de Surlant, li contes d'Orkenay, li sires de Versi... estoient tous ensemble ». 1384,

Sous Robert II, James Sinclair de Longformarcus obtint de Henry Sinclair d'Orkney, lord de Rostin, une obligation par laquelle il lui fut accordé des terres près d'Edimbourg, en date du 7 juin 1384.

Nous ne repèterons pas ce que nous avons dit de ces temps troublés ou les fils des grands Chevaliers, pour s'habituer à la guerre qu'Edouard III voulait, s'était faits ravageurs et chefs de grandes Compagnies mettant la France à feu et à sang. Orkenay s'ajoute à la liste de Cressevelle, Hilton, Devcreux, Haukwood etc. Froissard appelle Orkenay « grand prince et puissant », ailleurs « soudoyer venu du royaume de Suède ». C'est que au XIVᵉ siècle aussi bien qu'aujourd'hui les marins allaient de l'Ecosse à la Suède et s'alliaient entre eux. Les généologistes sont en retard. Sinclair et Orkena, en Suède et en Ecosse se perdent dans la nuit des temps.

Dans un manuscrit de Noublanche « mylord Henri de Saint-Clair, seigneur et baron de Saint-Clair et de Ravensbergh porte *au 1 et 4 d'azur à un navire d'or à son mât voilé d'argent, au fanon de gueules, posé dans un trescheur d'or fleuré ; au 2 et 3 d'azur à un autre navire voilé d'argent ; sur le tout d'argent à la croix engreslée de sable.*

Voyez tous ces Sinclair aux Notes.

Voyez aussi Orkenay, en Angleterre, planche LIII.

7. — LUERT A SETON. — LORD DE SETON.

Porte : *D'or à trois croissants montants de gueules, deux et un, dans un double trescheur fleuré et contrefleuré de même.* — Le heaume d'or taré de profil et pour cimier une tête et col de bouc d'hermines formant un chaperon découpé, barbé et accorné d'or, lampassé de gueules.

En la seconde année du règne d'Edouard I, la *Chronique de Londres* rapporte l'exécution d'un Roger Seton : « En mesme l'an fut Adam de Bekke, chanon del esglise Seint Pole, occys devant la veiglle Seint Andreu.

Mesme l'an, as outaves de Seint Martyn, sistrent justices errauntz a la croisse Seint Piere, c'est à savoir mestre Roger de Seton, Johan de Cobham et Salomon de Roucestre. » — Ce Roger n'est-il pas Christophe ?

« Christophe Seton, dit M. Kervyn, tomba au pouvoir des Anglais, qui le mirent à mort : c'est en souvenir de ces services qu'on plaça depuis lors dans l'écusson des Seton une épée soutenant une couronne. » Nous n'avons jamais vu cette épée ; Noublanche, au dix-septième siècle, n'en parle pas.

Quoi qu'il en soit, celui qui nous occupe ici est Alexandre Seton, justement célèbre à cause de sa défense de Berwick contre le roi Edouard III et toute l'armée anglaise. Le Roy d'Angleterre ayant sommé la garnison de se rendre, menaça, en cas de refus, de faire mettre à mort deux des fils du gouverneur qu'il avait en otages. Rien ne put décider Alexandre Seton à abandonner la ville tant qu'il put la défendre. Le roi exécuta sa menace, et les deux fils d'Alexandre, William et Thomas Seton, furent pendus sous les yeux de leur père. Sir Alexandre mourut en 1337, ayant pour successeur son fils Alexandre Seton, qui défendit son pays à Otterburn quand messire Henri de Persy fut fait prisonnier : « Là veissiez-vous chevalliers et escuiers, messire Mahieu Adreman, le Seigneur de Seton, le Seigneur de Fenton, messire Patris de Dombarre, messire Patris de Herpbourne et ses deux fils, messire Guillaume Stuart... et bien cent autres chevalliers. XIII, 227. — Ses petits-fils mylord Charles Seton, seigneur de Fyvie et de Urquato, et Georges Seton, comte de Winton ou Swinton, seigneur et baron de Seton, ont porté les armes ci-dessus, *écartelées d'azur à trois gerbes d'or et sur le tout d'azur à une étoile d'or dans un trescheur de même.*

Des lettres de sauf-conduit furent accordées à Seton pour venir négocier la délivrance de David Bruce, en 1348. « Rex, etc., salutem. Cùm frater Alexander de Seton Miles, Hospitalis Sancti Johannis Jerusalem in Scotia, ad David Bruys, fratrem nostrum apud Turrim nostram Londoniæ, pro quibusdam negotiis, ipsum tangentibus, de licentia nostra sit venturus, suscepimus ipsum Alexandrum, veniendo cum septem equitibus, equis, garcionibus, et hernesiis suis, in dictum regnum nostrum Angliæ, ad prædictum David, ex causâ prædictâ, ibidem morando, et exinde ad Scotiam redeundo, in protectionem et defensionem nostram, necnon in salvum et securum conductum nostrum... » *Rymer*, III, 38.

Une branche de Seton s'est établie en Suède, et les Généalogies de la Noblesse Suédoise en indiquent les descendants jusqu'à nous.

D'autres figurent dans les Peerage ; voyez aux Notes.

8. — G.T.   A Ros. — Comte de Ros.

Porte : *De gueules à trois lions d'argent deux et un.*

Sir Godefroy Ross, 1335-1360; ambassadeur à Londres 1358 ; son fils sir John Ross de Halkhead, mort environ 1392. *Sir R.* — Guillaume, comte de Ros fut l'un des barons écossais qui en 1320 écrivirent au Pape que tant que cent Ecossois seraient en vie. les Anglais ne les soumettraient point à leur pouvoir. — Le comte de Ros, écossais, assista, dit M. Kervyn à la bataille de Nevill-Cross ; LVII 228-230; cette mention ne se rencontre que dans la copie unique des Chroniques abrégées. Le comte de Ros est cité parmi les principaux barons écossais aussi bien sous le règne de David Bruce que sous celui de Robert II.

Les Ros d'Ecosse, ajoute M. Kervyn avaient la même origine que les Ros d'Angleterre ; Robert Ros d'Hamlake, envoyé en ambassade en Ecosse par le roi Jean, y épousa une fille du roi Guillaume d'Ecosse et se fixa à Halkhead, dans le comté de Renfrav.

En 1358, un sauf-conduit est donné à Patrice, comte de Marche, à Guillaume comte de Douglas, et à Godefroid de Ros chevalier pour traiter de la rançon de David Bruce. — *Rymer* III, 175.

Voyez Wauter Lesly qui suit. — Voyez aussi planche LXIII.

9. — Sijr Wauter a Lesly. — Sir Gauthier de Leslye.

Porte : *D'azur à la bende d'hermines, chargée de trois fermeaux de gueules.* — Le heaume d'argent, le volet haché de gueules, et pour cimier une tête et col de vieillard au naturel, coiffé d'azur, colleté d'or entre un vol banneret d'argent.

Walter Leslie, frère cadet de Norman Leslie et frère de sire Andrew. Walter devint comte de Ros et en prit les armes qui sont à la planche précédente. — Dans le Baronage d'Ecosse, 1798, Leslie of Wardis, p. 28, ne remonte qu'à 1467 : « William Leslie, fourth baron of Balquhaim who died in the reign of king James III, anno 1467, by dame Agnes Irvine, his 2ᵈ wise, a daughter of the laird of Drum, had a sor Alexander, progenitor of this family. » Les armes sont *d'argent à la bende d'azur, between two holly baves vert, three buckles or.*

On trouve dans Froissart Jean Lesselée, Lasscles, et dans Rymer, Jean de Lascy, tous deux incertains. Mais un sceau cité par Boutell met fin aux incertitudes : « I must be content here to adduce only three other examples of early Scottish seals ; the first of these, the seal of Walter Leslie, Lord of Ross, 1367, is perhaps the earliest composition in which quartering arms in Known to have been introduced into Scottish herald ; it bears, first and fourth, *a bead charged with three buckles,* for Leslie, and second and third, *three lions rampt.,* for Ross ; c'est-à-dire *Lesly écartelé de Ross* qui précède.

En 1363, un autre sauf-conduit avait été donné a Lesley par le roi Edouard III. — Rex, etc., salutem. Sciatis quod suscepimus in protectionem et defensionem nostram, necnon in salvum et securum conductum nostrum, Valterum de Lesly, de Scotia militem, veniendo in Regnum nostrum Angliae. *Rymer,* III, 82. — Il en eut aussi un en 1373.

Walterus de Lesly miles Dominus de Ross, habet litteras Regis de conductu, veniendo cum quadraginta hominibus equitibus peregre infra Regnum nostrum Angliae, ibidem morando, et exinde in Scotiam redeundo, usque ad festum sancti Martini proximo futurum duraturas.

10. — Siir Joon Senescal. — Sir Jean Seneschal.

Porte : *D'or à la face échiquetée d'argent et d'azur de trois tires, au baton ou filet de gueules brochant.* — Le heaume d'argent taré de profil, et pour cimier une tête et col de cheval bai formant une capeline sur le heaume.

Sir Jean Stuard, Sénéchal d'Ecosse : *Steward* signifie *Senechal,* le nom de la fonction est devenu patronymique. A l'appel du Comte de Haynaut en 1339 figure Jean le senescal. — Le sénéchal d'Ecosse fut prisonnier à la bataille de Nevil-Cross et enfermé à la Tour de Londres. Il ne nous a pas été facile de découvrir quel Jean Stuart figure ici comme sénéchal d'Ecosse, lorsque la plupart des généalogies ne présentent que Jean Stuart qui devint Robert III après avoir été comte de Carric. Mais d'après Banks, c'est, ou James Stuart, oncle paternel du roi Robert II, fils d'Alexandre Stuart et son successeur dans la grande sénéchalerie ; ou Jean Stuart qui devint

Robert III, et qui fut lui-même Sénéchal d'Ecosse avant de succéder à son oncle maternel David Bruce. — Gelre en mettant un filet sur les armes a dû indiquer le Jean Seneschal de 1351, désigné dans le sauf-conduit de Rymer que nous donnons cy dessous.

David Stuart de Rothsay, fils aîné du roy Robert III fut aussi grand Sénéchal; il portait d'Ecosse, et l'une des pentes de son lambel était chargée de Stuart. — « James Stuard, son and successor to Alexander in the high *Stewardship* died about the year 1309, and was buried in the abbey of Paisley. He had issue Walter his son and heist. »

Rex universis, etc., salutem; sciatis quod, cùm Johannes Filius et haeres Senescalli Scotiae, Johannes de Dunbarre filius et haeres comitis Marchiae, Johannes filius et haeres comitis Sothirlandiae, Thomas nepos et haeres comitis de Wygeton, Jacobus de Lyndesay filius et haeres David de Lindesay militis, Hugo de Ross frater et haeres comitis de Ross, et Thomas de Morref frater et haeres Johannis de Morref, et quidam alii, de partibus Scotiae, cum centum Equitibus, etc. *Rymer*, III, 73.

En 1366 un sauf-conduit fut aussi donné à Jacobus Senescal et Alexandre Senescal.

11. — Sir Jean de Lyndezay. — Sir Jean de Lindesay.

Porte : *De gueules à la face échiquetée d'argent et d'azur de trois tires.* — Le heaume d'or taré de trois quarts, le volet d'azur party d'argent, la couronne d'argent, et pour cimier une tête et col de cygne d'argent becqué de gueules entre deux aîles, la dextre [d'argent], la senestre d'azur, posées en aigrettres.

Combien Gelre est admirable de précision. Jean de Lyndezay porte les armes pleines, et David ci-après, les mêmes armes brisées d'un bâton. Le héraut d'armes les a vus tous deux et fixés : Mais les historiens! Mais les commentateurs! Le sire de Lindsay? dit M. Kervyn, *inconnu* des généalogistes. Jean de Lindsay? dit-il encore : *Probablement* l'un des six fils de David. Et un autre David? *Inconnu* des généalogistes? — Mais ne voyez-vous pas que Jean de Lyndsay et le sire de Lindsay ne font qu'un : c'est le chef de la famille que Gelre désigne avec les armes pleines. Et David ci-après, avec son filet pour brisure, est le puîné ; ils sont les deux plus considérables; les autres frères Jacques, Alexandre ou Guillaume ne peuvent venir qu'après.

Froissart raconte tout au long l'aventure de Jacques de Lindezay avec Mathieu Rademen et Robert de Neuville.

Rymer cite des sauf-conduits : En voici un pour Alexandre et Jacques, de l'an 1374 :— Alexander Lyndeseye et Jacobus Lyndesee, miles de Scotia, habent litteras Regis de conductu, veniendo in Regnum nostrum Angliae, per dominium et potestatem Regis, cum hominibus et servientibus ac quadragenta equis in comitiva sua, ibidem morando et exinde in Scotiam redeundo.

Avant que Robert d'Ecosse ne fut mis en liberté, les Prelatz et les Grantz, qui s'obligèrent pour sa rançon furent : William evesqe de Seint Andreu, Thomas evesqe de Catness, Patrik evesqe de Brechim, Monsieur Patrick count de Marche, Thomas count de Angus, Monsieur William count de Sotherland, Thomas de Murrev, Monsieur Jamys de Lyndesey, Monsieur David de Grahame, Monsieur Róbert de Irskyn, Monsieur William de Levynston, Monsieur David de Wemys, Roger de Kirk-Patrik, Monsieur Thomas Byset, Monsieur William de Vaus, et Monsieur William de Ramesey. — *Rymer,* III. 151.

12.— Sijr Alexander Stuwart. —- Sir Alexandre Stuart.

Porte : *D'or à la face echiquetée d'azur et d'argent.* — Le heaume d'argent taré de deux tiers, la couronne de gueules et pour cimier un demi-lion de sable fauve ou au naturel [armé] et lampassé de gueules, entre deux ailes d'argent posées en aigrettes.

Ce sont les armes pleines de la maison de Stuart, pour Sir Alexandre Stuart de Buchan et de Badenoch, troisième fils du Roy Robert II. Célèbre « par sa conduite déréglée et ses brigandages » dans les Higlands, il reçut de son père après la mort de Walter Leslye Comte de Ross, la Comté de Ross, et mourut vers 1404. *Rolls of Scotlands.*

Il était néanmoins à la bataille de Nevill-Cross et on le trouve dans Rymer parmi les prisonniers qui furent enfermés à la Tour de Londres, avec les comtes de Fife et de Menteth, Jean et Guillaume de Douglas, Henri et Alexandre de Ramsay, etc.

Dans un sauf-conduit de 1374 que Rymer nous a conservé, on voit Alexandre Stuart et Walter Leslée réunis : — Delectus consanguineus Regis

Alexander Steward, miles, et Walterus Lesle, miles, de Scotia, habent litteras Regis de conductu, veniendo peregre infra Regnum Regis Angliae, ac homines et servientes sui, et bona et res sua quaecumque, ibidem mo rando, et exinde in Scotiam redeundo, usque ad festum Paschae, proximo futurum, duraturas. *Rymer.*

Un descendant de ces princes d'Ecosse, établi en Suède porte, dans le Grand Armorial officiel de ce pays, ces mêmes armes chargées en chef d'une croisette d'argent. — Un Stewardt de Hammarbey porte aussi *d'or à la face echiquetée d'azur et d'argent de trois tires et accompagnée de 3 agrafes d'azur et un [oiseau de] en chef.* On trouve encore dans l'Armorial Suédois de 1746 des Stuarts parmi les Barons et dans leur écu *les armes d'Ecosse et la face échiquetée des Stuarts.*

13. — SIIR DAVID DE LYNDESAY. — SIR DAVID DE LINDEZAY.

Porte : *De gueules à la fasce échiquetée d'argent et d'azur, [au filet de... en bende].* — Le heaume d'argent de profil, le volet d'hermines, la couronne d'or, et pour cimier un cygne d'hermines garni en dehors de triangles d'argent, becqué de gueules, et portant au-dessus du bec une plume de héron d'argent.

David de Lindsay est inconnu aux généalogistes, dit M. Kervyn.

Frère de Jehan de Lindsay qui précède. Il est à la bataille d'Otterburn, et aux conférences de Lelinghen pour la trève de 1389 entre les Français et les Anglais : « Je demandai audit messire Guillemme de Melun quels seigneurs d'Escoche avoient esté à ce Parlement...; il me respondy et dist : l'Evesque de Bredaine y a esté, et messire Jaques et messire David de Lindesée et messire Gaultier de Saint-Clar. » XIV, 5.

A Otterburn : « Quant ils furent, ainsi que tous, retournés de la chasse, messire David et messire Jehan de Lindesée demandèrent leur frère messire Jacques de Lindesée, mais nul n'en savoit à dire des nouvelles, dont ils estoient tant esbahis et esmerveillés ; et ne doutèrent qu'il ne fust ou mort ou pris. »

Les Lindsay de Crawford étaient une famille baroniale écossaise fort importante au XIVe siècle. Sir Alexandre fut tué à Halidon-Hill en 1333; un autre, David, fut tué à Newill-Cross en 1346. Sir James qui est ci avant, seigneur de Crawford 1370-1397, osa assassiner sir John Lyon de Glamis, gendre et favori du Roy Robert II, 1381, et le Roy ne put prendre aucune vengeance de ce crime. Un cadet de la famille, sir William, fut créé Lord Lindsay des Byres par Robert II environ 1376. *Douglas, Peerage of Scotland;* voir aussi *Lives of the Lindsay*, par lord Lindsay. — Le chef de la famille, aujourd'hui Lindsay, Comte de Crawford, porte *Quartely,* 1 *et* 2 *g. a fess checky arg. et azur,* 2 *et* 3 *or a lion rampt. g. suthrefred with a ribbon sable.*

Au XVII° siècle, on trouve quatre autres brisures de Lindesay : 1. trois étoiles d'argent en chef ; 2. une étoile d'argent en chef et deux faces ondées en pointe ; 3. trois étoiles d'argent en chef et un cœur de même en pointe ; 4. Une croix pleine d'argent en chef, *Malthe,* et une macle de même en pointe. *Ms. Mazarine.*

14. — LOURT A SOULS. — LORD DE SOLES *ou* SOULES.

Porte : *Fascé d'argent et de sable de six pièces.*

Nous cherchons toujours ce chevalier dans Froissart. — Un des quatre Chevaliers qui accompagnèrent le Roy d'Ecosse au Tournoi de Compiègne en 1238 était Guillaume de Soles. — A la fin du treizième siècle, un John de Soulis, qui fut en ambassade près de Philippe le Bel, mourut en France. — Soules est une ancienne famille dont sir Walter Scott a donné une notice, avec l'indication des chartes anciennes mentionnées par Robertson, relatives à cette maison. — Nicolas de Soules fut l'un des prétendants au trône d'Ecosse en 1291.

J'ai l'intention de relire entièrement les Chroniques de Froissart, et même Rymer, pour retrouver Lord de Soules, de 1350 à 1370, sous un nom inexact. J'en dirai quelque chose aux Notes.

15. — SIJR JOON ABB'NATNY. — SIR JOHN ABERNETHY.

Porte : *D'or au lion de gueules, au filet de sable engreslé, brochant.* — Le heaume d'or de profil, le chapeau d'azur, et pour cimier une tête de cheval au long col bridé d'une corde de sable, lampassé de gueules, clariné d'or, bataillé d'argent.

Sir William Abernethy de Salton, baronet, fut à la bataille de Halidon-Hill en 1333. *H. Knigthon, col.* 2564. Son fils George Abernethy fut fait prisonnier à la bataille de Nevill-Cross, en 1346 ; *Foedera ad Locum :* Son fils ainé Georges, qui lui succéda, vivait encore après 1384. *Douglas, Peerage of Scotland,* p. 603 ; son deuxième fils, John Abernetty, reçut un sauf conduit pour venir en Angleterre en 1363, comme *valettus* du roy David II. *Foedera,* III, 617 : Il a été connu plus tard sous le nom de sir John Abernetty de Balgony. C'est lui qui porte ici pour brisure *le filet de sable engreslé brochant.*

Plus tard, mylord Alexandre Abernethye, seigneur et baron de Salton, porte *d'or au lion de gueules, écartelé d'argent au chef endanté de gueules.* — *Noubl.*

En 1363, « un sauf conduit est accordé par le Roi d'Angleterre pour passer dans ses états, avec des compagnons, à Johannes de Douglas, — Willielmus de Douglas, — Johannes Whit, — Jacobus de Douglas, — Johannes de Edmundeston, et Johannes de Abrenty, valetti David de Bruys, — Johannes de Lile de Scotia, miles, — David de Mare, — Robertus de Erskyn, miles de Scotia, etc. 15 décembre. » *Rymer* III, 83.

Il y a dans Froissart deux héros d'Otterburn, messire Robert de Aversequin, XIII, 201, et messire Thomas Avermesquin, qui n'ont rien de commun avec Abernethy. Nous allons démohtrer un peu plus loin que *Avermesquin* est *Robert Erskine.*

auā xv dcl

ihū
alep
lander
nuwant

PLANCHE LXIV

1. — SANDELANDIS. — SANDILANDS.

Porte : *D'argent à la bende d'azur.* — Le heaume d'or de profil, le camail fourré de gueules, armoyé aux émaux de l'écu, c'est à dire d'argent à la bende d'azur, et pour cimier une tête et col de dogue muselé et bouclé de gueules, ayant la la paupière, la gueule et les oreilles sanglantes.

Sir James Sandelands Chevalier écossais du temps de David II, 1329-1371; reçut les terres de Vest Calder 1350. Il épousa Eleonore Bruce, fille d'Alexandre Bruce comte de Carric. Son fils sir James épousa la fille du roy Robert II, Johanna ou Jeanne, veuve de sir John Lyon de Glanaiss : tige des Lords Torpichen. *Douglas, Peerage of scotland.*

James ou Jean de Sandilands fut à Otterburn et présent à tous les préparatifs de cette bataille: « Le conte James de Douglas, le sire de Sethem, messire *Jehan de Zodelans,* messire Patris de Donbare... » Et ailleurs : « Les nons qe fuirent pris à ladit bataille : » Monsir David Bruys par Johane de Coupland ; » — Et « Monsir William More, monsir *Johane Sandolfsoun,* monsir Henri del Ker, et altres personnes. » XIII, 492. — Nous avons aussi rencontré dans Noublanche : « Mylord Jean de Sandelands, Seigneur et Baron de Sandelands, *d'argent à la bende d'azur.*

Dans les copies ms. de Froissard, de Sandilands on a fait Saint Moreaulx, Sandolfsoun, Sordelans, Zodelans !

Voyez planche LXV, à Colleville.

2.—Sir Rubbert of Erski [n].—Sir Robert de Erskine.

Porte : *D'argent au pal de sable.* — Le heaume d'or, le bourlet d'or et de [sable], et pour cimier une tête et col de bouc formant un camail de gueules barbé, et accorné d'or.

Sir Robert Erskine, diplomate, 1348-1371, chambellan d'Ecosse 1350-1357 et aussi 1363-1364, mort en 1385, à qui succeda son fils sir Thomas Erskine qui mourut en 1419.

Les armes de Thomas Erskine sont ici près.

Les copistes de Froissart ont défiguré ces deux noms que Gelre a inscrits avec une clarté telle qu'elle nous permet de compléter les recherches de MM. Johnes et Kervyn : Robert de Versi est bien Robert Erskine : — « Et je Froissars, actères de ces croniques, fui en Escoce en l'an de grasce MCCC LXV, car la bonne roine, madame Philippe de Hainnau, roine d'Engleterre, m'escripsi devers le roi David d'Escoce, li quels fu fi's au roi Robert de Brus, qui pour ce temps resgnoit, et au comte de Douglas et à messire Robert de Versi, signeur de Struvelin et au comte de la Mare, liquel pour l'onnour et amour de la bonne roine desus ditte, qui tesmongnoit par ses lettres séelées que je estoie uns de ses clers et familyers, me requellierent tout doucement et liement... » II, 137. — « Struvelin ungs castiaux biaux et fors, séans sus une roche et haulte assés de tous cotés, hors mis de l'un... Et estoit le dic castiaux, pour le temps que j'i fui à messire Robert de Verssi, ung grant baron d'Escoce, qui l'avoit aidiet a reconcquerre sur les les Englès ». II. 313.

En 1348, pour traiter de la trève et de la paix, les Ecossais envoyèrent à Edward III : Thomas Episcopus Cathanensis, Robertus de Erskyn miles, et Wilhelmus de Melgdum, nuntii de Scotia. *Rymer* III, 42.

En 1357, le traité par lequel fut mis en liberté le roi David d'Ecosse, ne fut scellé du côté des Ecossais que par cinq personnes : Sub quinque sigillis, viz. episcopi Sancti Andreae, episcopi Catenensis, — Patricii comitis Marchiae, — Roberti de Irskyn— et Willielmi de Levynston, pendentibus a filis sericis ex variis coloribus ; deest nempe sigill. Episcopi Brechinensis. *Rymer* III.

En 1373, un sauf conduit, lettres de protection ou passeport : Robertus de Erskine, miles de Scotia, habet litteras Regis de conductu, veniendo in regnum Regis Angliae, cum vigenti equis in comitiva sua ibidem morando, et exinde in Scotia redeundo, usque ad festum Nativitatis Sti Joh. Bap. proximo futurum duraturas. *Rymer*.

Aversequi, Aversmesquin, sont à l'article de Thomas Erskine.

3. — LOURT A MORREF. — LORD DE MORAY.

Porte : *D'azur à trois étoiles d'argent.*

Quand le roy Edouard III attaqua Berwick en 1333, on envoya un escuier en message qui « esploita tant qu'il vint à Saint-Jean Stone, une bonne ville seant sus ung brach de mer ou li roys d'Escoce se tenoit et li royne et li jovènes conte de Moret, et grant fuison de jovène bachelerie d'Escoche. V. 263. — Premièrement li rois David, leurs sires estoit jones, en l'eage de XV ou XVI ans, li contes de Moret encores plus jones, et un damoiseaus qui s'appelloit Guilaume de Douglas, neveus à celui qui estoit demorés en Espagne, de cel eage. »

Fait prisonnier à Nevill-Cross, il fut enfermé à la Tour de Londres : « En ce temps fu amenés en Engleterre messire Charles de Blois qui s'appeloit dus de Bretagne, qui avoit esté pris devant le Roce-Deurient, ensi que chi-dessus est contenu; si fu mis en courtoise prison ens ou chastiel de Londres, avoecques le roy David d'Escoce et le conte de Mouret. » D'autres chroniques disent qu'il fut tué à Nevill-Cross.

A la bataille d'Otterburn, c'est messire James de Mouret ou le conte de Mouret : « D'autre part, le conte Jehan de Mouret, sa banière et ses gens entour luy, se combatoit moult vaillamment et reculoit Anglois sur leur encontre et leur donnoit moult à faire et tant que ils ne savoient bonnement auquel entendre. » — Un de ses écuiers fit prisonnier Raoul de Persy. — Son cry d'armes : *Mouret au conte !*

Patrick Murray, comte de Tullibardine, a porté ces armes *d'azur à trois étoiles d'argent enfermées dans un trescheur fleuré d'or.* — Nous trouvons aussi plus tard mylord Jean Murray, comte d'Athole, seigneur et baron de Readcastel, qui porte : *écartelé* d'Attil et de Stuart, *sur le tout,* comme Patrick Murray. — La famille de Murrays of Tullibardine est la tige des présents ducs d'Athole, des comtes de Dunmore et de plusieurs autres familles d'aujourd'hui. Les Murrays, *azure three mullets arg. within a double tressure flowered and contreflovered with fl. de lys or.*

Nous adoptons, dans ces notes, les diverses orthographes que nous rencontrons, Moref, Moray, Murray, Mouret ; mais, à la planche LXIII, on trouve une autre famille, Morref, Morray, Murray, Mouret ; il ne faut pas les confondre entre elles.

Une branche de Murray s'est établie en Suède, et les généalogies de ce pays nous rappellent qu'elle « est issue d'une famille du comté de Perth en Ecosse, dont le chef était Malcolm Murray, qui vivait en 1250, dont sont sortis les ducs d'Athole, les comtes de Dunmore et les barons d'Elibank en Ecosse qui portent encore le nom de Murray, ainsi que le comte de Mansfeld et six autres baronnets anglais. Une branche émigra du temps de Cromwel en Prusse, et c'est d'elle qu'est venue celle de Suède qui porte *trois etoiles d'argent sur champ d'azur*.

5. — LOURT A KEETS. — LORD DE KEITH.

Porte : *D'argent au chef pallé d'or et de gueules de 6 pièces*. — Le heaume d'argent taré de deux tiers, le tortil d'or et de gueules, et pour cimier une tête et poitrail de chien terrier ou limier [d'argent].

« William Keith, comte et grand maréchal héréditaire d'Ecosse seigneur et baron de Dun oter, portait ces armes ». *Noublanche.*

Sir Robert Keith, maréchal d'Ecosse, 1332-1346 ; son fils sir Edward Keith, maréchal d'Ecosse, 1346-1356 ; son fils sir William Keith, maréchal d'Ecosse, mort environ 1406.

Le siège de Berwick, 24 mai 1333, fut suspendu par une trève du 15 juillet jusqu'au 20, afin que Guillaume de Keith eût le temps d'aller réclamer le secours des Ecossais. *Kervyn.* — En 1346, à Nevill-Cross : « Nobles et barons : messires William Douglas, William Mowbray, Johan Seint-Cler, Qeth, Haliburtoun, Ramsay et alters.... » Cité par Kervyn, V, 489. — Parmi « les noms des gents d'Escoce occis a la bataille de Duresme le 17² jour du mois d'october 1346 « monsir Edward de Keth et sun frère. » V, 491.

En 1358, un sauf conduit fut donné par Edward III, pour traverser l'Angleterre, à Wauthier de Leslie et à d'autres Ecossais : — Pro Waltero de Lesleye milite, ac aliis de Scotia ad partes transmarinas progredientibus ; consimiles litteras de conductu h abent subscripsi, sub eadem data, c'est assavoir : — Willielmus de Seyntcler, dominus de Rosseleye, cum sexagenta

equitibus et peditibus : — Alexander de Lyndeseycum sexagenta
equitibus et peditibus; — Johannes Stiward de Dernley, chivaler, cum
sexagenta equitibus et peditibus; — Alexander de Monthegomery, cum
sexagenta equitibus et peditibus; - Willielmus de Kethe, mareschal
d'Escoce, cum sexagenta equitibus et peditibus. *Rymer*, III. 175.

6. — Siir Ellex d'Ramsa. — Sir Alexandre de Ramsay.

Porte : *D'argent à l'aigle de sable, becquée et membrée de
gueules.* — Le heaume d'or, le tortil de gueules et d'argent, et
pour cimier une tête et col d'aigle de sable ou au naturel,
formant un volet haché et becqué de gueules.

Pendant la période 1334-139o, plusieurs branches de la famille de Ramsay
ont marqué dans l'histoire d'Ecosse : les Ramsay de Dalhousie en Midlo-
thian, et Foulden (Berwickshire) ; les Ramsay de Colluthy, Leuchars et
Corstoun, et les Ramsay de Bamff en Perthshire. La première est représentée actuellement dans la ligne mâle directe par le comte de Dalhousie ;
les Ramsay de Colluthy et Leuchars se sont éteints dans la ligne mâle vers
l'an 16oo; les Ramsay de Bamff sont représentés dans la ligne mâle directe
par sir James H. Ramsay ; les Ramsay de Corstoun sont représentés dans
la ligne féminine par sir Alexandre Ramsay de Balmaine.

Un Chevalier qui tient une des plus larges places dans Froissart est sir
Alexandre de Ramsay de Dalhousie, qui a pris Roxburg-Castle sur les
Anglais en 1342 et qui a été assassiné dans la même année par sir William
Douglas connu sous le nom de « Chevalier de Liddesdale. » *Fordun,
Chron.*, I, 365. Sir Alexandre prit une part active dans toutes les guerres
contre l'Angleterre du quatorzième siècle. Quatre Ramsay ont été faits pri-
sonniers à la bataille de Nevill-Cross en 1346. *Rotuli Scotiae*, I, 678. Sir
William Ramsay de Colluthy se battit du côté des Français à la bataille de
Poitiers en 1346. et fut fait prisonnier ; un autre Ramsay y fut tué. *Fordun*
I, 377.

« Toutesfois, il pourveirent les villes et les chastiaus tenables, et par
especial la chité de Bervic, et i ordonnèrent li signeur d'Escoce à chapitainne
messire Alexandre de Ramesai, un très vail'ant et sage chevalier,.,» II, 276.
— A Nevill-Cross, « messire Alexandre de Ramesay prrtoit la banière dou
roy. » V, 127.

Au siège de Roxburg : « Dedens ce castel y avoit ung très bon escuier d'Escoce que l'on clammoit Alixandre de Ramesay qui dou garder fist bien son devoir, et avoit tous les jours l'assault jusques as murs detruire et de lanchier, et il se deffendoit si bien qu'il en avoit le grâce de chiaux de dedans et de dehors ossi. » II, 288.

« Ches nouvelles plaisirent grandement au roi d'Escoce, et dist à tous : « Grans mercis. » Là furent ordonnés IIII contes à estre capitaines de ces gens d'armes, ch'est assavoir : li contes de Douglas, li contes de Mouret, li contes de Le Marc et li contes de Surlant ; et connestables d'Escoche, messires Archebaut Douglas, et mareschal de toute l'ost, monseigneur Robert de Versi. Si fisent leur mandement tantost et sans délai à estre à un certain jour à la Mourlane. Là est li département auques d'Escoce et d'Engleterre. Che mandement faisant et ces gens d'armes assemblant, se parti *Alixandres de Ramesay*, uns moult vaillans escuiers d'Escoce, et se avisa de emprendre et achiever à son pooir une haulte emprise, et prist XL compaignons de sa route, tous bien montés, et chevauchièrent tant de nuit et par embusces à le couverte que sus un adjournement il vinrent à Bervich, qui se tenoit englesse..... Adont s'avancha Alixandres de Ramesay, et fist avanchier ses compaignons tout coiement et sans sonner mot ; et entrèrent ens ès fossés, et estoient pourveu de bonnes esquelles que il drechièrent contre les murs. Alixandres fu tout li premiers qui y monta, l'espée en la main, et entra par les murs ens ou chastel, et tout li sien le sieuwirent que onques n'y eut contredit..... Nouvelles vinrent à ces barons et chevaliers d'Escoce que li contes de Northombrelant et li baron et li chevalier de celi contrée avoient asségiet leurs gens ens ou chastel de Bervich. Si s'avisèrent l'un par l'autre que il venroient lever le siége et rafresquir le chastel, et tenoient ceste emprise que Alixandre Ramesay avoit faicte, à haulte et belle. Et dist li connestables d'Escoce, messire Archebaus Douglas : « Alixandres est mon cousin, et lui vient de haute gentillesse d'avoir empris « et achiévé si haute emprise que d'avoir pris le castel de Bervich. Si le « devons tous à ce besoing conforter ; et, se nous poons le siége, il nous tournera à grant vaillence. Et je voel que nous allons celle part. »

M. Francisque Michel, dans les *Ecossais en France,* a donné les armes de Ramsay comme Gelre les a peintes. Parmi les brisures ou différences pour les diverses branches de la famille, un Ramsay du seizième siècle a porté, selon Palliot et divers manuscrits, *l'aigle de sable dans un mantelé,* c'est à scavoir : *D'azur à une fleur de lys d'or, mantelé de même a une aigle de sable.* — Dans Noublanche, Jean Ramsay, Comte de Dalhousie, porte : *D'or à l'aigle de sable à deux têtes, becquée et membrée de gueules.*

7. — Siir Joon of Eetmo[n]ston. — Sir Jean de Edmonston.

Porte : *D'or à trois croissans montants de gueules.* — Le heaume d'argent de profil, le mantel party de sinople et de sable crenelé, et pour cimier une tête et col de poulain *bai* bridé de cordes de sinople.

Sir John Edmonston de Edmonston, 1360-1380 ; sir John son fils apparemment fit le voyage de la Terre Sainte en 1381 ; *Rotuli Scotiae,* II, 40 ; il épousa la comtesse de Douglas, veuve du premier comte de Douglas et sœur du Roy Robert II. — John Edmonston était à la bataille d'Otterburn. Quand les Ecossais s'assemblent, «messire Jehan Amoustin, ou Amorston, » vint avec « moult d'autres chevalliers et escuiers ; » et dans la mêlée messire Jehan Emouston est avec ceux qui s'entendent « bien et vaillammant à faire la besogne. » XIII, 227.

On trouve dans Rymer, t. II, des Lettres de sauf-conduit données au nom du roy Edouard III à Jean de Edmonston, chevalier, à la date de 1366 et 1373.

M. Kervyn nous dit : « Les éditeurs anglais lisent Amstrong, mais je trouve sir John of Eetmoston formellement cité par les Chroniques écossaises ; » c'est bien lui ; M. Kervyn ajoute : « En 1372, Edouard III écrivit à Robert Stuart pour l'engager à maintenir la trève qu'il avait jurée comme Sénéchal d'Ecosse ; celui-ci adressa au Roy d'Angleterre en 1374 des lettres assez pacifiques qui furent confiées à Jean de Edmunstone et à Jean de Tours. » Si les éditeurs anglais avaient connu Gelre, comme ils rendraient témoignage à sa lumière !

8. — Siir Robbert de Colleuille. — Sir Robert de Colleuile.

Porte : *D'argent à la croix cerclée de sable.* — Le heaume d'or, le camail découpé de sinople et pour cimier un dextrochère au naturel, vestu d'azur, tenant un martinet d'or, et issant d'une tour de même.

Sir Robert de Collevil, fut cité quinze fois au Parlement comme pair d'Angleterre de 1342 à 1366. Il est aussi cité dans Rymer comme un de ceux qui, en 1349, furent preposés à la garde du roi Jean prisonnier et de le conduire du chateau de Hertford au chastell de Somerton : — « C'est endenture, fait entre nostre Seigneur le Roy d'Engleterre et de France d'une part, et monsieur William Deyncourt, monsieur William Collevill en noun et lieu monsieur Robert de Colevill q'est si suppris par maladie qu'il ne purra travailler, monsieur Johan de Kirketon, monsieur Johan Dyencourt, et monsieur Saier de Rocheford d'autre part ; tesmoigne que... Et ledit monsieur Robert de Colevill avera pur lui ledit monsieur William de Colevill et autre chevaler suffisant, quant il lui plerra remuer et 2 esquiers et 4 archers, des queux archers 2 serront à chival et 2 a pee ; *etc* ». Rymer III, 184.

Mais ce Robert de Colvill est-il le même que Robert Collevill écossais.

Dans Noublanche, mylord Jacques Collueill, seigneur et baron de Colueil, porte *de gueules à la face échiqueté d'argent et d'azur*, qui est de Lindezay, *écartelé d'argent à la croix ancrée de sable*, —*ancrée* au lieu de *cerclée*. — Et nous trouvons dans les Peerage de John Burke les mêmes armes en tête de la généalogie des Colvile venus jusqu'à nous.

Ce nom offre des contradictions si les Colvile, d'Angleterre, portent ou portaient comme le dit M. Kervyn, *d'azur au lion rampant d'argent* : Jean de Colleville et Thomas de Colleville figurent dans Froissart parmi les chevaliers anglais, mais c'est plus tard. Ainsi quand Burkingham ravage la Champagne avec les Compagnies, il a pour Compagnons Trivet. Ortingue et Jean Colleville ; mais c'est en 1380?Quand Thomas combat des Ecossais, c'est en 1391. Sont-ils les fils de Robert Collvill qui garda le roi Jean et fut pair d'Angleterre ? Ont-ils porté les armes de Robert Collvill et de tous les Colville venus jusqu'à nous ? Est-ce une autre famille ?

Ce n'est pas tout. Nous croyons d'un autre côté que Robert Colleville, l'Ecossais ici présent, fut un des héros de la bataille d'Otterburn et qu'il est nommé dans Froissart sous le nom de tronqué de Collemine et de Colleme. « La veissiées-vous chevaliers et escuiers . messire Thomas Avermesquin [av. Ersekin] messire Jehan de Saint-Moreaulx, messire Robert Laudre, messire Jehan Emouston [Edmonston], *Robert Collemine* et ses deux fils Jehan et Robert qui furent là chevalliers,... »

Quand les Ecossais se reunissent en la marche de Gedours, messire Robert Colleville fils de Robert est cité parmi les barons : — « Au jour de l'assignation qui fut faitte à Gedours, vindrent tout premièrement le conte

James de Douglas, messire James conte de Mouret, le comte de la Mare et de Dombare messire Guillemme de Fy, messire Jehan conte de Surlant.... messire Jehan Marquesuel, messire Adam de Gladuvin, messire Guillemme de Reduem, messire Guillemme de Struat, messire Jehan de Halpebreton [Haliburtoun], messire Jehan Alidiel, messire Robert Laudre, messire Estienne Fresiel, messire Alexandre de Ramesay et messire Jehan son frère, messire Guillemme de Montberich, messire Aubert Hert, messire Guillemme de Warlem, messire Jehan Amoustin [Amorston, Edmonston], messire David Fluin, messire Robert Collème [Colleume, Colleville] et moult d'autres chevalliers et escuiers d'Escoce. Oncques, depuis soixante ans, ne s'estoient en Escoce trouvés tant de bonnes gens ensemble, et estoient bien douze cens lances et quarante mille hommes parmy les archiers ; mais tant que du mestier de l'arc, Escocois s'en ensonnient petit, ainçois portent chascun sur son espaule haches de fer, et s'aprochent tantost en bataille, et de ces haches donnent grans horions ».

M. Kervyn dans ses Tables, nous dit : « *Collème, Collemine,* Walter Scott proposait de mettre Campbell, au lieu de Collème. J'aime mieux ajoute M. Kervyn, lire Coningham : on trouve à cette époque un Robert Coningham dont le fils s'appeloit également Robert. » Pourquoi chercher Robert Coningham quand Gelre vous dit que Robert Colleville, ce bon écossais, était là.

Vous aurez beau dire : la Science des Armoiries est la Lampe merveilleuse qui peut seule éclairer ce temps-là, et pour bien déchiffrer les Chartes il faut bien connaître le Blason.

9. — SIIR VALTERT HELLIBORTON. — SIR GAUTHIER HALIBURTON.

Porte : *D'or à la bende d'azur chargée de trois macles d'argent.* — Le heaume d'argent, le volet haché armoyé des émaux et pièces de l'écu, le bourlet d'or et d'argent, et pour cimier une tête et col de bouc d'azur barbé et accorné d'or, lampassé de gueules, et les oreilles sanglantes.

Un des quatre Chevaliers qui accompagnèrent le Roy d'Ecosse au Tournoi de Compiègne en 1238 était Ewautiers Hellibarton. — « Les Haliburton de Heliburton, dans le comté de Berwick en Ecosse, étaient, comme domiciliés sur la marche, beaucoup engagés dans toutes les guerres d'Angleterre et d'Ecosse au quatorzième siècle, et toujours du parti national écossais. Sir Walter ou Gautier de Haliburton fut fait prisonnier à la bataille de Durham ou Nevill-Cross en 1346; *Rotuli Scotiae*, I, 678. En 1349, Gautier de Haliburton paya une rançon de deux cents livres. En 1358, il était de nouveau enfermé à la Tour de Londres. Un de ses frères, John Haliburton, fut tué par les Anglais à la première bataille de Nisbet, 1355; *Scoti Chron* II, 350. Sir Walter mourut environ l'an 1385, et eut pour successeur son fils sir John qui fut fait prisonnier à la seconde bataille de Nisbet en 1402.» *Sir R.* — « Les nuns des gents d'Escoce occis à la bataille de Duresme, le count de Murref, le count de Stratherne, le Seneschal d'Escoce, le count Pat ik, monsir Johane de Haliburtoun, monsir Henri de Ramesaye...» — « Les noms qe fuirent à ladit bataille, monsir William de Ramsaye...monsir Water de Haliburtoun, monsir Henri Douglas... » *Note*, V, 493.

En 1346, des Lettres ou Ordres furent donnés par Edward III pour conduire à la Tour de Londres les prisonniers faits à Dunelm; Thomas de Clifford fut chargé de Gautier [Watter] de Haliburton, *prisone*; Ada de Kendale, de Jean de Makeswell; Ingelram de Umfraville, de Jean de Preston; Jean de Ever, de Alexandre de Ramseye; Thomas de Rokebi le jeune, de George Abernithi; Guillaume de Weshington, de Alexandre de Haliburton; Wautier de Creyk, de Guillaume de Murref, Thomas Grey, de Jean de Haleburton; etc.— *Rymer*.

On trouve dans Rymer des sauf-conduits donnés en 1358, pour négocier en faveur de David de Bruys roi d'Ecosse, à : Alianora de Bruys comitissa de Karryk, — Willielmus de Leth, — Patricius de Dunbarre comes Marchiae, — Normanaus de Lesseley, — Willielmus de Keth, marescallus Scotiae. — Walterus de Haliburton, miles, — Johannes Styward, — Willielmus Seyntcleres, — Alexander de Lyndeseye, — Willielmus de Douglas, miles, etc. III, 165.

10. SIIR HERRI A. PRESTON. — SIR HENRI DE PRESTON.

Porte : *D'argent à trois têtes de licorne de sable, deux et une, à la bordure engreslée de même.* — Le heaume d'argent, la cappeline de même à une tête de licorne des armes, le bourlet d'or et de gueules, et pour cimier une tête de licorne de sable ou plutôt fauve au naturel.

Nous trouvons ces armes dans le Peerage de Burke publié en 1843. Sir John de Preston, dit Burke, fut prisonnier avec le roi David Bruce à la bataille de Nevill-Cross en 1346 et fut enfermé à la Tour de Londres. Son fils sir Simon de Preston fit une donation au monastère de Newbottle en 1360. Son fils sir Simon de Preston eut plusieurs enfants, sir George, sir Henry et Andrew.

On voit dans Rymer un sauf-conduit donné en 1361, au nom du roi d'Ecosse, à Johannes de Preston, chivaler, de partibus Scotiae, pro se et octo equitibus de comitiva sua.

John qui fut prisonnier à Nevill-Cross, et John qui obtint un sauf-conduit pour voyager en Angleterre sont bien le même : mais Herry ? Gelre a-t-il pu appeler Herri, celui qui s'appelait Jean ? Nous ne le croyons pas, Herri est le puîné de Jean et les généalogistes ne l'ont pas connu.

La preuve, direz-vous ? la preuve ! ah ! c'est encore ici qu'éclate encore dans toute sa force cet axiome que la Science des armoiries est un flambeau, Regardez Herri : ses armes ont une brisure ; la bordure au lieu d'être une simple bordure d'azur, est de sable *engreslée* ; c'est une différence, une *brisure* et j'en appelle à M. Burke lui-même qui indique la bordure d'azur sans engreslure.

Herri de Preston est donc un chevalier des grandes guerres que sa famille peut inscrire parmi les siens, car il a du défendre son beau pays d'Ecosse au moment ou Jean son frère était prisonnier des anglais.

Le nom de Preston est aussi ancien que les montagnes de l'Ecosse, mais le premier dont on fasse mention n'est que du temps de Malcolm au douzième siècle. — Leolphe de Preston eut pour petit fils William qui vivait sous Edouard Ier, — son fils Nichol eut pour fils Laurence, dont le fils, — John fut le prisonnier d'Edouard III. Mais la généalogie de Burke que l'on trouve partout nous dispense de plus de détails. La seule prière que nous nous permettons d'adresser au présent Baronet de Preston à Edimbourg, c'est de bien examiner le cimier que Gelre à peint, et de voir combien il est plus beau que celui des modernes Peerages.

11. — Sir A. Comijn. — Sir de Comyn.

Porte : *D'azur à trois gerbes d'or dans un double trescheur ou essonier fleuré et contreflouré de même.* — Le heaume d'argent, le mantelet découpé de... [inachevé].

Il y avait deux branches de Comyn : Comyn de Bogham ou Bucghaine et Buthquhene, *d'azur à trois gerbes d'or ;* et Comyn de Budenach ou Batzenoth, qui ajoute un *trescheur fleuré et contrefleuré d'or.* V. *Banck's.*

Jean Comyn, comte de Buchan, mort en 1316, fut un des prétendants au trône d'Ecosse : « Et tost apres les Escoce firent par élection Robert le Brus leur Roy; mais sire Johan le Comyn ne voleit a ceo en nulle manière assentir à son coronnement ; par quey Robert le Brus luy occist en l'Eglise des Frere Menours à Dounfrys... » 1310, *Chr. London,* 32.

Sir Richard Comyn, favori du roy David II d'Ecosse, de 1360 à 1370.

Voici un fragment de généalogie manuscrite ancienne.

1re branche : — Alexandre Comyn, comte de Buqhaine et connestable d'Ecosse à cause de sa femme Elisabeth de Quincy, comte de Winchestre, eut deux fils, sir Jean Comyn, comte de Bucqhaine, mort en 1310, et sir Alexandre Comyn, qui eut trois filles : Alix Comyn, comtesse de Bucqhaine, qui épousa Henri lord Beaumont, 1334, à qui elle porta le titre de comte de Bucqhaine ; Catherine Comyn, morte en 1307, qui épousa David 4e comte d'Athol, tué en 1337 ; et Marguerite Comyn, comtesse de Ros en Ecosse.

2e branche. — Jean lord Comyn de Batzenoth épousa Marie, quatrième fille de Jean de Bailleul (Balliol); son fils, Jean Lord Comyn de Bazenoth, épousa Jeanne de Valence : leurs enfants, Jean Lord Comyn, tué à la bataille de Striveling en 1314; sir Guillaume Comyn, prisonnier à ladite bataille; Jeanne Comyn, dame de Mitford, qui épousa David, 3e comte d'Athol; et Elisabeth Comyn, qui épousa Richard Lord Talbot. *Voet,* p. 737.

Jean Comyn fut cité en Parlement au 35 an du règne de Edw. III, 1361.

« Et tant se penèrent li un pour l'autre, ensi que par envie, que en le fin il desconfisent leurs ennemis ; mès grandement leur cousta de leurs gens. Toutesfois il obtinrent le place ; et y demorèrent mort sus le ditte place, des Escos : li contes de Fi, *li contes de Boskem,* [Buchan], li contes Patris, li contes de Surlant, li contes d'Astrederne, li contes de Mare, messires Jehans de Douglas, messires Thomas de Douglas, messires Symons Fresiel et messires Alixandres de Ramesay qui portoit la banière dou roy, et plusieur aultre baron et chevalier et escuier d'Escoce. Et là fu pris li rois qui vaillamment se combati, et durement fu, au prendre, navrés d'un escuier de Northombreland, qui s'appelloit Jehans de Copeland, apert homme d'armes et hardi durement. V. 127 ».

Dans le Rôle du Siège de Calais, « le counte de Cestre, *de azur à III
garbes d'or.* » — Georges Seton, comte de Winton, et Jean Stuart, comte
de Traquhair, ont écartelé leurs armes de celles de Comyn, *les trois gerbes
d'or dans un trescheur de même.*

12. — SINCLAER. — SAINT-CLER.

Porte : *D'argent à la croix engreslée d'azur.* — Le heaume
d'or, la capeline de... [inachevé].

Ce sont les armes pleines de Saint-Cler ou Sinclair, dont les brisures se
voient ci-devant au nom d'Orkney. — « Messire Jean et messire Gaultier
de Saint-Clar » furent deux héros de la bataille d'Otterburn, et « monsir
Johan de Seintcler » fut prisonnier. Quand le jeune comte James de
Douglas fut feru au corps d'un glaive à mort, messire Jehan et messire
Gaultier et autres chevaliers le trouvèrent en un bien petit point :
« Messire Jehan de Saint-Clar demanda au conte et dist : « Cousin,
comment vous va ? » — « Petitement, dit le conte. Loenges à Dieu, il n'est
« gaires de mes anciseurs qui soient mors en chambres, ne sur lits. Je vous
« dy : pensés de moy vengier, car je me compte pour mort. Le cuer me
« fault trop souvent. Gaultier et vous Jehan de Saint-Clar redreschiés ma
banière...» Les deux frères de Saint-Clar et messire Jehan de Lindesée firent
ce que il ordonna, et fut la banière relevée. Si escrièrent : « Douglas ! » Et
pour ce que ils estoient si avant, leurs gens qui estoient derrière et qui oioient
cryer tout hault : « Douglas ! Douglas ! » pour venir celle part se misrent
en ung mont et tous ensemble, et commencièrent ceulx qui lances avoient,
à bouter et à pousser par telle vertu que de celle empainte ils reculèrent
très-vaillamment les Anglois, et en y ot de renversés et portés par terre ung
grand nombre. Les Escots qui abatoient les premiers et qui faisoient voye, s'i
portèrent tant bien et vaillamment en poussant, en lanchant et combatant,
qu'ils portèrent et reculèrent les Anglois bien avant et oultre le conte de
Douglas qui jà estoit trespassé et devyé, tant que ils vindrent à sa banière
que messire Jehan de Saint-Clar tenoit, et estoit avironné et appuyé de bons
chevalliers et escuiers d'Escoce en grant nombre ; et encoires le fut-il plus,
quant la grosse route d'Escoce survint et ot la force de reculer les Anglois,
et tousjours crioient à haulte voix : « Douglas ! Douglas ! » Là vindrent le
conte de Mouret et sa banière moult bien accompagniés de bonnes gens

d'armes et le conte de la Mare et le conte de Dombarre bien accompaigniés aussi, et estoient ainsi que tous raffreschis. Et quand ils veirent les Anglois reculer et ils se retrouvèrent tous ensemble, la bataille et le bouteys des lances et l'estour des haches print à renouveller à tous costés, et boutoient et poussoient des lances et frappoient des haches sur ces clères armures et sur ces bacinets durs et fors, dont maint Anglois perdirent la vye, et maint Escot y demourèrent par la nuit qui tant estoit brune et obscure. »

Et la victoire fut à eux. Nous voudrions pouvoir reproduire toutes entières les pages magnifiques que Froissart a consacrées à cette journée. XIII, 224 à 227.

Voyez à la planche LXIV les armes de St Clair d'Orkney.

Nous avons trouvé dans le manuscrit d'un vieux Heraut flamand une brisure particulière de Sinclaer, ou Saint-Clair, c'est : *Sijnscliir, de gueules à la croix d'argent* : A moins que ces armes ne soient celles du sire de Sinzich ou Sinnich, que M. Lavallaye connaît bien, et que nous retrouvons plus tard. Ce nom de *Sijnscliir*, qui peut paraître dénaturé, est écrit cependant comme on prononce *Sinclaer* dans les langues du Nord. On n'a pas besoin d'être un savant consommé pour le voir : un coup d'œil suffit.

La généalogie des Saint-Clair, et des Orkena, — Orckney-Ortingo, — est toute au long dans les Peerege Anglais et dans les Recueils Suédois. Il faut la voir dans toute sa splendeur, répandue en Angleterre, en Ecosse, en Islande, en Suède, en Norwège et dans tous les pays du Nord : on dirait une aurore boréale — Saint-Clair — qui s'élève du fond des temps et se répand dans le monde à travers les siècles. Ecoutez les langues humaines qui le répètent entre elles. Nous avons ouvert les livres des générations et des races, et nous le mettons plus loin sous vos yeux dans les Notes, afin de continuer notre travail d'exposition.

13. —   — CRAIGIE, SCRAGGI.

Porte : D'*argent à la face de sable chargée de trois crois-sans montants d'argent rangés.*— Le heaume d'or, le bourlet de sable, et pour cimier une tête et col de levrette aux longues oreilles dressées, lampassée et allumée de gueules, et dont le bas forme un volet découpé.

Dans un Armorial écossais de 1540, drawn by sir David Lindsay, on trouve *d'hermines à la face de sable chargée de trois croissans montants d'argent,* pour Cragye of that Ilk, ou p'utôt Craigie. [Craigie de Craigie ; — Craigie la Rochette dans le comté de Linlithgne.] — Sir Bernard Burke, dans son *Général Armory*, donne *ermine on a fess sable 3 crescents argent* po ur Craig de Riccarton et non pour Craigie qui portent selon lui tout autrement. — Dans l'Armorial Ecossais publié à Edimbourg par M. Stodart, les armes ci-contre restent une énigme.

Dans le Debrett's Peerage de 1802, page 662 se trouve sir James Hen. Craig parmi les Chevaliers du Bain, et, à la planche 80, Craig porte *d'hermines à une face coupée-crenelée de gueules sur azur, à trois croissans montants d'argent.*

Pour déterminer une armoirie dont le nom est effacé, il faut sonder l'intention du Héraut ; pourquoi n'a t-il pas mis de nom au bas ? Quelle a pu être son incertitude? Ici il y a une armoirie incertaine : les émaux indiquent une brisure ; c'est peut être un Craigie. Si d'un autre côté on étudie les Chroniques ; si par la pensée on remonte l'espace et le temps, quels sont les personnages qui à côté des Haliburton, des Ramsay, des Morret, ont combattu et porté un nom et des armes? Froissart ne nous les dit pas tous, et nous devons chercher ailleurs. Or, nous sommes heureux de rendre témoignage à M, le Baron de Kervyn de Lettenhove de la lumière qu'il a mise sous nos yeux. C'est dans une de ses notes que nous avons découvert non pas Craigie, mais Scraggi.

A la bataille de Nevill-Cross, en 1346, se trouvaient trois chevaliers du nom de Scraggi ou Craggie, *la Rochette,* dans le comté de Linlithgne. — « Les noms des gens d'Ecosse occis à la bataille de Duresme le 17ᵉ jour du mois d'october ; des queux homme poait avoir conisance : le count de Murref, le count de Stratherne, le Seneschal d'Ecoce, le count Patrick, monsir Johane de Haliburtoun, monsir Henri de Ramesaye, monsir Thomas Boide, monsir Johan Stiward, monsir David del Hay, monsir Edward de Keth et sun frère, monsir Johan de Crawford, monsir Johan de Lindesaye, monsir Philippe de Meldrone, monsir Henri de Ramsaye, monsir Alexandre de More, monsir Umfray Kirkpatrick et sun frère, monsir Alisandre de Scraggi le pier, monsir Alisandre le filts, monsir Nese de Rameseye, monsir Adam Nikson, monsir Gilbert Yuche-Martin, monsir Patoun Heryng, monsir Johan de Scraggy, monsir Robert Mautalent et sun frer, monsir Morice de Murrif, et plusiours autres entour Vᵉ et XL des Chivaliers et gents d'armes qe furent occcis à la bataille, forpris ceux qe furent occis à la chace et les forraiours estemées à XIIᵐ et plus. « *Lettre de Thomas Samson,* V. 491.

Enfin nous trouvons dans Rymer, t. III p. 60, un sauf-conduit pour Johannes de Cragy : et en 1363, un autre sauf-conduit — ou des lettres de conduite, *litterae de conductu*, ou lettres de protection dont la teneur est restée sur nos passeports modernes, — pour Willielmus de Ramsay miles de Scotia, Johannes de Cragy, Johannes Leche, afin de traverser l'Angleterre avec des ecuyers.

14. — Siir Patri. — Sir Patrick [Hepbourn].

Porte : *De gueules à un chevron d'argent chargé sur sa pointe d'une rose de gueules boutonnée d'or entre deux lionceaux de même rampans sur chaque côté et affrontés.* — Le heaume d'argent, la cappeline de gueules, la couronne de trois roses d'or boutonnées d'argent, et pour cimier une tête et col de cheval de gueules lampassé de même, bridé de sable et animé d'argent.

Sir Patrice Hepbourn, Fohopbourne, Hopborne ou Hepborne, assistait à la bataille d'Otterburn avec ses fils Patrice et Miles de Hepbourn. — Le comte de Douglas envahit le Northumberland, en se dirigeant à marches forcées vers l'évêché de Durham. Avec lui se trouvaient les comtes de March et de Moray, James Lindsay, Alexandre Ramsay, John Sint Clair, *Patrick Hepburn*, John Haliburton... et d'autres intrépides chevaliers :— « Et vous dy que les Anglois estoient si fors à ce commencement et si fièrement se combatirent qu'ils reculèrent les Escots, et là furent deux très vaillans chevalliers d'Escoce, que on clamoit messire Patris de Hepborne et messire Patris son fils, qui très vassalement s'acquitèrent et estoient au près de la banière du conte de Douglas et de sa charge, et là firent merveilles d'armes. » XIII, 218. — « Là fut tellement mené par les armes messire Henry de Persy que le sire de Montgombre le prist et fiança. Là veissiés-vous chevalliers et escuiers, messire Mahieu Adreman, messire Thomas Avermesquin, le seigneur de Seton, messire Patris de Dombarre, messire Patris de Hepbourne et ses deux fils, messire Patris et messire Mile, messire Alexandre de Ramesée... et bien cent autres chevalliers et escuiers que je ne puis pas tous nommer. » Id. 227.

Des sauf-conduit ou des lettres de protection furent donnés par le roi Edward III, pour faire leurs dévotions à Saint-Thomas de Cantorbery, à

Jean de Ros, Patrick de Hibburn, Willielm de Rothan d'Ecosse, le 26 avril 1363. — *Rymer*, III, 75.

En 1398 : « Et furent tués illoesques sire Patrick Hebbourn et pluiseurs autres gentils tués et prisés. » XVIII, 586.

15. —

Porte : *De sable au chevron d'argent accompagné de trois besans de même.*—Le heaume d'argent de profil et pour cimier nn buste de vieillard moresque au naturel dont le bas forme le volet, barbé et chevelu d'argent, et coiffé d'un chapeau de gueules.

Azur a chevron between three besants, — Hope de Rankciller famille écossaise du 14e siècle.

On m'écrit :

« Je trouve dans Froissard ce blason : *d'argent a un chevron de gueules et trois besans de gueules, deux dessus le chevron et un dessous,* c'était le blason d'un écuyer anglais dont il donne le nom comme Henri Creptede. Nom autrement inconnu : peut-être Christal ou Christié. Cet écuyer fit la connaissance de Froissart en Angleterre en 1396 et lui donna les détails à l'égard de l'Irelande. Criptede avait vécu beaucoup en Irelande, était marié à une Irlandaise, et venait de faire une campagne en Irelande avec le Roy Richard II 1395-1396. J'incline à croire que voilà les besans que vous cherchez. » *Sir R.*

Cet écuyer ou Chevalier inconnu dont le nom est défiguré par tout le monde, Christead, Creystok, Chepsted, Chipstede, et fit à Froissart tant de merveilleux récits, a peut-être aussi rencontré Gelre. Nous n'avons sous les yeux aucun document qui nous permette de l'affirmer.

NOTES HÉRALDIQUES

ET GÉNÉALOGIQUES

Les Ecossais comptent vingt-cinq Rois idolâtres de Fergus à Donald, premier roy chrétien, et trente-sept de Donald à Achaius. L'amitié des Ecossais pour la France date de Charlemagne, et *les petites fleurs de lys qui bordent* encore *le trescheur de leurs armes* en sont toujours le souvenir. Il serait trop long de rapporter le dévouement des Ecossais à la France ; cependant rappelons que Alexandre II envoya à Saint Louis 3,000 Ecossais conduits par Patrick de Dumbar, comte de la Marche ; Alexandre III lui en envoya 2,000 autres conduits par les comtes de Cadict et d'Atholie. David Bruce en envoya au roy Jean 3,000, qui furent tués à la journée de Poitiers, conduits par Guillaume de Douglas ; Robert Stuart, oncle de Jacques Ier, en envoya 7,000 conduits par le comte de Buchan et Archebald de Douglas, qui gagnèrent la bataille de Beaugency ; son fils Murdaque en envoya ·0,000 au roy Charles V ; Jean Stuart en amena 4,000 au roy Charles VII. Robert Bernard, Jean Stuart d'Aubigny, Alexandre duc d'Albanie, etc., ont été dévoués à Louis XI, Charles VIII, Louis XII, François Ier et Henri II.

C'est pour faire diversion aux attaques de Edward III contre la France que David Bruce, ici présent, envahit l'Angleterre et fut prisonnier à Durham, et 10,000 Ecossais mis à mort. Nous ne parlons pas des alliances. Mais, pour reconnaître leur amitié, les Ecossais ont tenu en France de grandes charges. Jean Stuart, comte de Bukan, fut fait comte d'Evreux ; le comte de Douglas fut comte de Touraine ; Robert Stuart, seigneur d'Aubigny, fut maréchal de France sous Louis XI ; Bernard Stuart fut maréchal de France sous Louis XII, et son fils maréchal de France sous François Ier ; Jean de Hamilton fut fait duc de Chatellerault et ses descendunts le sont encore. La Compagnie des Gardes Ecossaises remonte à Saint Louis.

Dans leurs pennons, étendards et bannières, les Ecossais ont une Croix de Saint-André qu'on retrouve sur le volet du heaume royal et au blason d'Averdael, planche LXIII : cette croix en sautoir est celle de l'apôtre saint André, dont les reliques ont été apportées en Ecosse, et qui fit remporter une victoire à leur Roy Achaius, le contemporain de Charlemagne. — Depuis cest Achaius, les Escossois comptent vingt rois jusqu'à Malcolm III qui vivait en 1061. Malcolm eut de sa femme Sainte Marguerite, six fils, dont trois, Edgar, Alexandre et David, furent rois depuis, et deux filles. — Donald VI, frère de Malcolm III, tué par Guillaume le Roux, fils de Guillaume le Conquérant 1097, régna pendant la minorité de ses neveux et fut chassé par Duncan b de Malcolm, aidé par Guillaume le Roux. Duncan ayant été tué, Edgar fut sacré roy d'Ecosse et mourut en 1109 ; son frère Alexandre lui succéda, mourut sans hoirs, et laissa le trône à David Ier son frère, qui mourut en 1151. — David eut pour fils Henri, Prince d'Escosse, mort avant son père, mais laissant pour héritiers, entre autres, Malcolm et Guillaume, qui furent rois, et David de Huntingdon qui ne laissa que deux filles, Marguerite et Isabelle. — Malcolm IV succéda à son aïeul et mourut en 1163, laissant le trône à son frère : — Guillaume dit le Lion, qui eut un fils, Alexandre II, mort en 1249, dont le fils, Alexandre III, épousa Marguerite d'Angleterre, dont il eut deux fils et une fille, tous morts avant leur père, 1283. — *Favin, passim.*

-Alexandre III étant mort sans hoirs et sans déclarer son successeur, il y eut débat entre Jean de Bailleul ou Baillol et Robert Brus, Princes issus du sang d'Ecosse, par les filles de David de Huntingdon frère de Guillaume cité plus haut. Le Roy d'Angleterre Edward Ier choisi pour arbitre, donna la couronne à Jean de Bailleul. Mais Jean et son fils ayant été faits prisonniers par le roy d'Angleterre, Robert Brus ou Bruce parvint à la couronne et la défendit vaillamment contre les Anglais qu'il battit en 1314. Robert eut deux femmes ; d'Elisabeth fille du comte de Marre, il eut une fille Mariorette ; de la sœur du comte de Hullesten il eut un fils David et deux filles. David épousa Jeanne fille d'Edward III. Robert étant mort en 1329, David II lui succéda : ce sont ses armes que Gelre a peintes et qui figurent en tête de la planche LXII. Le règne de David fut continuellement troublé par Edward III qui le força de quitter l'Ecosse : Le roi de France Philippe de Valois donna une armée à Guillaume Douglas qui réintegra David dans ses Etats, mais étant mort en 1370 sans hoirs males,

David laissa la couronne à sa sœur ainée Mariorette comme il avait été ordonné par le Parlement d'Ecosse. Mariorette épousa Gautier ou Walter Stuart et de ce mariage sont descendus les rois d'Ecosse.

Voici la source de cette illustre famille des Stuarts.

Banquhon, Thane de Loquhabrie, c'est à dire gouverneur de cette province avec son fils Fleanche, ayant acquis un grand crédit dans toute l'Ecosse, furent enviés par le père de Malcolm III qui fit assassiner le père: C'est le Banco des Tragédies. Il portait *d'or a la fasce eschequetée d'argent et de sable ou d'azur de quatre traits*, anciennes armes des Stuarts. — Fleanche épousa Marie fille du Gouverneur de Galles et en eut Gautier surnommé Banco ou Banquhon qui ayant combattu vaillamment pour son Roy d'Ecosse contre des Rebelles fut fait Grand Prevot et Trésorier du Domaine Royal, que l'on désigne sous le nom de *Stuart* ou *Stevart*. Il s'acquitta si fidèlement de sa charge que le surnom de Stuart luy fut donné à lui et à sa postérité — Gautier fut père d'Alain Stuart — dont le fils Alexandre Stuart fut père de Guillaume Stuart II du nom, — père de Alexandre II du nom et de Robert Stuart son frère qui firent deux branches, dont les rameaux s'étendirent par toutes les provinces d'Ecosse. Robert le puîné épousa l'héritière de Robert de Cruxtoun et de lui sont issus les Comtes puis Ducs de Lennox qui portent *d'argent au sautoir de gueules cantonné de quatre roses de même*, pl. LXII, et les Barons de Darley qui portent *d'Ecosse écartelé de Stuart, la fasce eschiquetée de trois traits* seulement.

D'Alexandre Stuart II du nom, l'aîné, sont nés Jean Stuart, Jacques Stuart et d'autres enfants d'où sont issues un nombre de familles écossaisés, les comtes d'Atholie, de Buqhan, d'Invermeth, de Meffem, et dont les uns portent les vieilles armes de Banco, pl. LXIV; d'autres *un pallé d'argent et de sable de six pièces, à la face de trois traits seulement, écartelé de Banco* ou Banquhon; d'autres, cette même *face de trois traits à trois testes de loup, deux en chef, une en pointe*. Jean Stuart, fils aîné d'Alexandre II, ne laissa qu'une fille, Jeanne Stuart, femme du seigneur de Buta, dont naquit Gautier Stuart III du nom, mari de la reine d'Ecosse, Mariorette, d'où sont nés : Robert Stuart II du nom, roy d'Ecosse, que nous allons reprendre, père de Robert III, père de Jacques Ier roy, père de Jacques II roy, père de Jacques III roy, père de Jacques IV roy, père de Jacques V roy, père de Marie, reine d'Ecosse, qui épousa en secondes noces Henri Stuart. duc d'Albanie, seigneur d'Arley, et de ce mariage naquit Jacques VI roy d'Ecosse, et d'Angleterre par succession.

Reprenons. Robert Stuart, roy d'Ecosse, II du nom, fils de la reine

Mariorette et de Gautier Stuart, fut couronné en 1371; il épousa Euphémie, fille du comte de Rosse, dont il eut David Stuart, comte d'Erneval, et Gautier Stuart, comte d'Atholie. Il eut aussi deux filles illégitimes, dont l'une épousa le frère de George comte de la Marche en Ecosse, appelé Jean Dumbar; les trois fils furent Jean comte de Carric, Robert comte de Fife, et Alexandre comte de Buchan ou Bouchquhan et seigneur de Badzenoth. « Lesquelz, quoique bastards, il fist preferer à ses enfans légitimes pour les eslever à la couronne d'Escosse. » A sa mort, suivant l'Ordonnance des Etats, l'aisné Jean fut sacré et couronné Roy d'Ecosse, 1390, et il changea son nom de Jean contre celui de Robert III. Son frère Robert aussi, comte de Fife[ns] et de Minteth, gouverna en son nom, et le roy le fit duc d'Albanie. — Le roy Robert eut deux fils, dont Jacques, le puîné, lui succéda sous le nom de Jacques I, et fut couronné en 1425. Il épousa Jeanne Seymer, fille du comte de Sommerset, dont il eut six filles et deux fils; les filles furent Marguerite qui épousa le Dauphin qui fut Louis XI; Eléonore ép. Sigismond duc d'Autriche; la troisième ép. le comte de Zélande; la quatrième le duc de Bretagne; la cinquième le comte de Hohenloo, et la sixième le comte de Mortain. Les fils furent Jacques II du nom, qui lui succéda, et Alexandre, mort jeune.

Jacques II épousa Marie de Gueldres, dont il eut trois fils et deux filles : Jacques, depuis III du nom, Alexandre duc d'Albanie, Jean comte de Marre; Marie ép. Jacques Hamilton, comte d'Aram. — Jacques II mourut en 1460, laissant pour successeur son fils aîné Jacques III qui esp. Marguerite de Danemark, dont il eut trois fils et une fi le. L'aîné Jacques IV lui succéda. Ce Jacques eut pour femme la fille aînée du roy Henri VII d'Angleterre, Marguerite, au droit de laquelle Jacques VI, roy d'Ecosse, leur petit-fils, a succédé à la couronne d'Angleterre, après la mort d'Elisabeth, comme nous l'avons dit plus haut. (V. Angleterre.) — Jacques V, fils de Jacques IV et de Marguerite, épousa Madeleine de France, fille de François Iᵉʳ, en 1537, et en secondes noces Marguerite de Lorraine, veuve du duc de Longueville, dont il eut deux fils, morts jeunes; Marie qui fut Reine d'Ecosse, née en 1541, couronnée à Striveling en 1543: elle épousa le Dauphin, depuis François II, dont elle n'eut pas d'enfants; en secondes noces Henri Stuart, duc d'Albanie, dont elle eut un fils unique, Jacques VI, roy d'Ecosse et d'Angleterre par succession.

Le nom de Stuart est loin d'être éteint. Dans les Notes qui suivent, nous en avons recherché les armes partout où nous avons pu le faire, et certainement plus d'une a échappé à notre recherche. Nous nous contentons de montrer le chemin.

NOTES DE LA PLANCHE LXIII

4. FIFE. — Le Comte de Fife porte encore aujourd'hui, dans le Peerage, au 1 et 4 de ses armes, *d'or au lion de gueules*. — Cette illustre famille rappelle le nom de Macbeth et le souvenir littéraire de Shakespeare. — Elle remonte à Fife Macduff qui vivait vers l'an 834 et qui fournit à Kenneth II roi d'Ecosse un puissant secours contre les Pictes. En récompense Fife obtint des terres qu'il avait conquises et fut nommé *Thane* ou baron héréditaire de son territoire qu'il appela Fife. — Son huitième descendant fut ce Macduff que le génie de Shakspeare a rendu si fameux. Le puissant *Thane* ayant pris une part principale à la destruction de l'usurpateur Macbeth et à la restauration de Malcolm Ceanmohr, celui-ci lui confirma son Comté de Fife, dont il le créa Comte en 1061.—— Le 3ᵉ Comte Duncan étant mort en 1353 sans enfant male, le Comté fut éteint. Mais *un de ses descendants*, David Duff reçut de Robert III en 1401, une concession de terre et de la baronnie de Muldavit qui continua à être un des titres principaux da la famille, jusqu'à ce qu'elle fût aliénée au commencement du règne de Charles II.

Le descendant de David Duff, William Duff, esq., fut élevé à la pairie d'Irlande par la reine régente Caroline sous le titre de Baron Braco de Kilbryde, le 26 aril 1759, sous les titres de Vicomte Mac Duff et Comte de Fife. — James, son fils fut son successeur ; — et Alexander, qui succéda à son frère mourut le 30 septembre 1763, et eut pour héritier, son second fils survivant ; — James, 1790, mort sans enfant en 1809, la baronnie expira ; les autres honneurs passèrent à son frère, — Alexander, qui a eu pour successeur son fils James, — 1840.

6.—DOUGLAS.—Villiam Douglas Hamilton, duc d'Hamilton en Ecosse, duc de Brandon en Angleterre, duc de Chatellerault en France, est aujourd'hui le plus illustre représentant de cette maison. Il porte au 2 et 3 de ses armes *le cœur et les trois étoiles* de Douglas. — Sa mère est la Duchesse Marie, Princesse de Bade, fille de feu Charles Grand-Duc de Bade.

On rencontre des Douglas dans les Nobiliaires de France, de Hollande, de Bade et de Suède. Le Duc de Buccleuch, Valter-Scott-Douglas, est

Baron Douglas de Kinmount. — Le comte de Selkirk porte *de Douglas écartelé au 2 des quintefeuilles d'Hamilton et au 3 de La Marche-Dunbar*. — En outre Le Peerage de Burke nous donne la généalogie de quatre branches qui viennent jusqu'à nous avec des brisures différentes.

7. — DUNBAR. — Burke dans son Peerage a donné la généalogie de quatre branches de la famille de Dunbar venues jusqu'à nous : Dunbar of Durn, Dunbar of Mochrum, Dunbar of Northfield, et Dumbar of Boath. Le premier porte de Dunbar écartelé *d'or à trois coussins et un tresseur fleuré et contre fleuré de gueules* qui doit être Morref ; le second, porte les mêmes armes brisées de plusieurs façons ; le troisième écartelé de Dunbar et de Randolph ; le quatrième de Dumbar simplement.

8. — MARR. — Il n'est pas sans intérêt de dire ici comment, d'après les Peerage de Burke, le titre de Comte de Marr est porté par John Francis Miller Erskine, Comte de Marr et baron de Erskine (1840), qui épousa, le 24 avril 1827, Philadelphia, fille aînée de sir Charles Granville Stuart de Menteath : *d'argent au pal de sable* qui est de Erskine, *écartelé d'azur à la bende accompagnée de six croisettes au pied fiché d'or*, qui est de Marr.

Du titre de Marr, lord Hailes dit : « C'est un des comtés dont l'origine se perd dans l'antiquité. Il existait avant nos annales et avant l'ère de l'histoire véritable. » — Martacus, comte de Marr, est témoin à une charte de donation faite par Malcolm Canmore aux Culdees de Lochleven du manoir de Kilgad-Earnoch en 1065. — Gratney, 11e comte de Marr, qui succéda à son père en 1294 en mourut avant 1300, épousa Lady Christian Bruce, fille de Robert comte de Carrick et sœur de Robert I, et d'elle (qui épousa en secondes noces sir Christopher Seton de Seton, et en troisièmes noces sir Andrew Moray de Bothwell), il eut : Donald, son successeur ; — Elyne, qui épousa sir John Menteath, et eut pour fille Christian, mariée à sir Edward Keith, et eut pour fille Janet Keith, mariée à sir Thomas Erskine, et mère de sir Robert Erskine, qui réclama le Comté de Marr en 1435. — Le comte Gratney eut pour successeur son fils, — Donald, 12e comte de Marr. A la mort de Randolph, comte de Moray (Murref), Régent d'Ecosse, il fut nommé unanimement pour remplir sa place par le Parlement assemblé à Perth le 2 août 1332. Il prit aussitôt le commandement de l'armée écossaise, qui, à cause de son ignorance de la discipline militaire, fut totalement défaite par des forces inférieures sous les ordres d'Edward Baliol, le 12 du même mois, et le Comte de Marr paya son inexpérience de sa vie, ayant été massacré dans la déroute. Il avait épousé Isabel, fille unique

de sir Alexander Stewart, de Bonkil, et en avait eu une fille, — Margaret,
avec un fils unique, son successeur. — Thomas, 13ᵉ Comte de Marr,
grand chambellan d'Ecosse en 1359, ambassadeur en Angleterre en 1362.
et un des garants d'un armistice avec les Anglais en 1369: il mourut
sans enfant en 1377, et avec lui finit la ligne masculine directe des anciens
Comtes de Marr.

Sa seigneurie passa à sa sœur Margaret. Comtesse de Marr, qui épousa
en premières noces Willi m Comte de Douglas, qui, du droit de sa
femme, devint le 14ᵉ Comte de Marr et fut dénommé Comte de Douglas et
Marr) et mit au monde : — John, Comte de Douglas et Marr, tué à
Otterburn en 1388, mort sans enfant ; — et Isabel.

La comtesse Margaret, divorcée d'avec Lord Douglas, épousa en secondes
noces sir John Swinton de Swinton, qui périt à Homildon en 1402. Elle
mourut en 1385 et eut pour successeur son fils John, nommé plus haut,
à qui succéda pour le Comté de Marr sa sœur unique, — Isabel, Comtesse
de Marr. qui épousa en premières noces Malcolm Drummond. de Drummond. mort sans enfant ; et en secondes noces Alexander Stewart. fils
naturel d'Alexander comte de Buchan, 4ᵉ fils de Robert II, à qui elle
céda son héritage ; étant morte sans enfant en 1419. — Alexander Stewart,
fut, au droit de la comtesse décédée. Comte de Marr et Lord de Garioch ;
il résigna ces honneurs à la Couronne, mais ils lui furent rétrocédés le
18 mai 1426, avec réversibilité à son fils naturel, sir Thomas Stewart, pour
faire retour. à défaut d'héritier mâle de ce dernier, à la Couronne... En effet,
Thomas Stewart mourut avant son père, qui décédé en 1435, et le Comte
de Marr retourna à la Couronne ; mais il fut revendiqué par sir Robert
Erskine, d'Erskine, comme descendant de Lady Elyne Mar, fille de
Gratney, 11ᵉ comte de Marr, mais bien que la généalogie fut établie d'une
manière incontestable, le Comté ne fut conféré aux Erskine qu'après avoir
été possédé par quatre comtes de différentes familles, dont le dernier fut le
célèbre Moray, pendant une période de 130 ans, au bout de laquelle le
Comté fut rendu enfin. en 1565. par la Reine Marie à John, 5ᵉ Lord
Erskine, de droit 6· Comte de Marr. de la ligne Erskine. mort en 1572.
C'est pourquoi les armes sont aujourd'hui écartées d'Erskine et de Marr.

10. — MURRAY. — Le comte de Dunmore, issu de Murray, a sa
généalogie dans le Peerage 1836. Son écu *party de deux et coupé d'un*,
porte : Murray, Stuart, Strabolgi, Stanley, Ile de Man et Strange ; pour
Murray : *d'azur à trois molettes d'argent dans le trescheur d'or*. — Le

comte de Moray, Francis Stuart, porte *écartelé au 1 et 4 d'Ecosse, au 2 de Stuart de Doune, au 3 d'or à trois coussins en loçanges et un double trescheur fleuré et contrefleuronné de gueules*, pour Moray.

12. — AVERDAEL. — Le sautoir et le chef de gueules sur argent est resté au 1 et 4 quartier du comte Bruce, marquis et comte d'Ailesbury. — Le comte d'Elgin et Kincardine, lord Elgin et baron Bruce, porte aussi les armes d'Averdael.

NOTES DE LA PLANCHE LXIV

6. — ORKNEY. — Quoique, par les armoiries, il soit évident que dès le commencement du quatorzième siècle, Sinclair et Orkney ne soient que deux branches de la même famille, les Peerages anglais ne portent qu'à la fin du 14° siècle la revendication d'Orkney par les Sint-Cler. — Le comté d'Orkney, dit Burke, fut revendiqué par Henri Sinclair de Roslyn et Isabel, sa femme, fille et cohéritière de Malise, Comte de Strathern, Caithness et Orkney; sa revendication fut admise par Hakan VI, roi de Norvège, en 1379, mais son investiture fut surchargée de conditions rigoureuses. Depuis cette époque, le comté est resté dans la famille de Sinclair, jusqu'à ce que James III, ayant acquis les îles d'Orkney par son mariage avec Margaret de Danemark en 1469, William Sinclair, 3e Comte d'Orkney, remit le comté l'année suivante aux mains du Roy, et il fut annexé à la Couronne par acte du Parlement en 1471 ; l'ex-comte prit en remplacement le titre de Comte de Caithness et Lord Sinclair. Dès lors, les Orkney ne conférèrent à aucune dignité jusqu'en l'année 1567, où — James Hepburn, 4e comte de Bothwell, fut créé duc d'Orkney le 12 mai, trois jours après son mariage avec Marie, reine d'Ecosse; mais tous ses honneurs lui furent confisqués au mois de décembre suivant. — Robert Stewart, fils naturel de James V, abbé de Holyrood-House, mais qui embrassa la foi protestante en 1559, eut une concession des terres royales d'Orkney et de Zetland en 1565 et fut créé comte d'Orkney en 1581. — Il eut pour successeur son fils — Patrick Stewart, 2e comte, condamné pour haute trahison et déca

pité à Edimbourg le 6 février 1614. Ses biens et honneurs furent confisqués au profit de la Couronne; le roi James VI accorda les terres à l'évêque Law. — Ici finit cette ligne des lords Orkney.

Burke ajoute en note que les Orkney et l'île de Zetland, autrefois attachées au comté d'Orkney, lorsque cette dignité était portée par des membres de la maison roya'e des Stuart, aux 14e, 15e et 16e sièc es, en sont maintenant séparées, ayant été concédées en 1737 au comte de Morton, qui a transféré les intérêts qu'il y possédait à sir Lawrence Dundas, dont le descendant, le comte de Zetland en est maintenant possesseur.

Hamilton Fitz-Maurice, qui porte aujourd'hui le titre de comte d'Orkney, a pour armes *d'argent au sautoir de gueules et un chef d'hermines*, que Burke, à la fin de sa Généalogie, écartèle de O'brien, Hamilton et Douglas.

7. — SETON. — Nous trouvons dans les Peerage deux branches de Seton qui portent encore les anciennes armes écartelées, l'une *d'argent à trois écussons de gueules*, pour Abercorn; et l'autre, *d'un demi lion issant d'une face ondée*, pour Meldrum. — Le premier Seton vivait sous le roi Edgar, fils de Malcolm III, et fut le père de Secker de Seton, dont descendoit en ligne directe, — Sir Christopher Seton, un des plus grands barons écossais qui soutinrent Robert le Bruce; fait prisonnier, il fut enfermé au château de Lochdown, et mis à mort par ordre du roi Edouard. — Son fils unique, sir Alexander Seton, commandant une armée pour s'opposer à Edward Baliol, périt près de Kinghorn en 1332; il eut pour successeur son fils aîné, — Sir Alexander Seton, célèbre pour sa défense de la ville de Berwick contre le roi Edouard III et toute l'armée anglaise. Il mourut en 1337, et eut pour successeur son fils, — Sir Alexander Seton, à qui succéda — Sir Alexander Seton, qui eut deux fils, dont sir John, plus tard Lord Seton, ancêtre des Comtes de Winton; et sir Alexander Seton, qui épousa Elizabeth, fille et unique héritière de sir Adam Gordon; par ce mariage il obtint les terres de Gordon, Huntly, etc. Il eut pour successeur son fils aîné, — Alexander Seton Lord Gordon, qui, par mariage, reçut les terres de Touch, de Tillibody et autres, et eut pour successeur — Alexander, qui fut créé comte de Huntly en 1445. Il eut pour héritier son fils aîné d'un second mariage, — Sir Alexander Seton, qui hérita des terres de Touch, Tillibody, etc.

Il eut pour héritier son fils unique, sir Alexander Seton de Touch, duquel sont descendus en ligne directe : — 1º Sir William Seton, qui en 1662 obtint une charte des terres et baronnie d'Abercorn et fut créé baronnet de *Nova Scotia* ; eut pour successeur son fils aîné, — 2º Sir Walter, dont le fils aîné, — 3º Sir Henry, qui à la mort de James Seton de Fouch, sans enfant, devint l'héritier de sir Alexander Seton, second fils d'Alexander Lord Gordon 1er comte de Hunthy. Il mourut en 1751 et eut pour successeur sir Henry, de Culbeg, son fils aîné, etc.

9. — LESLIE, — Dans le Peerage de Burke, Leslie porte *d'argent à la bende d'azur chargée de trois fermeaux d'or*, brisure par changement d'émaux ; écartelé d'Abernethy.

8. — ROSS. — Les armes de Ross sont portées aujourd'hui par Lockhart depuis 1762 : *de gueules à trois lions d'argent*. La généalogie est dans le Peerage de Burke.

11. — LINDESAY. — Lindezay est venu jusqu'à nous. Dans le Peerage de Burke, James Lindezay, baron de Balcarres porte de Lindezay écartelé d'Abernethy, *avec une bordure d'étoiles d'or*.— Lindesay, sir Coutts, porte encore les armes *de gueules à la face echequetée d'argent et d'azur, écartelé d'or au lion de gueules chargé d'un baton de sable à la bordure semée de muletts ou d'étoiles d'argent*.

12. — STUART. — Dans le Peerage, on trouve plusieurs descendances de Stuart. — Charles Stuart, baron Blantyre, porte toujours *d'or à la face échequetée d'argent et d'azur*, mais *brisée* deux fois *d'un baton engreslé et d'une rose de g. en chef*. — Le baron Stuart de Rothesay, le baron Stuart de Decies, et deux autres branches de Stuart, d'Allanbank et de Chartley, portent les armes de Stuart, avec différentes brisures encore. — Stuart de Traquair. — Le comte de Galloway porte de Stuart, c'est-à-dire *d'or à la face échequetée d'azur et d'argent, mais brisée d'une bande engreslée de gueules et un treschcur fleuré et contrefleuré de même*. — Sir Charles Granville Stuart-Menteath porte *d'or à la bende échequetée de sable et d'argent*, changement d'émaux pour brisure, *écartelé d'azur à trois boucles d'or, l'écu bordé de gueules*. — Robert Stuart, comte de Castle-Stuart porte *écartelé au 1 d'Ecosse, au 2 de Stuart, au 3 de Lenox, au 4 d'azur au lion d'argent, l'écu entouré d'une bordure componée*. — Sir Stuart-Seton porte *d'or à la face échequetée de Stuart, à un large filet ou bande chargée de 3 boucles du champ, brisé d'un lion au canton senestre, et en pointe, brisé d'un heaume*.

14. — SOULS, — SULLI. — Soles, Soules, Sulis, Sully, et Sulys. Les incertitudes que je rencontre chez les éditeurs et commentateurs de Froissart me font soupçonner les généalogies d'être incomplètes. Que d'hommes ont combattu et laissé une trace dans l'histoire et dont cette trace est effacée. Malgré la confusion des noms, et sans compter qu'il y a un Sulli dans les rangs français, il est certain que Jean de Sulli, qui fit partie de l'expédition d'Edward III en France en 1346, était un baron anglais ou écossais.

Rymer, qui n'est pas toujours correct, a vu et a écrit Sulys, qui n'est autre que Sulli à la prononciation : — « La convention pour le mariage entre Eric, roy de Norwège, et Marguerite, fille d'Alexandre, roy d'Ecosse, fut ratifié devant les envoyés de Norwège par : Patrice comte de Dunbar, Donedall comte de Marr, Gilbert d'Umfraville comte d'Angos, Gauthier comte de Meneteth, Duncan comte de Fif, Jean Comin, et Guillaume de Soule, *Willielmus de Sulys tunc justiciarius*, Guillaume de Breyham, et Patrice fils de Patrice comte de Dunbar. » *Rymer*. — Cela remonte à 1281 et en 1338 on trouve des Lettres de protection accordées à Jean de Soulis.

Le sire de Sulli apparaît dans Froissart en 1336 ; c'est sans doute le fils du précédent : — « Si furent ordonné li évesques de Lincolle et li évesques de Durem, li contes de Sasleberi, li contes d'Arondiel, li contes de Northanton et li contes de Warwich, messires Renaus de Gobehen, messires Richart de Stanfort, li sires de Felleton et *li sires de Sulli* à passer la mer et venir à Valenchiennes et parler au conte et faire apriès son consel et tretyer au duch de Braibant et à tous ceuls desquels il poroient estre aidié et conforté. » II, 128.

Quand Edouard III s'embarqua à Anvers, au mois de juillet 1338, le comte de Salisbury l'accompagna avec 26 chevaliers, parmi lesquels on remarque *Jean de Sully*, Pierre de Montfort, et Jean de Copeland, qui, quelques années plus tard, fit le roy d'Ecosse prisonnier III, 522. — Froissart nous le montre alors : — « Or vous nommerai aucuns grans signeurs qui estoient avoecques le dit roy, et premiers : Edowart, son ainsnet fil, prince de Galles, qui lors estoit en l'eage de XIII ans ou environ, li contes de Herfort, li contes de Norenton, li contes d'Arondiel, li contes de Cornuaille, li contes de Warvich, li contes de Hostidonne, li contes de Sufforch et li contes d'Askesufforc ; et des barons : messires Jehans de Mortemer, qui puis fu contes de le Marce, messires Jehans, messires Loeis et messires Rogiers de Biaucamp, li sires de le Ware, li sires de Manne, li sires de Basset, *li sires de Sulli*, li sires de Bercler, et pluiseurs aultres ». IV, 380.

Pourquoi cette maison de Soulis n'est-elle pas mieux connue ? C'est un des grands noms de l'Ecosse. Il existe aux Archives Nationales à Paris deux sceaux de Soules. Le premier est celui de la Régence d'Ecosse en 1301 : « Type de Majesté ; sur la robe royale un lion rampant dans un trescheur fleuronné : *Dei gracia reg* ; Et en contre sceau : écu chargé de deux faces à la bande brochant sur une rose à six feuilles : *S. Johannis de Soules militis,* appendu à un acte où Johannes de Soulys, custos regni Scocie nec non prelati, comites, barones, totaque ipsius regni communitas, déclarent qu'ils re-pecteront la trève conclue entre la France et l'Angleterre; *Nota :* le personnage représenté sur la face est Jean de Bailleul, chassé il est vrai, mais qui conservait le titre de Roi d'Ecosse ». Il est probable que les Soules ou Sulys ayant suivi Baillol en Angleterre ont pris le parti Anglais. C'est pourquoi le sire de Sulli est venu à Valenciennes demander l'appui du duc de Brabant contre les français. N'ayant pas vu les sceaux, je ne sais si la description en est exacte : *un fascé de six pièces brisé d'une bande !*

Nous n'oublierons pas « l'écossais Suei ly » dont parle Argentré, p. 367.

Ce qui nous a surpris c'est de voir dans le splendide Recueil des Armes d'Ecosse publié par M. Stodard d'Edimbourg les armes de Souls entièrement défigurées : M. Stodard à lu *Fouls ?* et se demande ce que c'est : « Probably the arms of Auchinleck ; the bearing do not resemble any known to have been borne for Fowlis or Foulis in Scotland ». Je le crois bien ; ce n'est pas Foulis, mais Soulis. Du reste, s'ils ne s'étaient pas tant hâtés, nos éminents confrères d'Edimbourg n'auraient pas osé, au bas des armes si connues de l'Ile de Man, planche LXIII, 9, *Kiir de Man,* écrire *Kinkardin !* J'espère qu'ils voudront bien réparer ces erreurs.

NOTES DE LA PLANCHE LXV

2. — ERSKINE. — Le comte de Buchan, Henry David Erskine, porte encore les armes pleines de Comyn ou Cumyn, c'est-à-dire *d'azur aux trois gerbes d'or* sans le trescheur. Burke, dans sa généalogie, indique aussi un écu écartelé où se trouvent *le pal d'Erskine, la face de Stuart, la bande et les croisettes de Marr.* — Et le pal des anciens Erski se trouve aux écartelures 2 et 3 de sir David Erskine dans le Peerage de Burke.

3. — MURRAY. — Dans les armes actuelles de John Murray, duc d'Athole, on voit au 1. quartier *d'azur aux trois étoiles d'argent dans un double trescheur floré et contre floré d'or ;* au 2, *de l'Ile de Man*, c'est-à-dire *de gueules aux trois jambes appointées en cœur ;* au 3, de Stanley et de Strange ; au 4, de Stuart écartelé d'Athole, *pallé de six pièces d'or et de sable,* au lieu *d'or à trois pals de sable* qu'on voit pour Assele aux planches LIII et LXIV ci-avant. — Le comte de Mansfeld, Murray, dans le Peerage, porte encore les anciennes armes *à trois étoiles et un double trescheur fleuré et contrefleuré d'or.*

Adel. Atten Murray — Härstammar från en gammal adelig ätt i grefskapet Perth i Skotland for hvilken en Malcolm Murray, som lefde omkring år 1250, var stamfader. Hertigen af Athol, Grefven af Dunmore, och baron Elibank i Scottland fora ännu familj jenamnet Murray, afvenson Grefve Mansfield i England och six Baronett - Ätter i England och Skotland. En gren flystade under Cromwels regering till Preussen, till hvilken gren den Svenska slägten hörer, ochsom förde i Skölden tre femuddiga silfverstjernor i blått fält, hvilket ar Murvayska, stampavnet.

7. — EDMONSTON. — Dans le Peerage de Burke, sir Edmonstone porte les armes de Seton, c'est-à-dire *d'or à trois croissans montants et un double trescheur de gueules.*

10. — PRESTON. — Aujourd'hui, Preston a encore *trois têtes de licorne,* et pour devise *Praesto Praestem.* On trouve la généalogie dans les Peerage jusqu'aujourd'hui.

11. — COMYN. — Comme notre intention et notre but sont de réunir autour des héros de Froissart, c'est-à-dire du 14e siècle, le plus de documents qui intéressent les maisons qui en sont sorties, ou qui peuvent en revendiquer l'honneur par des alliances, nous devons faire suivre les notes généalogiques de Voet, de celles de Banks.

Banks établit en peu de mots les deux branches de Comyn. Pour Comyn de Bogham : « Richard Comyn, dit Banks, résidait dans le Northumberland la 22e année du règne de Henri II. — Walter Comyn, de même en la 32e année du même règne. — En la 4e année de Henri III, William Cumin était un des cohéritiers d'André Gifford pour la baronnie de Funtell dans le Wiltskire. — La 17e année de Henri III, Elisabeth, femme de David Comin, devint une des héritières de Christiane, épouse de William du Mandeville, counte d'Essex, fille de Robert Lord Fitz-Walter.

Alexandre Comte de Boghan, en Ecosse, ayant épousé Elisabeth, une des filles et des héritières de Roger de Quinci Comte de Winchester, dans la 51ᵉ année du règne de Henri III, prit les armes de son héritage : Il eut pour successeur son fils, qui mourut sans enfant; alors le roi transféra le fief à William, son frère, du droit des deux nièces de Jean, savoir : Alice, femme de Henri de Beaumont, et Marguerite, sa sœur. — Les dits Henri et Alice, ayant fait l'hommage, prirent les armes d'une partie de l'héritage, et Henri fut appelé Comte de Boghan.

Quant à la seconde branche qui brisa d'un *trescheur*, Banks ajoute : — « Jean Comyn de Badenogh, fut fait prisonnier à la bataille de Lewes par l'armée des barons révoltés; il fut un des compétiteurs pour la Couronne d'Ecosse, du temps d'Edouard I. — Jean, son fils et son successeur, fut tué par Robert Bruce pour avoir refusé de l'aider à s'emparer de la Couronne d'Ecosse : son frère Sir Roger Comyn eut le même sort.

Le fils de celui-ci, Jean, succéda à son père; il mourut sans enfant la 19ᵉ année du règne d'Edouard II, laissant ses sœurs Jeanne, épouse de David de Strabolgi, comte d'Athol, et Elisabeth épouse de Richard Talbot, pour ses héritières. Les descendants de Richard ont pris le titre de Comyn de Badenogh.

12. — SINCLAIR. — Les Sinclair d'Orkenay ou Orkney sont encore représentés en Angleterre par cinq branches — La croix engreslée de cette maison se voit sur tous les écus de ces branches qui se trouvent dans le Peerage.

Les Saint-Clair sont originaires de France, dit Burke. — William de Sancto-Claro acquit le manoir de Roslin sous le roi David I. — Son arrière-petit-fils, sir William Sinclair, fut nommé shérif à vie du comté d'Edimbourg en 1271, et fut confirmé dans la possession de la baronnie de Roslin par le roi Alexandre III. Il siégea au Parlement de Scone le 5 février 1283-84, où fut réglée la succession au trône d'Ecosse, en cas de décès d'Alexandre III. Il fut un des candidats proposés par Baliol à la couronne d'Ecosse en 1292. Il jura allégéance à Edouard I la même année, et quelques mois après assista à l'hommage rendu par Baliol au roi d'Angleterre. Il mourut vers 1309, laissant trois fils : — Henry, qui lui succéda, — William, évêque de Dunkeld, — Gregory, ancêtre des Sinclair de Longformacus.

Le fils aîné, sir Henry Sinclair de Roslin, jura allégéance à Edouard I en 1292. — Son petit-fils, sir William de Roslin, eut pour successeur son fils aîné, — Sir Henry Sinclair de Roslin, qui obtint la reconnaissance de son titre au comté d'Orkney par Hakin VI, roi de Norvège, en 1379. Mort en 1400, il eut pour successeur son fils aîné, — Henry, 2e comte d'Orkney, amiral d'Ecosse. Mort en 1418, il eut pour successeur son fils unique, — William, 3e comte d'Orkney, qui, en 1455, obtint de James II la concession du comté de Caithness, titre qu'il ajouta à celui d'Orkney, jusqu'en 1471 époque où les îles d'Orkney furent annexées à la couronne d'Ecosse ; en compensation, le roi lui donna le château de Ravenscraig, dans le Fife. Il eut pour successeur son fils William de Newburg, ancêtre de lord Sainclair, 2e comte de Caithness ; tué à Flodden en 1513, il eut pour successeur son fils, — John, 3e comte, fut tué en tentant de reprendre les îles Orkneys, auxquelles il prétendait avoir droit, en 1529 ; — eut pour successeur son fils, — George, 4e comte, le premier qui siégea comme pair au Parlement, en 1541. Mort en 1582, eut pour successeur son petit-fils, — George, 5e comte, mort en 1645, eut pour successeur son arrière-petit-fils, — George, 6e comte, mort sans enfant, en 1676 ; il avait aliéné ses biens et honneurs à sir John Campbell, qui fut par suite créé comte de Caithness, etc., etc.

C'est un regret pour nous de ne pouvoir montrer toutes les branches de cette illustre maison. Mais ces rameaux sont trop nombreux et notre cadre est trop restreint : Sainclair de Newburg, de Dysart et de Ravenscraig, de Dunbeath, de Mey, de Gordon, de Stevenston, de Longformacus, d'Ulbster, rameaux issus d'Orkney et de Caithness ; ils portent tous la croix de Saint-Clair qui est comme le sceau de la race, toujours vivante après dix siècles.

Les Nobiliaires suédois confirment les Peerages anglais.

On trouve aussi leurs armes dans l'Armorial de Suède ; les uns portent un *écartelé au 1 et 4 d'azur au navire d'argent sur des ondes de même ; au 2 et 3 d'or au lion de gueules*; mais un chevalier David Sinclair, sur un *écartelé du lion et du navire*, a repris une *croix engreslée non d'azur mais de sable* en souvenir de son origine.

13. — CRAIG. — Dans Burke Peerage, sir James Gibson-Cray ou Cray-Gibson a pris les armes de Kraig en changeant *la face* en *bande, sur champ d'hermines*, c'est-à-dire : *d'hermines à la face de bande chargée de trois croissans d'argent, écartelé de gueules à trois clefs posées en face l'une sur l'autre d'or ;* ces clefs d'or sont des armes parlantes. — Wallace Dunlop, du surnom de Craigie se trouve dans les Peerage. Burke en donne la généalogie sans donner les armes.

Nous avons cité Alexandre Scraggi père et fils ainsi que Jean Scraggi.
Si ce ne sont pas eux, ce sera peut-être Jean Craig cité aussi d'après Rymer
Si ce n'est pas Jean en 1360 ce sera Gauthier de Kraig assigné en 1346 :
sur lesquels les recueils d'Angleterre ne nous renseignent pas ; assignantur subscupti in Comitalibus subscuptis, sub eadem data, 1346 ; videlicet,
— Thomas de Rokeby, *Walterus de Crayk*, Thomas de Metham in
Comit. Eborum et Northum ; Thomas de Lucy, Thomas de Musgrave,
in Cumb et Westm. ; Wil ielmus Deyncourt, Thomas de Longevylers,
Galfridus de Staunton, in Com. Not. et Derb.; Thomas Rokeby Vic.
Eborum, Acrisius de Hanlaghby, Radulphus de Lascelles, in comitatibus
Eborum et Northum. — *Rymer III.*

Mais puisque les armoriaux anglais nous font défaut, peut-être faut-il
chercher en Danemarck ce qu'est ce blason inconnu et que nous attribuons
à un Kraig, un Craigie ou Scraggi. Nous trouvons une note qui servira à
d'autres recherches : — En 1330 mourut Johan Krag évêque et chanoine à
Roskild. Eric Krag vécut en 1349. Laue Krag en 1405, Mikel Krag en
1498. Iver Krag a été marié à Mette Hans Daatter. Eric Krag épousa Luda
Krumpe, et Thomas Krag Cristine Ulfed. — Eric Krag épousa Anna Juel.
— Juel est un Danois.

14. — HEPBURN. — Hepburn-Bucham, dont la généalogie est dans le
Peerage de Burke porte encore dans son *premier et dernier quartier : de
gueules au chevron d'argent chargé d'une rose entre deux lions du premier*.

15. HEPTOUN. — Le comte d'Hopetoun, John Hope, dans le Peerage de
Burke qui ne commence sa généalogie qu'en 1537, *porte d'azur au chevron
d'or accompagné de trois besants de même et brisé d'une feuille de laurier
de sinople*.

Supplément à la Planche LXV :

PLANCHE LXVI

Porte : *Ecartelé, au premier, d'azur à trois couronnes d'or,
deux et une, qui est de Suède, au second d'or, à un meuffle ou
la tête de buffle de sable, posée de front, couronnée d'or, lampassée de gueules, dentée et allumée d'argent*, qui est de
Vandalie ; au troisième, de gueules coupé d'or, qui est de
*Stargard ; au quatrième, d'azur au griffon d'or armé et
lampassé de gueules* qui est de *Rochstock*. — Le heaume
d'acier, la couronne d'or, le volet découpé d'azur, et pour
cimier deux cornes d'auroch d'or affrontées, bordées en dehors
de douze petites bannières aux armes de Suède et qui sont
d'azur aux trois couronnes superposées, six à dextre, six à
senestre, toutes emmanchées d'argent et formant un éventail.

Dans Grunenberg pl. XVIII, les Armes de Suède sont dépendantes de
celles de Danemarck. Ici elles indiquent l'indépendance de la Suède avant
l'union des trois Royaumes de Danemarck, Suède et Norwège. — Dans
la Numismatique de Joachin Lelewel on voit que « la petite monnaie de
Suède était marquée des Armoiries de la nation ; d'un côté elle offrait le
le lion placé sur trois bandes ou cotices, de l'autre les trois couronnes
treflées. » — Le meuffle de sable remonte au temps des Obotrites : il est
resté, avec des différences, dans les Armes de Wagrie, de Vandalie, de
Holstein et de Suède. Quamvis nulla de hac provincia Principes Holsati

insignia usurpent, capud tamen bubulum, cum Obotritorum olim sub potestate fuerit, ipsi assignatur. » — Les trois couronnes sont aussi regardées comme l'union des *trois* royaumes, de trium regnorum unio, comme le témoignent ces distiques :

Florentemque trium Regnorum fulgida glaucis
In clypeis unit terna Corona statum.

Gotthia communes habuere et Suecia Reges,
Utra que divitiis, utra clara viris.

Mais quels *trois* royaumes ? Ce ne sont pas ceux de Suède, de Norwège et de Danemarck, mais bien ceux de Suède, de Gothie et de Finlande.

Ces armes sont précisément celles d'Albert, neveu de Magnus IV, fils d'Euphémie et d'Albert duc de Mecklenbourg, qui, étant monté sur le trône de Suède, à la fin du 14ᵉ siècle, « mena avec lui, dit le P. Ménétrier, de la noblesse d'Allemagne et fit lui-même quantité de nobles. »

Magnus fils du duc Eric, à qui Birger fit couper la tête, fut élevé au trône par les grands du Royaume. Tout lui réussit, grâce à sa vertu et à la fortune; tout lui réussit au point qu'il réunit la Norwège au royaume paternel, devenant ainsi roy des deux royaumes. De ce qu'il fit les Annales n'ont guère laissé de traces. On peut dire cependant qu'il épousa Ingelbuge qui lui donna pour fils Magnus, son successeur aux deux royaumes. Magnus père mourut vers 1326. C'est la reine son épouse qui épousa Kanut, duc de Halland, qui du dernier des grades de l'armée fut élevé par le roi Christophore de Danemark *ad cingulum militarem*, ceignit le baudrier du commandement, puis s'éleva au rang de Duc, et enfin, par son mariage avec la veuve de Magnus, roi de Suède et de Norwège, devint l'administrateur, c'est-à-dire le régent de ces deux royaumes, factus administrator duorum perinde Regnorum. Les Grands des deux royaumes jalousèrent ce Duc, surnommé *Pors*. Mais il domina l'envie par sa vertu. — *Chronica*.

Magnus IV, sous la régence de son beau-père Kanut, donna sa sœur Eufémie en mariage à Albert, duc de Mecklenbourg, 1326, et fit ses premières armes contre les Russiens en assiégeant Pekesar, qu'il força. Il fit son fils Aquin roi de Norwège, et après avoir demandé pour lui en mariage Elisabeth, fille de Henri comte de Holstein, il se laissa circonvenir par Waldemar roi de Danemarck, dont Aquin épousa la fille Marguerite. Des troubles s'en suivirent; la reine de Suède, Blanche, mourut, ainsi que Christophore fils unique de Waldemar. Le comte de Holstein Henri, dont

on avait délaissé la sœur, fut invité par la Noblesse à s'emparer du trône.
Henri transmit cette offre à son frère et associé au duché de Holstein, qui
avait épousé la Eufémie, la sœur de Magnus, dont les enfants n'étaient pas
ainsi étrangers au royaume : Albert, le second des enfants d'Eufémie, fut
élu, déclaré roi, et Magnus déchu, *Regno destituitur Magnus*. Magnus,
étant le plus faible, se retira en Gothie et mourut bientôt. Sa fille Marguerite, déjà reine de Norwège et de Danemark, disputa la Suède à Albert,
qu'elle réduisit complètement. P. 568. — Nam Margareta Daniæ Regis
Waldemari unica filia, post aliquos annos Aquino Norwegiæ Rege, marito
suo : cum parvulo suo Olavo, duo regna jam gubernabat. Et cum ille quoque imprimis adolescentiæ annis in fata concessisset : jam sola duobus pre-
fuit Regnis, mulier prudentissima : Regi Suetiæ Alberto se objicit. *Chronica.*
— Mais nous ne nous étendrons pas davantage sur ce règne, qui réunit
sous un seul sceptre les trois royaumes dits Scandinaves, séparés dans cet
Armorial qui par conséquent date de 1360 à 1370.

2. — DIE EDEL WAPEN VAN ZWEDEN. — LE VIEIL ECU DE SUÈDE.

Porte : *D'azur semé de cœurs d'argent enflammés de
de gueules, à trois filets d'argent posés en barre et un lion
couronné d'or, armé et lampassé de gueules, couronné
d'argent, brochant sur le tout,* qui est de Gothie. — Le heaume
d'argent taré de front, le mantelet d'azur fourré de gueules, la
couronne d'or et pour cimier, deux cornes d'or affrontées
garnies de douze étendards aux armes de l'écu ancien, *d'azur,
le lion et les barres.*

Nous n'avons vu nulle part qu'ici *ces cœurs d'argent enflammés de
gueules :* Partout ailleurs ce ne sont des *cœurs de gueules,* comme on les
voit aux quartiers de Norwège. Les monuments héraldiques sont rares pour
le 14ᵉ siècle et surtout en Suède, et la différence que nous signalons quoique
peu de chose en apparence, a sa raison particulière comme brisure
d'armoiries.

Ce que Gelre appele « le vieil Ecu de Suède » ce sont les Armes de
Gothie. On les trouve dans les contre-sceaux de Birger Magnusson, fils de

Magnus ; « Clipeus Byrgeri Dei gratia ducis Sweorum », en 1254-1257 ; — dans celui du duc de Magnus en 1270 ; dans celui du roi Magnus en 1275 : ce Bouclier ou contre-sceau a ceci de particulier qu'ils se compose des armes de Gothie ayant aux trois côtés les couronnes de Suède ; Quelle idée le Roy Magnus a-t-il attaché à cet arrangement ? je ne sais, mais les armes de Gothie entourées de trois couronnes qui les dominent et les protègent ; c'est un symbole. — Voyez la planche.

Le roi Magnus eut d'autres sceaux, où, en contre-seel, figure le lion traversant les trois fleuves sur un champ semé de cœurs enflammés. 1276.—

Il y a des sceaux et des contre-sceaux où l'écu n'a pas semé de cœurs : ainsi dans le sceau de Bengt Birgersson, ou Benoit fils de Birger, frère du Roy, 1279 ; dans un autre sceau et un contre-sceau du même ; — dans un contre-sceau d'Helwige 1285 : — « Secretum Helwighis Di. Gra. Regine Sweor » : les cœurs sont absents ou effacés ; cependant on les voit dans le sceau de Christine fille du duc Birger :

S [igillum] Cri [s] tine B [irgeri Quon] dam ducis [Fi] lie.

Vous trouvez aussi le lion, les barres et les cœurs sur des monnaies que nous reproduisons ci-contre, et dans le grand Ecu de Norwège qui se trouve plus loin, pl. LXVIII.

3. — H. Knuut van Tuften. — Sire Knut de Tuften
ou Tofta.

Porte : *D'or au chevron de gueules*. — Le heaume d'argent
enrichi d'or, le chapperon haché ou découpé de gueules; et
pour cimier le chevron de l'écu, sommé d'une queue de paon
emmanchée d'or, comme celle de Brunswick. entre deux
' cornes d'or issantes des côtés du chevron.

Dans un vieux ms. de la Bibliothèque de Bourgogne à Bruxelles : Tuften,
d'or au chevron de gueules. — Ms. 18026.

Lorsque, sous le règne de Magnus IV, à propos des promesses de mariage
faites à Elisabeth et parjurées, les Grands de Suède offrirent la Couronne
au Comte Henri de Holstein, on trouve parmi eux Charles de Thuften et
Eric Karlsen. « Nec enim fidei suæ detrimentum passuros : nec honori
unquam derogaturos. Adierunt Henricum comiten in Holsatia ; Regnum
illi ex pacto fœdere deferentes : sese illi parituros ad omnia polliciti. Ade-
rant autem et Pontifices duo, Lincopensis archicamerarius, et Vexorensis
proximus Regni conciliarius, Dns Carolus de Tuften, regni Marescalcus,
Nicolaus Stursen dapifer, Ericus Carlsen Camerarius, milites ; cum multis
ejusdem regni honestis militaribus, qui se ad sanguinem impleturos fidem
spoponderunt. » — *Chronica*.

Messenius nous dit que ceux de Sparre, ou les *Barons du Chevron d'or*,
sont les anciens seigneurs de Toffta : Sparreorum, sive *Baronum de aureo
tigno* compellatorum, olim Dominorum de Toffta. — Il aurait dû ajouter
que Toffta portait d'or au chevron de gueules, et que Sparre a changé les
émaux.

Dans le Théâtre de la Noblesse de Suède, de Jean Messen, la maison de
Toften figure au premier rang. Carolus de Toffta, maréchal du royaume
en 1399, se trouve dans quatre Tables généalogiques des Rois de Suède, de
Norwège et de Danemarck de la première race. Merita, femme de très
noble Nicolas de Toffta, était fille de Rechisse épouse d'Eric, 1208, et fille
de Waldemar I roi de Danemarck, 1161.—Parmi les ancêtres magnifiques
et généreux de sérénissime dame Catherine, femme du très puissant Gustave I, roy des Suèves, des Gots et des Vendales, contemplatur, on peut
contempler Anne, fille d'Olaus Gustave de Toffta, chevalier. — Steno,

chevalier de la maison Ulfasa, épousa Charles Ulpho de Toffta, maréchal, dont la fille Marguerite épousa Nicolas Stenon qui combattit Charles VIII. Messenius, dans la Table généalogique des Seigneurs de Tofta, remonte à — Sixten de Tofta, regni armiger, dont le fils — Nicolas, magnat du royaume de Suède, épousa Mereta fille du roy Eric X, dont deux fils, qui formèrent deux branches : celle d'Ambernus et celle de Sixten.

Ambernus, archidapifer du royaume, eut cinq enfants : - Nicolas, archidapifer en 1313; Nanne, moine; Ulpho, dap fer qui suit; Canut, chevalier, 1350; Ingeburge qui épousa Hermann de Kafflebeck. — Ulpho eut de Christine N., Charles de Toffta, maréchal du royaume, qui épousa Hélène, fille d'Israël Birger, 1399 ; Ingerburge, qui épousa le duc Benoît Algothi, mort en Halland. — Charles de Toffta eut pour fils Canut, — chevalier, qui vivait en 1475 ; et Marguerite, qui épousa Canut Bonde, fut mère de Charles VIII de Suède, eut d'un second mariage avec Stenon Sture, Brigitte épouse de Gustave Sture, — dont la fille Brigitte épousa Jean Christiern, conseiller du royaume, et eut pour fils — Eric de Ridboh, conseiller, dont le fils fut Gustave roy de Suède, et successivement Charles IX de Suède, Gustave II, etc.

Sixten second fils de Nicolas, magnat du royaume en 1295. — Son fils Ambernus, maréchal du royaume sous les ducs Eric et Waldemar, eut pour héritier — Laurent, regni armiger, 1299. — Son fils Ambernus, chevalier, laissa pour successeur Laurent qui épousa Hélène, fille de Haquin Lammes, 1373, dont il eut Siggo de Agard, armiger regni ; — son fils Laurent de Agard épousa Ingeburge fille de Benoît Laurent, dont il eut Siggo de Sicegard, regni armiger, qui épousa Christine fille de Magnus Benedict de Gicexholm ; — Laurent de Sundby, son fils, maréchal du royaume, épousa Brigitte, fille de Turon Trolle, et en eut Eric Sparre, qui suit, et Jean Sparre de Berquare, châtelain de Calmar, qui épousa Marguerite, fille du comte Pierre, et en eut Sigismond Sparre et Beata Sparre.

Eric Sparre, baron de Sundby, vice-chancelier du royaume, épousa Ebba fille du comte Petrus, dont il eut Gustave, Jean, Sigismond, Laurent, Pierre et Charles Sparre; Brigitte et Catherine, — *Messen.*

Dans une autre Table généalogiqne de Messenius, pour Catherine femme de Gustave I, figure Anne de Toffta : — Arvidus regni sueciæ armiger, — Arvidus, — Canutus, — Arvidus Legifer X provinciarum, et castellanus in Œresteen, v. Anna, filia Alai Gustavi de Toffta, equitis aurati, — Olaus de Torpa, regni Armiger, — Gustavus Steenboock, baro de Torpa et gubernator Ostrogothiæ, conjux Birgitta filia Erici Abrahami, equitis de

Loholmen : —Catharina, succ. Gothor. Vand. regina Gustavi I regis Suec. tertia consors.

Marguerite de Toffta est aussi dans la Table généalogique de Charles VIII : — Thoret, dit de Tott, — Thoret II le barbu, — Roderic dit Bonde, — Thoret Bonde, eques auratus, conseiller du royaume et châtelain de Wiburg 1409, ép. Cécile fille de Nicolas Catill de Wasa, — Canut Bonde, eques auratus, gouverneur de Finlande, ép. Margareta, fille de Charles Ulphon de Toffta, equitis et legiferi Uplandiarum : — Charles VIII, roi de Suède, dont la fille Christine est la souche de l'illustre famille de Gillenstierne, ex quâ nobilissima Gyllenstiernorum genus derivat prosapia. — *Messenius*.

Joakim Friis de Nebel, mort en 1495, épousa Kirsten Hoeg. — Et Mette Friis épousa Mogens Nees de Tofte.

Charles Ulfsson de Toffta, chevalier, sénateur et grand connétable de Suède, né en 1317, mort en 1407, épousa Hélène Brahe. Il était fils de Ulf Ambiornsson, dont un frère, Laurent, est la tige des Sparre de Sundby, de Brokind, de Sordeborg, de Kronoberg et de Roswik ; et un autre frère, Nicolas, prit le nom et les armes de sa mère et fut la tige des Oxentierna de Soder-More, Oxenstierna de Kronoberg, des Oxentierna de Korsholm et Wasa et d'Oxenstierna d'Eka et Lindo. — Charles Ulfsson de Toffta eut pour fille Marguerite qui ép. 1 Kanut Bonde, 2 Stenon Thuresson, de la famille de Bielke, chevalier, sénateur de Zuède, dont elle eut Charles VIII ou II Knusson, qui fut roi de Suède et de Norwège. *De Koch*.

Ailleurs encore Nicolas de Toffta est appelé « optimum et modestissimum virum » et la Chronique d'Upsal en fait mention en ces termes : « habuit Ericus rex tres sorores, quarum unam quae Helena vocabatur, duxit uxorem Dominus Canutus Folchungus vir prudens in consiliis et facundus ; secundam, quace vocabatur Mereta, duxit Nicolaus de Toffta, vir pacificus. justus et quitus, genuit que ex ea filium Ambernum, qui genuit Nlphonem ; Ulpho Carolum legiferum, et artium liberalium magistrum. »

Abondance de preuves ne nuit pas. dit-on et l'on nous permettra d'ajouter encore quelques lignes tirées du fonds renommé de Gaignières à la Bibliothèque Nationale de Paris. Sparr et Tofta, c'est la même chose : Sparr : *d'azur au chevron d'or*, sgrs de Tofta. — Sixte de Tofta, regni armiger. — Nicolas, grand duc du royaume, 1250 ép. Mereta fille d'Eric X roy de Suède, soror Erici balbi regis ; — Amberne, drosset de Suède, et Sixte de Tofta, grand duc de Suède 1225 ;

Amberne de Tofta eut cinq enfants dont deux : Nicolas de Tofta drosset de Suède 1313, changea ses armes on ne sait pourquoi ; — Vlpho, drosset de

Suède, ép. Christine fille de Sunon, fils de Jones Boot, et eut pour fils Carolus sgr de Tofta, maréchal de Suède, legifer d'Uplande, ép. Hélène fille d'Israel fils de Birger, 1399.

Sixte de Tofta, second fils de Nicolas, eut pour fils Amberne, maréchal de Suède sous Eric, Waldemar et Magnus Ladelas : c'est probablement (dit le manuscrit) le même Amberne qu'on fait ici son oncle : — son fils Laurent 1299 ; — son fils Amberne ; — son fils Laurent qui ép. Hélène fille d'Aquin Lemmes ou Lammes, 1373, etc. *Cabinet des Titres.*

Les armes de Sparre, dit Messinius, sont *d'azur au chevron d'or* ; Le heaume couronné et pour cimier une queue de paon entre deux étendards. Arma percelebris Sparreorum prosapiae, integer auro multum rutilans, ex areola pigmenti caerulei, tignus, galeam diademate revinctam, manipuloque insignem pavonaceo, bina inter vexilla porrecto flavescentia, ostentando. Dans le Wappenbok de Suède, le comte de Sparre af Sundby porte 5 écus de gueules *au chevron d'or*, équipolés à quatre *d'or au chevron de gueules.*

4. — H. KETEL. — SIRE OU HERR KETEL.

Porte : *De gueules, party bandé d'argent et d'azur de quatre pièces.* — Le heaume d'or taré de trois quarts, la cappeline hachée de gueules, et pour cimier deux cornes

d'auroch armoyées de l'écu, dans le sens du party, c'est-à-dire
la dextre de gueules, et la senestre bandée d'argent et d'azur.

Ce mot, Ketel, seul auprès de cette armoirie, semble facile à trouver.
Est-ce Kettil fils de Charles, mort en 1330, dans les Tables de M. de Koch,
c'est-à-dire Catillus, regni Suecici Armiger, père de Nicolas de Biornoe ou
Biorno, dans les Tables de Messenius, et qui fut un des ancêtres de Wasa.
Ou bien est-ce Kattil Bengtsson, ancêtre de Bjelke d'Akero. Nous croyons
que ce n est ni l'un ni l'autre.

Notre travail eut été plus facile, si nous avions pu foui'ler les Archives
Généalogiques conservées à l'Hotel de la Noblesse à Stockholm. A défaut
d'autre indication, ouvrons le *Svenska Sigiller* de M. Emi' Hildebrandt.

En 1286 : « I Bengt Boson riddare, *Konungens Rad.* Skolden Klufven ;
till venster tva punk terade snedbjelkar. Sv. dipl n. 911, 958 ; jfr —
II Bengt Boson : « Sigillum Benedicti Bosvn. » Skolden Klufven ; i venstra
delen tva rutade och punkterade snedbjelkar. Kring Skolden bladornamenter
och en bagsirat. Sv. Dipl. n. 1339, 1796, 3042 in. fl. Hans Aldre sigill se.

Ce sont bien les Armes de Ketel. Mais est-ce Ketel Bengt Boson qu'il
faut dire. Que sont devenues ces armes dans les Armoriaux Suédois ?
Voir aux Notes.

5. — DIE MAERSCALC. — LE MARECHAL.

Porte : *Taillé de gueules sur azur au lion d'or armé,
lampassé et denté d'argent brochant.*

44

Dans un manuscrit de la Bibliothèque de Bourgogne à Bruxelles, on trouve la description de ces armes et sur la marge, *Engellus Inscach*, dont nous n'avons pas l'explication.

Des sceaux publiés par Emil Hildebrand nous montrent ce lion brochant sur un taillé. Le premier sceau est de l'an 1288 : « S'Thyrgilli Kanut, filii, » ou Thyrgill Knutson ; le second, de 1295 est aussi le « Sigillum Thyrgilli Kanuti filii » ; le troisième est « S' Benedicti Hafridis filii. . ; le le quatrième est, comme les deux premiers, « S' Thyrgilli Kanuti filii. » — Ce Thyrgillus est le Torgillus, marschalcus ou le Maréchal, mort en 1306, *plexus.*

Ce sont les armes des Folckung dont était le mari de sainte Brigitte. La généalogie de cette sainte femme comprenant : « Genealogia majores et minores et divae Brigittae ex nobilissima et antiquissima procerum Suecicorum progenie oriundae. comprehendens » commence à André de Mohammar, magnat de Suède, dont le fils Pierre, fut le père de Birger de Finstad chevalier, qui de Ingeburge fille de Bents Magnus eut sainte Brigitte.

Ste Brigitte épousa Ulphon Gudmar, chevalier conseiller du Royaume, mort en 1344. Elle eut plusieurs fils dont l'un fut sans doute Maréchal de Suède ; elle eut aussi quatre filles : Mereta épousa Sivard Ribding ; Catherine épousa Echard de Kyrnen ; Cecilia épousa Laurent-Jean, dont elle eut Catherine épouse de Stenon-Stenon, etc.

Les armes paternelles de Ste Brigitte étaient deux aîles liées avec une rose au milieu. Mais le mari de la Sainte, le seigneur Ulpho Gudmar issu de la très illustre famille de Folkung, en prit l'antique blason, et en *usa de droit,* jure usurpavit. « Insignia famosae heroidis D. Birgittae paterna, sunt binae plurimùm nitentes alae, prolixiores obvertentes plumas, et colla vinculo, circa medium rosâ fulvi pigmenti decorato, copulata gerentes, galeam multâ pavonum plumâ, senis subindè vexillis rubris, aliquando totidem sideribus in circuitu oberrantibus, spectandam exhibendo : verum maritus Divae hujus, dominus Ulpho Gudmari, cum ex clarissima Folchungorum oriendus esset familia, illius pervetustum stemma, nempe *Leonem in spacio cœlestino et fulvo modicè porrectum,* jure usurpavit. Il usa du droit de porter *un lion brochant sur un écu de gueules et d'azur* Messenius p. 44.

Messenius, ce merveilleux Généalogiste et Chroniqueur de Suède a peint dans un petit tableau les Rois et les Princes de Suède issus de la très noble race de Folchung. Le premier est Folcho Fylbiter, noble héros de Gothie, gentilis héros Gothiae. Il eut trois fils Magnats de Gothie ; l'un Ingevald eut pour fils Folcho, duc de Gothie qui épousa Ingerte fille de Kanut IV roi de Danemark. — Folcho eut deux fils : Arnolf qui fut en Flandres, et Benedict duc d'Ostrogothie surnommé Snivels. — Benedict eut quatre fils : Folcho Birger I qui suit, Charles et Magnus Manneskiold. Ce dernier, duc d'Ostrogothie eut 3 fils dont l'un Birger II duc et gouverneur du royaume, 1260, laissa des fils entre autres Valdemar roi de Suède et Magnus II aussi roi de Suède 1277. — Magnus eut pour fils Birger roi de Suède 1302 et Eric, duc dont le fils Magnus III fut roi de Suède et de Norwège, et sa fille Euphémie épousa Albert de Mecklenbourg aussi roi. — Magnus III eut pour fils, 1. Haquin roi de Norwège qui de Marguerite fille de Waldemar eut un fils Olaus dernier roi de Norwège et de Danemark ; 2. Erie II roi de Suède, 1342.

De Birger I, duc d'Ostrogothie, sont descendus, — Philippe, duc d'Ostrogothie, dont — Canut, conseiller suprême sous Eric : c'est son fils aîné Torgillus dont le sceau est ci-dessus et dont Gelre nous a laissé les armes comme Marechal, *Marscalc ;* le frère de Torgillus, fut Jonas qui continua la branche et eut pour fils — Gudmar, chevalier qui eut deux fils Magnus qui suit et Ulpho de Ulfasa, le chevalier qui épousa Sainte Brigitte. —Magnus de Loholm, l'aîné, chevalier, eut une fille,— Ingeburge qui épousa

Benedict Thuron et en eut Thuro dont le fils Steno eut une fille — Brigitte femme de Gustave Sture : ils eurent une fille, Brigitte qui épousa Jean Christiern et en eut Eric, dont Gustave roi de Suède en 1528.

6. — Bo Ioon Sone. — Bo Joon Sone ou Bo-Boon-Sone.

Porte : *D'argent à une tête et col de griffon de sable, lampassé de gueules*. — Le heaume d'or, de profil. et pour cimier la tête et col de griffon de l'écu formant un volet haché tout de sable, lampassé de gueules, ayant la lumière d'argent, et tenant sur son bec une queue de paon emmanchée de plumes de même.

Dans un ms. 18026 du fonds Goethals à Bruxelles, Burensa porte : *d'argent à un col et teste d'aigle de sable armé d'or*.

Les chevaliers qui suivent : *Bent Boens Sone, Herync Kaerls Zoen, Magnus Hueckens Son, Steen Bents Zoene*, ont avec celui-ci, Bo Boon Sone, une même origine : ils sont les ancétres de la famile Nuit-et-Jour, Natt och Dag.

Il est bien hardi de notre part de nous aventurer dans ces généalogies compliquées et ces orthographes diverses. Qu'on nous permette de donner d'abord la parole au plus ancien, à Messenius.

Messenius appelle notre Bo Ioon Sone: magnifici viri, domini Boetii Ionæ, regni Suecici quondam archidapiferi. — Il commence à Jonas, regni armiger. — Folcho, son fils. conseiller du royaume, épousa Ramburge, dont il eut — Ionas, qui ép. Ingeburge, fille de Nicolas Boës : — Leur fils fut Boëtius Ionae, Bo Ioon sone, Bos fils de Jean, regni archidapifer, qui ép. d'abord Grete, ensuite Catherine, enfin Marguerite fille de Lambert. Il mourut en 1409, laissant son fils — Canut, chevalier, qui de Ermegarde, fille de Jean Bylow (laquelle épousa ensuite le comte Jean de Oefuersten), eut Catherine, épouse de Nicolas Erengislon de Vijnes, etc.; — leur fils Boës ou Boetius, chevalier de Hammerstad, eut pour fils Nicolas, dont le fils, — Birger, baron de Vijnes, laissa trois enfants : 1. Maurice Grijp, baron de Vijnes, ép. Edla, fille du comte Stenon de Rasborg, dont il eut Birgitta, Ebba, Margareta et Sidonia Grijp; 2. Margareta épousa Stenon Baner de Hendeloe, conseiller du royaume ; 3. Elisabeth ép. André Kett, baron de Finstad.

Cette race très noble a porté sur *un champ d'or ou jaune une tête et col de gryphon noir ou de sable, montrant une langue rouge ou de gueules,* et pour cimier la même figure que surmonte un esteuf de plumes de paon. Hæc stirps prænobilis atrum in regione flava, pro insignibus olim exhibebat gryphi caput, cervice subnixum prælarga, et linguam copiosè proferens rubentem ; quâ etiam de casside prominet figurâ, bissenis undique stipatum plumis pavonaceis. *Messenius.*

On voit que Messenius indique le champ de l'écu *d'or* au lieu *d'argent.*

Dans une généalogie plus moderne, où les noms ne sont plus en latin, on rapporte qu'un homme riche, rick man, appelé Sigtrygg, demeurait à Nerike et logea pendant l'hyver à la cour du roi de Norwège Oloff-Haralsson, *le Saint,* et que le fils de Sigtrygg devint un noble seigneur, probablement : Mathis en fornam Man i Sverige; il vivait en 1170. Il eut deux fils : 1 Benedict Mathson et 2 Bo Mathisson.

1. Benedict Mathson, c'est-à-dire fils de Mathis, était en 1224 conseiller du roi Eric. Il eut pour fils Peder Bengtsson, chevalier et conseiller à la Cour Suprême ou Sénateur, vivait en 1280; Lars Bengtsson, 1286, chevalier et conseiller; Naskonung Bengtsson et Sigtrugg Bengtsson, sénateurs.

Naskonung Bengtsson, fi s de Benedict Mathsson, était sénateur en 1289; il était seigneur de Nynas, Aspenas et Langanas. Ses fils furent Erengisle Naskonungsson, sénateur, Carl Naskonungsson, chevalier, et Ivar Naskonungsson.

Carl Naskonungsson, fils de Naskonung Bengtsson, était en 1317 conseiller du duc Eric; en 1323 capitaine de Finlande ; en 1327, un de ceux qui revisèvent la Loi de Sudermanie ; en 1333, chevalier, *Carolus Nasko-nungss, miles;* Il vivait en 1346. Son fils Ehrengisle Carlsson signa en 1349 un acte de vente par lequel il cédait des terres au cloître de sainte Claire.

2. Bo Mathisson, second fils de Mathis, à Vapn en 1250. Il eut pour fils Nils Sigritœson, qui en 1279 était chevalier et conseiller du roi Magnus, et en 1289 sénéchal à Werenden et à Smaland. Il eut pour fils Bo Niclisson l'aîné, chevalier, conseiller mort en 1327, qui eut pour enfants trois filles, Sigrid Bosdotter, Kjerstin Bosdotter, et Ingrid Bosdotter, et trois fils Magnus Bosson, Bengt Bosson à Vapn 1362, et Bo Bosson, chevalier, conseiller du Roi.

Bo Bosson, que Gelre appelle *Bo Boon Sone* et d'autres Burensa ou Buranson, fils de Bo Niclisson l'aîné, de Goksholm et de Saby, dans la paroisse de Wists en Ostergothland, était de 1336 à 1370, chevalier conseiller du Roi ou sénateur, et vivait encore en 1386. Il eut deux filles Marghareta

Bosdotter morte en 1414, à Pâques, et Marta Bosdotter morte en 1397, celle-ci avait épousé Christoffer Michelsdorp qui vivait encore en 1371 et qui avait pour armes *un demi lys et une demie lune ;* et un fils *Sten Bosson.*

De Bengt Bosson, les généalogies suédoises ne nous donnent aucun renseignement: on se borne à nous dire : « à Vapn, 1362 ». Il fut donc armé chevalier et prit pour armes celles qui suivent, [n° 7]. — Gelre, après cinq siècles peut porter la lumière au fond de la Suède.

Magnus Bosson, que Gelre écrit Magnus Hueckes son [n° 9], fils de Bo Niclisson l'aîné, vivait en 1332. Il eut pour fils Niclas Magnusson, c'est-à-dire Nicolas fils de Magnus, chevalier, conseiller d'Etat On le trouve en 1396 à Nykoping parmi les seigneurs associés en faveur de la reine Marguerite. Il fut appelé plus tard, dans une lettre du roi Eric de Poméranie, *aimable seigneur, alskeliga man,* et reçut pleins pouvoirs pour rechercher et faire arrêter l'ennemi de la Couronne et l'adversaire de l'Etat, Benedict Algotsson.

Sten Bosson, que Gelre, je crois, nomme *Steen Bents ʒon* [n° 11], fils de Bo Bosson, seigneur de Gokstrolm et Rinkestalhom, en Ostergothland, armait un cavalier et était Conseiller d'Etat ou sénateur en 1370 ; il fut reçu chevalier en 1390, et vivait encore en 1406. Il est cité en 1384 parmi les exécuteurs testamentaires de son parent Bo Jonsson; en 1388, il est parmi les seigneurs suédois qui reçurent le serment de la reine Marguerite, quand elle fut appelée à régner en Suède. Il épousa Ingeborg (Ornefort), fille du chevalier Eric Carlsson de Broby, que Gel.e appelle *Hervvc Kaerls Zoen* [n° 8], et de Marta Thuresdotter.

Nous ne saurions apporter trop de lumière sur ces origines, et l'on nons permettra de citer encore un généalogiste qui n'est pas sans autorité :

Bo Nilsson, sénateur de Suède, était fils de Nicolas Sigtrusson ; il épousa Cécile, fille de Kanut Jonsson, et eut pour fils Bo Bosson, sénateur et chevalier, qui ép. Catherine et en eut, entre autres, Stenon Bosson, sénateur, qui ép. Ingeburge et en eut deux fils : 1. Benoît Steensson, chevalier et sénateur, tige des barons et chevaliers de Natt och Dag, et des barons de Sture d'aujourd'hui ; 2. Bo Stensson, chevalier et sén. de Suède, qui épousa Catherine, fille de Stenon Sture, seigneur Danois, né en Sleswic et issu des Sture. Ce dernier eut pour fils Nicolas Bosson Sture, qui prit de sa mère le nom de Sture, mort en 1503 ; son petit-fils, Stenon Sture, dit le jeune, eut pour fils Suante Sture, comte de Westerweck, épousa la sœur de la seconde femme de Gustave Wasa. *De Koch.*

Enfin, puisque nous avons cité les barons de Vijnes, n'oublions pas ce qu'en a dit Messenius.

Les barons de Vijnes, alliés aux Bonde, aux Brahe, aux Trolle, et descendants de Nicolas de Hammerstad, ont porté pour armes *une tête de gryphon de sable en champ d'or, la langue de gueules* : Stemma baronibus de Vijnes usitatum, atrum in regione flava gryphi caput, cervici innixum prælargæ, et linguam exserens rubicundam : cujusmodi similiter ex casside prominet bissenis undique stipatum plumis pavonum : quæ olim insignia nobilissimus vir Dominus Canutus Boetii usurpabat, quo tempore hæc familia clypeo interim fruebatur, mediatim flavo et viridi in lungum delineato, Noctis et Diei nomenclatura vulgariter compellato C'était autrefois, dit Messenius, le blason que portait Canut Boece, au moment où il entra dans la grande famille appelée vulgairement Nuit-et-Jour, Natt och Dag, dont il mit l'écu *coupé d'or et de sinople* sur ses armes.

7. — H. Bent Boes Soe[n]. — Heer Bent Boochs son.

Porte : *D'argent à une nave ou nacelle de gueules posée en bande.*

Voyez le précédent.

Je trouve sous le nom donné par Gelre, dans un manuscrit flamand du fonds Goethals à la Bibliothèque de Bruxelles : heer Bent Boochsson. — C'est le Bergt-Bosson des Généalogies, vivant en 1362.

Cette nave antique se retrouve dans les monuments sphragistiques de

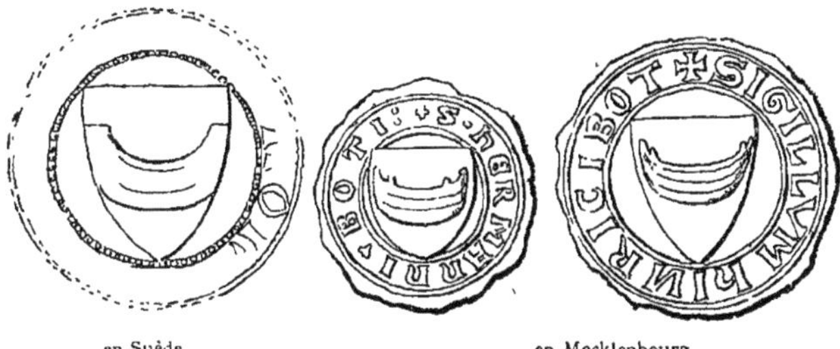

en Suède   en Mecklenbourg

Suède, de Holstein et de Mecklenbourg. Un sceau de 1299, n° 121, 3e série de l'œuvre de M. Emil Hildebrand nous la représente en fasce, assez détériorée : « Mahanda Thorkıl Æringisleson Dyakn: Af inskriften ses en dast svagt *Or eller hor* (Thorkilli ?) En bat. *Sv. Dipl.* n° 1278. Ar 1310 och senare, forekommer en Riddare Thorkillus Dyacn. *Sv Dipl.* n° 1705, etc. » — Dans les archives de Lubeck on rencontre des sceaux semblables pour deux chevaliers dont le nom ressemble à Boes ou Boochs de Suède : C'est Bot, Both ou Boot; Henricus Both miles, 1319, et Hermann Boot, 1336.

On comprend combien il est difficile, étranger comme nous le sommes aux mystères des vieilles langues du Nord, de déchiffrer tout ; mais ce qui soutient notre courage dans la découverte du monde encore inconnu du 14° siècle, si plein de tourmentes, de révolutions, d'envahissements et de désastres, c'est de voir les savants de ces pays mêmes hésiter à se prononcer sur un nom célèbre, sur une famille puissante et poser des points d'interrogation où la science héraldique peut seule intervenir et éclairer l'histoire. Où le savant Suédois M. Hildebrand a hésité, nous osons affirmer que nous sommes en présence de trois branches de la famille Boes, Boochs ou Boot.

La famille Bot était établie au commencement du 14' siècle à Ivendorf et à Ruppersdor'' dans le pays de Travemund. Dans les arch ves de Lubeck on voit d'abord pour l'année 1307 un chevalier Thitleuses, ce nom rappelle Thorkillus. — Hassot Bot était en 1328 Prefet du Holstein. Dans la seconde partie du 14° siècle on n'en a plus connu en Holstein. A partir de cette époque, ils paraissent ne pas être sortis du Mecklenbourg où en 1563, Baltzer et Pierre Bot étaient seigneurs héréditaires à Kalkhorst où la famille fleurit encore.

Le sceau de Henricus Both, miles , était rond ; sa nave, ou barque posée en face, avait une entaille pour accrocher la rame, avec cette inscription: Sigillum Henrici Bot.—Le sceau de Hermannus Boot *famulus*, était rond aussi, sur sa barque était de face avec l'entaille; et cette inscription : Sigillum Hermanni Boti.

Outre ces deux sceaux, on a trouvé le suivant : Pierre Bothe, seigneur de Kalkhorst ; sceau rond, sur l'écu incliné une barque posée en bande: on voit un peu dans la barque et par conséquent les deux bords de la barque ou sont quatre entailles ; et cette inscription « S' Peter Boet ». — On trouve un document des Archives du Couvent de St Jean par lequel les frères Balthasar et Pierre Bothe, sgrs à Kolskorst en Mecklenbourg ont reçu du couvent de St Jean pour 5oo florins un héritage de Joachim Boischers à Kalkhort, en 1563.

Bent ou Benoit fils de Boocs portait donc sa nave comme Pierre Bothe c'est-à-dire *en bande*.

Cette *barque de gueules* est celle de la famille Bonde, percelebris et praenobilis Bondonum prosapiae. Mais elle a changé d'aspect. Ce n'est plus la barque agitée des temps orageux du 14ᵉ siècle, posée en bande ; c'est une barque posée calme de face, dans un port blond et doré, et dont la poupe et la proue sont ornées de plumes de paon ; le cimier brillant de même. Insignia familae : Cymba rubiginei coloris, in spaccio clypei, velut portu morans subflavescenti, et pari formâ de cassidis apice promicaus, ex prora puppique pavonaceis renitentibus copiose plumis, juxta quorumdam veterum emblematum opiniorem ; his tamen plerumque destituta in archivo vetustatis deprehunduntur. *Messenius*.

« Booth et Bonde portent tous deux *d'or à une barque de gueules* ; Et le dernier y ajoute pour brisure deux bouquets de plumes de paon. On les croit une même famille, tous deux issus d'un cadet d'un ancien Roy. On a leurs titres et filiation depuis 4 à 500 ans mais on ne retrouve point la personne en laquelle ils se joignent. Baat ou Boot veut dire une barque ». *Cabinet des titres*.

Les illustres maisons, praelustrium nobilium de Nornes, de Fijtune, de Staefle et de Fallènes, issues de Flijshult, magnifica nobilium stirps, olim de Flijshult, se glorifient aussi de porter dans leurs armes cette *barque rouge*, Cymba in stemmate gloriatur rubicunda, dont la poupe et la proue sont ornées de plumes d'un incomparable éclat, et dont le cimier est de même. *Messenius*.

Et quand on se met à feuilleter l'Armorial Général de Suède de 1746, on rencontre aussi cette *nave de gueules*, avec une touffe de plumes de paon à chaque bout, aux armes du Comte de Falkenberg, du Comte Bonde af Biorno, du Comte Bonde af Safvestaholm ; des Barons Baat, Clodt et During. Cette nave avec les trois plumes de paon forme les armes pleines du chevalier Baat, des chevaliers Bonde, Lemart-Nillsons-Slecht, et au premier quartier des armes du comte Spens, sans les plumes de paon.

8. — HE YRC KAERLS ZOEN. — MESSIRE YNCH ou ERIC CHARLES ZONE.

Porte : *D'azur à une patte d'aigle ou de griffon d'or armée de gueules.*

45

Faut-il lire : *Heryrc*, ou Heric, Henri ; ou *H'er yrc*, sire Eric ?

Dans un ms. de la Bibliothèque royale de Bruxelles, fonds Goethals, un vieux Héraut a écrit : « Heer Ynch, » *d'azur à un pied de griffon d'or armé de gueules.* — Dans un ms. scandinave de la Bibliothèque nationale à Paris, on lit « Urne » avec ces mêmes armes.

Si la Science des Armoiries ne nous guidait pas au milieu de cette nécropole où la confusion des langues est assez complète, le vieux Gelre serait inaccessible ou impénétrable à toutes recherches ; mais nous espérons qu'en qualité de confrère, il n'aura pas de secrets pour nous..

Voyez nᵒˢ 6 et 11. — *Carl Naskonungsson*, Chevalier, en latin *Carolus Naskonungsson*, Miles, eut un fils, Ehringisle Carlsson, qui se trouve dans un acte de donation fait au cloître de Sainte-Claire en 1349. — Eric Carlsson de Broby, qui épousa Marta Thuresdotter, eut une fille Ingebord qui épousa Sten Bosson ou Steen Bents Zoen, ci-dessus.

Dans les Monuments de Suède, « De Antiquis regni Succiae insignibus. » on voit des pierres, des tables de cathédrales représentant ce « *pied d'aigle en champ d'azur.* » — « Videtur ea tabula confecta ætate Jacobi Ulphonis archiepiscopi, qui circa annum MCDLXI præfuit Ecclesiæ, quoniam insignia ipsius, pes nimirum aquilinus in campo coloris cærulei, exhibentur, affixis in ea passim clypeolis, nec præter illa aliorum hic insignia cernuntur. » P. 101.

On voit aussi, dans la chapelle de S. Eric, roi de Suède, les trois écus rangés de cette sorte :

Clypei ex lapide sunt in ea sculpti tres unus cum pede aquilino, alius cum cruce, medius cum coronis tribus. — Le premier est celui de l'archevêque Jacques Ulphon, qui vivait vers 1461 ; le second est celui de Suède, et le troisième de la cathédrale d'Upsal.

Une Table généalogique de Heryck Kaerls Zoen, Erici Caroli, a été établie par Messenius dans son Théâtre de la Noblesse Suédoise. Elle commence à Otto, regni armiger, dont le descendant Magnus vivant en 1237, eut une fille Ingeburge et un fils Charles qui fut le père d'Eric.

Ingeburge épousa Stenon Boèce ou Boes, Stenon Boetius, maréchal du royaume : — leur fils Benedict, Benoît ou Bents, conseiller du royaume, seigneur de Giœxholm, eut pour fils, — Magnus de Giœxholm, chevalier, dont la fille — Birgitta ép. Abraham Christiern de Loholmen, et dont le fils — Eric de Loholmen, chevalier, fut gouverneur de Vestrogothie, et eut pour fils — Abraham de Ekeberga, chevalier, dont le fils — Eric de Ekeberge eut un fils, — Abraham, baron de Nymes en Finlande, qui épousa Beata, fille d'Eric de Sparre, baron de Sundby, etc.

Charles, fils de Magnus ci-dessus, ép. Marguerite fille de Turon Katill, 1320 ; — leur fils Eric, Eric Caerls son, gouverneur d'Ostrogothie, mort en 1383, épousa Mereta, fille de Canut, dont il eut — Magnus, qui épousa Catherine, fille de Stenon Benoît, Bents ou Benedict, maréchal du royaume, 1414.

Magnus eut deux fils : 1. Charles, conseiller du royaume ; 2. Eric, chevalier.

1. Charles eut aussi deux fils : — Canut qui ép. Jeanne, fille de Torchill Brahe, dont il eut Charles de Terna, frère utérin de Pierre Brahe le vieux ; — Eric, mort en 1422.

2. Eric, le second fils de Magnus, chevalier, 1414, eut une fille Christine, épouse de Canut Aeschille de Venegarn, grand-juge d'Upland, dont la fille — Dorothée ép. Christiern-Jean de Venegarn, aïeul, patruus de Gustave I. roi de Suède ; — Brigitte, leur fille, épousa Mathias Pierre d'Ubsal, après Théodore, directeur des monnayes royales ; leur fille Elisabeth épousa Laurent, premier archevêque évangélique de Suède, dont les filles, Margareta ép. Laurent le second archevêque évangélique, et Magdelène qui ép. Abraham André, quatrième archevêque évangélique.

Aquilæ, volucrum nobilissimæ reginæ, hæc familia in stemmate avito pedem, pansis formidabilem ungulis, et femore robustum prælargo, quondam usurpavit. Cette famille a porté autrefois dans ses armes un pied d'aigle formidable, ouvert, les ongles étendus, et le membre large et fort, *Messenius.*

9. — H. Magn. Huet Kens So. — Sire Magnus
Haquinsson.

Porte : *D'or au lion de gueules, party d'azur à la demie
fleur de lys d'argent.*

Dans le ms 18026, du fonds Goethals, que nous avons déjà cité, ces
armes sont les mêmes, sous le nom de Magnus Hohensoon.
Voyez le n. 6 ci-dessus, sur cette planche.

Messenius, qui a amoncélé les héros de Suède pour en faire un cortège
historique au roi Gustave II, nous a donné la généalogie de Magnus fils
d'Haquin. Elle commence à Magnus Marineson 1304. — Laurentius, son
fils conseiller du Royaume, épousa Catherine N., dont il eut deux fils
Philippe et Finwid.

Par Philippe on arrive en la dixième génération, à Gustave II en passant
par : Magnus, chevalier fils de Philippe, qui de Christine eut Haquin,
chevalier, qui de Brigitte fille de Finvid eut Magnus, ici présent [Magnus
Haquin Son] chevalier, 1563, dont la fille, — Mereta ou Marguerite, épouse
de Magnus Trotto, chevalier et conseiller du royaume ; leur fils, — Charles
de Eka, 1423, chevalier gouverneur d'Aland, eut pour fils — Magnus d'Eka,
1473, chevalier, dont la fille — Cecile, épouse d'Eric-Jean, chevalier, fut
mère de Gustave I roi de Suède qui eut pour fils — Charles IX, et petit fils
Gustave II.

Finwid, second fils de Laurent, fut seigneur de Hiernœ : Son fils, —
Magnus, grand-juge de Sudermanie 1311, eut pour fille Anna, qui épousa
Benoit Stenon de Giœxholm, chevalier, dont le fils, — Magnus de Giœxholm
eut deux enfants 1. Christine et 2. Jean : — 1. Christine épousa Siggon
Laurentius, etc, dont le fils, — Laurentius, maréchal de Suède, chevalier,
eut pour fils, — Eric Gyllensparre, baron de Sundby, vice-chancelier du
royaume, dont sont nés Gustave, Jean, Sigismond, Pierre et Laurent
Sparre; — 2. Jean de Giœxholm, chevalier, eut pour fils — Magnus de
Broo, chevalier, dont le fils, — Nicolas de Saeby laissa — Nicolas de
Saeby qui épousa Anna fille de Benoit Gylte, dont sont nés Pierre et
Ivarus de Saeby.

Les armes de ces maisons sont bien celles que nous a laissées Gelre : Ils
se servent du Lion que Messenius change en Léopard : Illorum nobilium
qui leopardo insignibus utuntur, et qu'il blasonne en latin : Rubicundo

ipsa prosapia fruitur leopardo, in regione surrecto flavescenti, qui semililio croceo in area cœlestina obversum praebet tergum : Verum quodlibet cassidis cornu, quaternis copiosè rubentibus, flavescentibus et virentibus visendum et labaris. C'est-à-dire : Un lion rouge se dressant sur un champ jaune d'or, party d'un demi lis sur un tapis bleu.

10. — HER NYCLAES GEDDE. — SIRE NIGLIS OU NICOLAS GHEEDD.

Porte : *D'azur au poisson ou brochet d'or posé en bande.*

Dans un autre ms. scandinave Sturer porte de même.

Nous trouvons dans le ms. scandinave n. 5 de la Bibliothèque Nationale de Paris : Sturre Llans Sturis daatter, *d'azur au poisson d'argent posé en cercle,* et pour cimier deux trompes d'éléphant soutenant ce poisson. — Dans le vieil ms. de Bruxelles : « Niglis Gheed en Suède : *d'azur à un brochet d'or mis en bande.*

Nyclaes, Niglis, Niels — Nicolas. — Gheed, Giedde. — Sur cette famille nous trouvons une notice qui ne remonte pas jusqu'au quatorzième siècle et ne mentionne pas le Chevalier que Gelre a connu.

Cette maison est fort ancienne, et comme le nom nous avertit qu'elle est originaire du pays du Nord, ses armes nous aprénent son nom. Elle porte un brochet qui s'appelle Giedde en Danois. Ce poisson est représenté en champ d'azur avec un casque orné de deux trompes d'Eléphant en cimier d'azur et d'argent. — Niels Giedde, étoit sous le règne de la reine Marguerite, sénateur du royaume de Suède et chevalier. Erngissel Giedde vécut en 1463 dans la même qualité. En 1435 on trouve le nom de Jens Giedde écuïer, et l'an 1504 un autre Niels Giedde qui étoit gouverneur du chateau de Calmar.

Ovegiedde de Tommerup, chevalier de l'Ordre de l'Eléphant, amiral, sénateur, baillif de Hald, figure dans les *Hommes illustres* du Danemark Dans sa généalogie, nous voyons que, au 17e siècle, Anna Darthe Giedde 1683-1702 épousa Christ. Gorg. v. Ossen, lieutenant-général à Manhein ; Charl. Amalia Giedde, morte en 1737, avait épousé Henri Klingenberg d'Oerum, conseiller d'Etat, et Christina Frederica Louise Giedde épousa Joan Frederic Brokkenhuus de Bramstrup commandant de Kronbourq, lieutenant-général, chevalier: *d'azur au brochet d'argent en bande.*

Sophie-Amalia Lovenheilm morte en 1698 avait épousé Frederic-Eiler Giedde de Hindemand.

Ne serait-ce pas le père de Nicholas Ghedde que nous trouvons dans les sceaux de Suède, *Svenka Sigiller* de M. Emil Hildebrandt « S. Svn R.., vi filii : en fisk pa Sned. Faltet Kring Skolden rutadt. *Sv. dipl.* 1304. »

Dans l'Armorial de Suède von Gedda Nils, parmi les barons, porte *trois brochets sur le tout* de ses armes, et en cimier un poisson entre un vol d'azur. — Et Christophe Ghiedda, parmi les Gentilshommes, porte d'argent au brochet d'azur en bande, et en cimier le poisson de l'écu entre deux trompes d'éléphants.

11. — H[EER] STEEN BENTS ZOEN. — SIRE ETIENNE BENTS SON.

Porte : *Fascé d'azur et d'or de quatre pièces.*

Dans le manuscrit d'un vieil Héraut, on lit : « Heersten Bents Soon ; » il n'a fait que copier Gelre.

Voyez Bo-boon Soon, Burensa, n° 6, qui précède.

Steen Bents son, ou Steno fils de Benoît, est un des ancêtres de Gunila, reine de Suède. Messenius en a donné la Table généalogique qui commence à Catill, conseiller du royaume. — Son fils Turo, chevalier, fut le père de Bents ou Benoît : Benedictus, Eques et Consiliaris regni, épousa Ingeburge f. Magni Gudmari, equitis aurati de Loholmen — Son fils Steno,

c'est-à-dire Steen Bents son, fut maréchal du royaume, chevalier de Marien-
borg, mourut en 1438, ayant épousé Catherine, fille de Hollinger de
Hestholmen, dont il eut — Thuro, aussi chevalier, etc.. qui ép. Marguerite
de Crumedik, dont les descendants — Steno, — Turo, — Nicolas, — Turo
de Kaker, — Turo de Kraker aussi, — Eric de Beenhammar, tous chevaliers, etc. Ce dernier ép. Gunila, fille de Jean Bese, dont le fils, — Axelius
Bielke Heresetter, eut pour fils — Jean Bielke, qui de Elsa fille de Axel
Posse, chevalier, eut Gunila, reine de Suède et de Gothie.

Cette illustre famille de Bielke, de mémoire d'homme a usé glorieuse-
ment d'un écu où sont deux faces d'or ou jaunes alternées à deux d'azur, et
pour cimier un plumail de paon. Prælustrium familia Bielkorum, a remo-
tissima hominum memoria, in pervetusto majorum clypeo binas auro, vel
flavo plurimùm nitentes pigmento trabes, vice insignium in cæruleo locatas
intervallo, gloriosè hactenus usur pat, bissena galeam plumâ exornante. —
Messenius.

Dans une généalogie donnée en 1679, par le Résident de Holstein, on
voit que Bielke porte *d'azur à deux faces d'or*.

Thuro, gentilhomme Suédois : — Benoist Thuroson, seigneur Suédois,
vivait au commencement de 13ᵉ siècle. — *Catille Bengt Son*, ou *Quaitil*,
Sénateur du Royaume de Suède et Marsch, qui fut la deuxième charge du
royaume, ce qui est maintenant le connestable, est nommé dans un titre de
1300, et son fils dans un acte de 1297 : eut pour enfants : — Ingeborge
ép. Laurent *Bengtson* [c'est-à-dire fils de Benoit], seigneur de Eckeberga ;
Sigtrude, femme de Benoit Mat-son sgr de Eckeberga ; Hélène femme de
Pierre Krevie-son, sénateur du royaume, 1319 ; Thro Katil-son, 1297-1300
1320-1327 ép. Sigri de issue de l'ancienne maison qui porte aujourd'hui le
surnom de Natt-och-Dagn ; Nicolas Kattilson sénateur de Suède 1322,
dont on ne trouve point de lignée ;

Thro Kaitil-son eut quatre fils : Eric Thuroson ; Nicolas Thuroson ;
Benoit Thuroson sénateur de Suède, ép. Ingeburge issue de la très-
ancienne maison des Folkung, fille de Magnus Gudmar-son, sgr de Loholm
et de Cater sœur de la Ste Brigitte ; Stenon Thurson Marsche et sénateur
de Suède, 1348, ép. Cécile fille d'un seigneur nommé Ulphon.— *Cabinet
des Titres*.

Est-ce qu'un Bents son était venu des côtes de Suède jusqu'à Bruges
aider les ducs de Brabant dans quelque entreprise et en avait reçu récompense ? Nous trouvons dans le Livre des Feudataires de Jean III publié par

M. Galesloot des Archives de Bruxelles, cette mention : — « Nicholaus, Walteri Bents *sone*, circiter x bonaria terre in parochia de *Dorne*, et III homagia. Willelmus dictus *Boc*, relevavit. Actum die 8^{bris}, anno 1341°. » — Ce Nicholaus ou Niglis doit être un fils de Benedict Mathson, vers 1289, un frère ou un cousin inconnu des chevaliers ci-dessus.

Bielke, dans le Wapenbok de Suède, de 1746, porte aux 2 et 3 quartiers de ses armes, *facé de quatre or et azur*, et pour un de ses cimiers, cinq plumes de paon en éventail.

12. — H. Henninc Com[m]y marc. — Sire Henninc Kœnigsmarck.

Porte : *Emmanché de gueules et d'argent de dix pièces*.

Henninc doit être Jean de Kœnigsmarck.

Les armes de Henri ou Henic Konigsmark se trouvent aussi dans le Mecklenbourg, à la pl. CXXVIII de cet Armorial. — Dans Sibmacher I, 175, le gueule est aussi à dextre, et pour cimier un buste de reine vestue d'argent couronnée, chevelue, et portant en sa dextre un double calice d'or.

La légende par laquelle commence l'histoire de Kœnigsmark a cela de beau qu'elle se rapporte au nom même. Cette légende dit du premier ancêtre de cette famille qu'il fut un Noble Franc de sang Royal, et que vers la fin du VIIIe siècle il vint avec Charlemagne sur les bords de l'Elbe.

On ne sait rien de précis sur cette origine. Pourtant ce fut sans doute, au Xe siècle, une famille florissante de nobles guerriers dans les pays en deçà de l'Elbe. Les Chroniques citent Conrad que l'Empereur Henri l'Oiseleur nomma gouverneur de la citadelle de Hendal en 920 ; après ce Conrad, Otto qui, au siège de la forteresse de Brandebourg, en 927, commandait de la cavalerie. — Ce qui est certain, c'es' qu'à partir de Henri, comte de Osterburg et Altenhausen, qui fonda l'Eglise de Kœnigsmark en 1164, il y avait déjà là un village de ce nom. En 1225, le comte Henri de Anhalt, tuteur du margrave de Brandebourg, fit un acte par lequel il accorda aux citoyens de Werben une prairie et d'autres terres ; cet écrit est signé Henricus de Kœnigsmark. A partir de ce temps les personnages se présentent d'une façon plus précise : Walter 1247 ; — Eric ou Ulric 1273 ; — Yo [Jean] et Conrad 1288.

Au commencement du XIVe siècle le nom de Kœnigsmark apparait plus souvent : en 1309 Otto ; en 1325 Jean; en 1334 Yo ; en 1345 Ulric Commandeur de l'Ordre des Johannites à Lietzen ; en 1347 Besco de Kœnigmarck ; à la même époque, alliance entre les Kœnismarg et les Bredons contre l'abbé de Gerichow en 1360 ; Redern allié aux Lindon et aux Ruppin.

Vers 1363 commencent les alliances de la maison de Kœnigsmarck avec celles de Suède. Nous n e savons pas comment Jean de Kœnigsmark vint à Stockolm, mais en 1347 il épousa Marie de Sture, d'une illustre famille suédoise : il amena en 1354, au roi Eric III, de Suède, la Margravine Beatrix, fille de Louis de Bavière, comme épouse. Le roi Eric mourut en 1360 empoisonné par sa mère, la reine Blanca et son époux paraît l'avoir suivie de près.

Christian de Kœnigsmarck, gouverneur de Gothland et son fils Magnus moururent le 24 février 1389 à la bataille de Falkœping. Un autre Kœnigsmarck vint vers cette époque, ou un peu après, en Suède. En 1363 après que Albrecht de Mecklemhourg fut élu Soi de Suède (1363-1388), Herbrecht de Kœnigsmarck, fut gouverneur de Stockholm de 1373 à 1386. Vers 1373 première alliance des Kœnigsmarck avec la famille royale de Bohême de la maison de Luxembourg. En 1382, Rudiger de K. accompagna en Hongrie le Margrave devenu plus tard l'Empereur Sigismond, et en·1387, il délivra la reine Marie de Hongrie, prisonnière des Croates. La belle reine le fit venir devant elle en lui permettant de lui demander n'importe quelle grâce : le Chevalier demanda les 3 roses que la reine tenait à la main : ce que la reine lui accorda, avec la faveur de trois baisers sur ses lèvres de roses. En ce souvenir, ses héritiers portent encore aujourdhui une reine avec les trois roses à la main comme ornement du heaume, c'est-à-dire en cimier. C'est ce qu'a mis en un petit poème charmant le Baron Frédéric de la Mothe-Fouqué.

Anrep nous dit que : Catharina Thordœdotter, épousa en 1379 Johan Mansson Konigsmarch, de la même maison des comtes de Konigsmarck : Som lefde 1379 och var af samma slagt som gref varne von Konigsmarck.

Nous ne pouvons suivre le *Handbuch* dans tous ses détails jusqu'aujourd'hui ; nous dirons seulement avec Kneschke qu'au 16e siècle les descendants de Jean revinrent s'établir dans la Marche. Rogier, 1530, eut un fils au service de l'Empereur Maximilien II contre les Turcs, et Conrad fils de Joachin était dans l'armée de Rudolph II. De Conrad et de N. de Blumenthal est né Jean Christophe, 1600-1663, qui fut Conseiller d'Etat de Suède un des plus célèbres généraux de Gustave Adolphe pendant la guerre de Trente ans : Il fut créé, par la Reine Christine de Suède, comte de Westerwyck et de Stegholm ; il épousa Agathe de Lehssen dont il eut 1. Conrad Christophe, 2. Jean Christophe, mort en 1653, 3. Othon Guillaume, 1639, mort en Morée en 1688 maréchal de camp en France, Feld maréchal en Suède, généralissime à Venise, épousa Catherine-Charlotte de la Gardie fil'e de la Comtesse Palatine de Deux-Ponts, Zweibruchen, qui était la sœur du roi Charles X de Suède, sans postérité.

L'aîné des trois frères Conrad Christophe fut maître d'artillerie en Suède, lieutenant général en Hollande, tué au siège de Bonn en 1673, ayant épousé Marie-Christine de Wrangel fille du cé'èbre Feld-Marechal Suédois, Herman de Wrangel : Il eut deux fils et trois filles : l'aîné, Philippe Christophe, colonel au service de l'électeur du Hanovre, fut assassiné à Hanovre en 1694 ; Charles Jean, son frère, maréchal des camps en France et chevalier de Malthe, mourut en 1686 après la bataille d'Argos. — En eux la ligne de Suède s'éteignit.

La branche qui resta dans le Meklenbourg ou qui revint dans la Marche et qui représente la Maison de Kœnigsmarck, forme aujourd'hui trois lignes, et nous en parlerons à la planche XVIII. Elle porte les armes que nous trouvons dans le Wapenbok officiel de Suède, pour le comte de Konigsmarck : un *écartelé, au 1 d'azur au lion d'or tenant une clef en sa dextre ; au 2 d'or au cavalier de.. ; au 3 d'argent au pont de gueules tourellé sur une rivière de.. ; au 4 d'azur au lion contourné d'or tenant une croix d'argent ; et sur le tout emmanché d'argent et de gueules,* émaux intervertis. Et trois cimiers dont celui du milieu et un bust de femme tenant un bouquet de trois roses.

NOTES HISTORIQUES

ET HÉRALDIQUES

Nous avons dit que les *trois couronnes d'or sur champ d'azur*, qui forment le blason de Suède, représentent les trois Royaumes de Suède, de Gothie et de Finlande. — L'an 1250 Birger, premier du nom, fut roy de Suède et de Gothie ; il eut pour fils Valdemar I et Magnus qui s'empara des Royaumes pendant le voyage que Waldemar, son frère, fit à Jérusalem. — Magnus fut père de Birger II, père de Magnus II, père d'Eric, père de Magnus III, successivement Roys de Suède et de Gothie. — Ce Magnus III fut pareillement Roy de Norwège, et en mourant, 1326, il laissa les trois royaumes à son fils Magnus qui avait une sœur Euphémie, femme d'Albert duc de Mecklenbourg.

Magnus IV fut père d'Aquin ou Hakan, Roy de Norwège qui fiança la sœur du Comte de Holstein, et cette princesse mise en mer pour aller épouser son mari en Suède, fut retenue prisonnière par le roy de Danemarck Valdemar, dernier du nom qui fit épouser sa fille unique et héritière, Marguerite, à Aquin. — Magnus ayant agréé ce mariage, un parti de Suédois se révolta à l'instigation du comte de Holstein, et appela pour tenir le royaume de Suède, Albert, fils d'Albert de Mecklenbourg mari d'Euphémie. — Albert tint quelque temps le royaume, jusqu'à ce qu'il fût défait en bataille rangée par la reine Marguerite, femme d'Aquin, Roy de Norwège, qui le retint prisonnier de guerre pendant sept ans, et garda le royaume de Suède sa vie durant.

A la mort de Marguerite, le royaume de Norwège resta annexé au Danemark. Quant à la Suède, elle eut des rois particuliers. Un seigneur du pays, Engelbert, se révolta contre Eric de Poméranie, fils adoptif de la

Reine Marguerite et son successeur aux trois Royaumes de Norwège, Suède et Danemark, — à qui succéda Christophe duc de Bavière, après la mort duquel ceux de Suède élurent pour roy :

Charles Canut, qui ne régna que sept ans, et fut contraint de quitter le Royaume à la suite d'une révolte : Le Roy de Danemark et de Norwège, Christierne, fut élu et fut à son tour remplacé par son fils Jean, qui donna un moment de repos à la Suède. — Jean eut pour successeur son fils Christierne II, roy de Suède en titre seulement : le royaume étant gouverné par un Connétable du nom de Stevo. A la mort de celui-ci, Christierne, voulant punir la révolte, exerça de trop cruelles vengeances : — Un fils d'Eric, Gustave, donné pour ôtage, trouva moyen de quitter le Danemark, vint en Suède, chassa les Danois, fut déclaré Roy par les Etats, 1540, et gouverna en paix. Il eut pour successeur son fils aîné Henry, qui, mort sans lignée, laissa le trône à son frère Jean, qui mourut en 1590 ou 92, et eut pour successeur son fils unique Sigismond, roy de Suède par succession paternelle et de Pologne par élection.

Mais les guerres de religion élevèrent au trône, l'oncle de Sigismond, Charles, en 1607. — Charles, connu sous le nom de Charles IX, eut pour successeur Gustave II en 1611.

Messen qui a dressé les Tables généalogiques de ce Roi, nous montre qu'il descend de S. Eric. Les Tables de Messen sont toujours vivantes parce qu'elles nous prouvent que les familles et les races se perpétuent par les alliances et que la loi salique est une loi d'Etat, et non une loi de nature. — Les Tables de Koch sont remarquables d'érudition, mais ne satisfont pas autant les curieux qui aiment d'un coup d'œil à remonter l'ensemble des générations.

Gustave II, ou Gustave-Adolphe, le Grand, tué à Lutzen en 1632, eut pour héritière sa fille Christine de Suède, qui abdiqua en 1644 et mourut à Rome en 1689. — Elle eut pour successeur Charles X Gustave, fils de Catherine, une des sœurs de Gustave II, et de Jean-Casimir comte Palatin de Deux-Ponts : — Leur fils Charles XI eut de Ulrique-Eléonore de Danemarck, un fils Charles XII tué en 1718 au siège de Friedrichshall. — La couronne revint à Adolphe-Frédéric de Holstein-Gottorp arrière petit-fils de Christine-Madeleine sœur de Charles-Gustave X, qui mourut en 1771, laissant de Louise Ulrique de Prusse, Gustave III qui lui succéda et fut assassiné en 1792 : — Son fils Gustave IV lui succéda mais il abdiqua en 1809. — Son oncle Charles XIII fait élire successeur au trône le Prince de

Ponte-Corvo, sous le nom de Charles-Jean, et l'adopta. — En 1818, Charles Jean XIV succéda à Charles XIII et fut couronné Roi de Suède —Oscar II, Frédéric, fils du Roy Oscar Ier, succède à son frère le roi Charles XV sur le trône de Suède et de Norwège, des Goths et des Vendes, et sa prospérité continue.

Les Trois Couronnes des Armes de Suède ont donné lieu à une controverse historique.

———

La Suède a-t-elle des armes particulières distinctes de la Norwège et du Danemark ? Certes, le héraut Gelre, l'auteur du présent Armorial, répond, *ipso facto*, à cette question qui paraît oiseuse, et qui cependant ne l'est pas, puisque dans les luttes des trois pays, des *usurpations d'armoiries* ont eu lieu pour affirmer des conquêtes de territoire.

Le témoignage de Gelre est peut-être le plus ancien monument historique en ce genre que la Suède puisse invoquer. C'est bien à la Suède qu'appartiennent les trois Couronnes. Gelre a laissé au Danemark ses trois Lions ou plutôt ses trois Léopards, et à la Norwège son Lion à la Hache écartelé de Gothie, pour marquer la date du règne d'Aquin, fils de Magnus.

La Suède n'a reçu de personne ses *trois couronnes d'or en champ d'azur;* elle les a possédées de toute antiquité. Un vieux chroniqueur l'a dit avec une hauteur, une fierté qui nous plaît : « Nemo autem rectius hæc indicaverit, quam ipsa gens illius Regni. Nam cum, sicut ante est ostensum, hæc Insignia non accipiantur, sed sumantur, idque voluntate libera, sequitur de Suecorum voluntate ista neminem testari posse certius quam Suecos ipsos. Suæ namque voluntatis quisque optimus est interpres. Jam si Suecos consulamus, omnes uno testabantur ore, Regni Suetici Insignia *tres esse aureas coronas in campo clypei azureo seu cæruleo.* »

Tous les auteurs cités ne remontent pas au XIVe siècle, et notre Gelre les dépasse dès lors en autorité. Néanmoins, rappelons les plus anciens témoignages. « Propria multis retro seculis Insignia, tres coronas habuisse, antiquæ monetæ, diplomata, monumenta saxis incisa, aliaque monumenta evincunt. » *Vexonius.* — « Insignia Regum Upsaliensium seu Svecicorum ab antiquissimo mundi tempore in hodiernum usque diem extiterunt semper terna auri diademata. » *Messenius.* — « Tre Cronor hafwa fordom aff

adler warit. Upsala och Swea Rijkes konungs cens kylte wapen och Skiol-
demarkie. » *Buræus.* — « Svecorum pr.ncipes tribus aureis coronis in
campo cœlestini coloris utentur. » *Olaus Magnus.* — Une ancienne Chronique rimée de 1450 donne aussi les trois Couronnes comme particulières
à la Suède; et des Lettres de Sénateurs suédois de 1439 opposent les *Trois
Couronnes* au signe militaire, au *Danabroka* des Danois.

Les pièces de monnaie sont la plus haute affirmation de ce fait. Elles
représentent d'un côté les trois Couronnes, et de l'autre le Lion traversant
les trois fleuves pour la Suède et la Gothie : Sunt Insignia ista duplicia, ab
uno latere Coronæ tres, altero Leo tria flumina transsiliens. Nempe regnum
cui præerant. ex duobus Regnis fuit junxtum, Suæcie Gothiæque, ut
proinde duo quoque Insignia isti nummi merito prætulerint. — Quoique la
Gothie soit jointe à la Suède, les armes n'en sont pas moins d.stinctes ; les
trois couronnes sont à la Suède, et l'opinion de ceux qui veulent voir dans
les trois couronnes le symbole de la réunion des trois royaumes de Suède,

de Norwège et de Danemark, est repoussée par les monnaies, jusqu'à la fin
du XIVe siècle, Si l'union avait eu lieu réellement, les Danois et les Nor-
wégiens auraient eu cette monnaie et on en produirait, tandis que personne
ne la présente pour eux.

Les monnaies de Suède au XIVe siècle nous en donnent les vraies armes.
« Albert de Mecklembourg, 1365-1388, paraît être, nous dit Lelewel, le
premier qui fit battre le gros d'argent.
Les sceaux aussi jusqu'à cette époque ne portent que les trois Couronnes
pour la Suède. Le sceau de Eric de Pomeranie lui-même est celui du

royaume de Suède,« Sigillus regni Sueciæ » et porte. « Secretum Erici Dei
gracia reg. Dacie Suecie Norwegie. Slavor. Gothor. regis et ducis Pom. »
Voyez n° 1 — Ceux du roi Albert et de Marguerite sa tante maternelle
ne portent non plus que les trois Couronnes ; des lettres de 1364 et 1365
sont scelées de même : observatur ex Sigillo Alberti Regis qui cum unius
Sueciae Rex esset, jam ante Margaretam pro sigillo usus est clypeo tribus
Coronis ornato. Extant ejus litterae anno 1364 et 1365 exaratae, in quibus
id insignè spectatur : Ce sceau porte : « Secretum Alberti Dei gratia Suecor.
Gothor. regis. » *Voyez* n° 2. Mais le roi Albert ne se servit jamais du Lion
de Gothie, c'est-à-dire du lion sautant les trois fleuves : Nec Albertus
unquam suis in insignibus numisque Gothie usus est Leone.

Jusqu'alors on le voit les trois Couronnes sont seules. Mais quand on
veut réunir plusieurs royaumes ou provinces dans son écu ou dans son
sceau, on les indique pertinemment, on les montre comme l'a fait Gelre,
en laissant toutefois la Suède au premier quartier.

C'est au commencement du 15ᵉ siècle que les armes de Suède se modi-
fièrent avec la situation du pays. Le sceau de Christophore, comme usurpateur, laissa les armes de Suède pour celles de Danemarck. Charles Canut
écartela de Suède et de Gothie, in quibus Leo super flumina transiliens Regni
Gothici exhibebunt insignia, s'appelant ainsi le Roi de deux peuples, les
Suèves et les Goths, dans l'écartelure de ses armes, 1456.

Christiern ensuite écartela différemment : au 1, de Dacie, au 2 de Suède,
au 3 de Norwège, et au 4 de Slavonie, c'est-à-dire d'un Dragon : il n'oublia
pas la Gothie dans la légende qui entoure le sceau, et plaça un écu sur le
tout pour rappeler ses titres de duc de Holstein et de Sleswic, de Stor-
marie, d'Oldenbourg, etc. Mais il apparaît encore que les trois Couronnes
quoique au second rang, sont bien particuulières à la Suède. Nous ajoute-
rons que les étendards et autres signes militaires confirment ce tait. La
Chronique Rimée l'atteste aussi

Bien mieux, dans la guerre civile entre le Roi Birger et les Ducs, chacun
des deux partis portait les trois Couronnes sur ses drapeaux, comme on le
voit sur la planche ci-contre. Nous pourrions citer d'autres preuves tirées
des monuments et des objets d'art. Nous reproduisons à part, d'après
Scheffer, quelques-uns de ces dessins et nous ajoutons ici le dessin communiqué à Scheffer par J. Hadorph, représentant le Lion Gothique tenant
de sa dextre l'écu aux trois Couronnes, et de la senestre l'Etendard à la
croix d'azur, tel qu'on le voyait in arce Nolmensi supra gradus pa'atii regni

Nous qui ne sommes pas jaloux, et qui aimons à prendre chacun par la main pour le produire dans cette grande Revue des Héros du XIVᵉ siècle, nous disons donc que les Princes de Suède se servent des trois Couronnes pour marquer l'étendue de leurs Etats, leurs grandes actions de guerre et la richesse des métaux dont leur sol abonde. C'est le meilleur symbole : il se perd dans la nuit des temps.

Le nom de Suède ne remonte qu'au IXᵉ siècle après J. C. — « Olaus Skotkonung cæpit primus nomen Regis Sueciæ. » Auparavant, les Rois s'appelaient Upsaliens, Upsaliæ Reges, Upsala Konungar. On divisait les terres du septentrion en trois parties : Danaholm divisa est in tres partes, una spectat ad Regem Upsaliensem, altera ad Regem Daniæ, tertia ad Regem Norvagiæ ; et les Rois Upsaliens étaient les monarques de Suède depuis le temps d'Odin, indè a temporibus Odini.

Je ne dois pas oublier ici cependant le symbole des trois Dieux des pays scandinaves, Thor, Odin et Frigga, que les trois Couronnes représentent, selon l'opinion de quelques autres, hæ Coronæ tres significare debebant tria ista numina. Une vieille peinture d'un manuscrit de l'Edda représente ces

Dieux Upsaliens, chacun avec sa couronne. Nous en donnons l'image ci-après.

Les Suédois ont dû disputer, les armes à la main, ces trois Couronnes aux Danois, qui les ont longtemps portées au second quartier de leur écu, prétextant la réunion des trois Royaumes Scandinaves, de Marguerite à Christian II. Insignia Regni Sueciæ, tres Coronas, Christianus rex tum primum usurpare incipiebat in Dania : eo prætextu quod sint non peculariæ Sueciæ, sed Unionis omnium trium Regnorum, Sueciæ, Daniæ, ac

Norvegiæ insignia, primum instituta a Margareta eo tempore, quo sub imperio suo ea Regna tria habebat. Mais ce n'était pas un droit. Cette lutte pour les trois Courounes dura jusque vers 1613.

Le premier étranger qui s'en était emparé fut précisément le roi Albert de Mecklenbourg, dont Gelre nous donne la peinture. Mais il était de fait roy de la Suède, séparée du Danemark et de la Norwège ; ce sont les trois Couronnes qu'il prend pour la Suède seule, et les Armes de son Duché de Mecklenbourg ne viennent qu'au second rang. At vero Albertus Rex circa annum 1363, veterem reduxit consuetudinem, et in cly peo suo Coronas duas superne, inferne vero unam collocari fuit. Ce n'est qu'après lui, sous le règne de Marguerite, au moment où les trois Royaumes sont réunis, qu'on cherche à faire prévaloir cette fausse opinion que les trois Couronnes représentent les trois Royaumes unis, « Swerigie, Danmarck, och Norigie, » Suède, Danmark et Norwège. Car, en définitive, si les trois Couronnes n'étaient pas expressément les armes personnelles de la Suède, la Suède n'en aurait pas, ce qui est absurde.

On voit sur les monnaies de Suède, d'un côté les *trois Couronnes* pour la Suède et de l'autre *un lion sautant au-dessus de trois fleuves* : Leo tria flumina transiliens. Le sceau d'Eric Ier ou saint Eric porte en légende : Sanctus Ericus Suevorum Gothorum Rex Sigillum Regni Sueciæ ; c'était un royaume fait des deux parties. A partir du XIVe siècle, les armes de Gothie ne sont plus en usage, elles disparaissent presque complétement. Gelre, avons-nous dit, l'appelle *le viel écu* de Suède. C'est le Lion Gothique.

Le Roy Magnus s'est servi du Lion de Gothie, l'écu *soutenu*, c'est-à-dire ayant à ses côtés les trois Couronnes comme on peut le voir dans une des planches qui accompagnent ces notes.

Leonem flumina transmittenten saltu... Leonem salientem vetus esse non Suecorum, sed Gothorum insigne. La Gothie était un petit royaume à part ; Gothiam fuisse Regnum a Succiæ Regno distinctum. Ce n'était pas un grand territoire qui put rester constitué à part, mais en se fusionnant, la Suéde reçut de la Gothie « un nom célèbre et une antique renommée », qui s'étendait aux peuples d'Ostrogothie, de Westrogothie, de Smaland aux îles et aux territoires d'Œland, de Halland et de Scanie. Ce qui prouve que la Royauté ne consiste pas dans l'étendue, la largeur ou l'étroitesse d'un pays mais dans l'administration des Etats, la direction, l'impulsion du Gouvernement.

Ce roy Magnus, Ladulaas, assis sur son trône a porté le Lion Gothique sautant les trois fleuves, et après lui Birger, et Eric Arsall ses successeurs ; mais Ladulaas en ajoutant les trois Couronnes, une en haut, les deux autres aux côtés, se nomme Roi des Suèves et des Gots : Magnus Ladulaas rex in throno sedens Leonem Gothorum tribus fluviis imminentem, quem postea Birgerus, Magnus idemque Norwegiæ rex tres praeterea Coronas supra et ad latera sigilli *Ladulaas* habet, unde Regem Suecorum Gothorumque se nominat ».

Les Royaumes étant distincts, les Armoiries l'étaient aussi. Ainsi le constatent les historiens Danois et Goths, de quo nemo ambigit, *Leonem aureum coronatum in campo cœruleo* super tria coloris *argentei flumina* : Puisque c'étaient là les armes de Gothie, celles de Suède étaient les 3 Couronnes, sequitur et Succiæ sua fuisse insignia. Nous ne pousserons pas plus loin cette dissertation que tous les monuments viennent corroborer et dont notre Gelre est le plus brillant interprète.

Ce n'est qu'en 1396, à la convention de Calmar, que se fit l'Union, et les 3 Couronnes sont personnelles à la Suède de toute antiquité, sans union.

Le vieux Messenius, Garde des Archives du Royaume de Suède, n'a pas connu tout ce que renfermait son précieux dépôt. Dans une lettre écrite à l'abbé Dangeau, il est accusé d'oublis. Cependant il fait autorité. « Les Traittez de Messenius,dit un mécontent, sont très rares. J'en ai un exemplaire dont Monsg^r le grand Trésorier de Suède m'a fait présent ». Il est vrai que ce *monsieur là* a fait beaucoup ; mais comme il a été le premier de tous qui y ait travaillé en ces sortes d'ouvrages, on a fait depuis des découvertes. »

Quoique il en soit. Messenius est un historien et nous mettons ce passage sous les yeux de nos lecteurs : Ils y verront les 3, 4, 7, 8, 6, 10, 11, 12e, chevaliers et ils y chercheront Ketel, comme nous.

Albertus Dux Megapolensis, nepos Magni ex sorore Euphemia, rex Suecorum proclamatur, anno M.CCC.LXIII, cui indigenæ fuerunt Proceres : Erengislo Comes Orchadensis, *Carolus Tofta* regni Marschalcus, Benedictus Philippi, *Steno Benedicti* de Mariæborg, *Ericus Caroli*, Birgerus Vlphonis filius sanctæ Birgittæ, *Steno Boëtii*, Ingevaldus Philippi, Thuro Benedicti, Amundus Jonæ, Legifer Oelandiæ, Ivarus Nicolai, Algothus Magni, Amundus Hatt, Erengislo Nicolai, Ericus Catili, Arvidus Gustavi de Revelstad, Stephanus Vlphonis de Lagnœ, Porse Geet, *Magnus Haquini, Nicolaus Gedda*, Magnus Benedicti, Ericus Erlandi, Magnus Gislonis, Linvidus Haraldi, Vlpho Ionæ, Torchillus Haraldi, *Benedictus Bog*, Nicolaus Suarteskonung,Magnus Greg orii de Brettestada.Gotschalcus Benedicti, Petrus Ribbing, et Magnus Kase.

Verùm alienigenæ, cum Alberto Sueonum subselliis obstrusi : Albertus Konungsmarker, Henricus von Brandis, Gerhardus Snakenborg, Redlefuus de Dollen, castellanus Oerebrogensis, Henricus Reventlow. Wilcho von Vitzen, Iohannes Vmraisa, Henningus Molteke, Heino Snakenborg, aliique propemodùm infiniti, ex Pomerania et Megapolia in regnum Sveciæ transplantati, non solùm amplissimas illic terrarum possessiones sortiti, exclusis Suconibus ; sed etiàm primariæ nobilitatis virgines et viduas, in matrimonium consecuti ; quanquàm plerique illorum, exiguo prorsus natalium splendore essent conspicui, vtpotè cerdonibus, figulis et sutoribus orti progenitoribus : Omnes nihilominùs regii consanguinei et affines reputati, ad fallendos candidi ingenii Sueones, et ex potissimis regni officiis exturbandos : Quo pacto cæpit paulatim Suecana Nobilitas exterminio appropinquari ; Præcipuè vero postquàm capto Alberto, Margareta Danorum regina Suconibus jugum imposuit anno M.CCC.XCV. Quippé honoris quælibet subsellia Germanis vacua, illa Danis complevit illos officiis, primariis præficiens ; Vndè paucissimi sub illius tyrannide Suecorum proceres indigenæ extiterunt, illique sunt sequentes : *Ericus Caroli* regni Marschalcus, Birgerus Vlphonis, *Boëtius Boëtii*, Carolus Baat, *Steno Heraldi*, Canutus *Boëtii*, Abrahamus Broderi, ipsi præ reliquis charissimus, Ionas et Magnus Gregorii, Vlpho Benedicti, Birgerus Trol'e, *Magnus Haquini*.

Après avoir constaté la fusion des races, de 1363 à 1395, le vieux Messenius ajoute :

Nec melior Suecorum conditio fub Erico Pomerano, illius ex sorore pronepote, qui solium regni ascendit, anno M. CCC. XCVI. Plures tamen illo rerum potiunte, in Sueonia Proceres extitisse deprehendo, cujusmodi sunt : Amundus Ionæ : Algothus Magni, Carolus Magni, Ericus Erlandi, Laurentius Vlphonis, *Benedictis Stenonis*, Boëtius Stenonis, Canutus Boëtii, Thomas von Witzen, Carolus Ormonis, parens Catharinæ consortis Caroli VIII, rex Suecorum, Algothus Sture, Nicolaus Gustavi, Ericus Puke, *Ingelbertus Ingelberti* vindex libertatis Suecanæ, Carolus Oere, Carolus Bonde, Ivarus Nicolai, Arvidus Benedicti, Erlandus Canuti, Benedictus Podewisk, Johannes Kropelin, Claudius Plate, Canutus Vddonis, Claudius Vlphonis, Magnus Laurentii et Laurentius Nicolai.

Successit Erico profligato Christopherus Bavarus, ipfius ex forore nepos, ut sanguine irâ et malitiâ erga Sueones avunculo suo persimilis, Sub quo proindè regni Magnates variis frequenter vitæ periculis objiciebantur, erantque isti : Carolus Canuti, regni Marschalcus, et Gubernator. qui diadema postmodùm jure consecutus, Benedictus Ioannis de *Salestad*, Legifer Vplandiæ, Magnus Green Castellanus Holmenfis, Gotschalcus Benedicti, Faderus Vlphonis, Jonas Caroli, Vlpho Petri, Jesperus Giordson, Stephanus Vlphonis, Benedictus Stenonis, Steno Petri, Georgius Benedicti, *Jonas Gedda*, Ivarus Nicolai, Legifer Ostrogothiæ et Steno Haraldi.

C'est le résumé de l'histoire de Suède au XIVe siècle.

NOTE GÉNÉALOGIQUE

ET HÉRALDIQUE

L'Ecu de Navarre, seul ici, n'atteste pas seulement que Charles II, dit le Mauvais a bien mérité son épithète, mais parce qu'il était difficile au héraut Gelre de placer derrière lui des feudataires ou des combattants. Prince Français, comte d'Evreux, il donnait la main aux Anglais.

Comme Roi de Navarre il descendait de Garcia Ximenès Comte de Bigorre et des terres qu'on appelle la Basse-Navarre à présent. — Ce fut Garcia Ximenès, qui le premier passa les Pyrénées pour reprendre aux Mores d'Afrique, l'Espagne qu'ils avaient conquise sur les Goths. Six cents gentilhommes français l'élevèrent sur le pavois, et le proclamèrent Roi de Sobrarbre ou de Navarre en 716 : C'est le premier roy chrétien d'Espagne ; il épousa Iniga de Comenges, dont il eut Garcia Inigo, chassa les Mores de la Biscaye et fit Anor premier Comte d'Aragon en 780, — son fils Fortunio Garcia eut pour fils Sanche Garcia qui épousa Etisane de Narbonne dont le fils, — Ximenès Inigo qui mourut en 840, laissa de Nugna fille de Simon de Bigorre, son fils, — Inigo Ximenès surnommé Arista parce qu'il prit pour devise l'écu *de gueules à treize épis de blé d'or*, 4. 4, 4, 1 ; il mourut en 867 laissant de Tode fille de Zénon Comte de Biscaye, Garcia Inigo III du nom, qui épousa Dona Urraca fille et seule hériière du comte d'Aragon, dont il eut, — Fortunio II roy de Navarre et Comte d'Aragon à cause de sa mère ; il laissa la couronne à son frère, — Sanche II surnommé Abarca, dont le fils aîné Garcia Sance IV, épousa Thérèse de Biscaye et mourut en 969. Il eut deux fils, Sanche Garcia et Ramir qui régnèrent ensemble. Sanche Garcia eut un fils qui lui succéda en 993, — Sanche IV dit le Grand qui épousa Elvire la Nigna, la petite fille aînée du Comte de Castille : —

Garcia VI, roy de Navarre ; Ferdinand premier roy de Castille et Gonçale roi de Sobrarbe et de Ribagorça. Il mourut en 1035.

Garcia VI épousa la fille du Comte de Carcassonne, Estiennette dont il eut Sanche Garcia V son successeur au royaume de Navarre, qui de Plaisance de Barcelone laissa trois fils dont l'aîné, Ramir Sance lui succéda en 1076.

Ramir Sance épousa Dona Elvire seconde fille du Cid Ruy Dias de Bivar, « le plus renommé capitaine et chevalier d'Espagne duquel les Romanciers Espagnols ont escrit et chanté les merveilles : de ce mariage du Prince de Navarre et d'Elvire sont descendus les Roys de Navarre jusques à maintenant ». Ruy Dias, dit *le Cid* par les Mores d'Espagne, c'est-à-dire Roy et Seigneur, ayant épousé Ximena ou *Chimène* Gomez proche parente du roy de Léon — Ramir Sance laissa de Elvire : Garcia Ramir qui fut roy de Navarre, Sance Ramir et une fille Elvire.

La succession fut un instant interrompue par l'usurpation de Sance Ramir second roy d'Aragon fils du b du roy Sance-le-Grand en 1076: de Félicie d'Urgel il eut trois fils dont les deux premiers, Pedro et Alfonse, furent Rois de Navarre et le troisième, Ramir, Roy d'Aragon. Mais en l'an 1134 le royaume de Navarre eschut et revint à sa souche naturelle à Garcia Ramir VII fils aîné de Ramir Sance et de Dona Elvire la fille du Cid. — De Marguerite, sa femme, fille de Rotrou Comte de Perche, il eut entre autres fils Sance VII qui lui succéda, 1150. — Sance VII, dit le Sage, mort en 1194 eut, entre autres, Sance VIII et Blanche femme de Thibauld Comte Paladin de Champagne et de Brie.

Sance VIII, dit le Fort, régna 40 ans, et mourut en 1234: s'étant vu sans lignée, il fit venir en Navarre Thibaud V Comte Palatin de Champagne, son neveu et plus proche héritier de la Couronne de Navarre, à cause de madame Blanche, sa mère, sœur dudit Sance le Fort, qui le fit déclarer son lieutenant-général et successeur du consentement des Etats de sorte que, —

Thibauld I fut Roy de Navarre et régna dix-neuf ans; mort en 1253. De sa troisième femme Marguerite, fille aînée d'Archambauld de Bourdon, dit le Grand, il eut en autres Thibauld et Henri. — Thibauld II mourut sans enfants et laissa le royaume à son frère Henri I, 1271, qui épousa Blanche d'Artois, et mourut en 1274, laissant pour lui succéder sa fille unique Jeanne de Navarre, femme de Philippe IV de France, dit le Bel, Roy de Navarre, premier du nom, petit-fils de S.-Louis, qui mourut en 1314, laissant, en autres, Louis-le-Hutin, Philippe-le-Long, et Charles-le-Bel qui furent « Rois de France et de Navarre. »

Louis-le-Hutin, roi de Navarre par sa mère et roi de France par son père, eut une fille Jeanne qui suit, et Jean' I, *le petit roi Jean* dont nous parlons à la page 17 du présent volume, qui fut roi de Navarre mais ne vécut que huit jours (?). Philippe-le-Long, eut un fils mort jeune, — Charles-le-Bel, mort en 1327. Ces trois derniers Rois de France et de Navarre étant morts sans hoirs masles, la Couronne parvint à Philippe-de-Valois qui ne pouvant prétendre à celle de Navarre, « en donna main levée à Jeanne de France, Royne de Navarre de son chef, femme de Philippe III, comte d'Evreux, fils aisné de Louis de France, fils de Philippe-le-Hardi, fils de S. Louis. Ledit Louis de France Comte d'Evreux porta *de France sans nombre au baton componé d'argent et de gueules*, et son fils Philippe d'Evreux Roy de Navarre écartela *de Navarre*. De ce mariage sortit une plantureuse lignée, savoir trois fils et quatre filles : Charles II qui fut roy de Navarre et qui figure ici présent dans cet Armorial ; Philippe, Comte de Longueville, tué par Du Guesclin en 1364 ; Louis Comte de Beaumont le Roger, qui épousa la fille aisnée du Duc de Duras-Sicile ; Jeanne, femme du Vicomte de Rohan, par lequel les Rohan ont pris les armes de Navarre et d'Evreux *en écart sous leurs macles* ; Marie femme de Pierre IV d'Aragon ; Blanche 2ᵉ femme de Philippe de Valois ; Agnès femme de Gaston Phœbus pour sa blonde chevelure aux reflets dorés.

Le roy Philippe d'Evreux mourut en 1343, et eut pour successeur Charles II le Mauvais, « le fléau de la France ». Charles II ép. Jeanne de France, fille du Roy Jean, dont il eut Charles III Roy de Navarre après son père. — Charles III eut, entre autres enfants, Blanche, qui épousa en troisièmes noces Jean d'Aragon, et furent Roys de Navarre, et dont la fille Léonor femme de Gaston IV de Foix, Reine et Roy de Navarre, après eux : leur fils Gaston, prince de Viana épousa la sœur de Louis XI et mourut en 1459, laissant un fils François dit Phœbus et une fille Catherine : François succéda à sa grand-mère Elonor, il mourut en 1483, laissant la Couronne à sa sœur Catherine et à Jean d'Albret son mary, sur lesquels fut usurpé la Navarre au-delà des monts par Ferdinand d'Aragon. Catherine et Jean, qui eurent entre autres enfants Henri qui fut roy de Navarre II du nom, et Isabelle, femme du Comte de Rohan dont la généalogie « fait voir de combien la maison de Rohan est proche d'alliance à nos roys très chrétiens de France et de Navarre, et qu'en cette considération Henri IV le grand, d'éternelle mémoire, donna le duché-pairie à l'aisné des Rohan » ; — Henri II eut de Marguerite d'Engoulesme, sœur de François Iᵉʳ, Jeanne de Navarre qui épousa Antoine de Bourbon, Duc de Vendome et dont le fils fut Henry, Roy de Navarre III, ou Henri IV de France, dit le Grand, dont descendent tous les princes de la maison Bourbon représentés aujourd'hui par Henry de France, duc de Bordeaux, comte de Chambord, Henri d'Orléans comte de Paris, les aînés de tous.

Le cry de guerre des premiers Rois de Sorrabie, Sobrarbre ou Navarre était : *Bigorre* ! et celui de la Basse-Navarre : *Roncevaux* !

On sait que les numismates, (qui s'occupent plutôt du lieu de fabrication des monnaies que de leur raison même et qui perdent la tête et leur temps à en décrire de fausses), ont pour les armoiries un dédain démesuré. L'un

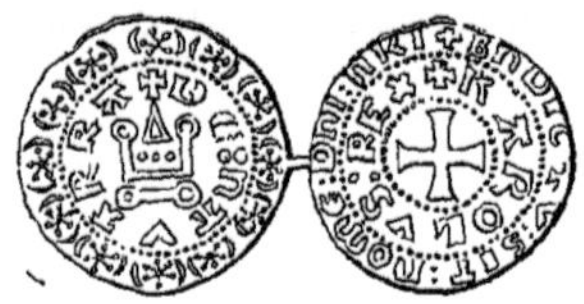

d'eux ayant à cataloguer un *gros* de Charles le Mauvais où les armes de Navarre sont frappées au marteau, en a donné une description assez singulière. « En Navarre, dit-il, ce fut l'ornementation extérieure du vieux bouclier des XI et XIIIe siècles qui passa à l'état héraldique. Le champ était *rouge* et décoré de *galons* ou lanières d'or, qui se croisant au centre ou se trouvait un *ombilic* de même, étaient fixées, ainsi que la bordure, par des *clous* dorés. » Voyez-vous le roy de Navarre fesant poser sur un écu rouge des lanières et des clous sans savoir pourquoi ? — Ce numismate enragé de science ajoute d'un ton rogue : « C'est ainsi que les monnaies aident à reconnaître l'origine de certaines armories. » C'est le contraire qu'il devait dire et le pauvre pédant a fini par s'en apercevoir : « Notre ignorance, que nous avouons sans détour, a-t-il dit plus tard, nous servira d'excuse. » — Allons, messieurs les numismates, soyez un peu moins impertinents et apprenez la Science du Blason.

PLANCHE LXVIII

Porte : *Ecartelé, au 1 et 4, de gueules au lion d'or, cou-*
ronné de même, armé et lampassé d'azur, tenant en ses pattes
une hache d'armes d'argent, emmanchée d'or, qui est de Norwège ; *au 2 et 3, d'azur semé de coeurs de gueules, à trois*
barres d'argent, au lion d'or couronné de même, lampassé de
gueules brochant, qui est de Finlande. —Le heaume d'acier
enrichi d'or et d'argent, le chaperon haché de pourpre, et
pour cimier un large esteuf armoyé de Norwège, à cinq points
ou rays sommés chacun d'un gros œil de plumes de paon,
et posé sur un coussin arrondi de sinople.

Nous disons, pour les 2 et 3 quartiers, *de Finlande,* d'après les meilleurs
héraldistes, et nous avons fait remarquer précédemment, au Blason de
Suède ancien, qu'il n'y avait de différence entre la Gothie et la Finlande
qu'une légère différence dans l'émail des cœurs. — Les émaux de ces
3-4 quartiers ont aussi varié : on a blasonné depuis : *d'or à trois barres*
ondées d'azur au lion d'or brochant sur le tout, qui est de Gothie, ce qui
ne nous paraît pas exact. — Dans Grunenberg, pl. XVIII[b], les Armes de
Norwège sont aussi dépendantes de celles de Danemarck ; c'est un Léopard-
lionné qui tient la Hache danoise. — Cette Hache, dite Danoise par quelques héraldistes, est la hache des Amazones : *Aream rubeam leo coronatus*

aureus, securim militarem, Amazonicam alii vocant, bipennem argenteam, aureo manubrio ferens. Le dessin de Gelre ne lui montre pas deux tranchants : elle n'est pas *bipennis :*

Ditio Norwegiæ Leo regna Bipennifer oræ
Indicat, in rosea bellaque tractat humo.

A vento Borea, atque via Norwegia dicta
Terra est montanis undique septa jugis.

Selon les vieux Chroniqueurs Aquin IV, frère d'Eric, qui ne laissa pas de postérité mâle, monta sur le trône de Suède et mariant la fille unique qu'avait laissée Eric, il épousa la fille du comte de Rupin, dont la mère était fi'le du seigneur de Rugen. La question de la pêche lui occasionna une guerre avec la Norwège, dont le roi Magnus l'écrasa, oppressit, et réunit, associavit, le royaume de Norwège à son royaume de Suède.—Ce Magnus IV, devenu roi de Suède et de Norwège eut pour femme Ingelburge, qui lui donna deux fils, Aquin et Magnus, rois de Suède et de Norwège. Mais Magnus IV étant mort vers 1326, la reine veuve donna sa main à Kanut, duc de Halland, viro militaris tantum generis, qui par sa vertu mérita d'être élevé au rang de duc par Christophore, roi de Danemarck. Les Grands des deux royaumes virent d'un œil jaloux qu'un homme parti de si peu devînt leur égal et prît la tutelle des deux Etats pendant la minorité des héritiers. — Magnus V, fils de Magnus IV et d'Ingelburge, fière d'Aquin, à qui le père avait donné la Norwège en partage, ne vécut pas longtemps. A l'exemple de Magnus IV, Magnus V associa la Norwège à la Suède, jusqu'à ce qu'un fils lui étant né, Aquin, il le fit roi de Norwège, ad regendam Norvagiam deputaret. Il le fiança malheureusement à Elisabeth de Holstein, fille de Gerhard, sœur de Henri de Fer, et, manquant à sa parole, il lui donna pour épouse Marguerite, fille de Waldemar roi de Danemarck. Magnus fut détrôné par Albert, fils d'Albert duc de Meckenbourg (Voyez la Suède.) — Aquin V, fils de Magnus. prit le gouvernement de la Norwège par la volonté de son père, et épousa Marguerite, prudentissimam fœminam, qui finit par réunir les trois Etats scandinaves sous sa domination, trium regnorum regina potentissima facta. On trouve dans les Chroniques un éloge mérité de cette reine. Elle n'eut qu'un fils mort avant elle ainsi que son mari et elle adopta Eric duc de Poméranie, qui hérita des trois royaumes : Margareta Waldemarii tertii, Danorum Regis filia, Aquini Regis conjunx, Alberti Suetiæ Regis victrix, post patrem, postque

filium Olavum, quem ex Aquino suscæpi, marito et filio superstes : trium
regnorum sola tenebat gubernacula. Mira fœminæ industria, ut circumiens
provincias et regna omnia lustraverit, circumspexit, providerit, pacem ubi-
que foverit. Timebant ejus industriam mali : reverabantur omnes boni. Ita
factum est ut longæva pace sub fœmina florerent regna. Mirùm dictus quod
viri Reges non poterant, fœminam potuisse. *Chronica.*

Messenius nous donne une courte généalogie du roi Haquin, de Sivard à
Gustave II. Elle commence à Sivard, roi de Norwège en l'an 1000 : —
Harald, son fils, 1047, — Olaus Kyrre, 1089,— Magnus Nudipes, 1099.—
Harald Gille, Child, 1130, — Sivard, 1136, — Sverro, — Haquin le
vieux, 1204, — Haquin II, — Magnus II, — Haquin III, 1319, — Ingeburge, épouse d'Eric duc de Suède, qui eurent : Magnus, roi de Suède et
de Norwège, et Euphémie, qui suit.—Magnus III eut deux fils : 1. Haquin
roi de Suède et de Norwège, 1363, dont le fils Olaus, roi de Danemark et
de Norwège, mourut en 1382 ; 2. Eric XII, roi de Suède, 1342.

Euphémie, la sœur de Magnus, épousa Albert de Mecklenbourg, 1336 ;
— leur fille ép. Henri de Holstein, dont le fils — Gérard duc de Holstein,
mort en 1404, eut une fille, — Hedwige qui ép. le comte dOldenbourg
Théodoric ; — leur fils Christiern I fut roi de Danemark, ainsi que son fils
Frédéric I, 1523, dont le fils : — Adolphe, duc de Holstein, eut pour fille :
— Christine, reine de Suède, mère de Gustave II.

Messenius donne une autre Table qui remonte à 900, et M. de Kock
remonte aux temps fabuleux. Ils ont raison. L'humanité a besoin de connaître sa source, ses origines et l'Histoire est la première de toutes les sciences.
— M. de Kock résume la Norwège au 14e siècle en quelques mots ;
Magnus VIIII, dit Smek né en 1316, roi de Suède et de Norwège en 1319 ;
sous lui les deux tiers des habitants de la Norwège du Grœnland et de
l'Islande furent détruits par la grande peste de 1348-50 ; il résigna en
faveur de son fils le trône de Norwège en 1359 et mourut en 1374 : de
Blanche comtesse de Namur, il eut— deux fils : Eric, roi de Suède, mort en
1359 ; Hakan ou Haquin VJI, né en 1338, déclaré Prince Royal de Norwège en 1343, roi en 1861, déposé par les Suédois, avec son père, en 1363,
mort en 1380 ; ép. Marguerite, fille de Waldemar IV de Danemark : il avait
épousé auparavant, par procuration, Elisabeth, fille de Gérard de Holstein,
depuis religieuse au couvent de Wadstena : — son fils Olof [Olaus] V, né
en 1370, élu roi de Danemark en 1376, roi de Norwège en 1380, mort en
1387, le dernier des rois particuliers de la Norwège.

NOTE GÉNÉALOGIQUE

ET HÉRALDIQUE

Des historiens rapportent qu'en 1088, le Prince Henri de la Maison de Bourgogne, épousa Dona Theresa, fille b du Roy Alphonse VI et de Dona Nunez de Gusman, dont il eut en mariage le Royaume de Portugal. Laissant à part la généalogie de ce Comte, toujours est-il qu'en cette année 1088, passèrent en Espagne un nombre de Gentilshommes appelés par le Roy Alphonse VI, parmi lesquels Raymond de Bourgogne, Henry de Lembourg, et Raymond de Toulouse, pour tenir tête à Miramolin le Prince des Croyants. Pour reconnaître leur vaillance, il les maria à ses trois filles : Urraca à Raymond de Bourgogne, qu'il fit comte héréditaire de Gallice ; Therca au comte Henri de Lembourg avec les terres de Portugal conquises sur les Mores ; Elvire au comte de Toulouse, 1094. — Du Prince Henri Comte de Portugal et de Dona Theresa est né Alphonse Henriquez, 1er roy de Portugal, 1139 ; il épousa Malfa Henriquez de Lara, dont un fils Sance, premier du nom, 1180, qui ép. Aldoncie, fille de Raymond Beranger Comte de Barcelone, dont il eut entre autres Alphonse II, qui de Urraca de Castille eut : Sance II, surnommé Capello, qui lui succéda en 1223, et mourut sans hoirs en laissant la couronne à son frère Alphonse III. — Ce dernier fut marié deux fois : de sa seconde femme Béatrix, fille d'Alphonse le Sage, il eut pour fils et successeur Denys I, dit le Père de la Patrie, 1279, qui d'Isabel d'Aragon eut un fils Alphonse IV, dit le Brave, qui lui succéda en 1325 et mourut en 1357.

Alphonse IV eut de Béatrix de Castille sa femme six enfants, dont l'aîné, Pierre Ier, le Sévère ou le Justicier, eut la couronne de Portugal ; il répudia Blanche, fille du roy Pierre de Castille, et prit Constance, fille de Jean Emmanuel de Villena, dont il eut quatre enfants : l'un, Ferdinand, fut son successeur ; il eut aussi d'Agnès ou Inès de Castro, « s'amie, » trois enfants, et de Theresa Gallega ou de Galice, aussi « s'amie, » Jean qui fut Maître de l'Ordre d'Avis, puis Roy de Portugal.

Ce sont les armes d'Alphonse IV, de Pierre Ier et de Ferdinand, que Gelre a figurées sur la planche LXIX.

Ferdinand, fils aîné et légitime de Pierre I, régna dix-sept ans ; de Léonor Telles de Menesez, il eut une fille, Béatrix, reine de Castille. — Jean, son frère naturel, usurpa le royaume par la force des armes sur le Roy de Castille et Béatrix sa femme, 1385-1433. Il épousa Philippe de Lancastre, dont il eut huit enfants, entre autres Edouard qui lui succéda, Pierre Duc de Coïmbre, Henri Duc de Viseo, et, d'une « amie, » Alphonse, ou, selon Koch, Edouard, tige des Ducs de Bragance. — Edouard fut Roy en 1433 ; il eut de Léonor d'Aragon : Alphonse V qui suit ; Léonor qui ép. l'Emp. Frédéric III ; Ferdinand duc de Viseo, qui de Béatrix sa cousine eut Emmanuel, Grand Maître de l'Ordre du Christ, puis Roy de Portugal. — Alphonse V, 1438, eut d'Ysabelle sa cousine quatre enfants, dont l'un, Ferdinand, eut pour fils Jean II, qui succéda à son grand-père Alfonse V. — Jean II laissa la couronne, 1495, par proximité de sang, à Emmanuel, fils de Ferdinand Duc de Viseo, mort en 1521.

Emmanuel régna vingt-six ans ; de Marie de Castille il eut dix enfants, dont l'un, Jean III, lui succéda ; et Louis fut père de Don Antonio, élu roi de Portugal. — Jean III eut de Catherine d'Espagne, sœur de l'Empereur Charles-Quint, huit enfants, et mourut en 1557, laissant le royaume à son petit-fils Sébastien, fils de Jean. — Sébastien épousa Jeanne d'Espagne dont il n'eut pas d'enfants, et mourut en 1578, laissant la couronne à Henry, cardinal-archevêque d'Evora, fils d'Emmanuel, qui régna un an et demi, et par sa mort le royaume de Portugal et les Indes Orientales furent réunis à la couronne d'Espagne en la personne de Philippe II, père de Philippe III, descendants d'Isabelle, fille d'Emmanuel. — Mais, en 1640, le Portugal fut détaché de l'Espagne sous le règne de Philippe IV.

Jean, arrière-petit-fils d'Edouard, un des fils d'Emmanuel, fut proclamé roy de Portugal en 1640, mourut en 1656, laissant la couronne à son fils Alphonse VI qui abdiqua en 1667. — Son frère Pierre II fut déclaré régent, puis roi en 1683, et mourut en 1704, laissant entre autres : — Jean V, proclamé roi en 1707, eut pour successeur son fils aîné — Joseph I, 1750, mort en 1777 laissant une fille Marie qui épousa son oncle Pierre III : celui-ci mourut en 1786 et la reine Marie en 1816. Leur fils Jean VI gouverna dès 1792 : En 1799, il fut proclamé régent. Il partit pour le Brésil

en 1808, Après l'invasion française, le Portugal fut rendu au Prince-Régent
du Brésil. En 1815 Jean érigea cette colonie en royaume uni avec le Portugal et prit le titre du Roi et revint en Portugal en 1821. L'union des deux
pays fut dissoute et le Prince Royal, don Pedro, prit en 1822 le titre
d'Empereur du Brésil. Il succéda, en Portugal, au roi Jean en 1826 et
remit la couronne à sa fille Dona Maria da Gloria qui fut reine du Portugal
et des Algarves: Elle épousa en 1836 Ferdinand de Saxe, qui reçut le titre
de roi de Portugal en 1837, fut Régent pendant la minorité de son fils le
roi Pierre V, à qui succéda, en 1865, son frère, — Louis. Roi du Portugal
et des Argarves, né en 1838, présentement régnant.

L'Ordre d'Avis dont la croix figure derrière l'écu de Portugal domine les
Tours qui sont en orle. L'écu des Chevaliers d'Avis était *d'or à une croix
fleurdelysée de sinople et en pointe deux oiseaux ou corbeaux de sable.*
« Uso por segnal una cruz como la de Alcantara, y por Armas la misma
Cruz en campo d'oro, y al pie della dos aves negras por alusion del nom-
bre de Avis. » En 1213 l'Ordre de Calatrava donna aux Chevaliers d'Avis
ce qu'il possédait au Royaume du Portugal, en reconnaissance de quoy les
Chevaliers et le Grand Maître d'Avis se soumirent à l'ordre de Calatrava.
et s'assujettirent à leur règle, ainsi qu'avait fait celuy d'Alcantara. Mais cela
s'altéra par les guerres survenues entre les Roys du Portugal Alphonse III,
Pierre I, Ferdinand et Jean I, et ceux de Castille: Pierre Ier retint la
Grande Maîtrisse et la donna à son fils b Jean I, et l'Ordre d'Avis ne reconnu
plus celui de Calatrava. C'est aussi Alphonse III qui ajouta l'*orle de gueules
chargé des sept chateaux d'or* à cause de son mariage avec Beatrice de
Castille, fille d'Alphonse le Sage, par lequel mariage le Royaume d'Algarve
parvint à la Couronne de Portugal.

Dans l'Armorial de Grunenberg toutes les pièces de l'Armoirie, se retrou-
vent, mais placées autrement et forment un autre ensemble qu'il faut
blasonner d'une autre manière. *La bordure de gueule chastelée d'or* forme
le fond de l'écu ; l'é c u *d'argent chargé des cinq petits écus d'azur* qui ne
sont plus appointés, devient un écu *sur le tout;* les cinq écus d'azur sont
chargés de têtes de clous *d'argent* au lieu d'or; et la croix d'Avis de sinople.
au lieu d'être fleuronnée, ressemble à une croix resercelée derrière l'écu
d'argent, pl XXII. quoique le dessin en soit magistral et l'exécution flatteuse,
nous croyons que le style du XIVe siècle a un caractère de vérité d'une plus
haute valeur.

PLANCHE LXX

1. — DIE CONINC VAN CECILE. — LE ROY DE SICILE [ANJOU].

Porte : *De Jérusalem* qui est *d'argent à la croix potencée d'or cantonnée de quatre croisettes de même* ; party *d'Anjou*, qui est *semé de France à la bordure de gueules et le lambel de même à trois pendants*. — Le heaume d'or taré de trois quarts, le chaperon aux armes d'Anjou, la couronne d'or, et pour cimier la double fleur de lys des Fils de France, garnie aux quatre pointes de houppes de sable.

Dans l'original ms. de Gelre, le haut de la fleur de lys était aussi houppé ; le couteau d'un relieur a enlevé la houppe. — Ces armes sont celles de la première branche de la maison d'Anjou, aussi bien que de la seconde ; c'est à-dire celles de Charles d'Anjou, roy de Sicile, frère de S. Louys et de ses successeurs au trône de Naples : « Le lambel de gueules mouvant du chef, dit Favin, appartient à monsieur Charles de France, roy de Sicile, comte d'Anjou et du Maine, frère de S. Louis. » Et aussi celles de Louis d'Anjou, second fils de France, qui se trouve à la planche XXXI, et qui fut roi de Sicile après Jeanne de Naples : il n'y a qu'une légère différence dans les émaux du cimier.

Jeanne I du nom, reine de Jérusalem, de Naples et de Sicile, fille de Charles de Sicile duc de Calabre, et de Marie de Va lois, mariée à cinq ans par dispense pape Jean XXII en 1333, s'appelle dans les chroniques italiennes : Il Re Giovanna. Le roi Robert, son ayeul paternel, l'institua héritière de tous ses Etats dès l'an 1331. Elle fut mariée quatre fois : d'abord à André de Hongrie, qui fut assassiné à la porte même du cabinet de son

épouse le 18 septembre 1345. — Le roi Louis de Hongrie étant venu en
Italie pour venger la mort de son frère André, Jeanne se sàuva en Provence
avec son second mari, Louis prince de Tarente, et y obtint du Pape Clément VI une sentence qui la déclarait innocente de la mort d'André, ce
qu'elle récompen sa par la vente qu'elle fit à ce Pape de la ville d'Avignon et
de son territoire. Cet acte fut ratifié par Louis de Tarente en 1348. Retournés à Naples, le Roy de Hongrie y revint et les obligea de se réfugier à
Gayette. Mais le Pape fit conclure une trêve pour deux années entre les
deux parties, et Jeanne fit couronner avec elle son sesond mari, dans
Naples, le jour de la Pentecôte 1352. — *Le schisme qui survint dans
l'Eglise en 1378, par l'élection de deux papes, commença la perte de cette
princesse. Elle se déclara pour Clément VII, et Urbain VI, qui avait été
élu avant Clément, suscita contre elle Charles de Duras (dit Charles de la
Paix), fils de Louis de Duras, fr ère du roy Robert. Ce prince, quoique
cousin germain de la Reine et mari d'une de ses nièces, marcha contre elle.
Alors, par lettres données dans Naples en 1380, elle adopta pour son fils et
héritier dans tous ses Etats Louis de France Ier du no.n, duc d'Anjou qui
commença la seconde branche d'Anjou-Sicile. De son côté, Urbain VI
déclara Jeanne déchue du royaume de Sicile, en investit Charles de la Paix
sous le nom de Charles III, et le couronna dans Rome le 2 juin 1381.
Charles marcha droit à Naples, s'empara d e Jeanne et la fit étrangler à
Avèrse le 22 may 1382. — Balde et Angelus, grands jurisconsultes, et le
poëte Bocace, contemporain, ont très loué cette princesse sur ses bel'es
qualités de corps et d'esprit qui surpassoient celles des autres princesses de
son temps.* — *P. Anselme.*

Les malheurs de Jeanne la rendirent populaire. Elle aimait les Fêtes et
les Cours d'amour. Aussi les Romanceros ne l'ont pas oubliée, et on nous
pardonnera de citer quelques vers d'un *Canzone* sur *la Reina de Napoles* :

> Emperatices y reinas
> Cuantas en el mundo habia
> Las que buscais la tristeza
> Y huis de l'alegria,
> La triste Reina de Napoles
> Busca vuestra compania !...

> *Autre.*

> Imperatrices y reinas
> Las que huis del alegria.

La triste Reina de Napoles
Busca vuestra compania !..·

Le roy Charles III de Sicile eut un fils, Lasdilas ou Ancelot, qui fut investi par le Pape Urbain des royaumes de Naples et de Sicile; il mourut sans hoirs, et sa sœur JeanneII ou Johanella, royne de Naples et de Sicile, mariée deux fois, sans enfants, adopta puis après René duc d'Anjou.

L'adoption de Louis d'Anjou par la reine Jeanne I a donné naissance à la seconde branche d'Anjou des Rois de Naples et de Sicile; et en comparant cette planche LXX avec la planche XXXI, où Louis d'Anjou figure comme second Fils de France, on voit que l'écu est le même, et que dans le cimier il n'y a qu'une légère différence : les houppes de la double fleur de lys ne sont plus du même émail.

Louis de France I du nom de cette branche, Roy de Naples,de Sicile et de Jérusalem, duc de la Pouille, de Calabre, d'Anjou et de Touraine, pair de France, prince de Capoue, comte du Maine, de Provence, de Forcalquier et de Piémont, seigneur de Montpellier, etc., était second fils du roy Jean de France et de Bonne de Luxembourg, sa première femme, né en 1339 Le roy lui donna en apanage, en 1356, les comtés d'Anjou et du Maine, et se trouva la même année à la funeste bataille de Poitiers, où le roy son père demeura prisonnier, et pour lequel il fut en ôtage en Angleterre. Il en étoit de retour à Angers en 1359. Il fut créé duc d'Anjou en 1360, couronné Roy de Sicile le 36 mai 1382, et mourut en 1384 en Italie, où il était allé pour conquérir son royaume sur Charles de Duras, ou Charles III. *P. Anselme.* — Il avait épousé Marie, fille de Charles de Blois, dont il eut deux fils : Louis II, son successeur, et Charles prince de Tarente.

Louis II fut couronné Roy de Sicile à Avignon par le pape Clément VII en 1889. Il fut fait Chevalier avec son frère Charles par le roy Charles VI. La Chronique Latine, qui commence en 1380 et finit en 1415, raconte en détail cette solennité. Froissart raconte aussi sa brillante entrée à Paris :—
« En ce temps entra à Paris la Royne de Secille et de Jherusalem, qui femme avoit esté au duc d'Angou, et qui nommé s'estoit des terres de Naples Roy et Sires,et vous dy que la dame amenoit son jeune filsLoys en sa compaignie, lequel on nommoit jà par toute France le roy des terres dessus dittes. . Avant que la dame entrast à Paris, elle signiffia à ses frères les ducs de Berry et de Bourgoingne qu'elle venoit, et pour entrer en Paris, et amenoit son jeune fils Loys leur nepveu en sa compaignie. Si voulost

savoir si il entreroit à Paris qui est le chief et la plus authentique cité du roiaulme de France, en estat comme Roy, ou simplement en état comme Loys d'Anjou. Les deux Ducs luy remandèrent, euls avisés, que ils vouloient que li entrast comme Roy de Naples, de Secille et de Jherusalem, et, quoique pour le present, il n'en fust mis en possession, ils luy en aideroient et feroient le Roy de France aidier tant et si avant, et il auroit et tenroit la possession et seignourie paisible des terres dont il avoit prins le title ; car ainsi l'avoient-ils juré et fiancié à leur frère le roys Loys. Sur cest estat se ordonna la dame, et vint et entra en Paris, et y fist son fils chevauchier toute la grant rue St-Jaques jusques en son hostel en Grève, en estat de Roy, accompaignié de ducs, de contes et de prélats en grant nombre, et là se tint la dame et son fils, et puis par loisir ils alèrent veoir le roy qui se tenoit au Louvre et là attendoit la venue du duc de Bretagne.»XIII, 141.—Louis II entreprit, comme son père, la conquête de son royaume, que Ladislas ou Lancelot, fils de Charles de Duras, occupait. Il épousa Yolande d'Aragon et institua son héritier universel Louis d'Anjou, son fils aîné, et à défaut de celui-ci René son second fils. — Ladislas étant mort sans hoirs, empoisonné par son médecin, sa sœur Johannelle ou Jeanne II fut reine de Naples et de Sicile ; elle appela à son secours Alfonse roy d'Aragon, et Louis III d'Anjou, son compétiteur, fut obligé de l'arracher des mains de l'Aragonnais. Jeanne, étant sans lignée, adopta Louis III pour son fils et héritier ; mais Louis mourut bientôt, et Jeanne immédiatement après. — C'est alors que le royaume de Naples et de Sicile arriva à René d'Anjou, frère de Louis III, dont les armes varièrent, et dont le cry de guerre fut : « Montjoie Anjou ! »

Les premières armes de Sicile, sous la domination des rois normands, depuis Robert Guiscard, furent *de gueules à la bande echequetée d'argent et d'azur de deux traits*. Le royaume de Sicile revint au Siège apostolique ; mais les princes de la maison de Souabe s'en emparèrent. Frédéric II, ayant épousé Yolande de Jérusalem, en prit, ainsi que Conrad et Mainfroy, les armes et le titre : *d'argent à la croix potencée cantonnée de quatre croisettes d'or*. — A leur mort, le pape Urbain investit du royaume de Naples et de Sicile Charles de France, comte d'Anjou et du Maine, et Clément IV « inféoda les dits Royaumes de Jérusalem, de Naples et de Sicile audit Charles d'Anjou, frère du bon roi S. Louis, perpétuellement, pour luy et ses successeurs tant mâles que femelles, nés de loyal mariage, etc. » Charles fut couronné à Rome, avec sa femme Béatrix de Provence, Roy de Jérusalem et des Deux-Siciles : il porta de *Jerusalem parti d'Anjou*, qui est *semé de France au lambeau de gueules*. Un médecin italien, Procida, suscita contre Charles le roy don Pedro III d'Aragon et Michel Paléologue : au tocsin des Vêpres Siciliennes, Pierre d'Aragon se jeta dans Palerme et y fut couronné Roy. Voyez la planche suivante pour les armes d'Aragon-Sicile.

A Charles I succéda son fils Charles II, qui fut couronné à Rome par le pape Nicolas IV en 1289. Charles II eut neuf fils et trois filles, de Marie, fille d'Etienne roy de Hongrie. L'aîné, Charles-Martel, fut roy de Hongrie après Etienne son aïeul ; le troisième, Robert, fut roy de Naples et de Sicile après son père ; le 4e, Philippe prince de Tarente, père de Charles prince de la Morée ; le 5u fut Jean de Duras, mort jeune ; le 8e fut Louis duc aussi de Duras ; et le dernier, Pierre, duc de Gravine.

Robert, le 3' fils, tint le royaume de Sicile ; il ép. Constance d'Aragon, dont il eut un fils mort avant son père ; de sa seconde femme, il eut trois filles, dont l'aînée fut Jeanne I royne de Sicile.

Le florin d'or de Jeanne de Naples : *Johana Dei gratia Sicilie Regina :*

avec l'image de S. Jean-Baptiste, tenant un lys de la droite et de l'autre un sceptre surmonté de la croix. C'est une pièce rare, et nous ne savons si elle a été publiée.

On sait que la Croix de Jérusalem qui se trouve dans ces armes a été prise pour insignes et composée par Godefroy de Bouillon. Mais si l'on en croit les historiens qui ont parlé des successeurs de Godefroy sur les trônes d'Orient, ce n'est pas une Croix, (comme nous autres vulgaires héraldistes l'avons toujours cru) mais un Nom abrégé en lettres majuscules *d'or en champ d'argent*, lesquelles lettres étaient un H portant en soi la lettre I attachées ensemble et formaient un signe qui signifiait le nom de la cité et du royaume de Jérusalem, accompagné de quatre croisettes simples.

Cette particularité heraldique devait trouver sa place ici quoiqu'elle fut en contradiction formelle avec toutes les figures connues des armes de Jérusalem.

2. — H'TOGE VAN DURAYS. — DUC DE DURAS.

Porte : *Semé de France* qui est *d'azur semé de fleurs de lys d'or, à la bordure componée d'argent et de gueules.*

Jean de Sicile, Duc de Duras, en Albanie, un des fils de Charles II du nom, dit *le Boiteux*, Roy de Naples et de Sicile, et de Marie de Hongrie. Après la mort de Pierre de Sicile, comte de Gravine, son frère, il lui succéda en ce comté, et en 1324 il entreprit la conquête de la Morée, qui lui appartenait au droit de sa première femme. Il quitta le titre de Prince d'Achaïe pour prendre celui de Duc de Duras, en 1333; et mourut en 1335. — D'Agnès de Perigord, il eut : — Charles de Sicile, duc de Duras, qui suit ; — Louis de Sicile-Duras, comte de Gravine ; — Robert de Sicile-Duras, qui prit la qualité de Prince de Morée, mourut à Poitiers les armes à la main, dans les rangs français, et dont le fils Charles fut roi de Naples sous le nom de Charles III.

Charles de Sicile, duc de Duras, fut établi Lieutenant-général et gouverneur du royaume de Naples par la reine Jeanne I sa belle-sœur, lorsqu'elle fut contrainte d'abandonner son royaume à l'arrivée de Louys, roy de Hongrie, son ennemi, qui l'obligea de venir le trouver à Averse, où il lui fit trancher la tête le 23 janvier 1348, le nommant auteur de l'assassinat d'André de Hongrie, roy de Sicile, son frère. — C'est ce Charles de Duras que Robert voulut venger en défiant le roy de Hongrie en combat singulier.

« Dentro de Seys dias de su coronacion murio madama Francisca unica hija del rey Luys y de la reyna Iuana y tiendo librados estos quatro Principes de la prision, los tres bellos se venieron a Napoles, que fueron Roberto de Tarento que se institulava Emperador de Constantinopla, y Philippo su hermano, y Luys de Duraço, y Roberto de Duraço se vino a Francia, y ante el rey desafio el Rey de Vngria, provocando lo a batalla campal de su persona a la suya reptandolo, que malemente avia mandao degollar a Carlos duque ae Duraço su hermano : pero este campo no tuuo effeto, y Roberto de Duraço despues murio en la batalla de Puytiers en laqual tue preso el rey de Francia por el principe de Gales. Este fin tuuo la guerra entre la casa de Vngria, y la de Naples. » *Annales*, II, 251.

Toute l'histoire des Duras, qui remplit le monde de son nom, de l'Orient à l'Occident, de la Syrie à la Sicile et à la Provence, est nettement indiquée ici. Ouvrez « nostro Giovanni Villani, » feuilletez les XL livres écrits « da Pietro Giannone » : à travers cette poussière et cet oubli des siècles, contre lesquels l'Italie se révolte et qu'elle veut secouer, — qui s'intéresse aux Duras de Morée, de Naples et de Tripoly ? Ils n'ont rien élevé ; tout s'est fondu dans leurs mains. Et Gelre lui-même, le grand Héraut d'Armes du Rhin, en présence ae l'anarchie et de la confusion où s'abîmait alors l'Italie, des Alpes jusqu'aux Deux-Siciles, n'a inscrit dans son Armorial que les quatre princes dont la position en Europe était au-dessus de toutes les querelles et des compétitions. C'est une histoire que nous n'étudions pas assez, nous autres Occidentaux, quoique ces règnes n'aient entassé que des ruines et que les beaux pays d'Orient, de Syrie, de Morée et de Naples aient été ravagés et piétinés par les Aragonais, les Grecs et les Turcs, à ce point que les pierres elles-mêmes ne peuvent plus parler.

3. — G. van Oringhen. — Comte d'Orange.

Porte : *D'or au huchet d'azur lié de gueules.*

L'origine du Huchet ou du Cornet d'Orange se perd dans les Chansons de Geste. La légende et la tradition ont été résumées, en deux mots, par le

P. Ménétrier : « Guillaume , Prince d'Orenge , ayant été nommé Guillaume *au court-nez*, parce qu'il étoit camus, prit un *cor-net* pour ses armoiries, pour faire allusion à ce sobriquet. » Court nez, cornet, arme parlante, disent les héraldistes. Cette représentation, cette figure, ce simple cornet placé sur la monnaie, disait tout. Et la monnaie n'avait pas besoin d'autre emblême, ni d'autre désignation, disent les numismates, pour courir le monde, de la Provence à la Sicile, à Tripoli, au Caire, à Jérusalem, à Constantinople, pour revenir à Venise : elle passait partout. « Les Comtes et Princes d'Orange, dit Lelewel, avant de mettre leurs noms sur leurs espèces, fabriquaient une monnaie *anonyme* : elle offrait leur emblême, un cor de chasse, qui depuis leur servit d'armoiries. On lisait autour : *Princeps Auriace*.

Dans les Chansons de Geste du Cycle de Guillaume d'Orange, publiées par M. Jonckbloet, professeur à l'Université de Groningue, Guillaume au Court Nez reçut un coup qui lui coupa le nez ; dans le Poëme de la *Prise d'Orenge*, Guillaume « porte sur son nez la trace du coup fameux de Corsolt, » et, dans les diverses Chansons de Geste, le nom lui reste presque partout de « marchis au cort-nez » comme un surnom glorieux :

> Tant redoutons Guillaume au cort nés
> Qui a pris Nymes par sa ruiste fierté.

> Volés oïr de dant Tibaut l'Escler
> Et de Guillaume le Marchis au Cort Nés
> Si comme il prist Orenge la cité.

Ce Guillaume au court-nez, au commencement du IXe siècle, a d'abord été célébré comme le plus rude adversaire des Sarrazins d'Espagne, le conquérant de Nymes et d'Orange qu'il reprit sur eux. « La tradition de ses exploits dans le midi de la France s'est ensuite confondue avec l'histoire réelle de l'établissement des Normands dans le Royaume de Sicile, sous la conduite de Fierebrace ou Bras-de-fer, fils de Tancrède de Hauteville ; il passa enfin pour le défenseur des descendants de Charlemagne. Peu à peu les récits dont il était le héros se complétèrent par d'autres Chansons sur son père Aimeri de Narbonne, sur son aïeul Ernaud de Baulande. » *P. Paris*. — Charlemagne et Roland, Aymeri de Narbonne et Guillaume au Court-Nez ne sont pas seulement des histoires d'individus, c'est l'histoire de l'humanité et de la civilisation.

Le descendant du Marchis au Cort-Nez, que Gelre a inscrit ici sur ses

Tablettes et qui porte encore les armes simples de la Maison d'Orange, est appelé par le P. Anselme : *Raymond* des Baux V du nom, prince d'Orange, qui épousa Jeanne de Genève, et dont la fille unique, Marie de Baux, princesse d'Orange en 1389, épousa Jean III de Chalon. — Flaccio le nomme : *Guillaume V* des Baux, Prince d'Orange, de la Maison des Rois d'Arles, et s'accorde ainsi avec Joseph de la Pise, un des plus grands historiens de la Maison d'Orange.

Guillaume V du nom, prince d'Orange, « de même nom que son père, fut créé Chevalier par le Roy de Sicile. Il vesquit longuement. Aussi fut-il le dernier Prince d'Orange de la Maison de Baux, depuis 1340 jusqu'en 1393, et ainsi pendant 53 ans. Il épousa Constance de Talart, et en secondes noces, Jeanne fille d'Amé comte de Genève, et de Mechtilde de Boulogne, qui fut appelée à la succession du comté de Genève, en vertu du codicil de son père en l'année 1367. Telement que de ce mariage il provint trois avantages au prince : il fit alliance avec une grande maison, fut beau-frère d'un Pape, et pardessus tout cela il avoit la succession d'un très bel héritage, si la force de ses ennemis n'eût p'évalu à son bon droit. La naissance de Marie de Baux, sa fille unique, lui acquerra une nouvelle alliance avec cette riche et illustre Maison de Chalon en la quelle il entera la Principauté.

« Cependant le mariage de Marie, fille unique du prince, qui se traitait avec Jean de Chalon, fils de Louis de Chalon et de Marguerite de Vienne, fut conclu en Avignon en présence du Pape. La fertilité de Marie lui donna de grands princes pour successeurs : Jean de Chalon régna vingt-cinq ans, de 1393 à 1418 ; Guillaume son fils fut prince douze ans, et son fils Jean II qui régna seize ans, de 1475 à 1562, eut pour fils Philibert qui tint la principauté vingt-huit ans et institua son héritier universel René de Nassau, fils de Henri comte de Nassau, Sr de Breda, et de Claude de Chalon, héritière d'Orange. »

Orange des Baux, se trouve naturellement ici comme un des feudataires des Comtes de Provence de la maison d'Anjou, et Froissart, qui se promène du nord au midi, bien venu chez tous ces Princes qui aiment les conteurs, Froissart et les Chroniques du temps nous ont laissé de jolis passages sur les divers Princes et Princesses de cette maison.

« De nouvelles fêtes attendoient Jeanne de Boulogne chez sa cousine la princesse d'Orange. — Le vendredi elle soupa au palais et prist congié au pape. Le samedi elle party et vint disner à Orenges et gésir ; car sa cousine germaine en estoit princesse. — Bernard, vous retournerés par devers nostre cousin Raymon de Thouraine, qui se tient icy en la conté de Venissin, terre de pape, et moult la guerroie et traveille, et si a sa parente espousée la fille au prince d'Orenge. » — *Froissart*, XIV, 29.

C'est à la prière de Raymond de Baux, prince d'Orange, que l'Empereur Charles IV érigea l'Université d'Orange en 1365. Dans les Chroniques du 14ᵉ siècle, *des Baux* s'écrit : « Raymandus *de Baccio*, princeps Auryacae. » C'est un mélange de latin et d'italien.

Nous retrouverons le cornet d'Orange à la planche CXXXIII, et la maison de Nassau aux planches II et CXXVII.

4. — G. van Ursins. — Comte des Ursins.

Porte : *Bandé d'argent et de gueules de six pièces, au chef d'argent chargé d'une quintefeuille de gueules.*

Ce n'est que plus tard que les Ursins ont mis les armes d'Anguillera, *l'anguille sous la rose*, qui est au chef de leurs armoiries. *Ménétrier.* — Pour les Ursins, dit encore Ménétrier, on a trouvé diverses fables des ours, de l'Ours céleste, et d'un S. Ursinus. On a parlé d'un capitaine de ce nom, qui fut enveloppé dans un drapeau de diverses bandes, après sa mort, et couvert de roses, dont on veut que soient venues leurs armoiries bandées et la rose qu'ils ont en chef.

Quoique le P. Ménétrier ne le croye pas, il n'en est pas moins vrai que la plupart des armoiries ont leur légende, qui est leur origine. Donc Sansovino raconte que — « Mundila, fils d'un Aldouin, capitaine goth, et de Lutterie sa femme, aurait été alaité par une Ourse, à raison de quoy ses descendants furent nommés Ursins, adjoutant qu'ils portèrent *bandé d'argent et de gueules, au chef du premier chargé d'une rose de gueules,* d'autant que cet Aldouin ayant été tué en une bataille, de laquelle toutefois le champ et la victoire lui demeurèrent, il aurait été enseveli avec sa bannière *bandée d'argent et de gueules,* sur laquelle ses soldats jettèrent force roses blanches naturellement, mais teintes du sang des ennemis. — Mais Raphaël de Volterre en parle autrement et dit que Primerus et Vrsinus frères, enfans de C. Vrsinus, capitaine de Spolète, ayant délivré la ville de Rome assiégée par les Lombards, le Sénat et le peuple, pour récompense, les honorèrent de ces armes et du droit de bourgeoisie ; ce que

Raphaël dit avoir appris de Pétrarque, et Pétrarque d'un vieil registre, tiré
des archives de je ne sais où, car l'autheur ne nous en dit rien. »

Quoi qu'il en soit de l'origine, on ne voit, ici, que le blason propre des
Ursins, *ternis baltheis argenteis et rubeis, imposito cephalo argenteo cum
rosa rubea, auro gemmata :* c'est-à-dire *les trois bandes alternées et la
rose.* Il n'y a point de second chef chargé de l'anguille d'azur, ni des pals
d'Aragon. — Dans la description du Royaume de Naples, par Scipion
Mazella, en 1601, le blason des Orsini est répété trois fois avec un second
chef, mais sans l'anguille : Don Antonio Orsino duc de Gravina ; Don Fla-
minio Orsino, conte di Muro ; Don Ottavio Orsino, conte di Pacento,
portent toujours le blason primitif.

Les Ursins, Ursini, Orsini, étaient, nous dit Du Chesne, les chefs des
Guelfes dans Rome, alliés des Rois de Naples de la maison d'Anjou. Ils
étaient, avec les Colonna, des familles les plus puissantes de Rome, au
commencement du quatorzième siècle. Napoléon des Ursins était un des
légats du S Siège : E nel medesmo tempo il legato apostolico Napolion
Vrsino...; Napolione Orsino, e Stefano Colonna étaient cacciati di Roma.
Le désordre régnait à Rome : Cola de Rienzi ou di Renso, « conservateur
républicain, » ayant été chargé, comme par une dérision, de remettre les
choses *dans le bon état,* les princes romains, et tout d'abord les Ursins,
furent l'objet de disgrâces de la part du Tribun.

Le comte des Ursins était alors Nicolas Vrsino comte de Nola, dont les
deux fils étaient Robert et Raymond (Romano). Ce dernier figure particulièrement à la planche CXXXIII. « Venne in questo tempo il di del parlamento generale, nel quale adunati tutti baroni in Napoli, Nicolo Vrsino
conte di Nola per Vecchiezza, e nobilita, et mol piu per il gran valore di
Roberto, e Ramondo suoi figlioli di autorita grandissima, propose ch' ogni
barone, » — Les armes peintes ici par Gelre sont donc celles de Nicolas et
de Robert.

On rencontre le fils ainé Robert « Roberto Vrsino figliuola primogenito-
del conte de Nola », dans toutes les fêtes du mariage de la Reine Jeanne
de Naples avec Othon de Brunswic son quatrième mari. — « Ottone Duca
di Brunswic, Prencipe del Imperio, e di linea imperiale, signore valoroso,
e d'eta conveniente all'eta sua, e volse per patto che non s'havesse da chia-
mare Re. Credo per riservare à Carlo di Durazzo la speranza della succes-
sione del Regno, e mando Roberto Ursino Conte ni Nola, Gian di Safru-
mondo conte di Cerreto, Jiacomo Zurlo Conte di San Angelo, e Luigi
della Ratta Conte di Caserta con quaranta altri Cavalieri.. *Costanţo.* —

« Era all'hora in gran stima il conte di Nola di casa Ursina, il qua
persuase al Ré che chiamasse il parlamento generale per il mese d'aprile se-
quente per trattare d'imponere donativo ». *idem*.

Le second fils de Nicolas, fut Raymond, un des chevaliers les plus
avantureux de ce temps plein de troubles. On voit ses armes, avons nous dit,
à la planche CXXXIII.

La maison des Vrsins, dit un vieil armoriste, est cognüe tant en France
qu'en Allemagne et l'Italie, d'où ils sont originaires du royaume de Naples
et de Rome du Mont-Jourdain. Ceux de France y furent amenés par un
de leurs oncles, messire Neapoleon des Vrsins évêque de Metz. Le premier
fut Pierre Juvenal des Ursins, père de Jean Juvenal des Ursins advocat en
Parlement et Garde pour le Roy Charles VI de la Prevosté des Marchants,
depuis advocat général au Parlement de Paris, et chevalier du Dauphin
Charles VII. Le dit Jean Juvenal fut père de messire Jean Juvenal des
Vrsins, premièrement conseiller et maître des requêtes du dit Dauphin
Charles VII depuis Roy, puis après advocat général au Parlement de Paris
transféré à Poitiers, depuis évêque de Beauvais, de Laon, et finalement
archevesque de Reims, premier Pair de France : et de Pierre Juvenal des
Ursins Patriarche d'Antioche ; de Guillaume Juvenal des Ursins, baron de
Trainel en Champagne, Chancelier de France. L'on voit [l'on voyait] en
l'église de Paris, en la chapelle des Vrsins la généalogie des dits Vrsins de
Paris dedans un grand tableau attaché contre la muraille à main droite,
avec les armes ; armes que Volaterran en sa Philologie escrit avoir esté
données par le sénat et le peuple romain à Primienus et Vrsinus enfants de
Caius Vrsinus, capitaine de Spolète. » *Favin*.

Des Ursins sont sortis deux familles d'Allemagne qui selon Bucelinus
descendent de Vitellus Orsinus et son frère Nicoloso Ursinus : les comtes
de Blagay en Carniole et les comtes de Rosenberg en Carinthie et en
Bohème. Ces derniers sont célèbres et portent les armes *des Ursins avec
un chef soutenu d'une face d'or* sans l'anguille, comme dans l'ouvrage de
Scipion Mazella. Si nous en croyons divers héraldistes, le cimier des Ursin
était un demi ours de sable tenant dans sa patte droite une rose de gueules
pour les Bracciani ; pour les Rosenberg, la rose de gueules seulement.

De nombreuses familles se rattachent aux Ursins, et on retrouve la
rose de leurs armes dans tous les armoriaux de tous pays. Le chef actuel
de la maison, Philippe Orsini, prince assistant héréditaire du Saint Siège

19ᵉ duc de Gravina, Grand d'Espagne, porte le titre d'Altesse ; il a le rang et les prérogatives des Princes étrangers auprès des cours de Savoie et des Rois de France, ainsi que le titre de « Cousin du Roi » en Saxe, Bresil, Belgique et Portugal.

5. — Reve[n]ne. — D' Eve[n]nes.

Porte : *Dé gueules au chef d'argent.*

Depuis bientôt douze ans nous cherchons à lire dans cette armoirie le nom du chevalier qui l'a portée. — Le nom, d'abord, nous a fait errer, et nous avons fait appel à tous les héraldistes pour nous venir en aide. Etait-ce Venouse ou Ravenne ? Quel prince a porté ces armes ? — Clermont en Argonne, Peralte en Espagne, Saberne en Auvergne et d'autres portent *de gueules au chef d'argent.* Mais qui mérite d'être placé à côté de Duras, d'Orenge et d'Ursins ? — On m'a dit : C'est peut-être Venove qui se trouve dans Froissart et que M. Buchon appelle Beurne. — Non. — J'ai cherché Reneve, Renenne, Ravenne, Venove, Venose, Venenne, Venouse, Buerne, Beurne, Brenne ou Briene, Benevent, Geneve, Genene ou Genes : aucun de ces noms n'a répondu à ces armes. — Après le Nom, j'ai interrogé l'Histoire ; j'ai fouillé Giannoni, Villani, Castanzo, Summonte, Muzella, Ammirato. Toute cette Italie fiévreuse que Dante a reléguée dans sa Divine Comédie et à qui Gelre a presque fermé les pages de cet Armorial, je l'ai interpellée, interrogée ; j'ai parcouru les armoriaux de ses provinces, la Toscane, la Calabre, la Romagne, de la Lombardie au-delà du détroit, et je n'ai rien trouvé.

J'ai tout remué : i conti, i baroni del Regno ; la fazione Ghibellina sopra la Guelfa ; j'ai cru voir Can le Grand, Can della Scalla, seigneur de *Verone*; mais ce n'étaient pas ses armes ; j'ai passé la revue des cavalieri franzesi, i siciliani : je n'ai pas vu Revenes. Cette terre des Deux-Siciles, « si illustre par son ancienne noblesse et la nouvelle amenée de France par les Princes d'Anjou, » ne m'a pas montré Revenes.

Je suis enfin revenu à l'Armoirie, *à la figure, au visage* du chevalier mystérieux et masqué sous son nom de Revene, et je me suis mis à causer avec lui.

N'es-tu pas un Commène, un des chefs de tant de générations de Princes qui se mit en travers des Arabes et des Turcs, et dont les cadavres amoncelés ont été la sauvegarde de la civilisation occidentale ? — Es-tu un simple margrave ou marquis de Montferrat, el Paleologo, «el marquese de Monferrato», mort à Naples en 1381, second fils de Jean Paléologue, mort en 1371, et d'Elisabeth d'Esclarmonde, fille de Jacques d'Aragon, roy de Majorque, comte de Roussillon et de Cerdagne ? Est-ce bien toi ? Malgré Favin, pas de réponse. Cependant ce sont les armes d'un des tiens.

Je désespérais, lorsque, pénétré pour ainsi dire de cette armoirie, je crus devoir resserrer le cercle de mes recherches, entre les Paléologues, les Montferrat, les Saluces, les Vintimille et les Lascaris, dont les armes ont entre elles une frappante analogie, un air de ressemblance qui dénote une commune origine, un groupe de familles et de race.

C'est donc un des vostres qui est ici vivant, chevaliers du XIVe sièc'e, et vos descendants sont encore là foulant la poussière de quarante générations d'aïeux, du golfe de Venise au golfe de Gascogne.

Voici, en effet, les armes de Vintimille avec une brisure par changement d'émaux au chef : *de gueules au chef d'argent* au lieu d'*or*. Ces armes se trouvent à la 6e feuille de l'Armorial de Provence, par Artefeuille : Toutes les branches qui sont établies dans les différents royaumes ou provinces en ont de différentes, les ayant changées selon les circonstances. « Votre devise est celle de René, roi de Provence : « Constance de Vintimille. » Donc c'est bien vous, causons un peu.

Moreri, dans son Dictionnaire et l'abbé Robert dans une Généalogie particulière, font descendre les Vintimille des anciens marquis *d'Ivrée*, rois d'Italie, et veulent même remonter plus haut dans leur origine. Sans m arrêter à ce point, je remarquerai que les auteurs de cette maison ont possédé, dans le dixième siècle, le petit Etat de Vintimille en souveraineté, et que Guy de Vintimille était encore marquis des Alpes-Maritimes avant l'an 950. Guillaume de Vintimille fit échange de son comté avec Charles Ier d'Anjou pour plusieurs autres terres en Provence, l'an 1251, et fut l'un des cent chevaliers choisis par Charles I pour le fameux duel de ce prince contre le roy d'Aragon. Emmanuel de Vintimille, fils de Guillaume, épousa Sibille de Marseille, dite *d'Evenes*, sœur et héritière de Guillaume de Signe, des vicomtes de Marseille, seigneurs d'Ollioules, dont il eut la terre d'Ollioules et les armes des vicomtes de Marseille. Imbert de Vintio mille, issu de ce mariage, fut le premier qui prit le nom de Marseille *des seigneurs d'Evesnes* et d'Ollioules, et se trouva dans la guerre que le roi Robert porta en Italie contre Louis de Bavière. Bertrand de Vintimille, seigneur d'Ollioules et d'Evenes, de la part de Sibille de Marseille, son aïeule maternelle, assista à Aix à l'assemblée tenue par la Noblesse l'an 1354 pour se maintenir dans le privilège qui consistait en ce que les Comtes de Provence ne pouvaient pourvoir un étranger de la charge de grand Sénéchal. — Boniface de Vintimille, tige des seigneurs de Montpezat, fut présent à l'hommage que la noblesse fit à Marie de Blois, mère de Louis II, comte de Provence, en 1395. Depuis lors, il n'y a point eu d'expédition de guerre point de chartes, ni d'archives, où il ne soit fait mention honorable des Vintimille. Ils ont donné à l'Eglise des prélats, à l'ordre de Malthe un Grand-Maître (de la branche des Lascaris) et plusieurs commandeurs; aux comtes de Provence des chambellans, des maréchaux, des amiraux; à nos rois nombre de militaires d'une bravoure reconnue. Enfin, cette maison est des plus anciennes, des plus illustres. Elle était autref ois divisée en cinq branches en Provence. On en trouve d'autres dans la Sicile, où elles tiennent les premiers rangs.

Artefeuille, dans ses p'anches, donne les armoiries de plusieurs puînés de cette maison, où *le chef est d'argent*.

Dans les généalogies de Provence qui sont au Cabinet des Titres, 777, la maison de Vintimille est au complet. La tige des barons d'Olioules et de Tourves commence à : — Bertrand de Marseille, fils de Boniface de Vintimille, seigneur de la Verdière, et de Philippe de Salvan, fut vice-sénéchal de Provence ; ép. Marguerite de Pontevez, fille de Barral, sgr de Pontevez, et de Stéphanie de Blacas, 1322. — Bertrand de Marseille, des comtes de Vintimille, second du nom, sgr d'Alioules et d'Evenes, mort l'an 1352, ép. Béatrice de Villeneuve des barons de Vence, fille de François de Villeneuve, sgr de Greaulières et de.... — Bertrand de Marseille, 3e du nom, chambellan de la Reine Jeanne de Sicile, maréchal et général de ses armées et grand-amiral en 1369-1377; ép. Belle de Glandevez, fille de Guillaume de Glandevez, sgr de Cuers et de la Baronie de Glandevez, et de Louise de Villeneuve. — Bertrand de Marseille, 4e du nom, seigneur d'Olioules et d'Evenes, 1385-1404, ép. Sibille de Castellane, fille de Reforciat, seigneur de Fos, et de Philippe de Roquefeuil. — Bertrand de Marseille, 5e du nom, sgr d'Olioules, d'Evenes, du Revest, etc... — *Robert*.

Manuel de Vintimille, dit Haussi Robert, est le premier qui négligea de porter la qualité de comte de Vintimille, que son père Boniface porta tant qu'il vécut. Il épousa en 1266 Sibille *d'Evenes* ou de Marseille; il vivait

encore en 1330; il eut deux fils et trois filles. — L'ainé Boniface épousa
Béatrix d'Agout, ensuite Philippe de Sabran, et en eut : Emanuel, tige des
seigneurs de Turriez, etc.; Bertrand, dont les seigneurs d'Ollioules, de
Tourves, de Seysons, du Luc et du Revest ; Reynes, qui continua les seigneurs de la Verdière ; Sybille qui ép Boniface de Castellane. — Reynes
épousa Etiennette de Blacas, ensuite, 1336, Sibille de Castellane; il en eut
trois enfants, dont une fille. — Philippe survécut et hérita de tout. Elle
épousa François des Baux, baron des Baux, dont elle n'eut pas d'enfants.
Les biens de sa branche passèrent, par son cousin Refforcial de Castellane,
à la maison de ce nom, laquelle les a possédés jusque.. . Jean-B. de Castellane, seigneur de la Verdière, n'ayant point d'enfants de Marthe de Cabre
sa femme, fit donation à J.-B. de Forbin, baron d'Oppède, son petit-neveu,
président au Parlement de Provence et ambassadeur en Portugal. Cette
branche a porté *de gueules au chef d'or à quatre épis de millet, 3 en chef,
1 en pointe de l'un en l'autre.*

L'abbé Robert nous donne ensuite la généalogie de *Sibille d'Evenes*,
depuis Pons, premier vicomte de Marseille, frère puîné de Guillaume I,
comte de Provence. Sans remonter si haut, ce qui dépasserait le cadre de
notre travail, contentons-nous de dire que Cécile de Marseille, mariée à
Guillaume I de Signe, *sgr d'Evenes*, eut deux fils, Guillaume II d'Evesnes
et Bertrand de Marseille, dit de Vintimille, sans postérité. — Guillaume II
ép. Augeria de Mari et eut deux fils : Guillaume III d'Evenes ; Guillaume
le jeune qui épousa Dauphine de Barras; et Bertrand, surnommé aussi de
Vintimille, etc.— Guillaume III de Signe, seigneur d'Evenes et d'Olioules,
l'aîné, épousa d'abord Béatrix de Vintimille, ensuite Mabille de Calian, et
eut deux enfants : Bertrand de Marseille, sgr d'Evenes, ép. Béatrix de
Sabran, sans enfants, eut pour héritier son neveu petit-fils de sa sœur
Sibille,—Bertrand de Vintimille I^r du nom, qui fit la branche des seigneurs
de Tourves et d'Ollioules, et tige de plusieurs autres, et ép. Marguerite de
Pontevez, 1322, et laissa Bertrand II, Emmanuel et Sibile.— Bertrand II,
seigneur d'Ollioules et d'Evenes, des comtes de Vintimille, fut zélé pour les
droits de la reine Jeanne, et mourut en 1352, laissant de Béatrix de Villeneuve de Vence trois fils, dont : — Bertrand III, qui fut grand chambellan
de la reine Jeanne, maréchal à vingt cinq ans, 1369, eut un combat singulier avec Vincent de Trie : il épousa Belle de Grandevez et laissa quatre
enfants, dont — Bertrand IV de Marseille, des comtes de Vintimille, sgr
d'Evenes, servit Louis I, roy de Sicile, 1385, ép. Sibille de Castellane et
eut : — Bertrand V, sgr d'Evenes et du Revest, ép. d'abord Catherine de

Grasse, ensuite Philippe du Puget. — Son fils Bertrand VI ép. Jeanne de
Castellane, eut plusieurs enfants, dont l'aîné Bertrand VII épousa, 1495,
Violande ou Yolande de Tende, des comtes de Vintimille, fille de Théodore
Lascaris des comtes de Tende, et en eut plusieurs enfants : Gaspard qui
suit, Melchior qui fit la branche du Revest. — Gaspard ép. en 1518 Anne
d'Arcussia, dont il eut 24 enfants, desquels 10 fils et 8 filles survécurent.

Cette belle postérité ne peut être rapportée ici tout entière. Les branches
qui en sortirent prirent les noms de Du Luc, de Figanières, de Seyssons,
de Tourves, d'Olioules, du Revest, de Turriez, de Ramatuelle, de Mom-
pezat, de S. Laurens, de Lascaris, de Tende, de Chasteauneuf, de la
Brigue et du Castellar de Jeraci et de Castelbone en Sicile, et autres, et
nous en indiquons seulement les principales alliances : — Du Puget et de
Grignan, Amics de Brignole, d'Agoult d'Olières, Grimaldi de Bueil, de
Coriolis, de Valbelle, de Balon de S. Julien, de Seillon, de Clapiers Cou-
longes de Villeneuve, de Mauvans, de Vitalis, de Tarquet, de Gerente, de
Vins'd'Agoult-Sault, de Lombard, d'Estienne du Bourget, de Forbin, de
Gordes de Simiane, de Caderousse d'Ancesune, de Sabran, d'Esparron,
de Barras, de Pontevez, de Rame, de Clapiers, de Remusat, d'Agneli de
Riez, de Laincel, de Reillne, de Gassendi, d'Arnaud, de Mercadier, de
Bouliers, de Carreto, d'Anglure, de Savoye, de Montmorency, de Tournon,
et de tant d'autres, de sorte qu'avec cette armoirie que Gelre a fixée là comme une attente mystérieuse, nous voyons se lever devant nous, en
remontant les âges, le midi de la France, le Provence, la Naples Française
la maison de Savoye, les Comnène et l'Orient tout entier.

La maison d'Albe de Tormes ou Espagne a gardé dans les surnoms celui
de Vintimille.

Une table généalogique des Rois de Sicile et de Naples de la première
maison d'Anjou a été présentée par M. de Koch avec beaucoup de clarté. —
Charles I eut de Beatrix, — Charles II, le Boiteux qui ép. Marie 1270 fille
d'Etienne V roi de Hongrie et en eut : 1 Charles-Martel roi de Hongrie,
dont le fils Charles-Robert roi de Hongrie eut deux fils : Louis roi de Hongrie et André qui épousa Jeanne de Naples et dont la mort occasionna tant
de vengeances ; 2. Robert, 1309, dont la petite-fille, fut la reine Jeanne Ire ;
3. Philippe Prince d'Achaie et de Tarente, Emp. de Constantinople, dont

la postérité ci-après ; 4. Beatrix qui ép. en secondes noces Bertrand des Baux, tige des ducs d'Andrie ; 5. Jean duc de Duras, comte de Gravine qui fit la conquête de la Morée en 1324, et d'Agnès de Périgord sa seconde femme eut trois fils : *a* Charles de Duras décapité par ordre du roi de Hongrie en 1340 ayant épousé la sœur de la reine Jeanne, Marie de Calabre dont il eut des filles ; *b* Louis, comte de Gravine mort en 1362, laissant, de Marguerite de Saint Severin, Charles III dit *de la Paix* ou *le petit roi de Naples*, qui fit étrangler la reine Jeanne I, épousa sa cousine Marguerite de Duras, fille de Charles, et en eut : Ladislas, roi de Naples, qui n'eut qu'un fils naturel ; et Jeanne II, reine de Naples, qui adopta Louis III, de la seconde maison d'Anjou ; *c* Robert, prince de Morée, tué à Poitiers.

Phflippe prince d'Achaïe, ci-dessus, *épousa* en premières noces Ithamar Ange, dont il eut deux fils sans postérité et deux filles, dont l'une épousa Gauthier de Brienne, connétable de France, et l'autre Raymond Berenger, comte de Prades ; en secondes noces, Catherine, Impératrice titul. de Constantinople, fille de Charles de Valois et de Catherine de Courtenay, dont il eut : *a* Robert de Tarente, Empereur de Const.; *b* Louis de Tarente, qui épousa la reine Jeanne I, et eut, hors mariage, Esclabonde de Tarente qui épousa Louis de Capoue, tige des comtes d'Altavilla, et Clémence de Tarente qui épousa Antoine de la Mendolée ; *c* Philippe II, prince de Tarente, Emp. tit. de Constant.. mort vers 1372, qui se maria deux fois sans postérité ; *d* Marguerite, qui ép. en sec. noces François des Baux, duc d'Andrie, comte d'Avellino, dont un fils sans postérité.

PLANCHE LXXI

I. — Die Coninc van Cecilie — Le Roy de Sicile [Arragon]

Porte: *Ecartelé en sautoir, la pointe et le chef* d'Aragon qui est *d'or à quatre pals de gueules, les deux autres d'argent en chacun une aigle de sable.*—Le heaume d'argent de profil, le volet découpé d'or, la couronne de gueules, et pour cimier une tête et col d'aigle d'or, becquée et couronnée de gueules.

On blasonne aussi : *d'Arragon flanqué de Sicile.* Ce blason se forma par le mariage de Pierre III, roy d'Arragon et de Sicile qui portait *d'or à quatre pals de gueules,* avec Constance, fille et héritière de Manfroy VI de Suabe, aussy roy de Sicile, qui porta *d'argent à deux aigles affrontées de sable couronnées d'or, membrées de gueules.*

« Pierre, le premier des trois fils du roy Jacques, ayant épousé avant la mort de son père, Constance fille de Mainfroy roy de Sicile, les Siciliens qui avaient chassé les François, l'appellèrent et le reçurent à Palerme. Charles d'Anjou, roy de Sicile, s'étant retiré, Pierre d'Aragon pour gagner les Siciliens accorda de grands privilèges à la Noblesse. Il eut quatre fils et deux filles : Alfonse qui lui succéda au Royaume d'Arragon ; Jacques qui fut roy de Sicile, et roy d'Arragon après la mort de son frère ; le troisième fut Frédéric qui fut aussi roy de Sicile, le père ayant ordonné qu'ils se succédassent ainsi les uns aux autres. C'est ce Frédéric qui composa les armes de Sicile des paux d'Arragon et des aigles de l'Empire, à cause de sa mère fille de Mainfroy, qui descendait de l'Empereur Frédéric. » — *Ménétrier* 485.

Frédéric accablé de fatigues et de revers mourut en 1337, après avoir fait reconnaître Roy son fils Pierre, l'aîné de ses enfants. L'anarchie étaits complète en Sicile et dans toute l'Italie. Le Pape fulmina des excommunications contre Pierre et les principaux seigneurs siciliens. Après cinq an d'un règne obscur et agité Pierre mourut en 1342. — Louis, son successeur étant mineur, la régence fut décernée au Prince Jean son oncle. Louis mourut à 17 ans, laissant le trône de Sicile à son frère Frédéric III, âgé de 14 ans. Sa sœur Eu phémie fut nommée régente. Frédéric mourut à Messine au mois de juillet 1377. — Frédéric III laissa une fille, Marie, héritière de Sicile, qui épousa Martin, fils de Martin II, roy d'Aragon et petit-fils de Pierre IV le Cérémonieux, aussi descendants de Pierre III.

La division du royaume des Deux-Siciles, en Sicile-Anjou et Sicile-Aragon a été occasionné, on le sait, par la vengeance du médecin Procida. « Au tocqueseing des Vespres siciliennes » Pierre d'Aragon se jette dans Palerme, et s'y fait couronner Roy en 1282 — Après les Vespres siciliennes, « Palermo antica Regia resto per gli Aragonesi in Sicilia ; Napoli nuova Regia resto per li Franzesi in Puglia e Calabria.

Sans remonter à Tancrède le Normand, à Ferabouh, le Fierabras des légendes, l'adversaire réel et sérieux des Sarrasins, *forte bracchio, valorose*, 1042 ; à Robert Guiscard, 1085 ; à Boemond d'Antioche, comte de Tripoli : le premier duc de Calabre et de Pouille et comte de Sicile qui s'intitula roi d'Italie, « s'intitolare Re d'Italia », est Roger ou Ruggieri mort en 1152, — eut pour successeur : Guillaume « il malo » 1156 ; — son fils Guillaume le Bon 1188, eut pour successeur Tancrède fils naturel de Roger.

L'Empereur Henri VI, fils de Barberousse, s'empara de Naples et fut roi en 1195. — Son fils l'Empereur Frédéric II lui succéda, prit aussi le titre de roi de Naples et de Jérusalem, mourut en 1250 et eut pour successeur — Conrad IV qui mourut en 1254, — Manfred, fils naturel de Frédéric II lui succéda jusqu'en 1263. Mais Charles d'Anjou revendiqua le royaume de Naples, reçut l'investiture du pape, et commença la 1re dynastie d'Anjou, qui se trouve à la planche précédente. — Mainfred fut tué en 1255 : Conradin, son neveu, fut pris et décapité en 1269, et Pierre III d'Aragon, ayant épousé la fille de Mainfroy, comme nous le disons ci-dessus, revint sur le trône dans le sang des Vespres Siciliennes. — En 1442, un de ses successeurs, Alphonse V, s'empara de Naples et en fit roi Ferdinand I, son fils naturel, 1458. Un des fils de Ferdinand, Frédéric III, eut

une fille, Charlotte, Princesse de Tarente, qui épousa Guy, comte de
Laval, 1500 ; ils eurent une fille, Anne, qui épousa en 1521 François de la
Trémoille, Prince de Talmond, et c'est par elle que le Prince de la Tré-
moille porte encore dans son écu les armes d'Aragon-Sicile.

Nous ne raconterons pas les luttes entre les deux maisons d'Aragon et
d'Anjou, qui depuis ont fait tant d'alliances entre elles et donné lieu à des
armoiries diverses, jusqu'à S. M. Ferdinand II, roy des Deux-Siciles, qui
portit : *D'Aragon-Sicile, Anjou-Sicile et Jérusalem, Autriche, Portugal,
Farnèse et Parme, Castille et Léon, Bourgogne et Flandres, Tyrol et
Brabant, et sur le tout de France à la bordure de gueules :* un des plus
jolis blasons qui fût jamais.

2. — Die Stat van Rome. — L'Etat de Rome.

Porte : *De gueules au chiffre* de Rome antique *S.P.Q.R.
d'or posé en bande, précédé d'une croisette d'argent* pour
la Rome moderne.

« Les armes de Rome S. P. Q. R. furent ordonnées l'an du monde
quatre mille six cent quatre-vingts et huyct après l'expulsion des Roys, pour
porter en bataille ».

Dans l'Armorial de Grunenberg dont le comte Stillfried d'Alcantara et
M. le professeur Ad. Hildebrand nous ont donné une splendide édition, ces
armes : S. P. Q. R., *senatus populusque romanus,* se trouvent entourées
de toutes les anciennes armes attribuées aux Empereurs de Rome, Jules
César, Caligula, Tibère, Claude, Vitellius, Vespasien, Titus, Domitien, etc.

En voyant les Armes de la Rome antique précédées d'une croix, on peut
se demander pourquoi ce double signe se trouve ainsi placé à la suite des
Armes du royaume d'Aragon-Sicile. Ce nous semble la representation d'un
double fait imposé à l'Italie en dehors du droit, dans l'état de trouble ou
elle se trouvait. Gelre comme nous venons de le dire est le héraut des
princes régulièrement institués ; il n'a placé ici ni ailleurs les Républiques
Italiennes, ni les « tyrans » gouverneurs ou mayeurs qui allaient s'élever de
leurs ruines ; Ferrare, Padoue, Mantoue, Milan, ne comptent pas : Rome
seule est représentée ici par son Municipe en l'absence du S. Siège, qui

règne et ne gouverne pas ; c'est le « Sénateur de Rome » fesant porter devant lui l'Etendard de la Ville Eternelle ; c'est la lutte civile de Rome en face de l'autorité des Papes et de l'Empire et quelque fois contre l'autorité du Roi des Romains.

Si l'on recherche dans l'histoire de ce temps quel est le « Sénateur de Rome » que Gelre a voulu faire figurer ici, on trouve Rienzo-Rienzi, qui attira de 1345 à 13.. sur l'ancienne Capitale du monde tous les regards de la Chrétienté.

« La ville de Rome éveillée, dit le Chevalier Artaud, par un démagoque éloquent et enthousiaste, réclama ses anciennes prérogatives et voulut soumettre à sa souveraineté le Pape et l'Empereur qui se partageaient,. disait-on, les droits et les dépouilles du Peuple Romain. Nicolas, ou Cola de Rienzo fut l'auteur de cette révolution ». Cola était un lettré qui avait étudié les anciennes institutions de sa patrie Après l'élection de Clément VI il fut envoyé à Avignon pour supplier le Pape de ramener le Saint Siège dans sa résidence naturelle ; on lui avait adjoint Pétrarque comme co-député. A leur retour ils trouvèrent Rome déchirée entre les Colonna et les Orsini [Ursins] ».« Comme tous les démagagues,Cola résolut de mettre fin à l'anarchie et de rétablir *le bon état* ; il se fit nommer *tribun*. Louis de Bavière lui envoya une ambassade ; la reine Jeanne et Louis de Tarente l'appelaient *très cher ami* ; le roy de Hongrie le priait de venger son frère André. Mais Colà n'était pas à la hauteur de sa situation ; sa tête se troubla et il fut forcé de fuir. Quelques années après, en 1352, il revint et fut nommé « Sénateur de Rome ». L'autorité que lui concéda le peuple, se trouvait comme fortifiée par l'appui moral du Pape au nom de qui il était Sénateur. Innocent II voulut l'anoblir et le faire Chevalier, mais les destinées de Rienzo étaient accomplies. Les Colonna suscitèrent des troubles contre lui ; Cola voulut se sauver de son palais qu'on avait livré aux flammes et au pillage, mais il fut pris et assassiné.

C'est, à notre avis, Rienzo que Gelre a voulu marquer ici : Cola représentait un pouvoir quasi régulier, quoique usurpateur, à côté et à l'ombre d'Aragon-Sicile, usurpateur aussi en ce moment-là. Et ce qui nous permet d'avancer cette opinion, c'est que Gelre a placé les Ursins-Orsini sur la feuille de Sicile-Anjou, et n'a pas inscrit ici les Colonna, qui n'étaient que des perturbateurs ne relevant ni de l'Empire, ni de la Papauté, et n'aspirant qu'à remplacer Colà de Rienzi.

L'étude de ce temps fait comprendre le nôtre, et nous aimons à citer les chroniques :

« Nous, Chevalier du Peuple Romain, — Dominus Niccola Tribunus Romanorum ; - Nos Niccolo Miles Populi Romani ; — Cola de Rienzo, Tribun du Peuple Romain, qui, en réputation d'homme sage et courageux, était comme le maître et le Seigneur de Rome. »

On trouve dans la monnaie du Sénat de Rome la confirmation de notre pensée. La dignité de Sénateur de Rome fut toujours illustre et de grande autorité : la dignità Senatoria in Roma fu sempremai di lustro, et d'autorità grande. Plusieurs Pontifes furent Sénateurs de Rome ; beaucoup de Roys et de grands Princes se trouvèrent grandement honorés de cette dignité. Charles d'Anjou, frère de S. Louis, fut Sénateur de Rome : *Carolus Rex Senator Urbis ;* sa monnaie en est très rare. Au revers : *Roma: Caput: Mundi,* avec une figure de femme assise sur un trône, la tête couronnée, portant d'une main un globe, de l'autre une palme pour indiquer que Rome est toujours la Reine du Monde. Il existe une monnaie singulière, dit Antonio Gori, portant d'un côté les Insignes, les Armes du Peuple Romain, et de l'autre la figure de Rome assise sur deux lions (comme elle est décrite à la fin du chapitre I de la Vie du Tribun de Rome Cola di Rienzo), avec l'épigraphe *Roma caput mundi.* L'écu est chargé de droite à gauche et non

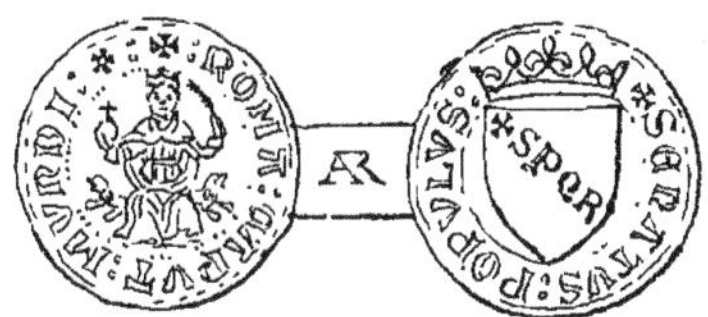

horizontalement mais obliquement, c'est-à dire en bande, des quatre lettres S. P. Q. R., devant lesquelles est posée une croisette, insigne et sceau du Sénat de Rome ; une grande couronne surmonte l'écu, et autour : *Senatus Populus.* « Si conserva nel Museo Vettori, nella quale intorno alla figura di Roma sedente sopra due Leoni (com vien descritta nel fine del cap. I della Vita del Tribuno di Roma Cola di Rienzo... E dentro una gran targa, dalle quattro lettere S. P. Q R. alle quali è anteposta una croce quadrata, come ancor oggi costuma il Senato di Roma nelle sue insegne e sigilli. Lo scudo è ornato di una corona proporzionata, ed intorno si legge : *Senatus Populus,* essendovi in vece del punto nel principio del inscrizione, una simil crocetta quadrata parimente. » P. 118.

Pourquoi Gelre n'a-t-il pas achevé ces pages et semble-t-il avoir fait la nuit autour d'elles ? C'est, nous la répétons, parceque l'anarchie était complette en Italie et que le Droit reconnu dans le reste de l'Europe n'apparaissait plus aux yeux du grand Héraut d'Armes des bords du Rhin. Quand on voit l'histoire de ce temps, on comprend que Gelre ait eu des hésitations ; néanmoins, chose remarquable, et qui prouve le profond coup d'œil et l'intuition du Héraut d'Armes, ces cinq armoiries seules contiennent l'histoire de l'Italie entière au quatorzième siècle. Il y avait pourtant, à la cour des Princes d'Anjou et d'Aragon, des Grands Officiers de la Couronne et des petits Officiers, des Cameriers, des Maîtres de Chapelle, des Forestiers, des Grands Veneurs, des Chambellans, mais peu d'hommes de guerre comme les comprenait Gelre, et cela est si vrai que le Pape tantôt à Rome, tantôt à Avignon, ne se trouve pas dans le recueil du Héraut, parcequ'il ne combattait pas, parcequ'il ne portait pas d'épée comme les Archevêques de Cologne, de Mayence et de Trèves, les puissans Evêques de Munster ou de Hildesheym, ou un simple évêque de Wirtzbourg.

On ne trouve ici non plus aucun des noms qui sont devenus puissans et célèbres dans l'Italie, Les Républiques italiennes étaient dominées par des factions, par des partis groupés autour de quelques familles qui se disputaient un pouvoir électif.

La Souveraineté ne résidait pas dans les familles mais dans les Etats. Les Tarrare à Padoue, les Polenta à Ravenne, les Visconti à Milan, les Médici à Florence, les d'Este à Ferrare, et bien d'autres, les Farnèse, les Malaspina les Sforza, les Malalesta avaient alors d'illustres représentants : Et Can, le grand Cane della Scala que Dante a immortalisé, et Luigi et ses fils Philippino et Guido dont le fils fut Ugolin, et tant d'autres qui avaient fait de l'Italie *un enfer* ; ils étaient puissans mais irréguliers ; ils ne comptaient pas dans le grand mouvement du XIVe siècle ; ils étaient moins que Haukwood ou Trinet reconnus Chefs d'armée, moins que tous ces Chevaliers errans que Gelre a placés à part, véritables géants de ces terribles luttes : Et tous ces Podestats nés de Républiques, sont restés en suspens dans ces pages, comme des mineurs. Leur place est vide. Ils n'ont pas été classés.

PLANCHE LXXII

1. — Die Coninc van Beiiem. — Le Roy de Bohême.

Porte : *De gueules au lion à la double queue fourchue et passée en sautoir d'argent, armé et couronné d'or, [lampassé et denté d'argent]*. — Le heaume d'argent de profil, le chapperon ou volet de sable semé de panelles renversées d'or, la couronne de même portant sur le premier fleuron une croix du calvaire aussi d'or, et pour cimier un double vol de sable chargé de panelles d'or comme le chapperon.

Nous avons aussi à parler du Roy de Bohême, à la planche I, où il est Empereur, et à la planche XI, où il est prince Électeur de l'Empire.

A la planche XI, la figure du lion est vue de *trois-quarts* sans être de face comme celle du léopard, et nous offre un exemple admirable de la science des Armoiries, dont les Hérauts étaient les artistes : le lion n'est pas de profil, on voit ses deux yeux, et cependant il est de profil ; le heaume est presque de profil, et cependant, par un effet d'art, par un trompe-l'œil, on voit ce heaume comme s'il était tout à fait de profil. — Ces légères différences dans le dessin sont très difficiles à rendre par le modelage ; cependant j'ai réussi à faire graver des modèles dans ce sens, grâce à l'habileté d'un de nos premiers, d'un de nos plus habiles graveurs de médailles, M. Paulin Tasset, qui a bien voulu, d'après nos indications, reproduire pour nous en relief les armes de l'Empire, du Brabant et de Flandres.

Nous devons faire observer, en outre, que le Roy de Bohême, à la pl. XI, n'est entouré que de onze chevaliers, dans l'ordre suivant : Rosenberg, Biberstein, Colditz, Berghgou, Risenberg, Weertenberg, Duppe, Michels-

perg, Potensteyn, Geensteyn et Landsteyn.—Pourquoi Gelre a-t-il préparé
deux planches particulières, celle-ci et la suivante, en n'y plaçant que cinq
chevaliers, dans un ordre évidemment calculé et pour les distinguer de tous
autres ? C'est que, sans doute, il réservait les places vides à des chevaliers
de Bohême dont il avait le croquis dans sa poche, mais dont il ne nous a
pas transcrit les noms sur le présent registre : c'est l'indice évident que
Gelre a construit son recueil avec méthode, d'une manière officielle, plaçant
chaque personnage selon l'ordre des préséances ; les écus vides étaient des-
tinés à des chevaliers qu'il avait entrevus dans les réceptions ou les cérémo-
nies, et dont il est regrettable qu'il ne nous ait pas laissé les noms et les
armes.

4. — Die he van Beuersteyn. — Le sire de Biberstein.

Porte : *D'or à une perche de cerf chevillée de quatre cornichons et posée en cercle, de gueules.*

Dans quelques armoriaux, le heaume est couronné d'or et pour cimier la
corne de l'écu. — Dans notre armorial de Carinthie et de Styrie, von
Biberstein porte ces armes et *la perche* de l'écu *en pal* pour cimier.—Dans
Sibmacher, Biberstein porte de même et pour cimier *la perche* de l'écu. —
Dans un manuscrit de Bruxelles, on lit, on ne sait trop pourquoi, van
Reinstain, au lieu de Biberstein. — Nous avons vu dans l'écartelure de
Ronow : *d'or à une corne de cerf de gueules et dans les cornichons trois
boules d'or* pour Biberstein. *V. pl.* CXXIV. — Dans Beversteyn, le *v* se
prononce comme un *b.* — En comparant les armes de 1350 avec celles des
branches postérieures, on voit que les anciennes sont en rond et que le
bout remonte vers la la pointe, d'où on a depuis donné ces deux formes
séparées pour distinguer les branches.

Cette maison est originaire de Suisse. Le burg était sur l'Aar, dans le
canton de Berne. De Suisse, les Biberstein sont allés en Bohême et en
Pologne, où, à cause de leurs armes, ils furent appelés Rogala, ce qui
signifie *corne* en polonais.

Un Annuaire de la province de Schweidnitz, *le Phœnix redivivus,* se
plaignait déjà au 17ᵉ siècle de ne pas trouver de renseignements précis, soit
dans la Chancellerie des bailliages, soit dans la Chancellerie nationale sur
l'histoire de ces contrées et de ces familles.

Gunther de Bieberstein doit être venu vers 1250, avec la duchesse Anne, de Bohême en Silésie ou en Lusace, où ses descendants possédèrent, entre autres, Beeskow, Forste, Friedland en Bohême, Kopenick, Liebenwalde, Muskau, Sorau, Storkow, Triebel, Wrietzen, etc. : presque toutes ces villes ont gardé dans leurs armes la corne de Bieberstein, en souvenir de l'ancienne famille qui, dans les mâles, s'éteignit en 1667 avec Ferdinand II baron de Bieberstein-Forst. En 1676, à la mort de la sœur de ce dernier, mariée à un comte de Ronow, les comtes de Ronow, héritiers de la plupart des domaines, reçurent, par diplôme du 6 septembre 1676, l'autorisation de joindre à leur nom le nom et les armes de Bieberstein.

Il y a d'autres Biberstein qui n'appartiennent pas à cette lignée et portent de toutes autres armes.

6. — Die he van Laustiin. Le Sgr de Lausnitz.

Porte : *De gueules à un cygne d'argent, membré et becqué [de sable.]*

Dans un ms. scandinave de la Bibliothèque nationale de Paris, nous trouvons Lautze Jer Jesper Laustis daacter : *de gueules au cygne d'argent becqué et patté de gueules, couronné d'or posé sur un tertre de sinople ;* le heaume d'or, le bourlet de gueules et d'argent, couronne d'or sur le bourlet, et pour cimier le cygne de l'Ecu.

Dans un ms. de la Bibliothèque de Bourgogne, Sthwangen, porte ces mêmes armes. — Dans un autre, Swanenberg, les porte aussi, mais *le cygne est membré d'or.* — Dans un Armorial Styrien, van Schwangou porte de même, le cygne *membré de sable,* et pour cimier le cygne de l'écu posé *sur un carreau le gueules houppé d'or.* — Dans Grunenberg, von Schwange porte de même, et pour cimier le cygne de l'écu posé sur un carreau ou coussin d'écarlate noué et pommé aux quatre coins d'argent houppé de gueules, CXLI^b. — Dans d'autres mss, Sthwangen porte de même. — Swango, dans le n° 335 du Catalogue de l'Exposition héraldique de Berlin, porte les mêmes armes. — Spener dit que Schwanberg, en Bavière, porte *le cygne d'argent mais becqué et patté d'or,* rostro et pedjbus aureis, in rubeo, et que Giech, en Franconie, a *un cygne* tout *d'argent,* argen um in rubeo. — Dans le Wappenrole de Zurich pl. XVI, on trouve ces armes sans nom écrit. Les Editeurs proposent Teuffen et Tectikoven. — Schevaben et Schwangon ont un cimier légèrement modifié.

Dans un ms. de Munich, Tietliykhoffer porte ces armes et pour cimier un vol éployé de gueules. — A l'Exposition héraldique de Berlin en 1882, j'ai vu un Armorial de Constance où von Tettikoven porte de gueules au cygne d'argent sur un textre de même. — On voit aussi ailleurs sur le heaume de Tettichoven un demi-cygne aux aîles éployées. On doit trouver dans une généalogie de Schwangou l'explication de ces brisures, et y trouver Launitz. L'origine de cette maison est en Bavière. Le nom et les armes viennent des nombreux cygnes du lac qui brigne ou baignait en partie les murs du château. L'antiquité de la famille est attestée par un sceau de 1286 pour Henri de Swangove. Mais ce qui nous fait rêver c'est que l'atlas de Plantin 1585, dit que Launitz en Silésie a été donnée par sentence au royaume de Bohême, sous l'empereur Henri III en 1068, en même temps que la Moravie. Ce qui nous donne à réfléchir aussi c'est de trouver le cygne que je cherche dans les armes de Wipert de « Meisson und Laussitz » marquis de Luzace, burgrave de Magdebourg et de Lisnick, comte de Groitsch, dont l'arrière petit-fils, pronepos, est l'auteur des Rantzow.

Je prie les héraldistes qui m'ont communiqué leurs avis de vouloir bien les compléter.

PLANCHE LXXIII

13. — H. Bohus. — Seigneur Bohus ou Bock

Porte: *D'azur à la roue du moulin d'or*. — Le heaume
d'argent, de profil, la capeline hachée d'azur et pour cimier la
roue d'or de l'écu.

On nous pardonnera de ne marcher qu'en tâtonnant dans cette histoire. — Nous avons vu ces armes à l'Exposition héraldique de Berlin,dans
le n⁰ 339, « Wappenburch des Gerold Edlibach von ca. 1493 », appartenant au prince Karl Egon de Furstenberg. — Dans le Wappenrole de
Zurich, nous trouvons ces armes et ce cimier posé sur un coussin de
gueules, pour Muller, pl. XII. — T am diversas voluntates ut magis adhuc
irritaret Thobias Bechinus regni Boie miæ, ut vocant, Camerarius. *Dubra-
vius, 179.*

Lors de l'irruption des Bohémiens en Misnie, il nous semble reconnaître
Bohus dans Janus :
« Vrbs Mis na inprimis petebatur. Nam Præsulem Ioannem IV, qui in
conuentu C onstantiensi cum aliis Hussum damnauerat, perditum cupie-
bant : tum in Sacerdotum ædibus prædæ inhiabant. Suburbium Nicolai-
num cum templo cremant, et vrbem se obsessuros simulant. Erat in eâ
Ioannes Ianus præfectus, vir equetris, et ciuis fo rtis,et magnum præsidium
nobilium : veriti igitur ne in vallibus illis vniuersi opprimerentur, propo-
situm exequi non sunt ausi : quia in celeritate ponebant omnia. Eo
tempore sedes Ducis et Præsulis in eu vrbe erat in vno colle : interiectâ

"

inter vtriusque arcem Basilicâ. Vrbs Misena, qua ortum spectat, et flumen
habet, *magis patet* : reliquis partibus vndique inclusa montibus est ; inte-
riectis tamen vallibus amœnis atque herbidis, per quas ab Austro Trebisa
torrens defluit : ab aparctia riuulus ille celebris, à quo primum vrbs ipsa,
deinceps regio nomen est consecura. A Misena discessurus hostis, ne venas
metallicas Scharfenbergi cultoribus fructuosas relinqueret, puteos terra
egesta replet, et cuniculorum ora atque aditus obruit.

Dans un vieil annuaire de la province de Schweidnitz, *Phœnix Redivivus*
cite, parmi les plus recommandables à juste titre pour leurs vertus, les
maisons de Panwitz et de Bocks : « Ces très nobles familles sont celles de
Spiller, Poser, Sommerfedt, Stange, Gafron, Strachvitz, Brun, Müch-
lheim, Diebitsch, *Bock*, (Bohus), Netze, Heyde, Schellendorff, Eicke,
Rottkirch, Sack, Schindel, Dobschütz, Seher, Borschnitz, Zettritz,
Borswitz, *Panwitz*, Niemitz, Schmoltz, Rohr, Hertel, *Girschdorff*, Kre-
chwitz, Fackenhan, Oppersdoff, Schnorbein, Schreibersdorff, *Seidlils*
Warnsdorff, Salisch, *Czirn*, Schivednitz, Eben, Reibnitz et plusieurs
autres dont nous parlerons en détail.

14. — Hennekelijske. — [Leuwolsingen].

Porte : *Fascé de quatre pièces d'argent et de gueules.* —
Le heaume d'or de profil, la cappeline hachée aux émaux de
l'écu, et pour cimier un bonnet renversé de gueules retroussé
d'argent.

Dans un beau manuscrit de l'Exposition Héraldique de Berlin en 1882,
nous avons vu ces armes pour Leubelsing. — Dans Grunenberg, c'est
Graut von Bichlingen in Turingen. — Dans un armorial de Styrie et de
Carenthie, nous trouvons von Leuwolsingen ces armes, et pour cimier un
chien braque assis d'argent lampassé de gueules. — Mais Leubelfing, dans
Sibmacher, porte *d'argent à deux faces de gueules.* — Les seigneurs de
Schoenbourg en Voitland portent ces *quatre faces d'argent et de gueules.*
Le sceau suivant est emprunté à l'Allgemeines Wappenbuch de von
Dorst :

Leublfing ou Leibelfing, est une très ancienne noblesse de Bavière. Bucelinus fait descendre cette famille d'un Woldemar, qui aurait vécu du temps de Charlemagne. D'après la légende, Guillaume fils de Woldemar se battit avec Croczgo, un géant des Huns. Le fils de Guillaume qui se serait nommé également Guillaume, aurait assisté à un tournoi à Costnitz en 948, et le fils de celui-ci, nommé Sibold aurait été élu Roi du Tournoi par le banc de Bavière en 1042 au Tournoi de Hall, honneur et distinction qu'aurait aussi obtenus Segfried, arrière petit fils de Sibold en 1179 au Tournoi de Cologne.

Ulric petit fils de Segfried, aurait été Maréchal de Cour de Bavière et le fils de ce dernier également nommé Ulric, obtint cette même dignité et fut nommé en 1311 environ, à la dignité de Grand-Maître d'Hôtel héréditaire de Bavière. Un de ces descendants, Jean de Leublfing ou Leibelfing fut Maréchal de la province de Neubourg et mourut en 1577. Son petit-fils Charles-Auguste, Chambellan électoral de Bavière, et Conseiller de Cour, apparait vers l'an 1686 comme le premier baron de Leublfing. A la bataille de Lutzen, 1632, Gustave-Adolphe roi de Suède, eut un Leibelfing auprès de lui comme page. Le titre de Comte de l'Empire fut accordé à cette famille par l'Empereur Léopold I, en 1696, ce qui fut confirmé le 17 janvier 1701, par Maximilien Emanuel électeur de Bavière. *Nahuus.*

15. — KANITSK. — KANITZ, CANITZ.

Porte : *De sinople à une pièce d'armure d'argent.*

Ce ne sont plus les armes de la maison de Kanitz, et c'est pourtant bien un ancêtre des comtes de Kanitz et des barons de Canitz.

Une carte de Plantin place Kanitz en Moravie.

D'après le Handbuch, les châteaux que l'on sait avoir été les berceaux de cette famille sont Kanitz, près de Meissen, et Canice, dans le canton de Pilsnitz en Bohême. Leur origine se perd dans la nuit du temps. Selon Carpzow, dans son Temple d'Honneur de la Haute Lusace, ils sortent de la race Vandale ou Vende, vu que Canetze, de Canie, signifie en Vende Vautour. Abandonnant le terrain des suppositions incertaines, et nous bornant aux récits historiques, nous trouvons les maisons originaires de Canitz et Thalwitz, plus tard Dallwitz, près du couvent de Wurzen, données aux ancêtres de la famille par l'Empereur Henri I, c'est-à-dire au dixième siècle, en récompense de services militaires. Là fleurit cette famille jusqu'à la fin du seizième siècle ; mais il est toujours incertain si les seigneurs de Canitz ont donné leur nom à leurs maisons originaires, ou si le contraire a eu lieu. La première hypothèse est plus vraisemblable. Le premier document où paraît le nom de Canitz est, d'après Carpzow, de l'année 1185, où l'on trouve le nom de Marcellus de Canitz comme témoin. Wittichow de Canitz fut, de 1266 à 1298, évêque de Meissen. Du pays de Meissen et la Lusace, cette famille, vers 1200, s'étendit aussi vers la Silésie. Wolf de Canitz fut, en 1294, un des conseillers les plus considérés du duc Henri de Breslau. *Handbuch*, 392 et 413.

C'est ici que se place naturellement Kanitsk portant *de sinople à l'armure d'argent.* — Presque tous les généalogistes, ayant peur de se tromper, passent sous silence les armoiries qui sont la source et la règle de l'histoire pour les familles. En abordant cette autre et nouvelle manière, en voulant éclairer et redresser les erreurs au moyen des armoiries, nous nous aventurons peut-être quelquefois, mais du moins nous voulons être des éclaireurs et des contrô'eurs en même temps, et nous ouvrons à l'histoire une nouvelle période de recherches.

C'est pourquoi nous demandons comment, depuis le seizième siècle, les armes de Kanisk sont *d'argent à la croix de Saint-André* ou *sautoir de gueules chargé aux quatre angles d'une rose de gueules ?* — Nous ne le savons pas. — Un fait historique y a donné lieu, sans doute, et nous le supposons dans la guerre des Hussites. De la Moravie et de la Silésie, berceaux de la famille, plusieurs sont allées en Prusse et se sont alliées en Suède. C'est avec l'appui de l'Ordre Teutonique qus l'une d'elles vint en Prusse à la fin du 14ᵉ siècle. Vers 1415, Henri de Canitz fut Commandeur à Christbourg et Ambassadeur de l'Ordre Teutonique à la Cour de l'Empereur Sigismond. Hans de Canitz fut le père de la famille prussienne ; il reçut en fief de l'Ordre, en 1491, les domaines de Medniken, près de Kœnigsberg. A ces mêmes dates, on trouve dans les Nobiliaires suédois une alliance de Canitz qui jette un jour sur ces familles et sur ces armoiries : Henri Bock, et qui doit être précisément Bohus n° 13 ci-dessus, Henrî Bock, d'une famille habituée aussi en Silésie, en Bohême et en Livonie, et qui depuis s'est appelée Lachmes, épousa Anna de Kanitz. Bock fran Lachmes; denna att harstammar ipsan Schlesien 1288; ifran Schlesien har den utgrenat sig till Bohmen och Liffland. » C'est aussi à ce moment que nous retrouvons le nom de Chanis dans la guerre monstrueuse des Hussites:

« Incedebant (Hussi) hinc indè in agris villas plurimas, tùm Smolim et Grimmitiam oppida : in Vodtandiâ autem Vuerdum, Reichenbachium, Auerbachium, et Olsniciam. Impetu autem imprimis furioso ibant in Henricum Plavensem : is in carcere destinebat captum Sternbergium, baronem Boemum, quem dare redimendum illis noluit. Oppidum Plava inter Elistrum et Siram fluvios, arcem in excelso colle habet : huic præfectus erat Georgius Radschaverus : cum quo paciscibantur hostes, ut ipse ex arce discederet, milites arma deponerent, salvi abirent : nî facerent, extrema minitantur. Spacio ad deliberandum concesso, arcem in potestatem Boemi accipiunt : nec pacti memores, deditios inermes crudeliter interficiunt : inter quos de nobilitate plures quam centum necati et spoliati sunt. Metu illo sublato in cives ferrum stringunt, et supra nonagentos trucidant : in senatum et flamines, magis quam in cæteros, suâ consuetudine truces. Octo fratres Marianos, et quatuor Dominicanos unâ fossâ vivos obruunt. Ædem Marianam extruxerant Burggravij Mimensies, qui oppidum Plavam tenebant : templum vero Dominicanorum nobilis *Chanisiorum familia*. Editâ per oppidum cæde universorum, arcem diruunt et tecta incendant VIII cal. feb. quô die memoriâ conversionis Pauli apostoli celebratur. »

Le supplice des uns a peut-être donné lieu à la croix de Saint-André, quoique le *Handbuch* nous dise que cette croix est antérieure à 1429. Toujours est-il que les Canitz, venus en Prusse avec l'Ordre Teutonique, y sont restés depuis le 16e siècle. La branche, élevée le 5 juin 1998 au rang de Comte, a dès lors commencé à s'écrire Kanitz.

Des Canitz restés en Silésie, l'un, Gottfried, acheta Halt-Grossburg en 1553. Vers le même temps, le duc Jean de Munsterberg engagea son duché et le territoire de Frankenstein à quatre seigneurs de Canitz. En 1664, Melchior Frédéric de Canitz et Dallwitz, à Grossborg, Urske et Wandritsch.

fut élevé au rang des Barons de Bohême, et le titre fut reconnu à toute la famille, qui compte aujourd'hui encore plusieurs représentants.

Nous trouvons dans le Wappenrole de Zurich, n° 463, *la pièce d'armure* des armes primitives de Kanitz, mais avec un champ de *gueules* au lieu de *sinople*, et sans désignation de famille. Dans l'opinion des éditeurs, ces armes sont celles de Frouler zu Bazel, ayant pour cimier un bust de dame vestu et coiffé de gueules.

NOTE HISTORIQUE
ET HÉRALDIQUE

Nous venons de dire que les armes du Roy d'Arménie étaient aussi celles
du Roy d'Ethiopie.— On peut voir dans l'Encyclopédie ces armes qui sont
d'argent au lion de gueules, lampassé d'or, tenant en sa dextre un crucifix,
l'écu surmonté d'une couronne d'épines, et derrière l'écu en sautoir les
verges de la Passion avec cette légende : *Vicit Leo de Tribu Judy*. — Les
Arméniens ont été enseignés par les mêmes apôtres et ont adopté la même
croix longue portée par un lion de gueules : c'est la croix grecque qui servait de sceptre aux Empereurs grecs de Constantinople ; c'est la croix de
tout l'Orient, du Pont-Euxin au fond des Indes, de la Syrie au bas de
l'Afrique. Elle a sa forme particulière : elle est à demi pattée et le pied en
est plus long.

Le Lion des Léon d'Arménie a pris en main cette croix. Ce n'est pas une
légende, c'est une idée qui tient à l'histoire des Arméniens mêmes. Un des
plus charmants dessinateurs héraldiques de l'Allemagne, V. Solis, nous a
laissé de ces blasons les inimitables modèles qui précèdent.

Nous retrouvons cette croix dans un vieil armorial de l'Empire d'Allemagne au seizième siècle pour celle aussi du Prêtre Jean ou Preto-Jean, car dans la langue abyssinienne Preto veut dire Empereur ou Roi. Voici cette croix sans le lion :

L'Arménie a disparu sous les invasions des Mongols et des Egyptiens, puis des Turcs. Nous avons nommé ses derniers rois, de la maison de Lusignan, dont la maison de Savoie est l'héritière. « La maison de Savoie, dit Spener, a longtemps retenu *le lion d'Arménie* dans ses armes. » Le peuple et la langue ne sont pas entièrement effacés et ne demandent qu'à renaître. Un Arménien, J.-A. Gatteyrias, nous apprend qu'après plusieurs siècles d'oppression et d'accablement, l'Arménie commence à faire entendre de nouveau sa plainte.

En 1343, le roi Edward III d'Angleterre écrivait au roi d'Arménie une lettre datée de Londres le 2 sept. : « Magnifico Principi Domino Leoni, Dei gratia, Armeniæ regiz consanguineo suo carissimo, Edwardus, etc., salutem... et super blasphemos Christiani nominis triumphare. » *Rymer*. — O singulier retour des choses d'ici-bas Après les Tures, voici les Anglais.

NOTE HISTORIQUE

ET HERALDIQUE

Nous ne dirons des Rois de Chypre et de la Maison de Lusignan que ce qu'il est nécessaire d'en rapporter pour l'intelligence des armoiries du présent ouvrage.

Richard Cœur de Lion, s'en allant rejoindre les Croisés, s'empara de l'île de Chypre sur le duc Isaac Comnène et la vendit aux Chevaliers Templiers pour vingt-cinq mille marcs d'argent. « Ce ménage se fit en 1180. Les Templiers la rendirent à Richard, qui la céda à Guy de Lusignan pour cent mille écus d'or, 1192. » Guy qui avait été roy de Jérusalem, à cause de Sybille, sa femme, amena trois cents Chevaliers, deux cents Ecuyers, rebâtit Nicosie et Lemisso ou Nemosie, établit la justice et releva l'Ile, qui fut florissante de 1195 à 1570, où les Turcs s'en emparèrent. Guy, qui porta le titre de Roy de Jérusalem et de Chypre que ses successeurs ont toujours porté, ne régna que trois ans et laissa le trône à son frère Amaury.

Les Lusignan ont pour origine Hugues de Poitou, frère de Guillaume II duc d'Aquitaine et comte de Poitiers. Hugues, fait Comte de Lusignan, à six lieues de Poitiers, pour son apanage, vers 970, épousa en l'an 1000 Marie de Mesle ou Melo, en Poitou. — d'autres disent en Ecosse, et la font fille d'un comte d'Albanie : leur fils unique fut Hugues, surnommé Bruno. Leurs armes furent : *Burelé d'argent et d'azur de dix pièces;* le lion de gueules n'y fut ajouté qu'aux voyages de Terre-Sainte. De la seigneurie de Lusignan du comte Hugues I et de celle de Melo appartenant à sa femme, les romanciers ont basti, depuis, le nom de Meluzine, dont ils ont fait merveilles : « ils l'ont noircie du titre de magicienne et de fée. » Quelques historiographes de Poitou font de Mélusine la femme d'un seigneur du Croisic, très belle et très docte, que son mari *jaloux* crut voir avec des serpents, et que le vulgaire s'imagina être mi-femme et mi-serpent. Cette fable a trouvé tant de crédit que jusqu'aujourd'hui les familles issues de l'illustre maison de Lusignan ont pris, pour cimier de leurs armes, une dame nue dans une baignoire à la façon d'une sirène, qui d'une main peigne et agence ses cheveux éparpillez sur ses espaules, et de l'autre tient un miroir, la moitié du corps représentant celui d'une femme d'une admirable beauté, et l'autre moitié faite en façon de givre ou serpent, — comme on peut le voir aux armes de la maison de La Rochefoucauld.

Hugues II, Bruno ou Brun, épousa Adèle, fille du comte Raymond de Toulouse, dont il eut trois fils. Du dernier, Rodolphe, sont descendues les maisons de Saint-Gelais. de Laussac ; le second, Jean, fut baron de Couhé ; l'aîné, Hugues III dit le Grand, comte de Lusignan et de La Marche, à cause de sa femme, fit le voyage de Terre-Sainte en 1102 ; il eut plusieurs fils : Henri, qui fit bâtir le château-fort de Lusignan ; et Hugues Brun IV qui laissa six enfants, dont : Gilles, connétable sous Philippe-Auguste 1190, dont sont issues les familles de Partenay, de Soubize-l'Archevesque et de Sainct-Vallier, surnommée de Poitiers ; Amaury, roy de Jérusalem et de Chypre ; Guy, roy de Jérusalem et premier roy de Chypre ; et Hugues V, comte de Lusignan et de La Marche, qui épousa Isabelle d'Angoulesme, dont parle Joinville dans sa *Vie de S. Louis*, qui fut enlevée par Jean-sans-Terre et donna lieu au Roman de Mélusine, que Mathieu Paris blazonne de merveilleuses couleurs. Elle eut neuf fils, dont l'un, Guillaume, tige des maisons de Valence et de Montignac [voyez Pembrock, pl. LI] ; et Hugues Brun VI, qui épousa Yolande, fille de Mauclerc, duc de Bretagne ; il fit le voyage d'outre-mer avec S. Louis en 1260, et laissa cinq enfants, entre autres : Hugues Brun VII qui laissa quatre enfants, dont Guy vicomte de La Rochefoucauld, et Hugues Brun VIII et dernier de ce nom, mort en 1303 : par sa mort. son frère Guy fut dernier comte de Lusignan, de La Marche, d'Engoulesme, comtés que par testament il donna au roy Philippe le Bel pour demeurer à la Couronne de France.

Parmi les fils de Hugues Brun IVᵉ. Guy et Amaury de Lusignan, qui s'habituèrent outre mer sans retourner en France, furent roys de Jérusalem et de Chypre. Ce dernier eut pour fils Jean, dont le fils Hugues I fut roy de Chypre. Hugues I ép. Alix ou Louise de Jérusalem, dont il eut Henry qui épousa la fille du Prince d'Antioche, et en eut Hugues II, mort sans enfants, laissant pour successeur son cousin Hugues III, Prince d'Antioche, roy de Chypre. Hugues III épousa la fille du Prince de Baruth et en eut une plantureuse lignée : Jean et Henri, ses deux premiers fils, furent roys de Chypre et de Jérusalem ; mais décédés sans hoirs, ils eurent pour successeur leur neveu Hugues IV, fils de Guy, connétable de Jérusalem, mari de Louise de Zimblet, dont une fille, Isabelle de Chypre, femme de Eudes de Dampierre, connétable de Jérusalem.

Hugues IV eut plusieurs fils, entre autres Pierre I et Jacques qui furent roys ; Jean, Prince d'Antioche, dont le fils Jacques fut comte de Tripoly de Syrie. — Pierre Ier, celui dont les armes sont à la pl. LXVII, porta d'abord le titre de comte de Tripoly ; il épousa Aliénor, nièce du roy d'Aragon, dont il eut deux filles et un fils : Pietrino, roy de Chypre et de Jérusalem, épousa Valentine de Milan, dont il n'eut pas d'enfants, laissant la Couronne à son oncle Jacques, qui fut Roi de Chypre et de Jérusalem et aussi d'Arménie par la mort de son neveu Léon de Lusignan.— Jacques eut pour successeur James, qui épousa Charlotte de Bourbon, fille de Jacques de Bourbon, comte de la Marche, dont il eut pour successeur Jean II qui se maria deux fois : d'abord à Isabeau de Montferrat, fille de J.-J. Paléologue ; ensuite à Hélène Paléologue, cousine de sa première femme ; il eut de la seconde, Charlotte, qui fut reine et eut un frère b Jacques. — Charlotte fut reine de Chypre, de Jérusalem et d'Arménie du vivant de son père ; elle épousa Jean de Portugal, fils du Duc de Coimbre, et en secondes noces Louis Comte de Genève ; elle et son mari furent battus par Jacques II, aidé des Vénitiens, 1462, et plus tard, en 1482, ils abdiquèrent en faveur du neveu de Charlotte, Charles I. fils d'Amédée IX ; Jacques ép. Catherine Cornaro, dont un fils posthume, Jacques III, mort à deux ans. Catherine mit les Vénitiens en possession du royaume de Chypre « auquel elle n'avait rien. » puis adopta pour son fils le Prince de Savoie, Amédée, son cousin, auquel elle transporta, céda, donna le droit qu'elle avait au Royaume de Chypre et mourut en 1485. — Ainsi finit le Royaume de Chypre, tenu par l'illustre famille des Lusignan 300 ans. Le titre de Roi de Chypre, d'Arménie et de Jérusalem s'est transmis dans la maison de Savoie, qui a le droit d'en revendiquer les possessions.

La Couronne de Palissades ou Couronne Crenelée qui surmonte le heaume du Roy de Chypre n'est pas une couronne de fantaisie : loin de là. C'est la couronne antique et traditionnelle des Rois de Salamine, en Chypre, dont les monnaies ou les médailles, depuis le temps d'Evagoras Ier jusqu'à la prise de l'île par Ptolémée Soter, roi d'Egypte, ont été décrites et publiées par M. Borrell.

En composant leurs armoiries, les Princes du 14e siècle, aussi bien que les Hérauts, avaient une connaissance approfondie de l'histoire. Pour montrer l'analogie de la couronne ci-dessus avec celle des anciens roys, qu'on nous permette de reproduire ici quelques-unes de leurs monnaies.

La première est celle d'Evagoras I, un des hommes les plus illustres de l'antiquité, puisqu'il eut Isocrate pour panégyriste : on sait par Isocrate que Andocédès, le compagnon de jeunesse d'Alcibiade, éprouva, frappé d'exil, l'hospitalité amicale d'Evagoras, à Salamine : n° 1. — Les deux suivantes sont celles des fils et successeurs de ce prince, Nicoclès, Evagoras II : n°s 2 et 3 — La quatrième a été frappée pour Alexandre le Grand, quand l'île de Chypre lui envoya sa soumission : n° 4. — La cinquième est de Pnytagoras, un des lieutenants gouverneurs d'Alexandre le Grand : n° 5. — La sixième est de Menelaus, dont parle Plutarque dans la vie de Demetrius, et qui gouverna l'île au nom de son frère Ptolémée : n° 6.

L'auteur d'une Notice sur les Roys de Chypre, à qui nous empruntons, cette série avait eu à combattre l'erreur des numismates qui ont attribué ces médailles à des princes de Cyrène. L'art héraldique vient éclairer le débat et donner raison à M. Borrell, contre Eckhel, Beger, Spanheim, Frœlich et Mionnet, dont pourtant le nom fait autorité.

NOTES SUPPLÉMENTAIRES

AUX PLANCHES LII, LIV ET LXIV

Pages 14, 129. — Malgré l'étendue et la diversité de renseignements que nous donnons et répétons sur les familles qui remontent aux Héros de la Guerre de Cent ans, nous oublierons nécessairement des détails précieux. — Ainsi l'on trouve dans le P. Anselme parmi les Amiraux de France la généalogie d'un Courtenay, comte d'Okeampton et Devon, descendant de Hugues III et dont la postérité s'éteint en 1556. '

Pages 60, 155. — On trouve aussi dans le P. Anselme parmi les Amiraux de France, la généalogie de Guillaume petit fils de Michel de la Pole, depuis « Guillaume qui s'enrichit dans le négoce, — Guillaume II, créé Banneret en 1339, — Michel comte de Suffolk, mort à Paris en 1389, — Michel II en 1415, — Michel III et son frère Guillaume comte, marquis, puis duc de Suffolck, — Jean de la Pole qui ép. la sœur d'Edouard IV 1491, — Edmond de La Pole, à qui Henri VIII fit trancher la tête, 1513, « de crainte qu'en son absence le peuple ne le fit Roy.

Pages 21, 135 et 136.— Nous trouvons une généalogie ms. de Stafford qui n'est pas sans intérêt : — Robert L. Stafford, — Nicolas, — Robert II, — Melicend, héritière, espouse Henry de Bagot, qui prend le nom de Stafford, — Robert III, — Nicolas II, — Edmond, dont le fils est Ralph ou Raoul, créé comte de Stafford par le roy Edw. III le 8 mars 1363, chev. de la Jarretière, mort en 1372, esp. Marguerite, héritière de Hugues lord Dudley, comte de Glocester, *de gueules fretté d'or à la bordure d'argent*, dont il eut : 1. Béatrix, qui esp. d'abord Maurice comte Desmonts en Irlande, puis Thomas L. Hamlake ; 2. Jeanne qui esp. Powis ; 3. Hugues, qui suit ; 4. Marguerite ; 5. Richard. — Hugues, 3e comte de Stafford, chev. de la Jarretiere, mort en 1386, espousa Philippote, fille de Thomas Beauchamp, comte de Warwic, et en eut huit enfants : Marguerite, morte en 1396, esp. Raoul Nevill, comte de Westmoreland ; Catherine, morte en 1419, espousa Michel de la Pole, comte de Suffolk ; Jeanne ; Thomas, 3e comte de Stafford en 1386, mort en 1390 ; Guillaume, 4e comte de Stafford, mort en

1394; Edmond, 5ᵉ comte de Stafford, chev. de la Jarretière; Lord Stafford de Combridge, tué en 1403, espousa Anne, fille de Thomas d'Angleterre, comte de Buckingham; Raoul; Hugues.

Pages 64, 157, 179. — Le sceau de Vavassour:

Nous ne sommes pas de l'avis de ceux qui, selon M. Boutell, voient dans cette *face vivrée* une espèce de monogramme de la lettre M et de la lettre V, qui sont les initiales du nom de Mauger Vavassur qu'on lit dans la devise autour de l'écu.

Page 330. — En parlant des sceaux de Soules, qui sont aux Archives Nationales à Paris et ont été décrits par M. Douet-Darcq, il me restait un doute sur leur description. Mais on trouve aux Titres Scellés de la Collection Clairambaut, un sceau de Jean de Soles, Soules ou Sulys, représentant un chevalier à cheval portant son écu *fascé de six pièces*, et *brisé d'un filet en bande;* son cheval est houssé des mêmes armes. — Voici la pièce : « Johanni de Soles... A tous ceux qui ces p'sentes lettres veront et orront, Joh. de Soules chev. salut en nre Seigneur; sachent tous que Je, ai eu et receu des tresoriers nre seigneur le Roy de France cent liv. par. du don nre seigneur le roy, desquels cent liv. par. ie me tiens bn payé. En tesmoing de laquel chose je ai donné ces p'sentes lettres scelées de mon scel. Données à Paris le... an... mil CC IIIIˣˣ et VIII, le dimanche après les octaves de la Chandeleur. » — Il n'y a plus de doute sur ces princes d'Ecosse, et je prie une seconde fois M. Stodard de les examiner.

NOTES DE LA PLANCHE LXVI

1 et 4. — LE ROY DE SUÈDE et KETEL. — Je désirais reproduire un grand sceau du roi Albert, et je m'étais naturellement adressé à M. l'Archiviste de Stockholm pour en avoir une reproduction en plâtre que j'aurais fait graver sous mes yeux.

« Le sceau du roi Albert n'est pas conservé ici, me dit-il, et je ne veux pas exposer les empreintes qui s'en trouvent sur des diplômes aux aventures d'une reproduction en plâtre. Mais si vous vous contentez d'une copie gravée en bois, vous en trouverez une assez bonne dans l'ouvrage illustré *Sveriges Historia of Montelius...* Une autre copie sera donnée dans une dissertation qui est actuellement sous presse, et dont l'auteur, M. Hildebrand, m'a promis de vous envoyer un exemplaire aussitôt qu'elle aura paru. Agréez, etc. C. G. Malmstrom ».

Convaincu d'avance de ne rien obtenir, puisqu'on prépare à Stockholm un travail modelé sur le mien, j'insistai cependant pour avoir un sceau royal de 1350 à 1370, à seule fin de ne pas être accusé d'indifférence pour la Suède. La gravure de la *Sveriges Historia* ne me suffisait pas, et, du reste, elle se retrouve ci-jointe à la page des Trois Couronnes.

Je demandai, en outre, s'il y avait dans les Archives des pièces au nom de Ketel et avec un sceau conforme à la gravure du *Svenska sigiller* de M. Emil Hildebrand et semblable au dessin de Gelre. Je remercie bien sincèrement M. Malmstrom de m'avoir fixé à cet égard : « Il se trouve dans nos archives, m'écrit-il, un sceau de Ketel Jonsson de 1376 portant les mêmes armes que n° 128, 3ᵉ série de la publication de M. Hildebrand.» Et pour qu'il n'y ait pas d'erreur : « La plus ancienne empreinte du sceau de Ketel que nous possédons est de 1376, » m'a-t-il répété.

C'est tout ce que je désirais savoir, et j'en adresse une seconde fois ici mes remerciements à l'éminent Archiviste de Stockholm.

Nous avons parcouru la *Sveriges Historia*, c'est-à-dire le Moyen-Age Suédois enrichi de nombreuses gravures. C'est un livre qui fait honneur à ses deux éditeurs, MM. Oscar Montelius pour la première partie, et Hans Hildebrand pour la seconde. Nous y avons examiné les sceaux des Chevaliers qui se rapportent aux armoiries du héraut Gelre :

3.— TOFTA, TUFTEN.— «Herr Karl Ulfssons til Tofta vapen, *Sparre* » est bien le même que notre « Knuut van Tuften, » *d'or au chevron de gueules;*

5. — DYE MAERSCALC. — Le sceau de « Thyrgilli Kanuti filii » ou « Tyrgils Knutssons sigil » représente les armes du Maréchal;

6. — BO BOON SONE. — La tête du griffon, « vapen de Bo Jonssons, » est bien la nôtre;

7. — BENT BOES SONE. — La nave, dans le *Sveriges Medelted*, est souvent répétée, posée en face, avec ses bouquets de plumes à la poupe et à la proue; mais il en est une, posée en bande, pour « herr Erengisle Sunessons *Bat*. » où se trouvent deux petites branches qui ornent le fond de l'écu et nous semblent être l'origine des plumes de paon;

8. — HERRIC KAERLS ZOEN. — Le sceau ou blason, 1351, de « herr Erik Karlssons, *Ornefort,* » est la patte d'aigle bien posée et bien large, comme dans notre héraut;

11. — STEEN BENTS ZOEN. — Ce fascé de quatre pièces se trouve avec « Nils Turessons *Bjelke;* » mais les émaux sont-ils semblables

12. — CONIMARC. — Konigsmark est partout le même.